G. DESDEVISES DU DÉZERT,
PROFESSEUR D'HISTOIRE A L'UNIVERSITÉ DE CLERMONT-FERRAND

L'ESPAGNE
DE L'ANCIEN RÉGIME

.LES INSTITUTIONS.

PARIS
SOCIÉTÉ FRANÇAISE D'IMPRIMERIE ET DE LIBRAIRIE
(ANCIENNE MAISON LECÈNE, OUDIN ET Cⁱᵉ)
15, RUE DE CLUNY, 15

1899

L'ESPAGNE DE L'ANCIEN RÉGIME

G. DESDEVISES DU DEZERT

PROFESSEUR D'HISTOIRE A L'UNIVERSITÉ DE CLERMONT-FERRAND

L'ESPAGNE
DE L'ANCIEN RÉGIME

LES INSTITUTIONS

PARIS

SOCIÉTÉ FRANÇAISE D'IMPRIMERIE ET DE LIBRAIRIE

(ANCIENNE MAISON LECÈNE, OUDIN ET Cⁱᵉ)

15, RUE DE CLUNY, 15

1899

INTRODUCTION

Les écrivains espagnols voient dans le dix-huitième siècle une période d'influence et d'imitation étrangères, et marquent généralement peu de sympathie pour l'essai de despotisme éclairé qui fut tenté par les premiers rois d'Espagne de la maison de Bourbon.

Les rancunes politiques ont grande part à ce jugement, le dix-huitième siècle espagnol mérite d'être envisagé avec plus d'indulgence.

En 1700 l'Espagne était tombée au dernier degré de la décadence. Une armée de 20,000 hommes, une flotte de 20 galères, un trésor en faillite, des Conseils souverains succombant sous le poids des affaires et s'entravant les uns les autres, un peuple misérable, réduit à six millions de têtes, dans un pays sans routes, sans agriculture, sans commerce et sans industrie, une aristocratie ignare et superbe, un clergé fanatique, un roi idiot : tel était le spectacle que présentait la monarchie de Charles-Quint et de Philippe II.

En 1800 l'Espagne avait une armée de 100,000 hommes, une flotte de 300 bâtiments, un revenu de 650 millions de réaux et quelque crédit. Elle était mieux administrée qu'elle ne l'a probablement jamais été. Sa population était remontée à 11 millions d'habitants. L'agriculture, l'industrie et surtout le commerce étaient en progrès. L'aristocratie avait été réduite au rôle de seigneur figurant; l'Inquisition était enchaînée et, malgré ses faiblesses, le bon roi Charles était populaire.

Le régime bourbonien a donc été favorable à l'Espagne, et les « commis » qui la gouvernèrent au dix-huitième siècle lui ont rendu plus de services que tous les grands et tous les prélats qui furent ses tuteurs au siècle précédent.

Les résultats obtenus sont d'autant plus remarquables qu'ils le furent sans violence, sans bouleverser la Constitution de l'Etat. On nettoya la maison, on l'aéra, on la recrépit, on n'en changea ni la façade ni la distribution intérieure.

La guerre de succession emporta deux grandes conséquences : au dehors l'Espagne perdit l'Italie et les Flandres; au dedans les pays de la couronne d'Aragon, qui s'étaient révoltés contre Philippe V, perdirent leurs libertés politiques.

De ce double fait — qui ne peut être imputé au roi — sortit une simplification. Les Conseils d'Italie, des Flandres et d'Aragon, désormais inutiles, furent supprimés ; les pays aragonais furent soumis au même régime que les pays castillans. Ce fut un grand pas vers l'unité.

Après cela il n'y eut plus que des innovations de détail, mais si nombreuses, si savantes, si patientes, qu'elles finirent par remplir la monarchie d'un esprit tout nouveau sans en avoir modifié d'une manière sensible ni la structure, ni la physionomie.

La royauté espagnole était un absolutisme, tempéré par

les privilèges des castes, des provinces, des villes et des individus. Le roi resta absolu, respecta les privilèges en la forme, mais les mina peu à peu et leur enleva toute substance.

Il fut à la fois chef d'État, législateur et juge ; et il cumula tous ces pouvoirs en face de corps puissants, qui semblaient avoir organisé l'anarchie en Espagne et rendu à jamais impossible le fonctionnement du pouvoir personnel.

Le roi était patron universel de l'Eglise des Indes et disposait de nombreux bénéfices dans la péninsule ; il choisissait tous les fonctionnaires publics, mais il ne nommait pas un prébendier dans une collégiale, pas un corrégidor de troisième classe sans qu'ils lui eussent été présentés par la Chambre de Castille ou par la Chambre des Indes.

Il était le juge direct des grands, il pouvait connaître de toutes les causes d'une gravité exceptionnelle, pas une sentence capitale ne s'exécutait sans qu'il y eût consenti ; mais il ne jugeait que sur les rapports de ses alcaldes de cour ou de ses conseillers.

Il était censé tout savoir, tout régler, tout prévoir ; pas un détail de la vie nationale ne lui échappait ; mais c'était le Conseil de Castille qui le renseignait sur les affaires d'Espagne, et le Conseil des Indes sur celles d'Amérique.

Il était grand maître de Saint-Jacques, de Calatrava, d'Alcantara et de Montesa ; mais le Conseil des Ordres avait l'administration générale des territoires soumis à la juridiction des Ordres militaires ; le roi ne savait ce qui s'y passait, il n'y nommait des fonctionnaires que sur la présentation du Conseil.

Le roi exerçait la puissance législative ; mais les lois

royales applicables à la péninsule étaient élaborées en Conseil de Castille, les lois pour l'Amérique en Conseil des Indes, les lois pour le territoire des Ordres, en Conseil des Ordres, les lois fiscales en Conseil des Finances, les lois militaires en Conseil de la Guerre.

Le roi ne reconnaissait pas de supérieur au temporel dans ses États; mais le Conseil de l'Inquisition lui déniait le droit d'infirmer ses sentences ou de contrarier son action.

Au milieu d'une si terrible bureaucratie, le roi avait fini par perdre toute liberté et toute initiative. Le gouvernement espagnol avait pris quelque chose de l'immobilité hiératique du gouvernement chinois. Le respect des traditions était poussé jusqu'à l'extrême le plus absurde. Quoique les vices du système se fussent fait cruellement sentir dans toutes les branches de l'administration publique, et eussent entraîné l'Espagne à d'irrémédiables désastres, si forte était la routine, si intraitable l'orgueil des grands, et si nombreuse la classe intéressée à perpétuer les abus, que toute tentative de réforme eût semblé une atteinte sacrilège aux lois les plus raisonnables et les plus sacrées.

Les Bourbons se gardèrent bien d'agir à la Pierre-le-Grand. Ils se seraient perdus sans ressource. Ils ne s'annoncèrent pas comme des réformateurs de l'État, mais seulement comme de prudents architectes, désireux de le consolider et de le restaurer.

Les Conseils subsistèrent en entier, et il fut plutôt ajouté que retranché à leurs attributions; mais une habile et constante politique en fit les instruments dociles de la volonté royale, toutes les fois que le roi daigna vouloir quelque chose.

Le titre trop majestueux de Président de Castille tomba en désuétude. Le président inamovible fut remplacé par un gouverneur révocable.

L'influence des procureurs généraux (*fiscales*) grandit et soumit le Conseil au contrôle vigilant de l'autorité royale.

Le roi laissa à son Conseil tous les honneurs que ses prédécesseurs lui avaient décernés ; il lui laissa même le titre d'Altesse ; mais il supprima les gratifications, les commodités, les cadeaux, le sucre, le chocolat, les bonbons que les magistrats se faisaient octroyer aux bonnes fêtes. Il leur donna un traitement fixe en argent et leur défendit de rien accepter qui ne vînt de sa main. Il les tenait ainsi par l'amour-propre et par l'intérêt. Entrer au Conseil de Castille ou des Indes était l'ambition de tout magistrat, de tout administrateur ; mais on n'arrivait à ce poste envié qu'après de longues années de service dans les magistratures inférieures, et après avoir donné des preuves certaines de talent et de docilité. L'Espagne ne connaissait pas la vénalité des charges.

Pour exciter l'émulation de ses magistrats, le roi avait établi entre eux un ordre d'ancienneté ; les conseillers avaient encore quelque chose à ambitionner : ils passaient des Chambres de province et de justice à la Chambre des appels, de celle-ci aux Chambres de gouvernement. Ils entraient à la Chambre de Castille ou à la Chambre des Indes. Le plus ancien portait le titre de doyen et présidait le Conseil en l'absence du gouverneur.

Sous l'apparente complication des rouages, le gouvernement espagnol n'était, en réalité, qu'une dyarchie ; les Conseils des Indes et de Castille faisaient presque toute la besogne.

Les autres Conseils avaient été conservés, bien plutôt par respect pour la tradition que par utilité. Le roi, qui traitait fort courtoisement son Conseil de Castille, était plus bref avec son Conseil des Ordres et fut parfois cassant avec le Conseil de l'Inquisition.

Le Conseil des Ordres n'était qu'une institution de parade, un hochet doré qu'on laissait à la noblesse pour lui faire croire qu'elle avait gardé ses antiques prérogatives. Sa grande occupation consistait à examiner les preuves de noblesse fournies par les chevaliers et à administrer les Etats des Ordres militaires. Le roi aurait pu les administrer directement; il trouva peu d'inconvénient à nommer un alcalde sur la présentation du Conseil des Ordres, au lieu de le nommer à la recommandation du Conseil de Castille; mais quand le Conseil des Ordres voulut étendre ses attributions, et s'ériger en tribunal d'appel de toutes les causes nées sur son territoire, le roi le lui défendit expressément.

Le besoin d'argent étant la maladie chronique des Etats, le roi tenait surtout à avoir les mains libres en matière d'impôts. Il garda le Conseil des Finances, mais à titre de tribunal administratif pour les matières fiscales. Il le démembra en commissions rivales, il ne lui permit jamais de protester contre une mesure quelconque et le plaça toujours en face du fait accompli.

Le Conseil de la Guerre n'eut pas plus d'initiative, et montra tout autant de docilité.

Le Conseil de l'Inquisition garda tout d'abord ses grands airs d'autrefois; mais Charles III lui fit sentir que toute manifestation irrespectueuse serait sévèrement réprimée et pourrait mettre en jeu l'existence du tribunal. Les gens de la Suprême se le tinrent pour dit.

En dehors et au-dessus des Conseils, l'unité de direction fut assurée par la constitution de cinq ministères qui se partagèrent les attributions de l'ancien Secrétaire du Bureau universel.

La création des ministères est une des innovations les plus heureuses des rois bourboniens. Elle permit de placer un spécialiste à la tête de chaque service ; elle donna à l'action gouvernementale une activité et une précision toutes nouvelles.

L'existence des Conseils ralentit la marche des affaires, mais ne la paralysa plus, et assura la continuité des traditions.

Ce fut d'abord à l'étranger qu'il fallut chercher les ministres. Le Français Orry commença à débrouiller le chaos des finances. L'Italien Albéroni sembla ressusciter la grandeur espagnole ; il ne lui manqua peut-être qu'un peu de patience pour faire remonter l'Espagne au rang de grande puissance. Le Hollandais Ripperdà traça tout un programme de réformes économiques.

Peu à peu l'Espagne fournit elle-même ses ministres.

Patiño, d'origine espagnole, mais élevé à Rome, donna l'exemple de la plus sérieuse activité, et travailla avec succès à la renaissance de la marine. Laborieux et désintéressé, courtois et hospitalier, il unissait la gravité castillane à la grâce italienne, et fut le premier et le plus accompli modèle de l'homme d'État espagnol. A son école se forma D. Zenon de Somodevilla, plus tard marquis de la Ensenada et premier ministre de Ferdinand VI, qui continua l'œuvre de Patiño et dont l'influence se fit sentir dans presque tous les services. Charles III essaya de revenir aux ministres étrangers avec le duc de Squillace et le marquis de Grimaldi; l'intransigeance espagnole ne lui permit pas de garder Squillace, et il mit le comte d'Aranda à la tête du Conseil de Castille. L'activité du comte était proverbiale en Espagne ; mais l'originalité de son caractère et la brusquerie de ses saillies déplurent au méthodique Charles III, qui l'envoya comme ambassadeur à Paris, et trouva dans Florida Blanca le ministre selon son cœur.

Florida Blanca est l'incarnation même du régime bourbonien (*el regalismo*). Il n'a point le génie qui fait les grands politiques ; c'est un intendant honnête, intelligent et appliqué, qui gère les intérêts de la monarchie avec la prudence un peu timide d'un homme d'affaires expérimenté, plus préoccupé de conserver le domaine que de l'agrandir. Il n'est pas absolument hostile aux innovations ; mais il ne s'attache qu'aux progrès matériels ; tout ce qui dépasse son intelligence lui paraît chimérique et dangereux. Il voudrait augmenter le rendement des terres, fonder des manufactures, favoriser le commerce ; mais il ne veut toucher à aucun privilège, il ne veut remanier ni les règlements corporatifs ni les taxes douanières. Il ne demanderait pas mieux que l'Espagne eût des naturalistes, des chimistes, des physiciens, des inventeurs ; mais il a horreur de la philosophie et redoute autant la contagion des idées françaises qu'une épidémie ou qu'une invasion. Il est bureaucrate de pied en cap et résume admirablement ce que l'Espagne du siècle dernier eut de meilleur, et ce qu'elle avait d'incomplet.

Godoy représente au contraire les côtés les plus fâcheux du caractère national, la paresse, l'ignorance, le goût de l'intrigue, la manie des titres et des dignités, l'ostentation. Cependant il vit dans un temps plus troublé, dans un milieu plus varié et plus ouvert aux influences extérieures, et il finit par mieux comprendre que Florida Blanca les avantages de la haute culture intellectuelle. Il est plus hardi et plus libéral que le vieux ministre. L'Espagne lui doit quelques institutions utiles et quelques progrès.

Ces hommes ont été les véritables maîtres du pays ; et quand nous parlons du roi, c'est d'eux que nous parlons le plus souvent. A part Charles III, l'Espagne du dix-huitième siècle n'a pas eu de roi.

L'administration provinciale et municipale fut remaniée comme l'avait été le gouvernement central, avec une grande habileté.

Profitant des troubles de la guerre de succession, Philippe V supprima les vice-rois d'Aragon, de Catalogne et de Valence et les remplaça par des commandants militaires, assistés d'une Audience nommée par lui.

Il introduisit en Espagne le régime français des intendants, que ses fils généralisèrent et appliquèrent même aux Indes.

Les provinces furent subdivisées en districts, chaque district eut son corrégidor ou son alcalde-mayor. L'ancienne administration qui concentrait tous les pouvoirs dans la même main disparut, et la division du travail commença de s'opérer entre les divers agents du pouvoir royal.

Le corrégidor garda, il est vrai, dans chaque district les attributions les plus larges et les plus variées; mais il ne les exerçait que dans une circonscription de médiocre étendue, et il avait été dépouillé de la juridiction fiscale au profit du subdélégué de l'intendant. Quand il n'était pas gradué en droit, un alcalde-mayor ou un lieutenant de robe rendaient la justice en son nom. Charles III exigea de ses corrégidors des preuves de savoir et de capacité; il ne les nomma plus que pour trois ans; à l'expiration de chaque période triennale, il les soumit à l'obligation de rendre leurs comptes.

Les corrégidors ne gardèrent un pouvoir réellement arbitraire qu'aux Indes, où il leur arriva souvent de tyranniser les populations; mais l'immensité des colonies espagnoles et l'extrême lenteur des communications rendaient le contrôle royal à peu près inefficace, et la nécessité obligeait de concentrer tous les pouvoirs en un petit nombre de mains. Le Conseil des Indes connaissait les abus, et n'y voyait pas de remède.

Dans les provinces, le partage s'était déjà fait entre les fonctions administratives, judiciaires et financières. Au vice-roi, au capitaine général, au gouverneur le commandement militaire, la police et l'administration générale, à l'Audience la justice, à l'intendant la levée des impôts, le service des finances, le contentieux financier.

Il est bien vrai que les pouvoirs réciproques de toutes ces autorités n'avaient pas été délimités avec une grande rigueur. Les vice-rois des Indes intervenaient dans le jugement des procès; les capitaines généraux d'Espagne présidaient les Audiences, qui s'occupaient de police et d'administration. Les intendants de province cumulaient les fonctions militaires et financières. Il y avait d'incessants conflits entre capitaines généraux, intendants et Audiences ; mais le roi voyait dans ces querelles un moyen de gouvernement et ne se souciait pas de faire disparaître des rivalités qui tenaient ses agents en haleine et sous le contrôle les uns des autres, sans qu'il lui en coûtât rien. D'un autre côté, les encouragements donnés à l'espionnage et le crédit accordé aux dénonciateurs donnaient à l'administration espagnole un fâcheux renom d'hypocrisie, qui n'était pas toujours immérité. Quel gouvernement se passe de notes secrètes ?...

Le régime municipal était organisé de telle sorte que toute tentative de réforme était impossible. Dans la plupart des villes castillanes, les régidorats avaient été vendus par la couronne et étaient devenus héréditaires. Tous les économistes s'accordaient à le regretter et constataient les mauvais résultats d'une administration oligarchique et routinière ; mais, comme il eût fallu rembourser le prix de leurs charges aux régidors propriétaires, tous convenaient que le Trésor n'y eût pas suffi et que la situation était sans remède.

Dans les pays aragonais, l'hérédité des offices municipaux fut supprimée par Philippe V, en vertu du droit de conquête. Un grand nombre d'exceptions au principe furent consenties en faveur des familles restées fidèles à la cause royale ; mais la puissance aristocratique reçut une atteinte des plus sensibles, et presque partout les ayuntamientos furent remplis de sujets dévoués et dociles.

Dans toutes les villes un peu importantes, l'autorité réelle passa aux mains d'un fonctionnaire royal, le corrégidor. Les ayuntamientos soumis à son contrôle direct furent obligés de présenter tous les ans un compte de gestion détaillé, et ne purent engager aucune dépense sans l'assentiment du Conseil de Castille. Pour atténuer autant que possible le mauvais effet de l'hérédité des charges, le roi institua, à côté de chaque ayuntamiento, un comité formé de députés élus, qui firent dans les municipalités une petite place à l'influence populaire.

L'approvisionnement des villes resta soumis à des règles nombreuses et parfois puériles ; mais l'excellente institution des *positos* prévint à peu près tout danger de disette. La police s'améliora, grâce à la création des veilleurs de nuit ; les villes d'Espagne devinrent sûres, et quelques-unes devinrent propres. La bienfaisance reçut une très remarquable impulsion. La fondation d'asiles pour les enfants trouvés (*inclusas*), d'hôpitaux pour les malades et d'hospices pour les vieillards, l'établissement de caisses de retraite et de maisons de prêts sur gages, la création d'écoles professionnelles et de cuisines économiques prouvent que l'Espagne ne resta pas étrangère au grand mouvement philanthropique qui est l'honneur du dix-huitième siècle. La charité privée et l'assistance publique rivalisèrent de zèle pour soulager les malheureux et apportèrent souvent à cette œuvre magnifique une délicatesse et une ingéniosité qu'on ne voit nulle part ailleurs.

Les grands services publics furent convenablement dotés et prirent une énorme extension. La puissance de l'État moderne s'y manifesta tout entière.

La justice fut mise à la portée des justiciables par la création de nombreux corrégidorats et de plusieurs Audiences. En 1804 la publication de la *Novisima Recopilacion* mit un peu d'ordre dans le chaos des lois et des ordonnances. La législation criminelle fut adoucie, la torture tomba en désuétude en Espagne bien avant d'être abolie en France. Malheureusement, la justice resta unie à l'administration; la procédure par écrit resta de règle presque invariable, la marche de la justice continua à être paralysée par le nombre déraisonnable des degrés d'appel et des tribunaux d'exception. Si la probité des magistrats supérieurs fut rarement attaquée, l'avidité des gens de justice et des alcaldes ordinaires passa en proverbe. — Son père est alcalde! (*tiene el padre alcalde*) disait-on d'un homme qui peut tout se permettre sans être réprimé.

L'armée et la marine peuvent passer pour des créations de la monarchie bourbonienne.

Devant l'invasion, le vieil esprit militaire des Castilles s'était réveillé. Presque sans ressources, Philippe V avait mis sur pied une armée famélique mais nombreuse, qui avait chassé les Portugais, les Anglais et les Autrichiens, et qui fit plus tard d'honorables campagnes en Sicile, dans le royaume de Naples et le Milanais.

De 1748 à 1793 l'armée espagnole ne tira pas un coup de canon en Europe. Ferdinand VI et Charles III profitèrent de cette longue période de paix pour mettre la dernière main aux institutions militaires.

Ils créèrent des écoles spéciales pour les différentes armes; ils réorganisèrent les corps de troupe, ils perfectionnèrent l'armement, remirent les places fortes en état de défense. A côté de son armée active, l'Espagne eut 35.000 hommes de milice bien exercés. Elle eut une armée coloniale.

Mais, comme Ferdinand VI et Charles III n'étaient pas des hommes de guerre, leur armée ne fut qu'une grande administration.

Tout était fort beau sur le papier; mais l'esprit militaire faisait partout défaut. L'armée avait d'excellents règlements et manquait d'âme.

Jamais le roi ne parvint à organiser sérieusement le recrutement de ses troupes. Comme l'engagement volontaire ne suffisait pas à maintenir les effectifs au complet, il était obligé de faire appel aux étrangers, et de verser dans ses régiments les filous et les vagabonds des grandes villes.

Les Ecoles militaires n'arrivaient pas à remplir les cadres; plus de la moitié des officiers sortaient des rangs — dans le pays le plus entiché de noblesse qui fut jamais. Les officiers de naissance se sentaient humiliés du voisinage des roturiers, et la carrière militaire en perdait tout son lustre à leurs yeux. Les officiers de fortune se savaient méprisés, en souffraient et faisaient leur service sans entrain et sans émulation.

La vie de garnison, sans liberté, sans ressources ni pour le travail, ni pour la distraction, était intenable. Jamais de campagnes, jamais de manœuvres, l'avancement à l'ancienneté ou à la faveur, tout conspirait à décourager l'officier et à dégoûter le soldat.

Cependant les belles qualités militaires de l'Espagnol permirent à cette armée de battre les Français sur leur propre territoire (1793) et d'arrêter leur élan pendant deux ans au pied des Pyrénées (1794-1795). Attentifs aux grands coups qui furent portés sur les frontières du nord et de l'est, nos historiens se sont peu occupés de la campagne contre l'Espagne ; mais la guerre fut aussi âpre, le terrain aussi bravement disputé en Catalogne et en Biscaye qu'en Alsace ou dans les Flandres.

De 1795 à 1808, de nombreuses réformes de détail furent essayées. Godoy tenta de refaire l'armée espagnole sur le modèle de l'armée française : les ressources, la patience, le génie nécessaires lui manquèrent, il ne put mener à bonne fin aucun de ses projets, et son administration capricieuse fut plus nuisible qu'avantageuse à l'armée.

La marine fut peut-être l'œuvre de prédilection des premiers Bourbons. La nécessité de protéger les Indes contre les convoitises anglaises les obligeait à posséder de puissantes escadres. Comme tout était à tirer du néant, ils firent de la création de la marine une affaire d'amour-propre, et ils lui prodiguèrent l'argent.

Patiño et la Ensenada furent les restaurateurs de la marine espagnole, et Colbert fut leur maître.

L'Espagne eut trois grands ports : Carthagène, Cadiz et le Ferrol.

Elle eut son inscription maritime, son corps de l'épée et son corps de la plume.

Chaque vaisseau eut ses matelots, ses canonniers et sa garnison d'infanterie de marine.

Quand l'art de la construction navale se fut perfectionné à l'étranger, D. Jorge Juan alla étudier la construction anglaise, l'ingénieur Gautier vint enseigner aux Espagnols la construction française.

Les officiers espagnols devinrent des savants. Il y eut parmi eux des naturalistes, des mathématiciens, des astronomes, des géographes. Le gouvernement fonda un observatoire à Cadiz, et une école d'ingénieurs hydrographes à Madrid. Il fit exécuter des voyages de découverte au cap Horn et sur la côte de Californie.

La marine espagnole présentait en 1798 le spectacle le plus grandiose ; mais cette puissance colossale était plus apparente que réelle.

Les rois d'Espagne n'avaient pas su proportionner leur marine aux ressources de leur Etat. Ils avaient creusé et fortifié des ports, construit des arsenaux, lancé des vaisseaux, fondu des canons ; mais ces arsenaux étaient à peu près vides, ces vaisseaux étaient mal gréés, mal pourvus de vivres et de munitions. L'inscription maritime, mal organisée, était devenue la terreur des gens de mer. Levés à chaque instant pour de longues et pénibles campagnes, mal nourris et mal traités à bord, débarqués à la fin de la croisière au premier port d'atterrissage, fût-il à 200 lieues de leur pays, rarement payés de leur solde, les marins désertaient à la première occasion, ou s'établissaient aux Indes, ou achetaient le commissaire de l'Inscription maritime pour ne pas partir.

Jusqu'aux guerres avec la République, le roi trouva

encore quelques matelots ; mais il avait alors peu de bons officiers. Par la suite il eut des officiers, mais il ne trouva plus de marins et remplit ses vaisseaux de pâtres et de mendiants, que la mer terrifiait.

L'Espagne aurait pu avoir 40 vaisseaux bien armés et propres à toute mission. Elle voulut en avoir 80, et n'eut qu'un semblant de flotte sans réelle valeur militaire, comme le prouvèrent, malgré l'héroïsme des marins, les batailles du cap Santa-Maria, du cap Saint-Vincent et de Trafalgar.

Les finances auraient dû attirer, au moins au même titre que la marine, l'attention des rois d'Espagne : c'est peut-être dans ce service qu'ils ont réalisé le moins d'améliorations, et laissé le champ le plus libre aux abus.

Le système financier de la Castille présentait cette particularité que les impôts directs y étaient, pour ainsi dire, inconnus. Presque tous les revenus de l'État provenaient de 22 taxes sur les marchandises et sur l'industrie, des droits sur les laines, des droits de douane, des monopoles du tabac, du sel, du papier timbré, des cartes à jouer, de la poudre et de quelques autres menues denrées. La perception de tous ces impôts occupait une armée de commis et d'agents, entravait les moindres opérations commerciales, entraînait d'innombrables procès et était pour les sujets une source intarissable d'avanies et de vexations.

Philippe V avait remplacé les rentes provinciales dans les pays aragonais par un droit fixe, perçu sur tous les chefs de famille. Charles III aurait voulu étendre cette mesure à tous les pays castillans ; la routine fut plus forte que le roi, les Castillans continuèrent à payer le quint de la neige et la rente du vent.

Les provinces exemptes (Navarre et Vascongades) étaient censées ne pas payer d'impôt ; elles soldaient leurs dépenses et ne laissaient au roi qu'un maigre reliquat ; mais en cas de guerre elles votaient des dons gratuits, elles armaient des régiments et des corsaires.

Les Indes payaient leurs frais d'administration et leurs travaux publics, et versaient, bon an mal an, 145 millions de réaux dans les caisses du roi.

Il n'y avait pas en Espagne de classes privilégiées pour l'impôt. Le clergé était soumis à un grand nombre de taxes, et le roi donnait en outre des pensions sur les meilleurs bénéfices.

La noblesse payait l'impôt des *lanzas*.

Les fonctionnaires abandonnaient six mois de gages à leur entrée en charge.

Avec tout cela le roi se faisait un revenu d'environ 650 millions de réaux. Mais les dépenses, ramenées au strict nécessaire, dépassaient les recettes de plus de 8 millions et dans certaines années le déficit s'éleva à 800 millions.

Pas un roi d'Espagne au dix-huitième siècle n'eut son budget en équilibre ; le gaspillage prit sous Charles IV des proportions inouïes.

Alors vint la série des emprunts, des édits bursaux, des expédients désespérés. De 1770 à 1808 l'Espagne emprunta plus de seize cents millions de réaux. Les exigences du fisc ruinèrent les chambres de commerce, les corporations majeures de Madrid, la banque de Saint-Charles. On commença la spoliation du clergé et la liquidation des biens de majorat. Quatre cents millions de réaux furent engouffrés dans la caisse d'amortissement des bons royaux, qui malgré tout perdaient 58 pour cent en 1808.

Avec cette ruine imminente nous touchons du doigt le défaut capital des monarchies absolues. Quelques hommes de valeur avaient un instant relevé l'Espagne ; mais à Charles III succéda Charles IV, et Charles IV abandonna le gouvernement à la reine et à Godoy. La corruption des maîtres excusait d'avance celle des valets, la probité disparut devant le favoritisme, et l'Espagne commença de rouler dans le bourbier, d'où quatre-vingt-dix ans d'efforts convulsifs n'ont pu la tirer.

Les désastres et les hontes du règne de Charles IV ne doivent pas rendre l'historien injuste pour les règnes précédents. Le despotisme éclairé était le seul régime applicable à l'Espagne du dix-huitième siècle ; il lui a donné en somme quatre-vingts ans de paix et de bonne administration, il a respecté autant que possible ses institutions nationales ; et rien de ce qu'il a détruit ne vaut la peine d'être regretté. Si la renaissance attendue après tant d'efforts a été tardive et incomplète, c'est précisément parce que le despotisme des Bourbons a été trop traditionaliste et parce que les hommes qui ont gouverné l'Espagne en notre siècle ne se sont jamais ralliés sincèrement à la cause du progrès et de la liberté. Ils ont regardé vers le passé, ils ont rêvé je ne sais quelles résurrections impossibles. Le passé a de grandes beautés pittoresques, son étude est pleine de charme, mais il est mort, et c'est le présent que doivent regarder les nations curieuses de vivre.

L'ESPAGNE DE L'ANCIEN RÉGIME

LES INSTITUTIONS

CHAPITRE PREMIER.

LE ROI ET LES MINISTRES.

I. — Caractères de la royauté espagnole.

L'Espagne était gouvernée par une monarchie héréditaire. D'après l'ancienne loi espagnole, les femmes succédaient au trône à défaut d'héritier mâle de même degré. En 1713, Philippe V décida, avec l'assentiment des Cortès, que les femmes ne seraient désormais appelées au trône qu'à défaut de tout héritier mâle en ligne directe ou collatérale, quel que fût son degré. Les princes nés à l'étranger devaient perdre leurs droits à la couronne (1). C'était une sorte de loi salique mitigée, destinée à empêcher l'avènement d'une nouvelle dynastie étrangère en Espagne. Elle parut bientôt gênante aux monarques espagnols, qui la modifièrent à leur gré. L'infant D. Carlos, fils de Charles III, était né à Naples et se trouvait exclu du trône par la Pragmatique de 1713; la couronne revenait à l'infant D. Luis, dernier fils de Philippe V.

---

(1) *Nov. Rec.* III, 1, 5. 10 mai 1713. — Baudrillart, *Philippe V et la Cour de France*, p. 516.

Pour sauvegarder les droits de son fils, Charles III déclara inhabiles à succéder les princes espagnols qui contracteraient un mariage morganatique (*desigual*), et il fit épouser à D. Luis une simple dame noble, doña Teresa de Vallabriga. Charles IV, à son tour, se crut menacé de ne laisser que des filles ; il proposa aux Cortès de 1789 d'abolir la Pragmatique de 1713 et de revenir purement et simplement au vieux droit national. Les Cortès votèrent avec joie l'abrogation d'une loi qui n'avait jamais été populaire ; mais le roi ne jugea pas à propos de publier leur décision. Réellement votée en 1789, la loi ne fut promulguée que le 29 mars 1830, pour assurer le trône à Isabelle II, et parut à beaucoup de gens n'être qu'une loi de circonstance (1). La proclamation du souverain se faisait avec une grande solennité. Le portrait du roi était exposé aux regards du peuple, sur le balcon de l'hôtel de ville de chaque cité, en présence du corrégidor ou de l'intendant et des chefs militaires. L'alcalde déployait la bannière royale, et le héraut criait à deux reprises : « Castille ! « Castille ! pour le noble roi Don N... que Dieu nous con-« serve (2) ! »

La cérémonie du sacre n'existait pas en Espagne, parce que le roi, souverain de vingt-deux royaumes, eût dû rigoureusement se faire sacrer dans ses vingt-deux capitales. Il faisait à Madrid une entrée solennelle qui équivalait à une prise de possession officielle.

Les Cortès étaient convoquées pour recevoir le serment de fidélité du roi aux lois du royaume, et pour lui prêter serment au nom de ses sujets. Elles juraient aussi fidélité aux héritiers du trône qui recevaient le titre de princes des Asturies, sans que ce titre leur donnât d'ailleurs aucun droit politique sur les terres de la principauté.

La monarchie espagnole était une monarchie absolue. « Dans notre bas peuple, dit Campomanès, il n'y a pas « d'opinion plus enracinée que celle-ci : le roi est le seigneur « absolu des vies, des biens et de l'honneur de tous. Mettre

---

(1) La Fuente, *Historia general de España*, t. XIX, p. 226.
(2) *Guipuzcoano instruido*, v° Proclamaciones reales.

« cette vérité en doute est tenu pour une espèce de sacrilège(1). »
Le libéral Jovellanos reconnaissait lui-même que, « selon le
« droit public de l'Espagne, la plénitude de la souveraineté
« réside dans le monarque, et qu'aucune partie, aucune
« portion de cette autorité n'existe ni ne peut exister chez
« aucune autre personne et chez aucun autre corps (2). »

Ainsi le peuple se résignait à tous les abus, en disant :
« Ainsi le veut le roi ! » (*Asi lo quiere el rey*.) Il n'y avait
d'opposition ni dans la bourgeoisie, ni dans la noblesse, ni
dans le clergé, et le roi, signant ses décrets de la formule
autocratique : « Moi, le roi », proclamait lui-même son absolu
et souverain pouvoir.

Cependant, quoiqu'il n'y eût théoriquement aucune
différence entre le pouvoir du roi d'Espagne et celui du Grand
Turc, l'un commandait à des chrétiens et l'autre à des musulmans, l'un à des civilisés et l'autre à des barbares ; et de cette
différence dans la qualité des sujets résultait une différence
profonde entre les deux monarchies.

Les Espagnols se sentaient libres, et n'entendaient pas
raillerie là-dessus. « Si nous sommes des esclaves, s'écrie
« Campomanès, eh bien ! qu'on nous mène au marché. Si
« nous sommes des hommes libres, qu'on nous garde nos
« droits (3). » L'Espagnol prétendait raisonner son obéissance :
un paysan de la Mancha disait « que le roi est roi pour tous,
« et qu'autrement ce serait seulement un homme comme
« tous les autres (4). » Campomanès se rencontrait avec
l'humble *Manchego* quand il écrivait « que la dignité royale,
« faisant d'un homme le seigneur de tous, en fait en quelque
« manière le serviteur du public (5) ».

Ces justes idées étaient fortifiées par le souvenir des libertés
anciennes. Un temps avait été où les impôts et les lois
étaient votés en Cortès, où le roi rendait la justice en personne,
où le moindre vassal pouvait être entendu ; l'Espagnol se

---

(1) Campomanès, *Cartas politico-economicas*. Carta IV.
(2) Jovellanos, *Consulta*, f° 1.
(3) Campomanès, *Cartas politico-econ*. Carta III.
(4) Morel-Fatio, *Études*, II, p. 335.
(5) Campomanès, Carta IV.

souvenait de toutes ces choses. Pour quelques érudits, ces anciennes lois existaient toujours virtuellement ; il ne s'agissait que de les remettre en vigueur. C'est dans ce sens que Jovellanos assurait que l'Espagne avait une constitution : « Qu'est-ce qu'une constitution, disait-il, si ce n'est un en-
« semble de lois fondamentales qui déterminent les droits
« du souverain et des sujets, et les meilleurs moyens de
« préserver les uns et les autres ? Qui peut douter que
« l'Espagne n'ait de telles lois, et ne les connaisse ? — Mais il
« y en a que le despotisme a minées et détruites ! — Bien ;
« qu'on les rétablisse ! — Mais il manque quelques bonnes
« lois pour assurer l'exécution de toutes les autres. — Bon !
« qu'on les fasse ! et notre constitution sera faite, et enviée
« de tous les peuples de la terre (1). »

Malheureusement il est aussi impossible de rappeler à la vie les lois abrogées par l'usage que de ressusciter des morts. Les anciennes libertés espagnoles n'étaient plus au XVIII° siècle que des documents d'archives, et Campomanès avait raison de dire que l'Espagne n'avait pas de constitution. La puissance absolue du roi lui paraît très dangereuse. Le roi ne peut plus se rendre compte des besoins de ses peuples, et comme il lui est impossible d'entendre ses vassaux : « c'est comme s'il résidait au Japon ou en Californie. » Les Conseils de la monarchie sont paralysés par la masse énorme des affaires. Les Pragmatiques qui paraissent chaque jour ne font qu'embrouiller la législation. La grandesse, enrichie des dépouilles royales, est semblable au paon qui a « beaucoup de plume et peu de chair ». Le luxe de la cour dissimule mal la pauvreté du monarque : « Nous
« sommes, dit Campomanès, dans la situation d'un marchand
« en faillite qui se promène tous les jours en carrosse pour
« éblouir ses créanciers. Rien de plus brillant que notre
« cour, rien de plus pauvre que notre caisse (2) ».

Le désordre et la confusion étaient tels en 1700 que les Espagnols avaient coutume de dire « qu'après un siècle de

---

(1) Jovellanos, *Consulta*, f° 5.
(2) Campomanès, *Cartas politico-economicas*. Carta II.

« mauvais gouvernement, ils n'avaient plus de gouverne-
« ment du tout (1) ». Les Bourbons essayèrent de débrouiller
ce chaos ; mais ils se heurtèrent à des abus séculaires ; on
leur opposa une force d'inertie presque invincible ; ils
durent agir avec une extrême prudence pour ménager les
intérêts et les préjugés de leurs sujets. Ils n'osèrent toucher
à aucune des vieilles institutions de la monarchie, ils cherchèrent seulement à y faire pénétrer un esprit nouveau, et
à fortifier partout la prérogative royale.

Les Espagnols leur ont su mauvais gré de ces tentatives.
Un auteur contemporain déclare qu'en Espagne « absolu-
« tisme est synonyme de pauvreté, de misère, de férocité, de
« fanatisme, d'ignorance et de dégradation » (2). Il serait probablement plus juste de reconnaître que le « despotisme
éclairé » était la seule force capable de retirer l'Espagne
de la fondrière où elle s'enlisait. Campomanès, qui connaissait bien ses compatriotes, et sentait mieux que tout autre
la nécessité des réformes, avoue nettement qu'il ne faut
rien attendre de la nation. Ni la grandesse qui remplissait
les Conseils, ni l'aristocratie provinciale qui gouvernait
les villes, ni le clergé, inféodé à la Cour de Rome, n'avaient
d'autre idéal que de maintenir tant bien que mal l'édifice
politique construit par Charles-Quint et Philippe II ; on
n'imaginait pas qu'il fût plus permis d'innover en politique
qu'en religion, et l'on pensait, comme le dicton populaire,
que : « le plus vieux est toujours le meilleur ». Dans une
société aussi routinière, le mouvement ne pouvait venir
que du monarque, et pour que le roi pût entraîner la nation,
il fallait qu'il fût armé d'un pouvoir vraiment dictatorial.
C'est ce que Campomanès marque très bien en disant que le
respect universel du peuple espagnol pour l'autorité royale
« sera précisément le principal nerf de la réforme » (3).

La royauté espagnole acquit au cours du xviiie siècle une
force qu'elle n'avait jamais eue jusqu'alors. Les provinces

---

(1) Coxe, *L'Espagne sous les Bourbons*, t. I, p. 180. Lettre de Louis XIV au comte de Marsin.
(2) Almirall, *L'Espagne telle qu'elle est*, p. 35.
(3) Campomanès, Carta IV.

aragonaises furent soumises au même régime que les pays castillans. La création des intendants, la multiplication des corrégidors rendirent l'autorité royale partout présente. Le corps ecclésiastique fut placé sous le contrôle direct du roi. Le roi disposa d'une armée nombreuse et d'une flotte formidable. Malheureusement les souverains espagnols manquèrent de génie et de hardiesse, et ne surent pas prendre franchement parti entre les intrigues qui se disputaient leur volonté.

Deux courants principaux se firent sentir dans l'Espagne du xviii° siècle : l'influence progressiste de la France, et l'influence conservatrice du clergé. A première vue il semble que les idées françaises aient eu l'avantage. Les Bourbons apportèrent avec eux en Espagne « l'instinct d'une royauté « réparatrice, la netteté des idées françaises, l'esprit d'ordre « administratif, d'activité et d'investigation » (1). Philippe V eut des ministres presque révolutionnaires, comme Orry, Albéroni et Ripperdà. Ferdinand VI se montra beaucoup plus timide que son père ; mais avec Charles III l'influence française redevint prédominante et se traduisit au dehors par le Pacte de Famille, au dedans par l'allure résolument réformatrice du gouvernement.

Les Espagnols sont en général très sévères pour le Pacte de Famille. Ils y voient une sorte d'abandon de la politique nationale de l'Espagne, une subordination humiliante de l'Espagne à la France. Ils ne songent pas que l'Espagne n'eût pu rejeter l'alliance française que pour se placer sous le protectorat bien plus hautain et bien plus onéreux de l'Angleterre, car « le seul moyen de se passer d'alliances eût « été d'imiter les autres nations, et de grandir comme « elles (2) ». Le Pacte de Famille a été comme la première ébauche de l'union latine, chimère aujourd'hui qui demain sera peut-être le salut. Charles III a bien fait de s'allier à la France, et Charles IV eût perdu probablement son trône

---

1) De Mazade, *La monarchie absolue en Espagne*, Rev. des Deux-Mondes, 1er août 1860.
(2) Coxe, *L'Espagne sous les Bourbons*, t. IV, p. 116 (note).

dix ans plus tôt s'il n'avait accepté l'alliance du Directoire et de Napoléon.

A l'intérieur, ce sont bien les idées françaises qui triomphent; ce sont elles qui donnent à l'administration espagnole sa tendance à l'uniformité et à la symétrie. Nos philosophes pouvaient bien être regardés comme des hérétiques; mais leurs écrits et leurs méthodes ne s'en répandaient pas moins de l'autre côté des Pyrénées; c'est vers eux qu'allait l'élite de la nation.

La majorité restait malheureusement étrangère et hostile à toute innovation, et c'est pourquoi l'œuvre de Charles III fut si peu décisive. Au fond, le clergé réactionnaire resta le maître de l'âme espagnole.

Il suffit de lire le testament de Charles II pour bien comprendre le caractère clérical de la vieille monarchie espagnole. Le roi recommande à son successeur d'être, « pour son « propre bien et pour celui de ses peuples, grand zélateur de « la foi et parfaitement obéissant au Saint-Siège apostolique, « de vivre et de procéder en toutes ses actions comme prince « catholique, craignant Dieu et désireux d'observer ses com- « mandements ». Il lui enjoint d'honorer l'Inquisition, de protéger le clergé, de favoriser les Ordres religieux. Il dit que « la religion catholique romaine s'est gardée et se garde « encore dans tous ses royaumes, états et seigneuries, et que « pour la maintenir, conserver et défendre, ses glorieux pré- « décesseurs ont employé et même engagé leur patrimoine « royal, *préférant l'honneur et la gloire de Dieu et de sa* « *sainte loi à leurs intérêts temporels* ». Il prie ses successeurs « *de gouverner plutôt par des motifs de religion que par des* « *considérations d'État et de politique, préférant le service* « *de Dieu et l'exaltation de la Foi à leurs propres avanta-* « *ges* » (1).

Cet asservissement de la puissance publique au clergé était certainement contraire au progrès. Si le catholicisme peut apparaître aujourd'hui, à de très bons esprits, « comme « une forme religieuse tout aussi capable que d'autres de per-

---

(1) Testament de Charles II. Art. 8, 9 et 10.

« mettre le développement infini du progrès » (1), il n'en était pas de même du catholicisme aristocratique, intolérant et routinier du dernier siècle, qui s'était allié aux princes pour profiter de tous les abus, et condamnait comme erreur tout ce que son ignorance l'empêchait de comprendre.

Cependant les princes de la maison de Bourbon ont suivi scrupuleusement les conseils de Charles II. Ils ont tous été de dévots catholiques. Les ministres les plus novateurs ont toujours protesté de leur dévouement à la religion. Macanaz disait : « Quand la religion est traitée comme elle le mérite, « la monarchie est ce qu'elle doit être » (2.) Il faut arriver jusqu'à Godoy pour trouver dans le langage d'un ministre espagnol quelque trace d'hostilité envers le clergé.

II. — Les Rois.

L'Espagne a joué de malheur avec ses rois. Ses anciennes dynasties nationales sont déjà très mêlées, et les deux dynasties étrangères qui la gouvernent depuis le XVI° siècle ont présenté l'une et l'autre le phénomène d'une très rapide décadence. Il semble que ni l'une ni l'autre n'ait pu s'acclimater.

De 1700 à 1808 cinq rois se sont succédé sur le trône d'Espagne. Un seul, Charles III, s'est montré à la hauteur de sa tâche. Les autres n'ont été que des hommes de la dernière médiocrité.

Philippe V était le second fils du grand dauphin et de Marie-Anne-Christine-Victoire de Bavière. Monseigneur avait la mine d'un gros fermier allemand (3). « Sans vices ni ver« tus, absorbé dans sa graisse et dans ses ténèbres, sans con« versation, sans sentiment, sans pensée, il ne fut jamais « rien, ni de rien (4). » Sous cette grosse enveloppe il cachait un caractère fantasque et cruel. « Son plus grand plaisir

---

(1) De Laveleye, *Le Socialisme contemporain.*
(2) « Estando la religion como merece, esta la monarquia como se debe. » A. Ferrer del Rio, *Reynado de Carlos III*, t. IV, p. 150.
(3) Brunet, *Corresp. de Madame*, I, p. 223.
(4) Saint-Simon, *Mémoires*, t. IX, p. 152.

« était de faire de la peine aux gens » (1). Ceux qui le connaissaient le mieux le disaient superstitieux, terriblement débauché, incapable d'amitié pour personne (2). La dauphine, « affreusement laide et maladive » (3), passa sa vie entre l'ennui et la grossesse, renfermée dans de petits cabinets derrière son appartement, sans vue et sans air, ce qui, joint à son humeur naturellement mélancolique, lui donna des vapeurs; pour se guérir de ces maux imaginaires, elle prit des remèdes violents qui ruinèrent sa santé et causèrent sa mort.

Issu de ces deux tristes personnages, Philippe V portait sur son visage la gravité — disons l'ennui — « dont il avait « été prévenu dès le ventre de Madame sa mère » (4). Vivant toujours seul avec ses deux frères (5) de Bourgogne et de Berry, et fort mal élevé, au dire de Madame, il ne se faisait remarquer que par son humeur sombre et son mutisme. « Il « fallait qu'il connût bien les gens pour leur dire une couple « de mots (6). » Il parlait lentement, sur un ton désagréable, et si l'on notait quelque justesse dans ses propos, il était difficile de découvrir quelque énergie chez ce prince hésitant, docile, abruti par l'éducation de cour, tout en vertus négatives, ne sachant de son rôle royal que ce qui tient à la représentation. Qu'on aille voir au Louvre le beau portrait de Philippe V peint par Rigaud. Rien de charmant comme ce majestueux garçonnet, vêtu de velours noir à la mode d'Espagne, le cou pris dans la golille, une main sur sa rapière à coquille et l'autre sur sa couronne. Mais cherchez une pensée dans ces vagues yeux bleus, sur ce front étroit et bombé : vous n'y verrez que l'orgueil du sang, rien qui annonce l'intelligence ou la volonté.

---

(1) Brunet, *Corresp. de Madame*, I, p. 281. — Rolland, *Lettres inédites de la princesse Palatine*, p. 78.
(2) Id. p. 203.
(3) Id. p. 10.
(4) Baudrillart, *Philippe V et la Cour de France*, p. 41. (L. de Mme de Maintenon au duc d'Harcourt, 3 déc. 1700.)
(5) Rolland, *Lettres inéd. de la princesse Palatine*, p. 175. L. du 23 mars 1797.
(6) Brunet, *Corresp. de Madame*, II, p. 208 (2 janvier 1720).

À peine en Espagne, Philippe V s'ennuie. « Il faut occuper « toutes ses heures, remplir sa journée autant que possible « pour tâcher d'absorber l'ennui qui le tourmente déjà (1). »

On le marie et il a la chance d'épouser une princesse charmante, qui devient bientôt « la divinité de l'Espagne » (2). Louise-Marie-Gabrielle de Savoie a été le bon génie de Philippe V. C'est elle qui lui a inspiré ses résolutions les plus héroïques. Après la mort de Louise de Savoie, Philippe épousa Elisabeth Farnèse, qui n'était pas seulement « une « grasse Lombarde bien empâtée de beurre et de parmesan », mais aussi une femme très haute et très obstinée, dont Michelet a dit « qu'elle alla à l'aveugle jusqu'à ce qu'elle eût « fait son fils roi et son mari idiot » (3). Poussé par elle, Philippe V se laissa imposer Albéroni, se laissa engager dans une guerre gigantesque que l'Espagne était incapable de soutenir, perdit sa flotte, perdit ses soldats, perdit son argent pour la paix de son ménage.

Cependant il avait lui aussi son idée fixe : Elisabeth voulait une couronne pour son fils D. Carlos; lui voulait devenir régent, et peut-être roi de France. En 1724 il crut toucher au but ; Louis XV semblait condamné ; il abdiqua en faveur de son fils aîné D. Luis et se retira avec la reine à Saint-Ildefonse. Louis XV ne mourut pas, et on ne sait ce qui serait advenu si Louis Ier n'était pas mort, juste au moment où il commençait à prendre sa royauté au sérieux (4). Beaucoup de gens sensés, et parmi eux Bermudez, confesseur du roi, s'opposèrent au retour de Philippe aux affaires ; on le connaissait, on le savait incapable et voué à perpétuité à la politique italienne d'Elisabeth. Mais la reine s'ennuyait mortellement à Saint-Ildefonse; la nourrice de la reine fit au roi une scène terrible, et Philippe V se résigna à remonter sur son trône (5). Dès 1727 il commençait à donner des signes de dérangement d'esprit. Il resta enfermé dans son appartement pendant presque toute l'année 1728, et

---

(1) Coxe, I, p. 186. (Instr. de Louis XIV au comte de Marsin.)
(2) Saint-Simon, *Mémoires*, t. VIII, p. 92.
(3) Michelet, *Régence*, p. 18.
(4) Coxe, III, p. 102, p. 116.
(5) 6 sept. 1724.

ne reprit le gouvernement que dans l'hiver de 1729 (1). En 1730 il reparla d'abdication, et mena pendant plusieurs mois l'existence la plus étrange, déjeunant à la chute du jour, dînant à une heure du matin, pêchant à trois heures de la nuit, en plein hiver, et se mettant au lit au lever du soleil (2). Il avait abandonné Madrid et résidait tantôt à Séville, tantôt à Cadiz ou à Grenade, ou dans de misérables bourgades comme Cazalla où la cour ne trouvait pas à se loger (3). L'ouverture de la guerre de succession de Pologne l'arracha enfin de sa torpeur; il rentra à Madrid et continua à gouverner jusqu'à sa mort; mais il engagea l'Espagne dans deux guerres inutiles, et ne sut jamais avoir une volonté. Son indécision était telle qu'il lui fallait chaque matin entretenir son confesseur, et qu'il lui arrivait pendant la journée de demander par écrit un avis, un conseil, presque un ordre pour rassurer sa conscience (4). Il était souvent repris de ses humeurs noires; il restait au lit la plus grande partie du temps, ne se levant guère que la nuit pour prendre ses repas. Après avoir passé toute sa vie dans la dévotion, il mourut sans confession, frappé d'une apoplexie foudroyante qui ne permit même pas d'appeler le médecin (5). Ce fut, en somme, un prince des plus médiocres, et c'est seulement en le comparant à Charles II qu'on a pu voir en lui un roi.

Ferdinand VI eut le mérite de renoncer à la politique d'expansion en Italie, où son père s'était maladroitement engagé. Mais si Ferdinand VI a eu plus de bon sens, il a eu moins d'activité encore que Philippe V, dont il paraît avoir été une copie assez gauche et assez effacée. Né en 1712 d'une mère phtisique et d'un père hypocondriaque, petit de taille, faible de constitution, de physionomie lourde et vulgaire (6). Ferdinand VI fut sujet comme son père à des accès d'humeur noire qui à la fin de sa vie allèrent jusqu'à la

---

(1) Rodriguez Villa, *Patiño*, p. 67.
(2) Id. p. 80.
(3) Id. p. 77.
(4) Baudrillart, *Philippe V et la Cour de France*, p. 625.
(5) Coxe, III, p. 503.
(6) Coxe, IV, p. 45.

démence (1). Comme son père il se laissa gouverner par sa femme, par son ministre et son confesseur. La reine D. Barbara de Portugal était d'une telle laideur qu'on ne pouvait la regarder sans éprouver un sentiment pénible (2). Les Espagnols l'aimaient parce qu'elle avait été élevée à la mode d'Espagne (3). C'était une bonne et pieuse femme ; mais elle avait tout juste la grandeur d'âme d'une petite bourgeoise casanière, routinière et obsédée de la crainte de « manquer » (4).

La seule passion de Ferdinand VI et de sa femme fut la musique, et leur favori fut un ténor napolitain, Carlo Broschi, élève de Bernacchi et de Porpora, qui, sous le nom de Farinelli, avait parcouru les théâtres d'Italie, chanté à Vienne et à Londres, et excité partout le plus grand enthousiasme par l'étendue, la douceur et la flexibilité extraordinaires de sa voix (5). Appelé en 1737 à la cour d'Espagne pour distraire Philippe V, il réussit à merveille dans cette tâche difficile ; et comme le roi, charmé, lui demandait de formuler un vœu, il répondit modestement : « qu'il s'estimait « trop heureux d'avoir eu le bonheur de plaire à Sa Majesté et « qu'il ne lui demandait que de bien vouloir s'occuper des « affaires de l'Etat ». Cette adroite réponse fit tout de suite de l'artiste une manière de grand homme ; et pour qu'il ne

---

(1) Le roi eut un tel chagrin de la mort de la reine qu'il en perdit à peu près l'esprit : « Il ne veut pas qu'on lui fasse la barbe, et il se promène en robe de chambre et en chemise. Celle-ci n'a pas été changée depuis un temps incroyable. Il ne s'est pas couché pendant dix nuits. On croit qu'il n'a pas dormi cinq heures depuis le 2 de ce mois. » Lettre du comte de Bristol à M. Pitt, 13 nov. 1758. — Coxe, IV, p. 263.

(2) Coxe, III, p. 286. Lettre de Keene à M. de la Faye. Badajoz, 20 janvier 1729, id. III, p. 193.

(3) « La compañera destinada al principe nuestro señor es española, hijá de « las Majestades de los Reyes de Portugal, sobrina de la reina Catolica nuestra « ama, del Emperador, etc. educada preciosamente, y finalmente *española*, que « me prometo sea la mejor princesa de todo el orbe cristiano. » Lettre de D. J. B. Orendayn au marquis de los Balbases, 13 oct. 1727. — Rodriguez Villa, *Patiño*, p. 70.

(4) En 1749 elle fit don, au couvent des Capucins de Madrid, d'un ornement brodé par elle, « présent d'autant plus estimable que la dame ne se faisait pas « remarquer par sa libéralité ». Amador de los Rios, *Historia de Madrid*, t. IV, p. 180.

(5) Sa voix parcourait deux octaves et demie. — Morel-Fatio, *Etudes*, t. II, p. 102.

perdît rien à se montrer si désintéressé, le roi lui accorda un traitement de 135.000 réaux, un logement à la cour, une voiture à deux mules pour suivre la cour dans ses déplacements. Le roi lui donna en outre son portrait, entouré de brillants, la reine un nœud de brillants de 4.000 *pesos*, le prince des Asturies une montre, une boîte d'or, un nœud en diamants pour le chapeau, une bague de 1.000 doublons, le cardinal-infant D. Luis lui fit une pension de 4.000 ducats. Devenu roi, Ferdinand VI nomma Farinelli surintendant des théâtres et des spectacles de la cour, et il sut organiser au Retiro et à Aranjuez des fêtes splendides ; les bois étaient illuminés *a giorno*, les instruments et les voix se répondaient à intervalles réglés et faisaient une harmonie délicieuse « qui surpassait l'entendement ». Les graves Espagnols murmuraient de la faveur du « *chapon* », et s'indignaient que les cantatrices italiennes appelées par lui en Espagne fussent reçues à Barcelone, et accompagnées jusqu'à Madrid, « comme s'il se fût agi d'un grand capitaine qui eût « gagné une grande bataille ». Mais Ferdinand VI et la reine Barbara aimaient leur ténor et ne se rassasiaient pas de l'entendre. Il n'est que juste d'ajouter que Farinelli usa de sa faveur en fort honnête homme, et ne chercha jamais à sortir de ses attributions pour jouer un rôle dans l'État (1).

Le vrai maître de la monarchie sous le mélomane Ferdinand VI fut le jésuite Ravago, confesseur du roi. Le bon Père était, paraît-il, peu instruit et timide, et ne faisait que transmettre au roi les avis d'une junte de Religieux de son ordre, très versés dans la diplomatie (2). C'était donc un comité de jésuites qui gouvernait l'Espagne.

Ferdinand VI comprenait si mal les intérêts de sa couronne qu'il fut sur le point de céder la Galice au Portugal en échange du Sacramento. L'opposition du roi de Naples, héritier présomptif du trône d'Espagne, fit échouer ce projet ; mais

---

(1) Carmena y Millan, *Cronica de la opera italiana en Madrid, desde el año de 1738, hasta nuestros dias*. Madrid, 1878, in-4°, p. XLI-LVI.

(2) Coxe, *L'Espagne sous les Bourbons*, t. IV, p. 61. Lettre de Keene au duc de Bedford. Madrid, 8 sept. 1749. — Cf. Menendez Pelayo, *Historia de los heterodoxos españoles*, III. 1. p. 60.

le marquis de la Ensenada, qui l'avait averti, fut disgracié, et rien ne marqua mieux la nullité du roi que l'embarras où il se trouva après le départ de son ministre. Il se montra si inquiet, si accablé que la reine se promit bien de ne plus proposer le renvoi d'aucun ministre, de peur de voir le roi retomber dans un pareil état (1).

Avec Charles III l'Espagne eut un véritable roi, le seul qu'elle ait eu depuis Philippe II. Fils aîné de Philippe V et d'Élisabeth Farnèse, Charles III avait l'humeur enjouée, l'activité d'esprit et la ténacité sans bornes de sa mère. Il tenait de son père un goût immodéré pour la chasse (2) et la passion des bâtiments. « Ce seigneur mourra de la maladie « de la pierre », disait de lui Esquilache (3).

Charles III n'avait point une physionomie banale. Franchement laid avec son teint rouge brique, sa figure osseuse, ses gros sourcils, son nez immense, sa grande bouche en trait de scie et son menton de galoche, il avait un corps sec et nerveux qu'il promenait par tous les temps, sans en éprouver jamais le moindre mal. « Bah ! disait-il, la pluie « ne brise pas les os (4) ! »

Le trait dominant de son caractère est l'équilibre parfait des facultés. Jamais homme ne fut plus maître de lui, ni d'une plus olympienne sérénité. Qu'on le voie à Parme ou à Naples aux belles années de sa jeunesse, discutant à Madrid avec les chefs du peuple révolté, ou présidant à Aranjuez le conseil des ministres, il apparaît toujours grave et digne,

---

(1) Coxe, *op. cit.* t. IV, p. 228 — Lettre de Keene à Pitt, 6 mars-21 avril 1757.

(2) D. Antonio Ferrer del Rio s'indigne des « trivialités » de Coxe au sujet de la passion du roi pour la chasse. « Le roi, dit-il, y prenait son divertisse-« ment à l'heure où le dernier écrivain des dépendances du palais se récréait « à la promenade, ou en tout autre lieu qui lui plaisait. » (T. IV, p. 265.) C'est mal comprendre les choses. Il n'est pas trop évident que Charles III avait le droit de chasser. La seule question intéressante est de savoir s'il n'a pas souvent négligé ses devoirs de roi pour satisfaire ses goûts, et il est bien difficile de croire qu'un prince qui chassait en moyenne un tiers de la journée n'a pas souvent abrégé le conseil pour aller plus vite « courre le loup ». — Cf. Coxe, *L'Espagne sous les Bourbons*, t. IV, p. 513. Lettre de lord Rochefort au comte d'Halifax, 13 janvier 1764.

(3) Ferrer del Rio, *Historia de Carlos III*, t. IV, p. 280.

(4) Coxe, *op. cit.* t. VI, p. 7.

avec la même nuance d'allègre affabilité. Cette égalité d'âme semble avoir été pour lui la première des vertus royales ; il s'est étudié à la préserver de toute atteinte, et l'a protégée autant qu'il l'a pu contre l'influence troublante de la passion. Il se vantait de n'avoir jamais aimé d'autre femme que son épouse, la reine Marie-Amélie de Saxe. Resté veuf en 1761 à l'âge de quarante-trois ans, il fit vœu de ne pas se remarier, et jamais la malignité des courtisans ne trouva à s'exercer sur ses mœurs. Véritable Saint-Louis égaré en plein dix-huitième siècle, quand les ardeurs de son tempérament troublaient son sommeil, il se levait et se promenait pieds nus dans sa chambre, jusqu'à ce que le froid de la nuit eût calmé sa fièvre (1). Sa vie était réglée comme celle d'un moine. Les jours et les heures ramenaient invariablement les mêmes occupations, les mêmes divertissements, et jamais il ne parut trouver d'ennui à cette monotone uniformité : il y voyait une discipline salutaire qui le préservait du choc trop brutal de l'imprévu. Il n'échappait point d'ailleurs aux légers ridicules des gens trop ordonnés. Ses amusantes manies ont souvent exercé, au grand scandale des Espagnols, la verve des ambassadeurs étrangers (2). Le soin qu'il apportait à atténuer la vivacité de ses impressions finit aussi par assoupir ses sentiments. Naturellement bienveillant et sociable, il apprécia surtout les affections tempérées où l'on reçoit plus qu'on ne donne, et où le sacrifice est inutile. Sorti d'Espagne à l'âge de treize ans (1731), il ne revit jamais son père, et ne retrouva sa mère que vingt-huit ans plus tard ; il lui témoigna beaucoup de respect, mais ne lui rendit aucune influence dans ses conseils (3). Il suivit envers son frère et sa sœur une conduite très politique. Sa sœur Marie-Anne-Victoire, reine douairière de Portugal, ne lui portait aucun ombrage. Il se montra pour elle le plus aimable des frères ; il l'invita à le venir voir, il la fêta durant toute une année, et lui donna tant de marques de sa

---

(1) Antonio Ferrer del Rio, *Historia de Carlos III°*, t. I, p. 275.
(2) Coxe, *L'Espagne sous les Bourbons*, t. VI, p. 5 et 6.
(3) A. Ferrer del Rio, *op. cit.* I, p. 111.

tendresse qu'on eût dit à les voir deux amoureux (1). Son frère D. Luis fut traité tout autrement. Le malheureux prince avait été destiné dès le berceau à l'état ecclésiastique ; mais il avait le tempérament sensuel de son père et demanda à sortir de l'Eglise, où il ne pouvait vivre sans péché. Charles III réfléchit que D. Luis était né en Espagne et pourrait devenir plus tard un rival dangereux pour le prince des Asturies D. Carlos, né à Naples ; il refusa à son frère la permission de se marier. D. Luis se consola de son mieux, et fut assez malchanceux pour tomber gravement malade. Le roi lui proposa alors d'épouser une de ses filles, petite et contrefaite, dont il était bien certain que l'infant n'aurait jamais de postérité. Le refus de l'infante sauva D. Luis, et le roi finit par lui permettre de contracter un mariage morganatique (2). Les mêmes préoccupations égoïstes lui firent toujours tenir son fils à l'écart des affaires. Sa correspondance avec le prince est remplie de détails oiseux, et ne roule guère que sur des histoires de chasse, des envois de gibier et de poisson et les menus incidents de la vie de cour. Une fois seulement le roi écrit une lettre plus sérieuse : c'est pour recommander à son fils de ne pas se mêler des affaires dont il n'a pas une parfaite connaissance, et de faire bonne mine aux gens distingués par le roi. « Celui qui critique les « opérations du gouvernement, dit Charles III, même lors- « qu'elles sont mauvaises, *commet un délit*, parce qu'il sème « la défiance entre les sujets, et que cette défiance ne peut « manquer d'être très préjudiciable au souverain, dont on « s'accoutume à critiquer et à mépriser le gouvernement (3). » Ce que le roi exige de son fils, c'est l'obéissance passive ; il l'obtint, mais ne laissa après lui qu'un successeur incapable de gouverner. Charles III était assez fidèle à ses amitiés ; sa

---

(1) « No es creible el afecto del rey á su hermana, ni las demostraciones de « cariño, y aun de galanteria, con que este queria demostrarselo, dandola « siempre el brazo, y tratandola como si fuera su enamorada. » Lettre du comte de Fernan Nuñez, citée par Ferrer del Rio, t. III, p. 255.

(2) Ferrer del Rio, *Historia de Carlos III*, t. III, p. 143-148.

(3) *Archives d'Alcala de Hénarès*. Estado. Legajo 2. 453. (121 lettres de Charles III à son fils.)

longue correspondance avec Tanucci prouve la vive sympathie qu'il avait vouée à son ancien ministre ; il supportait gaiement les bouderies du duc de Losada, son sommelier de corps, et les boutades du comte d'Aranda, gouverneur de Castille ; mais il oublia trop vite les services que lui avait rendus le marquis de la Ensenada, et il abandonna trop aisément D. Pablo Olavide aux rigueurs de l'Inquisition, Son amitié n'allait pas jusqu'au dévouement.

Charles III était un prince instruit. Il parlait couramment l'espagnol, le français et l'italien ; il comprenait l'utilité de la science, et n'épargna rien pour éclairer son peuple. On aurait cependant le plus grand tort d'en faire un roi-philosophe, comme Frédéric II et Catherine II. Ces princes étaient dégagés de toute idée confessionnelle. Charles III était profondément catholique, catholique jusqu'à la superstition. Il croyait avoir été protégé par une intervention divine, à la bataille de Velletri en 1744 (1), il demanda au Pape la canonisation d'un frère-lai de Séville, Fray Sebastian del niño Jesus, qui lui avait prédit, dans son enfance, qu'il deviendrait roi d'Espagne (2). Il avait fondé à Naples un ordre de Saint-Janvier ; il plaça l'Espagne sous la protection spéciale de l'Immaculée Conception (3); il consacra à la gloire de ce mystère son Ordre de Charles III. Il se recommande, dans son testament, à la « Vierge Marie dans les mystères de sa Conception, de sa « Nativité et de son Assomption, à l'archange saint Michel, « aux apôtres saint Pierre et saint Paul, à saint Jean-« Baptiste, à saint Charles, à saint Janvier, à saint Joseph, « à saint François d'Assise, à saint Antoine de Padoue, « à saint Pascal » (4). Il ordonne de dire 20,000 messes pour le repos de son âme. Il parle presque comme un pontife dans

---

(1) Coxe, *L'Espagne sous les Bourbons*, III, p. 171.
(2) Id. t. V, p. 50.
(3) *Novisima Recopilacion*, I. 1. 16. — L'archevêque de Santiago ayant voulu réclamer en faveur de saint Jacques, antique patron de l'Espagne, le roi l'obligea à retirer son mandement, et déclara que saint Jacques restait patron de l'Espagne, « mais que la Vierge en était la patronne spéciale, principale et universelle ». — Résolution royale du 18 nov. 1761.
(4) A. Ferrer, *Historia de Carlos III°*, t. IV, p. 289.

son instruction secrète à la Junte d'Etat : « Comme la pre-
« mière de mes obligations, dit-il, est de protéger la religion
« catholique dans tous les domaines de cette vaste monarchie,
« j'ai cru devoir commencer par ce point important pour vous
« faire connaître mon vif désir que la Junte d'Etat ait pour
« principal objet, dans toutes ses délibérations, l'honneur et
« la gloire de Dieu, la conservation et la propagation de
« notre sainte Foi, la correction et l'amélioration des
« mœurs » (1).

Charles III avait un sentiment très vif de la justice, et le manifesta très noblement dès sa première entrevue avec les Grands d'Espagne qui vinrent le chercher à Naples après la mort de Ferdinand VI. Il leur dit « que quiconque ferait son
« devoir non seulement serait son vassal, mais serait son
« ami ; mais que si quelqu'un manquait à ses obligations, lui
« ne manquerait pas aux siennes, et qu'il était résolu à faire
« observer la justice jusque dans les coins les plus reculés
« de ses domaines » (2). L'idéal de Charles III était de donner à ses peuples les mêmes goûts d'ordre, de simplicité, de décence et de correction qu'il avait lui-même ; mais il n'était pas exempt de tout pédantisme, et comprenait un peu l'administration de son royaume comme un principal de collège comprend la tenue de sa maison ; les fautes contre le règlement lui paraissaient impardonnables. Il condamna tranquillement à six ans de bagne un paysan qui avait pris six glands dans une forêt royale (3). Il était verbeux et méticuleux ; il avait la manie des circulaires ; il croyait avoir supprimé un abus quand il l'avait condamné. Au moins était-il bien intentionné, et sa persistante volonté finit par réaliser quelques progrès.

Sa politique extérieure est sage. Il considère avec raison l'Angleterre comme la véritable ennemie de l'Espagne. Il tremble pour les Indes ; il les voit envahies par les marchands et par les aventuriers, par les marchandises et les idées

(1) *Instruccion reservada*, § 1.
(2) Bibliothèque de l'Académie de l'Histoire. *Varios de Historia*. E. 175, p. 237.
(3) Coxe, *L'Espagne sous les Bourbons*, t. VI, p. 7.

de l'Angleterre. Pour protéger les Indes, il lance sur elles un nouveau courant d'émigration espagnole ; il décrète la liberté du commerce entre la Péninsule et l'Amérique. Il s'allie à la France pour combattre l'Angleterre, et, malgré quelques échecs, la guerre se termine à l'avantage de l'Espagne, qui a repris en 1783 son rang de grande puissance européenne.

Charles III n'est donc pas un roi d'un génie fascinateur, mais il a eu l'esprit juste, il a poursuivi pendant trente ans la réalisation des mêmes idées : ces simples qualités en ont fait presque un grand roi.

Charles IV, au contraire, a manqué de volonté ; et ce défaut a suffi pour rendre son règne désastreux.

Second fils de Charles III et de Marie-Amélie de Saxe, il était né à Naples le 12 novembre 1748. Il avait donc plus de quarante ans lorsqu'il monta sur le trône d'Espagne le 14 décembre 1788. Il était d'une taille élevée et d'une apparence athlétique ; mais son front fuyant, ses yeux éteints, sa bouche entr'ouverte marquaient sa physionomie d'un cachet inoubliable de bonté et de faiblesse (1) ; c'était un bon géant, facile et bête, avec des retours de violence parfois terribles. La chasse, l'escrime, la lutte et la boxe avec les palefreniers et les matelots avaient développé sa force physique et sa fougue naturelle ; on le vit se précipiter l'épée à la main sur Esquilache, et maltraiter le marquis de Grimaldi et le comte d'Aranda (2). Tous les efforts de ses précepteurs et de son père tendirent à réfréner cette aveugle brutalité, et on n'y réussit qu'en atrophiant complètement sa volonté. La religion qu'on lui prêcha fut cette pauvre religion sans grandeur et sans valeur morale, qui fait peur de l'enfer, et connaît de dévotes recettes pour gagner le paradis à bon compte. Charles IV entendait plusieurs messes par jour, installait des crèches et des chapelles dans ses appartements et ne pouvait croire à une mauvaise action de la part d'un homme qui fréquentait les sacrements (3). Son instruction avait été très

---

(1) Voir les portraits de Charles IV par Goya, au musée du Prado.
(2) Reynald, *Hist. de l'Espagne depuis la mort de Charles III*, p. 1.
(3) *Archives des affaires étrangères à Paris*. Espagne, t. 639, f° 153. Portrait de Charles IV par le sieur Leday, ancien valet de chambre du roi.

négligée, il essaya de la compléter par des lectures ; mais cette culture superficielle ne put modifier son esprit. Il aimait la peinture et avait tellement pris goût à la manière de Vernet qu'il lui fit peindre un cabinet à l'Escurial. Il était arrivé à jouer passablement du violon (1). Il était bon dessinateur de jardins. Mais il garda toujours dans ses goûts quelque chose de puéril et de ridicule. Sans parler de sa frégate lancée sur les bassins d'Aranjuez, ni du luxueux *retrete* qu'il avait fait orner comme un boudoir, ni de sa collection de montres, n'était-il pas étrange de voir le roi d'Espagne et des Indes donner chaque jour un quart d'heure aux affaires et passer des heures avec des tourneurs, des armuriers ou des garçons d'écurie ? Charles IV serait rangé par les aliénistes modernes dans la classe des demi-imbéciles, capables de recevoir une certaine instruction, mais dépourvus de toute dignité et de toute énergie.

Le règne de Charles IV n'a été en réalité que le règne de la reine et de Godoy. Marie-Louise naquit à Parme le 9 décembre 1751 ; elle épousa Charles IV dès 1765. Mariée à quatorze ans à un prince qui en avait dix-sept, et qui ne fut jamais pour elle un appui ni un guide, elle végéta pendant vingt ans à la cour de son beau-père, dans l'ennui profond qui était comme l'atmosphère naturelle des princesses espagnoles. Bourgoing disait d'elle en 1782 : « Madame la « princesse des Asturies, dont la prévenance, l'esprit et les « grâces ont un charme irrésistible, passe toute sa vie dans « son intérieur, où elle ne goûte guère d'autres plaisirs que « ceux de la conversation et de la musique (2) ». Dès cette époque, ses mœurs étaient fort légères ; mais les ministres se bornaient à éloigner ses amants de la cour lorsque le scandale menaçait de devenir trop grand (3). Vers 1786 elle remarqua D. Manuel Godoy, soldat aux gardes du corps,

---

(1) Saldoni, *Diccionario de musicos españoles*, t. I, p. 176.
(2) Bourgoing, *Nouveau voyage en Espagne*, t. I, p. 134.
(3) « Le comte de Campo-Alange prêtait de l'argent au prince et à la prin- « cesse des Asturies. De plus, il voilait avec beaucoup de soin le secret, ou, « si vous voulez, les désordres journaliers. » (*Archives des affaires étrangères de Paris.* Espagne, t. 658, pièce 276.)

dont elle fit bientôt son favori. En 1789 l'ambassadeur russe Zinoview trace de la reine un portrait peu flatteur : « Des « accouchements répétés, des indispositions, et peut-être « même un germe de maladie qu'on dit être héréditaire, « l'avaient complètement flétrie ; son teint devenu olivâtre « et la perte de ses dents ont porté le dernier coup à sa « beauté (1) ». Ses passions devenaient cependant chaque jour plus ardentes. En 1790, la liaison de la reine et de Godoy devint si publique qu'une lettre anonyme en avertit le roi. Charles IV montra la lettre à la reine et lui conseilla paternellement de se montrer plus réservée à l'avenir. Marie-Louise eut une violente crise de nerfs, joua l'évanouissement, et le bon roi Charles n'osa plus reparler de rien (2). Le règne de Godoy était désormais assuré.

Toutes les affaires du royaume se débattaient entre ces deux personnages ; la reine préparait les pièces que le roi devait signer, et Charles IV les signait presque toujours sans les lire ; il était réduit au rôle d'automate (3).

Le grand souci de la reine était d'intercepter les dénonciations qui auraient pu la compromettre, et d'éloigner de la cour les gens trop clairvoyants. Elle exilait impitoyablement tous ceux qu'elle regardait comme ses ennemis ou comme les ennemis de Godoy. Elle exilait de même les femmes que le favori regardait avec trop de complaisance (4).

Toute sa politique fut subordonnée à cette unique considé-

---

(1) Tratchewsky, *L'Espagne à l'époque de la Révolution française* (Revue historique, t. XXXI, p. 9).

(2) Id. p . 14.

(3) *Archives des affaires étrangères de Paris*. Espagne, t. 637, f° 220.

On ne peut savoir jusqu'où alla la crédulité de Charles IV. En mars 1800, pendant une brouille avec Godoy, la reine avait pris pour favori un certain Mallo. Le roi dit un jour à Godoy : « Manuel, qu'est-ce donc que ce Mallo ? Je lui vois tous les jours des voitures neuves et de nouveaux chevaux : où prend-il tant d'argent ? — Sire, répondit Godoy, Mallo ne possède rien au monde ; mais on sait qu'il est entretenu par une femme vieille et laide, qui vole son mari pour payer son amant. » Le roi rit aux éclats, et dit à la reine qui était présente : « Louise, que penses-tu de cela ? — Eh ! Charles, répondit la reine, ne sais-tu pas que Manuel est toujours plaisant. » — *Archives des affaires étrangères*, t. 658, pièce 75.

(4) Id. t. 637, f° 4, et t. 657, f° 359.

ration : conserver Godoy. Même en 1808, après les terribles journées d'Aranjuez, le danger que courait Godoy, prisonnier de Ferdinand VII, la préoccupait plus que son propre abaissement. Elle écrivait à sa fille, la reine d'Etrurie : « Nous « demandons (au grand-duc de Berg) qu'il sauve le Prince de « la Paix, et qu'il nous le laisse auprès de nous pour toujours, « pour achever tranquillement nos jours ensemble » (1). Et, chose plus extraordinaire encore, Charles IV avait voué à Godoy la même affection que la reine. Invité à dîner avec Marie-Louise par Napoléon et Joséphine, il n'aperçut que quatre couverts sur la table. « Et Godoy, sire ? s'écria-t-il, « et Manuel ? » Et Napoléon, en souriant, envoya chercher Manuel (2).

Presque tous les témoignages des ambassadeurs français sont défavorables à Marie-Louise ; mais tous s'accordent à lui reconnaître une certaine grâce, et un caractère très énergique (3). « On devine, en la voyant, disait Alquier, qu'elle « veut avoir l'autorité, et qu'elle la possède tout entière » (4). Elle n'employa malheureusement ses talents qu'à couvrir ses vices, et ne s'occupa presque jamais que d'intrigues misérables ou de fadaises. En 1800 le Premier Consul ayant offert quelques armes de luxe à Charles IV, la reine demanda si le général Bonaparte ne lui donnerait rien. L'ambassadeur pensa d'abord à quelques belles robes de cour en soieries de Lyon, « de celles que choisirait une brune piquante de 20 ans » (5), mais le chevalier d'Urquijo, premier ministre d'Espagne, fit savoir que la reine préférerait « des vêtements en gaze, en « linon ou en mousseline brodée, des couleurs les plus fraîches « et des formes les plus nouvelles » (6). — Marie-Louise avait alors quarante-neuf ans, et ses goûts donnent la mesure du sérieux de son esprit.

(1) Baussel, *Mémoires*, t. I, p. 152.
(2) Id. t. I, p. 223.
(3) *Archives des affaires étrangères à Paris*. Espagne, t. 640, f° 386 ; t. 657. pièce 79.
(4) Id. t. 638, pièce 29.
(5) Id. t. 658, pièce 255.
(6) Id. t. 658, pièce 267. — Alquier au ministre (25 floréal an VIII).

III. — Les Ministres.

Une monarchie peut à la rigueur se passer de monarque ; mais il lui faut au moins de bons ministres. L'Espagne en a connu quelques-uns au dix-huitième siècle, et c'est à eux, bien plutôt qu'à ses rois, qu'elle est redevable de ses progrès.

Il n'existait point, à proprement parler, de ministères en Espagne au début du dix-huitième siècle. Le roi avait un homme de confiance, *privado*, qui réglait toutes les affaires de la monarchie par l'intermédiaire d'un secrétaire d'Etat et du Bureau universel (*secretario de Estado y del despacho universal*). C'était le grand-maître de la *Covachuela*, ou de la bureaucratie espagnole. Il se tenait toute la journée dans son cabinet, et Saint-Simon remarque, avec raison, que « si on « eût proposé de mener cette vie aux secrétaires d'Etat fran- « çais, ou même à leurs commis, ils eussent été bien « étonnés, et même indignés » (1).

Un décret royal du 11 juillet 1705 dédoubla le secrétariat du Bureau universel. Il y eut un ministre pour la guerre et les finances, et un ministre pour les autres branches de l'administration.

Le 30 novembre 1714, les secrétaires d'Etat furent portés à quatre : Etat et affaires étrangères — Affaires ecclésiastiques et Justice — Guerre — Marine et Indes. Les finances étaient administrées par un contrôleur général et par un intendant universel, chargé du contentieux (2).

Réduits à trois le 2 avril 1717, reportés à quatre un peu plus tard (3), les ministères furent définitivement organisés par les décrets des 15 mai et 26 août 1754, et du 24 mai 1755. Il y en eut dès lors cinq : Etat et Affaires étrangères — Grâce et Justice — Marine et Indes — Guerre — Finances (4).

En 1787 Charles III créa deux ministères des Indes, l'un de grâce et justice, l'autre de guerre et finances (5), mais le

---

(1) Saint-Simon, *Mémoires*, t. XIX, p. 96. — Mᵉ d'Aunoy. *Mémoires*, I, p. 113
(2) *Novisima Recopilacion*, III. vi. 4.
(3) Rodriguez Villa, *Patiño*, p. 61.
(4) *Nov. Rec.* III, vi, 7, 8, 9, 10 et 11.
(5) Id. III. vi. 12, 13, 14 et 15

25 avril 1790 Charles IV remit les choses sur l'ancien pied (1). En 1798, Charles IV détacha du ministère de la marine, pour les donner au ministère des finances, toutes les questions relatives à la comptabilité ; le 18 avril 1802, il restitua à la marine le contrôle de son administration financière (2). Sauf ces deux tentatives de réforme, les ministères restèrent, jusqu'à la fin du règne de Charles IV, tels que les avaient constitués les décrets de 1754 et 1755.

Les ministres étaient nommés et révoqués par le roi. Ils recevaient un traitement fixe, beaucoup plus considérable que celui des grands officiers de la couronne. Le cumul était permis. Le comte de Gausa, ministre des finances sous Charles III, touchait 520.000 réaux par an ; mais la représentation absorbait tout le revenu des ministres : le comte de Gausa ne laissa aucune fortune et le roi dut venir en aide à ses enfants (3).

Mille intrigues se croisaient autour du roi pour l'amener à renverser un cabinet, et à choisir de nouveaux ministres. La cour était divisée en coteries rivales. On n'en comptait pas moins de quatre en 1713, ayant toutes à leur tête un grand personnage (4). Sous Charles III, le comte d'Aranda, entiché de noblesse et quelque peu frondeur, était le chef du parti aristocratique ou *aragonais*. Les *faux-cols* (golillas) mettaient tout leur espoir dans le comte de Florida-Blanca, modèle des bureaucrates bourgeois (5).

Les ambassadeurs étrangers avaient grand soin de tenir leurs souverains au courant de ce qui se passait à la cour ; ils connaissaient les liens de parenté qui unissaient les hommes les plus en vue, ils étudiaient leur caractère, s'attachaient à connaître leur point faible, marquaient leurs progrès dans la faveur du roi, ou la perte graduelle de leur influence. Nos ambassadeurs républicains sont fort curieux à étudier à ce point de vue. Leurs portraits n'ont pas le nuancé,

---

(1) *Nov. Rec.* III. vi. 16.
(2) Id. III. vi. 18 et 19.
(3) Ferrer del Rio, *Historia de Carlos III*, t. IV, p. 133.
(4) Baudrillart, *Philippe V et la cour de France*, p. 561.
(5) Ferrer del Rio, *op. cit.* t. IV, p. 211.

le fondu que savaient mettre dans les leurs les ambassadeurs aristocrates ; mais ce sont des charges bien vivantes, d'amusantes pochades, aux couleurs vives et hardies (1).

Les partis se disputaient la confiance des personnes qui approchaient le plus près du roi. La reine, le confesseur étaient pour ainsi dire assiégés ; c'était à qui les aurait pour soi. Albéroni se vantait d'être « la nourrice de la reine » ; il lui faisait venir d'Italie du vin et du fromage, de la mortadelle et du saucisson. Le comte de Monteleon mariait son fils à la fille de l'*azafata*, pour que l'*azafata* lui procurât la faveur de la reine. On gagnait le confesseur en faisant montre de dévotion, ou en sollicitant en cour de Rome la canonisation d'un Religieux de son Ordre. Quand les bons procédés ne suffisaient pas, on avait recours aux menaces. Aussi violents, aussi calomnieux que les articles de nos journaux d'opposition, les pamphlets pénétraient jusque dans le palais. Pendant de longs mois Patiño fut poursuivi par une feuille satirique, intitulée le Lutin (*El duende*), qui courait partout, sans qu'on en ait jamais pu saisir les auteurs (2). Le ministre Campillo fut menacé de mort par lettre anonyme (3). Le marquis de Grimaldi reçut également des menaces, et comme il ne se retirait pas, on alla jusqu'à mettre le feu à sa maison (4). Des satires très mordantes furent lancées contre Florida-Blanca (5).

(1) Le citoyen Mangourit, chargé d'affaires à Madrid en 1796, dépeint ainsi l'ambassadeur de Gênes : « Laid comme un pou, méchant comme un singe et « répertoire de toutes les anecdotes scandaleuses des Espagnes ». — M. Triboulet, ministre de Prusse, est « le plastron des gaîtés du corps diploma- « tique ». — M. Bute, ministre des Etats-Unis, est allé dîner chez l'ambassa- deur d'Angleterre. Mangourit ajoute : « Quand on aime la France, quand on « prétend avoir ses principes, on danse sur l'Angleterre et non chez elle ». *Archives des affaires étrangères à Paris*, Espagne, t. 639, f° 195 et 115.
(2) Rodriguez Villa, *Patiño*.
(3) Id. *Patiño*, p. 139.
(4) Lettre de M. de Montmorin, ambassadeur à Madrid, à M. de Vergennes. 1er sept. 1778. — Morel-Fatio, *Etudes*, II, p. 138.
(5) Citons une jolie fable intitulée : *Le Lion et le Renard*. — La *Conversation des comtes de Florida Blanca et Campomanès le 28 juin 1788* (pamphlet militaire par un Aragonais). — La *Lettre d'un habitant de Fuencarral à son avocat de Madrid sur le libre commerce des œufs*. — (Benavides, *Ordenes de caballeria*, t. II, p. 71.

Le 12 mai 1789, le chef de la garde-robe reçut pour le remettre au roi, et D. Manuel Godoy pour le remettre à la reine, un pamphlet abominable intitulé : « Confession générale « du comte de Florida-Blanca, copie d'un manuscrit qui « tomba de la manche du P. commissaire-général des Fran- « ciscains, vulgairement appelés Observantins ». Le roi et la reine mandèrent le comte, et lui remirent les deux exemplaires du libelle en le chargeant d'en rechercher et d'en punir les auteurs (1). Sous le règne de Godoy, les intrigues de cour se multiplièrent encore. L'ambassadeur français Alquier était indigné des honteux moyens que l'on employait (2).

Les ministres d'Espagne menaient une vie très laborieuse. Philippe V, Ferdinand VI, Charles III, la reine Louise tenaient conseil tous les matins. A certains jours arrivaient les courriers d'Italie. Les ambassadeurs de famille (France, Naples, Parme) avaient leurs entrées libres auprès du roi et des ministres. Le vendredi le roi recevait le président du Conseil de Castille. Presque toutes les affaires se traitaient par écrit ; les ministres étaient condamnés à lire d'interminables mémoires rédigés dans le style pompeux dont la *corachuela* avait le secret. Lorsque le roi ne savait à quel parti s'arrêter, il renvoyait volontiers l'affaire aux Conseils compétents ; des mois se passaient avant que les Conseils eussent donné leur avis (*parecer*, *dictamen*) ; on mettait des années à prendre une décision. Les hommes d'un génie impatient s'irritaient de ces obstacles, passaient outre, et scandalisaient les gens graves par leur précipitation. Ainsi s'expliquent le caractère irritable et emporté de certains ministres, et leur faible action sur le gouvernement. D'autres, plus médiocres, exercèrent une influence plus réelle parce que leur patiente obstination s'accordait mieux avec le génie national.

Les portraits des hommes d'Etat espagnols au dix-huitième siècle formeraient une curieuse galerie, où se rencontreraient de hardis étrangers, de sages administrateurs et quelques hommes éminents qui ont beaucoup fait pour la renaissance de l'Espagne.

(1). Benavides. *Ordenes de Caballeria*, t. II, p. 74.
(2) *Archives des affaires étrangères de Paris*, t. 658, pièce 29.

Dès le début de son règne, Philippe V se trouva dans un grand embarras, car l'État avait un pressant besoin de réformes, et l'orgueilleuse aristocratie castillane n'en voulait pas entendre parler. Le cardinal Porto-Carrero montra ce qu'on pouvait attendre d'un ministre espagnol, et Philippe V donna sa confiance à des Français. Ces étrangers ne sont pas jugés avec indulgence par les historiens espagnols; cependant leur énergie a assuré le salut de la dynastie. Madame des Ursins n'a pas été seulement « la pire intrigante « et la plus méchante femme de l'Europe », comme le veut Michelet (1), elle a été l'habile et courageuse conseillère du roi. C'est elle qui écrit avec le plus de franchise à Louis XIV ; c'est elle qui lui montre le but à atteindre : « L'essentiel « n'est pas de contenter les Grands ; mais il faut travailler à « avoir des troupes, trouver le moyen de les payer, et se « moquer du reste (2) ». Orry n'a pas seulement « des ma-« nières brusques et rudes et un grand mépris pour les cou-« tumes espagnoles (3) »; il doit être considéré, malgré ses erreurs, comme le restaurateur des finances de l'Espagne, où il établit un système jusque-là ignoré, et où il fit renaître la confiance et le crédit (4).

Après les ministres français le ministre italien. Saint-Simon n'a voulu voir dans Albéroni qu'un « bas coquin ». Il ne faut pas accepter ce jugement sans réserves. Albéroni n'était pas né ; il a dû forcer les portes de la faveur, et c'est souvent par des complaisances de valet qu'il a plu à ses maîtres. Il les a pris par leur péché mignon, la gourmandise ; moyen médiocre, si l'on veut ; mais combien médiocres aussi les princes qui s'y laissent gagner. Une fois au pouvoir, on ne peut nier qu'il ait fait bonne figure ; son activité terrorise les Espagnols, qui prennent pour un diable ce travailleur infatigable (5).

(1) Michelet, *Louis XIV et le duc de Bourgogne*, p. 196.
(2) Coxe, *L'Espagne sous les Bourbons*, I, p. 448. — La princesse des Ursins à Torcy, 14 oct. 1705.
(3) Baudrillart, *Philippe V et la Cour de France*, p. 566.
(4) Rodriguez Villa, *Patiño*, p. 123.
(5) « Les Espagnols disent que nous autres Italiens nous sommes capables de faire crever de fatigue le genre humain. Mon activité les fait frémir. » E. Bourgeois, *Lettres intimes d'Albéroni au comte J. Rocca.*

Il détruit l'autorité des Conseils où siégeait la grande noblesse. Il touche aux droits acquis, il réforme les abus, il rogne les pensions ; il devine tout ce qu'une forte centralisation et une exacte observation des lois ajouteraient à la puissance de l'Etat. Il raisonne, lui étranger, comme un patriote espagnol. Il écrit qu'avec l'Espagne et les Indes Philippe V peut se moquer de tout le monde ; il promet que le royaume bien gouverné sera « un monstre de puissance et « de richesse ». Il improvise une armée, une flotte, et avant même qu'elles soient prêtes, il les lance à la conquête de la Sardaigne et de la Sicile ; il songe à chasser les barbares d'Italie. Que lui manque-t-il pour être un grand homme d'Etat ? Peu de chose, mais c'est l'essentiel : il lui manque le sens du possible. Patiño essaie de le détourner de l'expédition de Sicile : c'est, selon lui, s'exposer à perdre 30.000 hommes et 100 pièces de canon : « Eh bien ! répond Albéroni, le roi « veut perdre 30.000 hommes et 100 pièces de canon » (1). Il croit vaincre par l'entêtement, il s'obstine jusqu'à la folie, et c'est cette démence qui doit le faire regarder comme un aventurier ; mais quelles brillantes qualités, quel entrain, quelle énergie chez ce brouillon prodigieux qui a forcé la vieille Espagne à se remettre en mouvement (2) !

Ripperdà est plus étonnant encore. Sa vie est un roman de cape et d'épée d'une invraisemblable complication. Il est à la fois Scapin et Matamore. Né en Hollande vers 1665, d'une ancienne famille espagnole, il est d'abord militaire, il est colonel à la fin de la guerre de succession. Enrichi par son mariage, député aux Etats-Généraux, négociateur au Congrès d'Utrecht, il est envoyé à Madrid et y joue toutes sortes de personnages. Ministre de la république des Pays-Bas, il se fait remarquer d'Albéroni, et devient fonctionnaire espagnol, ce qui ne l'empêche pas de rendre à l'empereur et à l'Angleterre d'importants services qu'il s'entend très bien à se faire payer. Il est considéré en Hollande « comme un homme

---

(1) Rodriguez Villa, *Patiño*, p. 39.
(2) Cf. Lanson, *Une victime de Saint-Simon* (dans la *Revue Bleue* du 25 fév. 1893), et un article de R. Jalliffier dans le *Journal des Débats* du 3 mars 1893.

« sans principes, d'un esprit déréglé et estourdy et peu « estimé »; mais en Espagne on le prend pour un génie, et il ambitionne la place d'Albéroni, dont il fait le siège en stratégiste consommé. Il se fait naturaliser Espagnol, il gagne le roi, la reine et le confesseur par une conversion retentissante au catholicisme ; il se fait recommander à la reine par le duc de Parme, il mine sourdement le crédit du cardinal, et après la disgrâce de l'Italien il est nommé surintendant général des manufactures royales. Devenu veuf, il épouse une Espagnole, s'installe à Ségovie, y vit magnifiquement, et surveille toujours le ministère, occupé par un médiocre, le vieux marquis de Grimaldo. L'abdication de Philippe V (1724) paraît un moment ruiner toutes ses espérances ; mais la mort de Louis Ier et le retour du roi réveillent son ambition. Il devine que la reine est inquiète de l'humeur noire du roi ; elle craint que la mort de Philippe V ne la relègue dans la triste retraite où végète la veuve de Charles II. Il comprend que le moyen sûr de gagner sa faveur est d'assurer aux enfants d'Elisabeth Farnèse de brillantes alliances et des Etats où, en cas de veuvage, elle pourra se réfugier et commander. Il se fait donner une mission confidentielle pour l'empereur, et lui demande la main de deux archiduchesses pour D. Carlos et pour D. Felipe. Si D. Carlos épouse l'archiduchesse Marie-Thérèse, il sera peut-être un jour empereur d'Allemagne ! Pour décider l'empereur, Ripperdà lui propose une alliance offensive et défensive contre la France et l'Angleterre ; il lui offre des avantages commerciaux, des troupes, des vaisseaux, de l'argent. Il sacrifie sans scrupule et sans vergogne l'intérêt de l'Espagne au succès de ses intrigues (1) ; et quoique l'empereur se refuse à promettre à D. Carlos la main de Marie-

---

(1) « Je sais, disait-il, que tous les ministres sont furieux contre moi, et que « la nation est mécontente de ce que j'ai fait, mais je me moque de tout parce « que je sais que la reine saura conserver le maniement des affaires, et que je « lui ai rendu des services trop importants pour qu'elle m'abandonne. J'ai « réussi à diriger les choses en faveur des fils de la reine. Après un si grand et « si méritoire service rendu à la reine qui gouverne tout en Espagne, croyez-« vous, Monsieur, que j'aie beaucoup à craindre de mes ennemis? » — *Boletin de la R. Academia de la Historia*. Enero, 1897, p. 22.

Thérèse, Ripperdà a l'habileté de faire croire à la reine qu'il a pleinement réussi. Il demande aussitôt la récompense de ses services. Dans une seule lettre il réclame 120.000 doublons. A l'en croire, l'empereur veut qu'il soit fait duc et grand d'Espagne ; l'empereur veut qu'il soit premier ministre et maître unique de la monarchie ; l'empereur veut que son fils, le baron de Ripperdà, alors âgé de vingt ans, le remplace à Vienne, comme ambassadeur extraordinaire ; l'empereur songe à déclarer Ripperdà prince de l'Empire ! Et ces incroyables hâbleries trouvent crédit auprès du roi et de la reine. Le lendemain même de son retour à Madrid (12 décembre 1725), Ripperdà est nommé ministre des affaires étrangères, puis on lui laisse prendre la guerre, la marine, les finances, la justice, les Indes. L'arrivée à Madrid du comte de Kœnigsegg, ambassadeur impérial, arrête net le cours de ses prospérités. L'empereur, qui ne voit pas venir les subsides promis, a l'indiscrétion de les réclamer ; Kœnigsegg obtient une entrevue avec le roi et la reine, et Leurs Majestés apprennent avec stupéfaction que Ripperdà s'est joué de leur crédulité. Le 13 mai 1726, il est relevé de toutes ses fonctions et ne conserve qu'une rente de 3,000 doublons pour soutenir son rang de grand d'Espagne (1).

Le reste de sa vie n'appartient plus à l'histoire d'Espagne ; mais, malgré l'effronterie qu'il montra pour arriver au pouvoir, l'originalité de ses plans de gouvernement ne peut être méconnue. C'est au commerce et à l'industrie qu'il demande, en vrai Hollandais, le relèvement de l'Espagne ; il croit à la toute-puissance de l'or et rêve la mise en valeur des colonies. Il propose au roi de chasser les Anglais de tous les postes qu'ils occupent dans les Indes espagnoles ; il conseille de créer un port de guerre au Ferrol et d'organiser une croisière sur les côtes d'Amérique pour empêcher la contrebande. On amènera les Anglais, par toute sorte de

---

(1) G. Syveton, *Une cour et un aventurier au XVIII° siècle, Le baron de Ripperdà d'après les documents inédits des Archives impériales de Vienne, et des Archives du ministère des affaires étrangères de Paris*. Paris, 1896, in-8°. — Rodriguez Villa, *La Embajada del baron de Ripperdà en Viena*. (Boletin de la Real Academia de la Historia. Enero, 1897.)

chicanes, à renoncer eux-mêmes au bénéfice de l'*Asiento de negros*. Le roi s'attribuera le monopole du commerce des Indes, développera l'industrie espagnole par l'application du régime protecteur et l'établissement d'une Banque à Madrid. Grâce à toutes ces mesures, les ressources du roi grossiront dans de telles proportions qu'il pourra entretenir une armée de 130.000 hommes, une flotte de cent vaisseaux, et qu'il lui restera un revenu libre de deux millions d'écus (1). Ce sont les mêmes perspectives que Law avait fait briller aux yeux du Régent ; mais le plan de Ripperdà est singulièrement plus pratique, car les Indes espagnoles ont déjà des millions d'habitants, des villes, des ports, des routes, de vraies mines et de vraies cultures, et Ripperdà ne spécule pas « sur les brouillards du Mississipi ».

La turbulence d'Albéroni et l'insolence de Ripperdà avaient dégoûté Philippe V des étrangers. Pendant vingt-huit ans (1726-1754), l'Espagne n'eut que des ministres nationaux. La plupart paraissent assez pâles à côté de leurs brillants devanciers. Orendayn était « sans talents, sans dignité, tout « au plus bon pour la routine du bureau ». Sopeña « tout « à fait insignifiant » (2). D. Sébastian de la Quadra « faisait « consister tout son mérite dans sa résignation aux volontés « du roi et de la reine, sans leur conseiller de prendre tel « ou tel parti, et sans se rendre responsable du plus petit « accident » (3). D. José de Carvajal, lourd et raide dans ses manières, entiché d'étiquette, n'accepta d'entrer aux affaires que comme *ministre* d'Etat, le titre de *secrétaire* d'Etat lui paraissant indigne de lui (4). Au milieu de ces médiocrités, trois hommes représentent avec un certain éclat la vieille sagesse espagnole : Patiño, Campillo, La Ensenada.

D. Josef Patiño, issu d'une famille noble établie dans le Milanais, avait fait de solides études chez les Jésuites et avait

---

(1) Coxe, *L'Espagne sous les Bourbons*, t. III, p. 122-160. — D'après les mémoires des Abbés Siciliens, copiés de l'original, et communiqués à M. Walpole à Paris le 1ᵉʳ oct. 1727.
(2) Coxe, *op. cit.* t. III, p. 88.
(3) Id. t. III, p. 369.
(4) Id. t. IV, p. 56.

même failli entrer dans leur Ordre. Rentré en Espagne après la guerre de succession, il fut nommé par le roi intendant de Catalogne Le comte de Bergueick le chargea de surveiller la mise en chantier de deux vaisseaux destinés au commerce des Indes. Patiño voulut se rendre compte de tous les détails de la construction navale, fit faire des modèles de vaisseaux (1) et s'improvisa ingénieur. Au mois de janvier 1716, le roi le nomma intendant général de la marine d'Espagne à Cadiz. Il avait ordre d'armer dans le plus bref délai une escadre de douze navires. Il trouva tous les vaisseaux en rade, la coque et les agrès à demi pourris. Il réussit en quelques mois à armer les navires à destination de la Havane, de Buenos-Ayres et de la Vera-Cruz. Il mit à la mer l'escadre qui transporta les troupes espagnoles en Sardaigne. L'année suivante (1718), il prépara l'expédition de Sicile. On le vit sur le môle « traiter en même temps avec cinquante personnes « d'état différent, et chargées de diverses besognes, sans que « la différence et le grand nombre des affaires lui fit com- « mettre la moindre erreur, tant il les avait bien classées dès « le principe dans son esprit »(2). Quoiqu'il eût prédit l'échec de l'expédition, Albéroni ne laissa pas de lui en garder rancune, et il tomba dans une sorte de disgrâce qui dura jusqu'à l'exil du cardinal. En 1726 il reçut le gouvernement de la marine et partagea la faveur du roi avec le marquis de la Paz. La mort du marquis (1733) le rendit maître de presque toutes les affaires de la monarchie, qu'il gouverna jusqu'à sa mort (1736). Patiño n'était point un homme de génie, mais il avait l'intelligence vaste et prompte et une admirable clarté d'esprit. D'une patience et d'une ténacité à toute épreuve, il faisait du temps son allié, au lieu de le traiter en ennemi comme Albéroni. Obligé de faire une cour assidue au roi et à la reine, perdant quatre heures par jour à discuter avec eux, et à mettre la paix dans le ménage royal, à peine avait-il le temps de manger et de dormir. Très simple et très sobre, il dépensait cependant tout l'argent qu'il recevait du roi, tenant

(1) Rodriguez Villa, *Patiño*, p. 23.
(2) Id. p. 41.

table ouverte à tout venant. L'Anglais Keene l'accuse de méchanceté ; mais ce n'est là qu'une boutade d'Anglais contre le ministre « qui ne cherchait qu'à réformer et à rappor-
« ter toutes les mesures qu'il croyait préjudiciables à
« l'Espagne » (1). Il mourut pauvre ; le roi dota sa nièce, la comtesse de Fuenclara, paya ses funérailles et fit dire 10,000 messes pour le repos de son âme (2). Cependant Philippe V n'avait jamais aimé son ministre et ne le fit Grand d'Espagne que dix-huit jours avant sa mort. Patiño le remercia, mais il ajouta avec une gaîté héroïque : « Le roi m'envoie un
« chapeau quand il ne me reste plus de tête pour le porter » (3).
Il laissait dans les ports du roi trente quatre vaisseaux, neuf frégates et seize autres bâtiments (4). L'Espagne perdait en lui un de ses hommes d'État les plus estimables et les plus désintéréssés.

Campillo était parti de plus bas que Patiño et devait surpasser sa fortune. Fils d'un pauvre hidalgo des Asturies, il était entré comme page chez un chanoine de Cordoue, qui sut deviner ses rares aptitudes et lui fit suivre pendant cinq ans des cours de philosophie et de théologie. Au lieu de se faire prêtre comme l'avait espéré le chanoine, Campillo se mit au service de D. Francisco de Ocio, intendant général des douanes, et bientôt après (1717) devint payeur de la marine sur la recommandation de Patiño (5). Il se distingua dans l'expédition de Sicile, aux Indes, dans la campagne de Naples. A son retour en Espagne, Philippe V lui confia l'administration des finances d'Aragon. Campillo rédigea sur ce sujet un mémoire si lumineux que Philippe V lui ordonna de se rendre en poste à Madrid, et le fit ministre des finances, puis de la marine et de la guerre. Il mérita l'estime du roi par son activité et son désintéressement : « J'ai assez d'une
« piécette par jour pour vivre, disait-il, encore est-ce trop

(1) Coxe, *L'Espagne sous les Bourbons*, t. III, p. 356. — Keene à Walpole, 25 nov. 1731.
(2) Rodriguez Villa, *Patiño*, p. 108. — *Gazeta de Madrid*, 6 nov. 1736.
(3) Coxe, *op. cit.* t. III, p. 390.
(4) Rodriguez Villa, *Patiño*, p. 137.
(5) Id. p. 153.

« de moitié dans la saison des raisins » (1). Il assuma la tâche formidable de réformer le système financier de l'Espagne, et mourut subitement, usé par le travail, au mois d'avril 1743.

D. Zénon de Somodevilla y Bengoechea était, comme Campillo, de petite maison et de médiocre aisance. A quinze ans, il quitta sa petite ville de Santo-Domingo de la Calzada pour chercher fortune à Madrid. Pendant le voyage, un grand personnage, qui n'est peut-être autre que Patiño lui-même, le prit en amitié et lui facilita ses débuts. A dix-huit ans D. Zénon était nommé employé surnuméraire au ministère de la marine (1ᵉʳ octobre 1720). Dix ans plus tard, il était *contador mayor* à Carthagène (29 juillet 1731), et le 25 mai 1733 il recevait l'ordre de s'embarquer à bord de la flotte qui partait à la conquête de Naples et de la Sicile. Dès lors sa fortune était faite. Créé marquis de la Ensenada par le roi de Naples (8 décembre 1736), intendant de marine à Naples, ministre de la guerre à Parme, il avait acquis la réputation d'un administrateur de premier ordre, lorsque survint la mort de Campillo. Philippe V le rappela en Espagne, et lui confia la direction des finances, de la guerre, de la marine et des Indes. Il eut en outre la présidence du Conseil de Castille et le titre de vice-amiral. Pendant onze ans (14 mai 1743-20 juillet 1754), il gouverna la monarchie avec sagesse et activité. On lui doit la première idée du système financier connu en Espagne sous le nom d'*unica contribucion*, un projet de code uniforme, l'institution du change (*giro*), la reprise des grands travaux d'utilité publique, l'établissement de l'inscription maritime, la restauration des arsenaux de Carthagène et de La Carraca. Les lettres et les arts trouvèrent en lui un protecteur éclairé et infatigable (2). Ennemi de l'Angleterre, il tomba victime des intrigues du général irlandais D. Ricardo Wall, tout dévoué à l'influence britannique, et montra dans la mauvaise fortune une grandeur d'âme admirable. Deux mois avant sa chute, le pape lui avait proposé de le nommer cardinal pour le soustraire aux vengeances

---

(1) Coxe, *L'Espagne sous les Bourbons*, III, p. 439.
(2) *Juegos florales de Valladolid*, 1883, p. 451.

de ses ennemis. Il répondit noblement : « Je n'ai pas la voca-
« tion d'être cardinal ; je n'ambitionne ni dignités, ni emplois.
« Depuis quelques couples d'années, Dieu a permis dans son
« infinie miséricorde que je connusse la vanité du monde,
« si contraire au salut dans le monde éternel. Sa divine
« majesté me le fait bien voir dans cette circonstance, puis-
« qu'elle permet que je me rappelle l'humilité de ma nais-
« sance dans la monstrueuse fortune que j'ai faite (1) ».
Arrêté de nuit dans son hôtel, cerné par cent gardes espagnols,
il reçut la nouvelle de sa disgrâce par une lettre de son
ennemi (2), demanda la permission de s'habiller et, une fois
vêtu, donna le signal du départ en disant : « Allons, obéissons
« au roi ». — Rentré à la cour sous Charles III, sa popularité porta ombrage au comte d'Aranda qui l'exila à Medina
del Campo. La Ensenada demanda une explication ; le ministre
Roda lui écrivit « que le roi n'avait contre lui aucun sujet de
« mécontentement ». Il avait cessé de plaire, c'était tout son
crime. L'exilé, renonçant pour toujours aux ambitions ter-
restres, passa les quinze dernières années de sa vie dans la
retraite, sans laisser échapper une plainte, ni exprimer un
regret.

Les ministres qui succédèrent à la Ensenada ne furent
guère que d'honnêtes commis. D. Ricardo Wall laissait volontiers la besogne à ses secrétaires (3). On vantait la probité
de D. Julian Arriaga, ministre de la marine (4), la rectitude
de D. Josef Muñiz, ministre de la justice (5), la bravoure de
D. Sébastien de Eslava ; mais aucun de ces hommes n'était de
taille à continuer les réformes entreprises. Il faut arriver au
règne de Charles III pour retrouver des ministres novateurs.

(1) Id. p. 162.
(2) « Excellentissime seigneur, le roi a résolu de décharger V. E. des emplois
« et charges qu'il avait confiés à ses soins, et ordonne que V. E. se rende im-
« médiatement en la ville de Grenade pour y demeurer jusqu'à nouvel ordre.
« Que Dieu garde V. E. de longues années, comme je le désire.
 « Buen Retiro, 29 juillet 1754.
  « D. Ricardo Wall. »
(3) Ant. Ferrer del Rio, *Historia de Carlos III*, t. I, p. 216.
(4) Coxe, *L'Espagne sous les Bourbons*, t. IV, p. 197.
(5) Ferrer del Rio, op. cit. t. I, p. 219.

Charles III était roi de Naples depuis plus de vingt ans lorsqu'il devint roi d'Espagne. Il amena avec lui un certain nombre d'Italiens : le marquis de Squillace, le marquis de Grimaldi, le prince de Massérano, le comte de Mahoni. L'Espagne se vit menacée d'une conquête italienne, comme elle avait pu craindre une conquête française en 1700. Mais les temps étaient bien changés. L'Espagne avait repris confiance en elle-même et ne voulait plus d'étrangers. Grimaldi se fit tolérer par l'élégance de ses manières, sa générosité, son hospitalité fastueuse (1) ; mais le marquis de Squillace, — Esquilache, comme l'appelaient les Madrilènes, — devint rapidement très impopulaire. Discourtois et presque grossier dans la conversation, il choquait les Espagnols par sa vulgarité et son orgueil ; ils ne voyaient en lui qu'un commis mal élevé, et, si l'on en croit Tanucci, ils n'avaient pas tout à fait tort. « Je connais, disait-il, le nouveau secrétaire des « finances : il est facile et prodigue de l'argent du roi ; « il le donnera là-bas, comme il l'a fait ici à tous ses amis, « à tous les puissants, et il invitera à en demander ceux « dont il aura intérêt à être bien vu (2). » Il se piquait de désintéressement, il refusait tous les présents ; mais sa femme prenait de toutes mains. La faveur constante que lui témoigna Charles III faillit coûter le trône au roi ; la révolte de Madrid ne s'apaisa qu'après le renvoi du ministre.

C'est à trois Espagnols : Aranda, Florida-Blanca et Campomanès, que l'on doit attribuer presque toutes les réformes intérieures du règne de Charles III. Ce sont les trois ministres les plus remarquables que l'Espagne ait eus dans tout le dix-huitième siècle.

Aranda était la physionomie la plus originale de la cour. Issu d'une illustre famille d'Aragon, riche-homme d'Aragon, Grand d'Espagne de première classe, deux fois comte, trois fois marquis, deux fois vicomte, baron de quatorze baronnies, seigneur d'une infinité d'autres lieux, chevalier de la Toison d'Or et du Saint-Esprit, gentilhomme de la chambre en exer-

---

(1) Coxe, *op. cit*, t. IV, p. 198.
(2) Id. t. IV, p. 558.

cice, et possesseur de 1.600.000 réaux de revenu, Aranda représentait à la cour le parti aristocratique ; il avait pour les *golilles* le même mépris que notre Saint-Simon pour la robe. Rien qu'à le voir avec son teint jaune, ses cheveux châtain foncé, son gros nez recourbé, ses grands yeux gris, dont le droit louchait (1), on devinait l'humeur difficile de ce puissant seigneur. Il ne pouvait vivre en paix avec personne. Ambassadeur à Lisbonne (1755), il s'était brouillé avec Pombal. Directeur général de l'artillerie (1757), il avait été la bête noire des fournisseurs de son département. Ambassadeur en Pologne (1760), il avait refusé, en passant à Vienne, de faire la première visite au comte de Choiseul, ambassadeur de France. Président de Castille (1766), il était à couteau tiré avec Florida-Blanca, très mal avec Grimaldi, et si peu mesuré avec le roi que Charles III finit par s'en débarrasser en lui donnant l'ambassade de Paris. Il ne tarda pas à fatiguer le ministre des affaires étrangères de France. « J'ai négocié avec le Turc, disait Vergennes, et c'est tout « dire ; mais je n'ai jamais rien vu de pareil à cet ambassadeur. » Charles III convenait qu'il était fort désagréable ; mais il en avait peur, et ne voulait à aucun prix le rappeler. Aranda ne rentra en Espagne qu'en 1786 et ne devint premier ministre qu'en 1792. Ce fut pour se brouiller immédiatement avec D. Manuel Godoy, dont le crédit était plus puissant que le sien, et qui finit par le supplanter.

Très instruit pour son temps et pour son pays, Aranda avait beaucoup voyagé. Il avait étudié à Berlin l'organisation militaire de la Prusse. A Paris, Berryer lui avait fait connaître le mécanisme de la police française ; il avait pris goût à notre philosophie ; c'était assurément l'Espagnol le plus *despreocupado* qu'on pût voir. Encore plus épicurien que sceptique, il s'accommoda fort bien des mœurs du Paris de Louis XV,

---

(1) On chantait à Madrid :
    Ojos de presidente
    Tiene mi amante,
    Uno mira al cierzo
    Y otro al levante.
    (Morel Fatio, *Etudes*, t. II, p. 142.)

et, après sa chute, les prêtres racontèrent des choses horribles au sujet de ses débauches et de son impiété.

Son esprit était, comme sa personne, gauche et baroque ; mais on n'en saurait nier la puissante originalité. Florida-Blanca lui opposait toujours la volonté du roi ; Aranda lui répondit un jour : « Bien ! Votre Excellence est le grand prêtre « de l'oracle et ne veut pas de moi, même pour sacristain ; « mais j'ai voix de chantre et de chevecier, ainsi qu'elle « me laisse entonner au moins quelquefois les litanies (1) ». Après une longue discussion, Charles III lui dit un jour en « riant : « Aranda, tu es plus têtu qu'une mule d'Aragon ! « — Pardonnez-moi, Majesté, répondit-il ; je connais quel- « qu'un de plus têtu encore que moi. — Et qui donc ? — La « sacrée Majesté du seigneur D. Carlos III, roi d'Espagne « et des Indes (2) ». Sa franchise était extrême ; il s'emporta un jour jusqu'à dire à Grimaldi, devant le roi, que « jamais « ministre plus faible, plus indolent ni plus adulateur « n'avait pesé sur l'Espagne (3) ». Très opposé à la guerre contre la France, il osa, en 1794, demander la paix en plein conseil. « Notre dette est énorme ; l'enthousiasme de la nation « est factice, c'est un feu catholique qui va en s'éteignant. « Qu'une grande puissance du Nord vienne à se détacher de « la coalition, et l'Espagne n'aura plus qu'à demander des « miracles à son apôtre saint Jacques » (4).

Ce terrible homme a réellement été un bon ministre. Il a donné à Madrid l'aspect d'une ville policée. Il a honorablement représenté l'Espagne à la cour de France pendant treize ans, et en pleine guerre de l'indépendance américaine. Quoiqu'il eût perdu beaucoup de son énergie en 1792 (5), il se montra encore patriote prudent en faisant tous ses efforts pour maintenir la paix entre Charles IV et la Convention (6).

---

(1) A. Ferrer del Rio, *Hist. de Carlos III*, t. IV, p. 223.
(2) Id. t. III, p. 104.
(3) Id. t. III, p. 104.
(4) Fervel, *Campagnes de la Révolution française dans les Pyrénées orientales*, t. I, p. 15.
(5) Tratchewsky, *L'Espagne à l'époque de la Révolution française*, p. 17.
(6) Cf. sur Aranda : Morel-Fatio, *Études espagnoles*, t. II, p. 113 et suivantes.

D. Josef Moñino, comte de Florida-Blanca, fait avec Aranda le plus complet et le plus piquant contraste. Il est *golilla* de la tête aux pieds. Fils d'un greffier de la chambre épiscopale de Murcie, et patronné par la maison d'Ossuna, il fut successivement procureur au Conseil de Castille, ambassadeur à Rome, et enfin ministre, après la retraite volontaire de Grimaldi (1777-1792). Son intégrité et son amour du travail lui valurent l'entière confiance de Charles III, qui trouva en lui le serviteur laborieux et respectueux qu'il cherchait. Les courtisans furent loin de le prendre autant à gré. Florida-Blanca se savait méprisé des grands à cause de son humble origine : il prit l'habitude de vivre seul, ne traita les affaires que par écrit et ne manqua pas une occasion de faire sentir sa puissance à ses ennemis. Les haines qu'il souleva s'exaspérèrent jusqu'à la calomnie et à l'assassinat. Il fut attaqué en plein palais, et reçut plusieurs blessures avant d'avoir pu se dégager (1). Il devint une sorte de personnage mystérieux et redoutable que personne ne pouvait se vanter de connaître. « Vous voyez, d'une part, dit un contemporain,
« un homme honnête dans toute l'acception de mot, plein de
« justice et d'abnégation, plutôt capable de se ruiner au ser-
« vice que d'amasser des richesses. Cet homme est extrême-
« ment dévoué pour ses amis, c'est un père de famille mo-
« dèle, un vrai citoyen. D'autre part, vous êtes surpris de
« remarquer souvent en lui beaucoup de cruauté, un esprit
« de vengeance, et surtout une prédilection exagérée pour
« les employés... Personne ne peut se vanter de jouir tant
« soit peu de sa confiance, ou d'avoir été distingué par lui...
« Tout le monde tremblait devant lui (2). »

C'était assurément un homme peu aimable ; l'Espagne lui doit néanmoins beaucoup. Il a construit des routes, organisé des services de messageries, ouvert l'Amérique au commerce espagnol, favorisé l'essor des sociétés économiques, écrit sur les résultats de son administration un compte rendu qui est un chef-d'œuvre de bon sens et de clarté, et qui suffit

---

(1) Tratchewsky, *op. cit.* p. 15.
(2) Id., p. 5 (d'après le rapport de l'ambassadeur russe Zinoview, 1777).

à prouver la supériorité des ministres nationaux sur les étrangers. Il faut être Espagnol pour comprendre aussi bien l'Espagne, pour savoir aussi exactement la dose d'innovation qu'elle peut supporter.

Florida-Blanca tomba noblement du pouvoir. Il essaya d'ouvrir les yeux au roi sur les désordres de la reine. Charles IV parut un moment avoir compris ; il eut un accès de fureur terrible, il accabla la reine de reproches et d'injures ; mais le lendemain, au point du jour, un officier du roi vint trouver le comte dans sa chambre à coucher et lui intima l'ordre de quitter sur-le-champ Aranjuez (1). Les Espagnols se souvinrent longtemps des vertus du ministre disgracié. Quand l'Espagne fut envahie par Napoléon, le cri public désigna Florida-Blanca comme régent du royaume. Le vieux ministre vint présider la junte insurrectionnelle d'Aranjuez, et mourut à Séville, le 28 décembre 1808, au milieu des angoisses de la guerre.

Florida-Blanca était plus remarquable par le bon sens et l'application que par l'étendue de son esprit. D. Pedro Rodriguez Campomanès mettait une vaste érudition et une extraordinaire puissance de travail au service d'une large et belle intelligence. Bon humaniste, bon dialecticien, juriste savant, connaissant le grec et l'arabe, il possédait cette culture encyclopédique, aujourd'hui impossible, mais si favorable au développement intellectuel. Il débuta par des travaux d'érudition : une *Histoire des Templiers*, une *Traduction de deux chapitres d'un traité arabe sur l'agriculture*, un *Mémoire sur les manuscrits des conciles d'Espagne conservés à l'Escorial*, une *Dissertation sur les lois des Goths*, une *Etude sur la marine des Carthaginois*, préambule d'une histoire de la marine espagnole qu'il se proposait d'écrire. Nommé dès 1755 assesseur de l'administration des postes, puis membre honoraire du Conseil des finances, il devint en 1762 fiscal du Conseil de Castille et en obtint en 1789 la vice-présidence. Sa santé l'obligea à se démettre de ses fonctions en 1791. Il mourut le 3 février 1802, laissant la réputation d'un travailleur infa-

---

(1) Tratchewsky, *op. cit.*, p. 17.

tigable et d'un réformateur hardi, presque d'un révolutionnaire.

Son activité s'est portée sur trois points principaux : organisation du service des postes, relèvement de l'industrie et du commerce de l'Espagne, restriction des privilèges du clergé.

Comme assesseur du service des postes, il publie en 1761 son *Itinéraire des routes de postes de l'Espagne et de l'étranger*, et une *Notice sur le royaume de Portugal*. Il est l'auteur des ordonnances de 1762 sur le service des postes. Il fait de la Corogne le port d'attache des messageries maritimes.

Comme économiste, on a de lui un *Discours sur l'éducation populaire des artisans* (1), un *Discours sur les progrès de l'industrie populaire* (2); un mémoire sur le grand procès soutenu par *la Mesta* devant le Conseil de Castille (1764-70). Pour rédiger ce dernier ouvrage, on le vit diriger lui-même les enquêtes, et aller par les Castilles, et jusqu'en Estremadure et en Andalousie, recueillir des renseignements et contrôler les dires des avocats de la Mesta. Il aimait à visiter les manufactures et les ateliers, il s'entretenait avec les artistes et les ouvriers les plus habiles, il recommandait au roi les plus méritants. Ses *Lettres politico-économiques*, récemment découvertes, et publiées (3), offrent un tableau aussi exact que pittoresque de tous les abus dont souffrait l'Espagne. Elles sont écrites dans un style charmant, familier et incisif; elles peuvent être citées comme des modèles d'humour espagnol. Le grand économiste est dur pour les bureaucrates, et les accommode de la plus étrange façon. Il faut l'entendre parler de ces « *Caga-tintas* », se moquer « du « petit Galiano, un commis qui avait mal lu Necker, et s'en-« tendait à élucubrer une foule de petits plans, vraiment

---

(1) *Discurso sobre la educacion popular de los artesanos y su fomento*. Madrid, Sancha, 1775, appendice ; — id. ibid. 1775-77.

(2) *Discurso sobre el fomento de la industria popular (De orden de S. M. y del Consejo)*. Madrid, 1774..

(3) D. Antonio Rodriguez Villa, *Cartas politico-economicas escritas por el conde de Campomanès*. Madrid 1878, in-12.

« tout à fait curieux ». Florida-Blanca « se connaît en éco-
« nomie politique comme à châtrer des souris ». Le directeur
Parayuelo, une des lumières de la bureaucratie financière,
est appelé « le terrible calculateur du produit des sept pe-
« tites Rentes » (1). On devine le profond dédain de l'actif et
vaillant fiscal pour « ces révérendissimes plumitifs imbibés
« de comptes et de calculs ». Et ce persiflage étourdissant se
continue d'un bout à l'autre du livre, sans jamais nuire à la
justesse des conclusions. C'est une joute à fer émoulu ; mais
la lance est ornée de rubans et de grelots.

Les privilèges ecclésiastiques ont trouvé dans Campomanès un redoutable ennemi. Il a restreint le nombre des
clercs, défendu d'ordonner le prêtre qu'on ne savait comment
faire vivre, rendu plus sérieux les concours pour l'obtention
des bénéfices, condamné la fréquence des quêtes, prohibé
l'immixtion des clercs dans les affaires des séculiers, établi un
« Chapitre modèle », augmenté la portion congrue, veillé à
l'observation des lois sur la mainmorte, facilité les appels
comme d'abus, réorganisé le tribunal de la Rote à Madrid,
exigé le visa royal avant la publication des bulles pontificales.
Il a pris une grande part à l'expulsion des Jésuites. Cette au-
dacieuse politique ne manqua pas de lui susciter beaucoup
d'ennemis. Il leur répondit en publiant son *Traité du droit
royal d'amortissement* (1765), qui est son chef-d'œuvre (2),
et son *Jugement impartial* sur le monitoire lancé par le pape
contre le ministre du duc de Parme, coupable, comme lui,
d'avoir chassé les Jésuites des Etats de son maître (1769).
L'évêque de Cuenca ayant protesté devant le Conseil de Castille contre les tendances réformatrices des deux fiscaux du
Conseil, Campomanès et Florida-Blanca, chacun de ces deux
ministres fit paraître un *Mémoire justificatif*, qui réduisit
à néant les plaintes de l'évêque. Campomanès a été à la fois
un des plus grands économistes de son temps et un des pré-
curseurs de la révolution espagnole.

---

(1) Monopoles du plomb, du soufre, de la poudre, du mercure et de ses composés.

(2) A. Ferrer del Rio, *Historia de Carlos III*, t. I, p. 317.

Il semblait à la mort de Charles III que l'Espagne fût définitivement engagée dans la voie du progrès. La faiblesse de Charles IV compromit les résultats acquis en plaçant Godoy à la tête du gouvernement.

L'histoire romanesque de Godoy est trop connue pour offrir quelque intérêt ; la seule question qu'il importe d'examiner est de savoir si Godoy avait quelque talent, ou s'il n'a été qu'un impudent favori.

D. Manuel Godoy avait vingt-cinq ans lorsque la faveur de la reine l'appela au ministère des Affaires Étrangères (1). Sans être aussi ignorant que le veut la légende (2), il n'avait qu'un fort léger bagage littéraire, et avait déjà produit l'impression la plus fâcheuse dans le monde diplomatique. Le ministre de Russie Zinoview le peignait comme un homme « sans talents, sans aucune éducation, chez lequel on ne « trouvait nuls sentiments élevés, rien que de l'avidité et « de l'ambition ». Le ministre de Prusse, Sandoz Rollin, le jugeait de même (3). Cependant il se montra d'abord franc, affable et compatissant (4), et fit même de sérieux efforts pour se mettre au courant des affaires. Il se vanta en plein conseil de travailler quatorze heures par jour (5). Mais sachant bien que sa faveur ne reposait sur aucune base solide, il ne songea qu'à la maintenir, vivant au jour le jour, attentif seulement aux changements de l'opinion publique pour modifier en temps opportun son langage et sa conduite.

En 1792 il ne voulait pas faire la guerre à la France, et disait hautement qu'il avait « grande envie de s'arranger « avec les factieux, pourvu que sa sécurité fût assurée » (6). La Convention l'obligea à la guerre. La guerre une fois engagée, Godoy ne sut plus comment l'arrêter (7). Il signa la paix de Bâle par peur d'un mouvement révolutionnaire en

---

(1) Il était né à Badajoz le 12 mai 1767.
(2) Godoy, *Mémoires du Prince de la Paix*, t. I, p. 27.
(3) Tratchewsky, *L'Espagne à l'époque de la Révolution française*, p. 20.
(4) Général Foy, *La guerre de la Péninsule*, t. II, p. 254.
(5) Coxe, *L'Espagne sous les Bourbons*, t. VI, p. 69. (Conseil du 14 mars 1794).
(6) Tratchewsky, *L'Espagne à l'époque de la Révolution française*, p. 37.
(7) De Sybel, *Histoire de l'Europe pendant la Révolution française*, t. III, p. 449.

Espagne (1). La paix était à peine signée qu'il se sentit plus menacé que jamais ; une partie considérable de la noblesse, le clergé tout entier trouvaient le traité impie, et regardaient Godoy comme un traître à la bonne cause. Le Grand-Inquisiteur, le confesseur de la reine, la cour de Naples méditaient sa chute ; la reine Louise elle-même fut un moment gagnée au complot (2). Dans une suprême entrevue Godoy la reprit, mais la peur le rejeta dans l'alliance française et dans la guerre (3).

Le Directoire était un terrible allié. Il accabla Godoy de réclamations hautaines, et le poussa l'épée dans les reins. Godoy lui opposa la force d'inertie : il laissait sans réponse les lettres de l'ambassadeur de France, il ne terminait pas le quart des affaires qui lui étaient soumises (4) ; il se refusa à envahir le Portugal, comme la France le lui demandait. Le Directoire en conçut un vif ressentiment (5), et comme Godoy s'était aliéné les bonnes grâces de la reine par sa passion pour Pepa Tudo (6), il tomba du ministère (29 mars 1798).

Pendant trois ans il resta écarté des affaires, brouillé avec la reine, mais toujours bien vu du roi, regrettant le pouvoir, ne cachant ni son dépit ni ses espérances. Son successeur Urquijo n'était pas sans talents ; il avait des vues libérales, il aimait la gloire (7), il s'occupait du relèvement de la marine, il signait avec le Maroc un traité qui mettait fin à l'esclavage des prisonniers de guerre, il pensait à abolir l'esclavage aux colonies (8). Mais, comme Godoy, il devait sa fortune à sa belle prestance et à la faveur de la reine (9). On le trouvait « hautain et hargneux » (10). Les finances étaient toujours dans un état déplorable, et la politique anticléricale du mi-

---

(1) Tratchewsky, *op. cit.* p. 13.
(2) De Sybel, *op. cit.*, t. IV, p. 205, 209.
(3) *Archives des affaires étrangères à Paris*, Espagne, t. 610, f° 315.
(4) Id. t. 610, f° 315 et 386.
(5) De Sybel, *op. cit.*, t. VI, p. 398.
(6) Tratchewsky, *L'Espagne à l'époque de la Révolution française*, p. 53.
(7) *Archives des affaires étrangères à Paris*. Espagne, t. 658, p. 147.
(8) Llorente, *Histoire de l'Inquisition*, t. IV, p. 107.
(9) Tratchewsky, *op. cit.*, p. 54.
(10) *Archives des affaires étrangères à Paris*, Espagne, t. 658, pièce 29.

nistre lui mettait à dos tout le clergé (1). Godoy exploita habilement toutes ces causes de mécontentement. Alors que sa fortune particulière était évaluée à 100.000.000 de réaux (2), il déplorait devant l'ambassadeur de France le mauvais état des finances royales, et ajoutait hypocritement : « Je crains « bien que tout ceci nous mène à une révolution » (3). Il affectait de se rapprocher de l'Eglise. Urquijo avait toujours peur « que ce coquin de prince de la Paix n'animât tout le clergé « contre lui » (4). Le zèle clérical de Godoy faillit un moment lui coûter cher : il reçut avec une grande froideur la nouvelle de la victoire de Marengo, et eut l'imprudence de laisser percer son dépit devant le roi (4). Mais il réfléchit bien vite qu'il est impolitique de bouder les victorieux ; il résolut de s'appuyer désormais sur Bonaparte. Six semaines après Marengo, il avait reconquis la faveur de la reine et se retrouvait plus puissant que jamais (5).

Malheureusement pour lui, il s'alliait à un homme beaucoup plus exigeant que le Directoire, qui voulait tout, pouvait tout, et reconnut très vite à qui il avait affaire. L'ambassa-

---

(1) *Archives des affaires étrangères à Paris*, Espagne, t. 658, pièce 120.
(2) Id. t. 658, pièce 75.
(3) Id. t. 658, pièce 126. — Cf. de Sybel, *L'Europe pendant la Révolution*, t. VI, p. 399.
(4) « Le prince de la Paix se trouva au palais au moment où le roi arriva,
« il y a deux jours, d'Aranjuez avec toute sa cour : « Eh bien ! Manuel, que dis-
« tu de Bonaparte et des Français ? — Il faudra voir, sire, comment Bonaparte
« finira ; ce qui vient d'arriver est un grand malheur pour ces pauvres Italiens.
« Les Français vont encore leur faire éprouver toute sorte d'horreurs. — Tu
« ne connais ni Bonaparte, ni les Français, répondit le roi ; je sais qu'ils se
« conduisent à merveille à Milan. » — *Archives des affaires étrangères à Paris*,
« Espagne, t. 659, f° 133. Alquier au ministre, 14 messidor an VIII.
(5) « Tout paraît s'être arrangé pendant le séjour de la cour ici (à La Granja).
« Les entrevues, qui sont constamment journalières lorsque l'on est rapproché,
« ont été plus longues et plus mystérieuses. Il est démontré, pour les camaristes
« et pour tout l'intérieur, que les anciennes habitudes ont été reprises. On ré-
« pète même des confidences faites par la reine à celles de ses femmes qui
« sont informées de tout, et ce qui paraît invraisemblable dans ce récit n'est
« pas affaibli par les expressions sales et grossières que l'on rapporte pour
« citer juste et pour ne pas altérer le style original. Tout Madrid s'est entre-
« tenu de cet événement avec autant de facilité qu'on en mettrait chez nous
« à parler d'une aventure des coulisses de l'Opéra. » — *Archives des affaires
étrangères à Paris*, Espagne, t. 659, f° 273, 20 thermidor an VIII.

deur Alquier écrivait dès la rentrée aux affaires du prince de la Paix : « Il suffit de voir le personnage et de l'en« tendre pour être bien convaincu qu'il n'a pu devoir son « avancement gigantesque qu'à des moyens honteux... Si « vous exceptez le début de toutes les causeries insignifiantes « et d'usage, qu'il soutient assez bien pendant quelques mi« nutes, rien n'égale la pauvreté infinie de sa conversation, le « vide absolu de ses idées, et surtout l'ignorance profonde et « honteuse qui perce dans tout ce qui lui échappe. Il fait avec « une maladresse singulière les aveux qu'il croit propres à « rehausser son importance, ou, quand la vérité lui manque, « il ment avec la plus risible et la plus grossière impu« dence » (1).

Godoy se crut de taille à jouter avec Napoléon. Il accepta en principe la guerre avec le Portugal qu'il avait refusée en 1798 ; il ouvrit l'Espagne à un corps d'armée français, se fit nommer généralissime de l'armée espagnole, et crut s'être couvert de gloire dans une campagne de quelques jours (20 mai-16 juin 1801) que le peuple appela dédaigneusement « la guerre des oranges » (2). Victorieux, il voulut parler haut à son tour ; il réclama le départ de l'escadre espagnole enfermée à Brest et la retraite des troupes françaises, qu'il avait laissées s'avancer jusqu'à Ciudad-Rodrigo ; il ajouta que l'envoi de nouvelles troupes serait considéré par l'Espagne comme une déclaration de guerre (3) (29 juillet 1801). Au reçu de cet ultimatum, Bonaparte faillit décréter la déchéance des Bourbons d'Espagne (4). Talleyrand eut beaucoup de peine à le radoucir. Cependant l'accès d'énergie de Godoy lui avait plu, et il songea vaguement à en faire un roi d'Espagne. « J'aimerais mieux, disait-il, le voir sur le trône qu'un

(1) *Archives des affaires étrangères à Paris*, Espagne, t. 659, f° 273, 20 thermidor an VIII.

(2) La reine Louise s'était montrée aux troupes dans un palanquin orné de feuillages, et tenant dans ses mains un bouquet d'oranges cueilli sur les glacis d'Elvas. — Paquis et Dochez, *Histoire d'Espagne*, t. II, p. 513.

(3) Reynald, *Histoire d'Espagne depuis la mort de Charles III*, p. 16.

(4) De Sybel, *Histoire de l'Europe pendant la Révolution française*, t. VI, p. 402.

« Bourbon. » Mais ce ne fut qu'un éclair, et il fut saisi de
dégoût quand il sut que Godoy avait profité de ses dispositions
pacifiques pour faire un coup de bourse avantageux (1).
Instruit par l'expérience, Godoy se montra pendant cinq ans
l'esclave de Napoléon. Une seule fois, en octobre 1803, il essaya
de regimber ; il voulait rester neutre dans la lutte qui s'engageait entre la France et l'Angleterre. Une lettre terrible de
Napoléon l'arrêta : l'empereur menaçait de révéler à Charles IV
toutes les hontes de son palais (2). Mais Godoy haïssait ce
maître qu'il s'était donné, et, tout en lui livrant les dernières
ressources de l'Espagne, il n'aspirait qu'à le renverser. Napoléon le savait : dès 1804 son ambassadeur à Madrid, Beurnonville, l'avait averti (3). Il ne se méprit donc pas une
minute sur le sens de la proclamation du 14 octobre 1806, par
laquelle Godoy appelait le peuple espagnol à la guerre sainte
contre un ennemi qu'il ne nommait pas, mais qui n'était
autre que Napoléon (4). De ce jour Napoléon arrêta dans son
esprit le renversement des Bourbons d'Espagne, et Godoy
n'en vit rien. Godoy crut au pardon de Napoléon, Godoy rêva
de se faire nommer grand-duc de Hanovre ou roi des Algarves (5), et quand le peuple de Madrid, pris de fureur, vint
l'arracher du pouvoir, trop tard pour la paix de l'Espagne,
Godoy tomba de son rêve comme un somnambule tombe d'un
toit, sans avoir rien prévu, sans s'être douté de rien (6). Il

(1) Général Foy, *Guerre de la Péninsule*, t. II. p. 267. — Godoy paraît avoir lui-même songé à s'assurer la succession de Charles IV. Toreno, *Historia de levantamiento de España*, t. I, p. 11.

(2) Geoffroy de Grandmaison, *L'ambassade française en Espagne pendant la Révolution*, p. 267.

(3) « J'ai essayé tous les moyens de rendre Français ce courtisan faux, astu-
« cieux et sans talents ; je l'ai pris par l'amitié et par la fermeté, par les ca-
« resses et par les menaces : c'est une âme incapable du moindre élan de
« gloire. Tant qu'il restera au timon des affaires, la France ne retirera aucun
« avantage de cette alliance. » — Reynald, *Histoire de l'Espagne depuis la mort de Charles III*, p. 19.

(4) De Baussel, *Mémoires*, t. I, p. 77 et 79.

(5) Général Foy, *Guerre de la Péninsule*, t. II, p. 279. Traité de Fontainebleau, 27 oct. 1807.

(6) La révolte d'Aranjuez est du 18 mars 1808. Godoy ne soupçonna rien avant le retour d'Izquierdo (février), et ne prit dans l'intervalle aucune mesure de salut.

ne dut la vie qu'aux prières de la reine et du roi, et à la pitié de Napoléon (1).

Frappés du caractère tragique de sa disgrâce, beaucoup d'écrivains espagnols se montrent indulgents pour Godoy et voient surtout en lui un exemple de la vicissitude des choses humaines (2).

Ils ont raison de ne pas se montrer trop sévères, car si le prince de la Paix a suivi une politique extérieure déplorable, son administration n'est pas sans mériter quelques éloges. Il a pris un réel souci de l'enseignement public, il a fait traduire en espagnol un grand nombre de livres utiles ; il a favorisé la fondation de revues scientifiques ; il a créé plusieurs établissements importants ; il a organisé de toutes pièces l'enseignement de la médecine. L'Inquisition a trouvé en lui un adversaire constant et résolu. L'armée et même la marine lui doivent d'utiles réformes. Il a porté partout, à défaut de grandes vues d'ensemble, un esprit d'humanité et de libéralisme dont il n'est que juste de lui savoir gré.

Même comme homme, Godoy n'est point aussi méprisable que son histoire pourrait le faire supposer. C'est un homme médiocre et sans caractère, auquel la fortune a souri ; il a joui de ses faveurs en sybarite, et n'a jamais compris qu'on pût l'en blâmer. On peut plaider en sa faveur l'inconscience et l'irresponsabilité. Sous le dévergondage des mœurs, on retrouve en lui l'hidalgo de province, magnifique et vaniteux, vertueux par principes et débauché par occasion, modéré par paresse, ambitieux effréné sitôt que la chance s'offre à lui. Si Godoy eût vécu à Badajoz, dans le monde paisible où il était né, il eût été le don Juan de sa petite ville, se serait fait dévot sur le tard, et aurait laissé une partie de son bien à l'Eglise pour assurer le repos de son âme. Son

---

(1) Lettres du roi Charles IV et de la reine au grand-duc de Berg. Baussel, *Mémoires*, t. I, p. 126-210.

(2) « D. Manuel Godoy, condenado a ser espectador del principe de la Paz
« caido, es el hombre aquien se le concederia el funesto privilegio de con-
« templarse a si mismo despues de muerto. » — Boix, *Historia de la ciudad
y reyno de Valencia*, t. II, p. 106.

malheur a été de vivre à la cour et d'être aimé par une reine (1).

(1) Cf. sur Godoy : D' Julius Mayer, *Die französisch-spanische Allianz in den Jahren 1797-1806.* Linz, 1895, in-8° — G. Desdevises du Dezert, *D. Manuel Godoy* (dans les Mémoires de l'Académie de Caen, 1895).

CHAPITRE III.

LES CONSEILS.

I. — Les Cortès.

Le roi et les ministres gouvernaient l'Espagne avec l'aide d'un certain nombre de Conseils consultatifs, dont les membres, tous nommés par le roi, préparaient les affaires et rédigeaient les décrets soumis à la signature du souverain.

Il avait existé jadis dans plusieurs royaumes d'Espagne des assemblées représentatives, les Cortès, qui avaient joué un grand rôle dans la vie nationale, et dont le nom subsistait toujours, quoique l'institution fût presque complètement tombée en désuétude.

Au seizième et au dix-septième siècles, six royaumes espagnols avaient leurs Cortès propres : c'étaient la Castille, l'Aragon, la Catalogne, Valence, Majorque et la Navarre (1). Ces assemblées se composaient en général de députés du clergé, de la noblesse et des villes ; elles reconnaissaient l'héritier du trône, recevaient le serment du roi à son avènement, lui juraient fidélité au nom de ses sujets, et votaient sur les demandes qui leur étaient soumises par le roi, mais elles n'avaient jamais obtenu que leur convocation régulière fût une obligation pour le monarque, elles n'avaient point

---

(1) Dates de réunion des dernières Cortès avant 1700 :
Cortès de Castille à Madrid, 1665 ;
— d'Aragon à Saragosse, 1684-86 ;
— de Catalogne à Montblanch, 1640 ;
— de Valence à Valence, 1645 ;
— de Navarre à Corella, 1695.

Antequera, *Historia de la legislacion española*, appendice VIII.

l'initiative des lois, leur contrôle était intermittent et incomplet. Les villes qui avaient le droit de représentation aux Cortès (*asiento en Cortes*) l'envisageaient à la fois comme un honneur et comme une lourde charge ; elles ne se souciaient pas d'user fréquemment de leur droit ; elles tendaient à restreindre ce privilège au plus petit nombre possible de cités ; le roi entretenait soigneusement leurs divisions qui faisaient sa force.

Dès 1624 Philippe III prétendit pouvoir lever l'impôt sans le consentement des Cortès (1), et l'institution était en pleine décadence en 1700. En Castille presque toutes les attributions des Cortès avaient passé à la Députation du royaume et au Conseil de Castille (2).

Philippe V ne se souciait nullement de rendre aux Cortès l'importance qu'elles avaient perdue. Louis XIV, consulté par lui sur l'opportunité d'une réunion des Cortès, refusa sagement de se prononcer sur un sujet aussi délicat, et Philippe, pressé de se rendre au-devant de la princesse de Savoie sa fiancée, ajourna toute décision (3).

Le 8 mai 1701, une assemblée de grands d'Espagne, de prélats et de délégués de toutes les villes de la monarchie qui avaient voix aux Cortès se réunit à Madrid, et l'on vit pour la première fois des députés de Valence, d'Aragon et de Navarre siéger à côté des députés castillans ; mais ni le gouvernement ni la nation ne voulurent voir dans cette assemblée de véritables Cortès. Le roi évita « de convoquer les députés « suivant les formalités requises pour une convocation aux « Cortès, sous prétexte que ce serait une occasion de grandes « dépenses et de grands inconvénients ». La nation, qui ne connaissait que les Cortès de Castille, ou d'Aragon, ou de Navarre, refusa de voir des Cortès dans cette assemblée où les représentants de toute l'Espagne se trouvaient réunis. Ce fut une cour plénière et non des Cortès générales (4).

---

(1) Gallardo, *Rentas de la corona*, t. I, p. 123.
(2) Antequera, *Historia de la legislacion española*, p. 388.
(3) Marquis de Saint-Philippe, *Mémoires*, t. I, p. 109.
(4) Coxe, *L'Espagne sous les Bourbons*, t. I, p. 167. — Marina, *Teoria de los Cortes*, II, p. 33.

Il en fut tout autrement des Cortès de Catalogne tenues à Barcelone par Philippe V (nov. 1701 — janvier 1702), et des Cortès d'Aragon, présidées par la reine à Saragosse (1702). Ces assemblées furent convoquées légalement, et se tinrent suivant l'antique cérémonial. On vit à Barcelone les trois *Etats* (ecclésiastique, militaire et royal), à Saragosse les quatre bras (riches-hommes, infanzons, députés des villes et clergé) discuter avec les commissaires royaux, demander le redressement des griefs, et accorder un don gratuit au roi. Les Catalans votèrent 1.500.000 livres catalanes (16.102 910^{rs}), et les Aragonais 100.000 *reales de a ocho* (1.600.000^{rs}) (1). Mais Philippe V s'effraya de toutes ces libertés et mit à profit la révolte de l'Aragon et de la Catalogne pour supprimer leurs assemblées nationales.

Le 7 avril 1709 s'ouvrirent à Madrid les premières Cortès de Castille et d'Aragon ; les deux pays étaient désormais unis, et ne devaient plus avoir qu'une seule représentation. La Castille fit reconnaître sa suprématie en donnant le premier rang aux députés de Burgos ; ceux de Saragosse obtinrent la seconde place, et ceux de Valence la troisième. L'Assemblée ne fut guère qu'un *besa manos* plus solennel que de coutume. Les grands, les officiers de la couronne, la noblesse, les députés des villes reconnurent l'infant D. Luis, âgé de vingt mois, comme prince des Asturies, et lui baisèrent la main. La reine écrivit à sa sœur la duchesse de Bourgogne que l'infant avait été fort sage pendant trois heures, et n'avait réclamé sa nourrice que tout à fait à la fin de la cérémonie. Quelques députés ayant demandé que le prince eût le gouvernement direct de son apanage, le Conseil de Castille écarta cette demande indiscrète, et les Cortès furent congédiées (2).

Les Cortès du mois de novembre 1712 furent plus importantes. Elles eurent à confirmer en face de l'Europe la renonciation de Philippe V à tous ses droits à la couronne de France. Le roi prononça une harangue digne et touchante, bien composée et bien dite. D. Francisco de Quincocès,

---

(1) Coxe, *L'Espagne sous les Bourbons*, t. I, p 225, 247 et 286.
(2) Id. t. I, p. 557.

chevalier de Saint-Jacques, secrétaire de la Chambre et des États de Castille, rappela l'histoire de la longue guerre de succession, vanta le dévouement des Espagnols à leur roi, et montra combien Philippe V répondait à leurs sentiments en renonçant, pour rester roi d'Espagne, à tout espoir de devenir jamais roi de France. Le député de Burgos se fit l'interprète de la reconnaissance de tous; on put avoir pendant quelques instants l'illusion d'une assemblée politique ; mais trois jours plus tard, lorsque les Cortès eurent confirmé l'acte royal de renonciation, la session fut déclarée close (1).

En 1714, les Cortès furent réunies de nouveau pour la vérification de la loi salique modifiée que Philippe V se proposait d'introduire en Espagne. Vingt-sept villes ou provinces y étaient représentées ; mais, pour diminuer les frais, villes et provinces avaient été invitées à envoyer leurs pouvoirs aux « députés du royaume » résidant à Madrid. Ce ne fut qu'un simulacre d'assemblée ; la seule décision importante fut l'admission d'un député aragonais à la commission des *millones* (2).

A l'avènement de Louis Ier (1724), on simplifia encore la mise en scène. Tous les grands et les prélats résidant à la cour furent considérés comme ayant donné leur adhésion au nouveau souverain (3).

Lorsque Philippe V reprit le pouvoir après la mort de son fils, il jugea bon de réunir les Cortès. Toutes les villes qui avaient l'*asiento* y furent représentées, même la ville catalane de Cervera, qui venait d'obtenir ce privilège ; mais sitôt que Philippe eut reçu le serment des députés, il les congédia, sans leur avoir soumis la moindre affaire (4).

Ferdinand VI avait été reconnu prince des Asturies par cette assemblée ; il ne crut pas nécessaire de la convoquer de nouveau lorsqu'il monta sur le trône.

Charles III avait à faire reconnaître son fils D. Carlos comme héritier présomptif de la couronne. Les Cortès de

---

(1) Baudrillart, *Philippe V et la Cour de France*, p. 509.
(2) Coxe, *L'Espagne sous les Bourbons*, t. II. p. 142.
(3) Id. t. III, p. 67.
(4) Amador de los Rios, *Historia de Madrid*, t. IV, p. 87.

Madrid (juillet 1760) comptèrent des représentants de trente-six villes ; elles prêtèrent serment au prince, et acclamèrent comme patronne de l'Espagne « la Vierge Marie considérée « dans le glorieux mystère de sa Conception immaculée » (1).

Les Cortès du mois de septembre 1789 pouvaient être plus actives. Florida-Blanca craignait que l'exemple des États-Généraux de France ne les portât à s'exagérer leur importance. Elles comptaient une centaine de membres, et étaient présidées par Campomanès. Mais l'Espagne de 1789 n'était pas révolutionnaire, et Campomanès voyait dans l'absolutisme le salut de l'Espagne : Jovellanos se moquait aussi du parlementarisme (2). On amusa les députés en leur faisant discuter le retrait de la loi salique de 1714. Quand ce fut fait, le roi leur recommanda de garder un profond secret sur toutes leurs délibérations, et les congédia. Il ne vint à l'esprit de personne de réclamer contre cette décision (3).

Les Cortès se réunirent donc huit fois dans le cours du dix-huitième siècle, mais ne furent guère que de somptueuses parades ; elles servirent du moins à maintenir une tradition respectable. Grâce à ces réunions, les Cortès restèrent en Espagne une institution vivante ; et le jour où le pays, abandonné à lui-même, dut se constituer un gouvernement, ce fut aux Cortès qu'il le demanda.

L'Aragon, la Catalogne et Valence perdirent dès le commencent du dix-huitième siècle le droit d'avoir leurs Cortès particulières. La Navarre au contraire conserva les siennes, et les réunit onze fois de 1701 à 1801. Mais elles n'avaient que bien rarement à faire œuvre politique, et leurs décisions ne s'appliquaient qu'à la Navarre. Elles n'étaient, en réalité,

---

(1) Duro, *Historia de Zamora*, t. III, p. 151.
(2) Épigramme de Jovellanos contre le parlementarisme. (Citée par Fernandez, *La hacienda de nuestros abuelos*, p. 112.)
      Ni me fundo en las leyes
   Que los sabios de Roma publicaron,
      Ni en las que nuestros reyes
   Para esplendor de su nacion dejaron,
      Mas tengo en mis pulmones
   Todo el vigor que falta a mis razones.
(3) A. Gomez de Arteche, *Hist. de Carlos IV*, t. I, p. 49.

comme les Juntes générales des Vascongades, qu'un Conseil provincial, sans action sensible sur la marche générale des affaires.

II. — Les Conseils.

Les Conseils avaient une importance beaucoup plus grande que les Cortès. Pendant longtemps ils avaient tenu lieu de ministères, et le gouvernement espagnol avait réalisé l'idéal de la polysynodie. Philippe V chercha à simplifier ces rouages trop compliqués. Le nombre des Conseils fut réduit; leurs membres furent moins nombreux; tous furent soumis à l'autorité du Conseil privé du roi (1). Cependant ces grands corps demeurèrent très puissants, et continuèrent à donner au gouvernement espagnol une physionomie tout à fait caractéristique. Les Conseils étaient à la fois des comités législatifs, des conseils d'administration et des tribunaux d'appel. Toutes les affaires s'y traitaient par écrit, et avec une si sage lenteur que rien n'était si rare en Espagne comme une mesure prise en temps opportun. Les hommes d'État déploraient cette routine. Campomanès s'écriait amèrement : « A force « de vouloir être justes, nous avons cessé d'être raisonna- « bles (2) ». Godoy répondait à Pérignon qui lui proposait une action immédiate contre les Anglais : « Je suis persuadé que « vous avez raison, mais il y a ici cinquante conseillers qui « ne seront peut-être pas d'avis, comme moi, de saisir l'occa- « sion ». En effet, Godoy consulta le roi, qui opina pour que l'on consultât les Conseils, et l'occasion fut manquée (3). Mais cette lenteur à prendre une décision, cette irrésolution d'esprit sont des traits du caractère espagnol, et lorsqu'un ministre plus hardi parlait d'essayer une réforme, la réforme aboutissait généralement à l'établissement d'une nouvelle commission. L'almanach de 1816 mentionne plus de Conseils et de Comités consultatifs qu'il n'y en avait en 1700 (4).

(1) Baudrillart, *Philippe V et la Cour de France*, p. 63.
(2) Campomanès, *Cartas politico-economicas*, Carta IV.
(3) *Archives des affaires étrangères à Paris*, Espagne, t. 640, f° 249.
(4) En voici la liste : Consejo de Estado. — Consejo real y supremo de S. M.

III. — Le Conseil d'Etat.

Le titre le plus envié des gens de cour était le titre de conseiller d'Etat. Au temps de la dynastie autrichienne, le Conseil d'Etat était en effet le premier corps du royaume ; le roi était censé le présider ; il avait deux secrétaires, l'un pour les pays du Nord, l'autre pour l'Italie ; toutes les affaires politiques et militaires de la monarchie y étaient discutées (1).

Philippe V lui enleva beaucoup de son influence. En 1713 le Conseil ne comprenait plus que quatorze membres, et fort peu étaient capables de remplir leur charge (2). A partir du ministère d'Albéroni, la charge de conseiller d'Etat devint purement honorifique (3). Ce ne fut plus qu'une distinction, très enviée d'ailleurs, que le roi accordait à ses serviteurs les plus méritants. Patiño fut nommé conseiller d'Etat le 30 novembre 1729 (4).

Charles III finit par reconnaître que l'isolement des ministres dans leurs départements respectifs présentait de graves inconvénients. Grimaldi obtint du roi la permission de travailler une fois par semaine avec ses collègues Arriaga et Esquilache (5) (1764). Cet usage persista jusqu'à la paix de Versailles (1783), puis se perdit. Un décret du 8 juillet 1787 institua, sous le nom de *Junte suprême d'Etat ordinaire*

— Sala de Señores alcaldes de Casa y corte. — Juzgado de la villa de Madrid y su tierra. — Consejo de la suprema y general Inquisicion. — Camara de Castilla. — Consejo Real y supremo de las Indias. — Consejo real de las Ordenes. — Consejo real y supremo de la guerra. — Consejo real y supremo de Hacienda. — Comisaria general de Cruzada. — Tribunal apostolico y real de la gracia del excusado. — Colecturia general de espolios y vacante. — Real junta de facultades de viudedades. — Junta suprema de sanidad. — Real junta del Monte-pio de las viudas y huerfanos de los empleados en la R. loteria. — Superintendencia general, direccion y juzgado de correos. — Juzgado de imprentas y librerias. — Contaduria general de positos. — R. junta general de caridad. — R. junta superior gubernativa de medicina.

(1) Baudrillart, *Philippe V et la Cour de France*, p. 63.
(2) Id. p. 565.
(3) De Laborde. *Itinéraire descriptif de l'Espagne*, t. IV, p. 424.
(4) Rodriguez Villa, *Patiño*, p. 74.
(5) Coxe, *L'Espagne sous les Bourbons*, t. IV, p. 518.

et perpétuelle, un Conseil de cabinet qui devait connaître de toutes les affaires d'intérêt général, trancher les conflits entre les différents bureaux des ministères et les tribunaux supérieurs, et se prononcer sur les nominations des fonctionnaires (1). Le règlement de cette assemblée ne comprenait pas moins de 413 articles, que le roi avait eu la patience d'étudier pendant trois mois, et d'annoter de sa propre main. La nouvelle institution fut très critiquée ; on prétendit qu'elle tendait à restreindre le pouvoir du roi, et qu'elle donnait au ministre d'Etat une prépondérance injuste sur ses collègues. Florida-Blanca se défendit habilement en faisant remarquer au roi que chaque ministre perdait au nouveau système quelque peu de son initiative, mais que le roi, ayant toujours le dernier mot, n'y perdait rien et y gagnait au contraire d'être mieux renseigné (2). Personne n'avait songé à blâmer l'abus de réglementation qui devait ôter toute liberté aux ministres.

Le 28 février 1792, Charles IV supprima la Junte suprême et rétablit le Conseil d'Etat, tombé depuis si longtemps en désuétude. Le roi était président-né du Conseil, et choisissait le vice-président (*decano*). Tous les ministres étaient membres du Conseil d'Etat ; mais le ministre intéressé dans une affaire portée au Conseil n'y avait plus que voix consultative. Les ministres n'avaient aucune prééminence sur les autres conseillers d'Etat. Le roi les déclara tous égaux (3).

Dans les premières années qui suivirent sa restauration, le Conseil fonctionna assez régulièrement. Il fut ouvert le 10 avril 1792 par une harangue solennelle de Florida-Blanca sur les affaires de France (4). Il fut consulté sur la déclaration de guerre à la République française, sur l'opportunité de la continuation des hostilités, sur les conditions de la paix de Bâle, sur l'alliance entre l'Espagne et la France en 1796. Les conseillers d'Etat étaient fort nombreux : on en comp-

---

(1) *Novisima Recopilacion*, III, vii, 1.
(2) *Compte rendu de Florida-Blanca*, § 38.
(3) *Novisima Recopilacion*, III, vii, 1.
(4) *Archives générales d'Alcalà de Hénarès*, Estado, 4,818.

tait 28 en 1798 (1) ; mais ils assistaient rarement aux séances. On en voit seulement six à la séance du 6 décembre 1793, 15 à celle du 7 mars 1794, 14 à celle du 14 mars, 12 à celle du 21, 7 à celle du 31 juillet 1795, 7 à celle du 14 août de la même année. Les conseillers paraissent avoir eu peu d'initiative et avoir suivi docilement l'impulsion du ministre au pouvoir. Le 14 mars 1794 leur embarras fut grand, quand le comte d'Aranda eut une altercation très vive avec D. Manuel Godoy sur la politique extérieure, et proposa nettement de conclure la paix avec la France ; Godoy appuya au contraire sur la nécessité de continuer la guerre ; le roi l'écouta avec des marques évidentes d'assentiment ; et quand il demanda au comte d'Aranda s'il avait quelque chose à ajouter, celui-ci répondit : « Tout ce que je pourrais dire serait « inutile. Votre Majesté a donné des signes non équivoques « d'approbation aux paroles de son ministre. Qui oserait « déplaire à Votre Majesté par des raisonnements contrai- « res ? » Comprenant que l'orage était dans l'air, les conseillers se regardaient consternés. L'un des membres proposa « qu'il ne fût pas pris de résolution sur le rapport du comte « d'Aranda, et que l'on oubliât tout ce qui s'était passé entre « les seigneurs Aranda et Alcudia ». Mais le roi ne l'entendait pas ainsi ; il leva la séance et congédia Aranda sur ces dures paroles : « Avec mon père tu fus toujours un entêté « peu respectueux, mais tu n'en vins jamais à l'insulter au « milieu de son Conseil (2) ». Au Conseil du 21 mars, on reparla encore du comte d'Aranda ; mais un des conseillers fit

---

(1) Comte d'Aranda (absent). — Comte de Florida-Blanca (absent). — Marquis de Baxa-Mar. — Marquis Caballero. — Marquis de Astorga. — D. Antonio Florez. — Comte de Campomanès. — Prince de la Paix — D. Pedro de Acuña. — Comte de Colomera. — Marquis del Socorro. — D. Eugenio de Llaguno. — Cardinal de Santmenat. — Cardinal Lorenzana. — Comte de Guemes. — Duc de la Roca. — Évêque de Salamanque (absent). — Duc de Hijar. — D. Josef Godoy. — D. Nicolas de Azara (absent). — Duc d'Osuna — D. Juan Manuel Alvarez. — D. Juan de Langara. — Marquis de las Hormazas. — D. Gaspar Melchor de Jovellanos. — D. Francisco de Saavedra. — Marquis del Campo. — Comte de Montarco.

(2) Godoy, *Mémoires du Prince de la Paix*, t. I, p. 185-229. — *Archives générales d'Alcalá de Hénarès*, Estado, 2767.

observer « que c'était un sujet sur lequel il y avait beaucoup
« à dire », et l'on ne prit aucune résolution. Dans le Conseil
où fut décidée la rénovation du Pacte de famille, toutes les
questions relatives à cette très délicate affaire furent votées à
l'unanimité; quelques conseillers auraient préféré la neutralité armée de l'Espagne entre la France et l'Angleterre à une
alliance avec la France. Godoy reprit la parole, et le Conseil
tout entier adopta son opinion « avec joie, avec une sorte
« d'enthousiasme » (1). Lorsque les conseillers se hasardaient
à avoir une opinion, elle était rarement heureuse. Si le général
Caro demande à se retirer en cas d'échec sur la Navarre,
moins bien défendue par la nature que le Guipuzcoa, on
refuse de lui donner satisfaction « parce que les Guipuzcoans
« pourraient croire que le roi leur préfère les Navarrais ».
Si Caro demande des renforts, on se borne à décider que les officiers blessés, ou malades, ou disparus, seront remplacés par des
officiers en retraite encore valides, et que des sergents invalides
seront envoyés à l'armée pour l'instruction des recrues (2).

En somme, l'institution du Conseil d'Etat ne répondit pas
aux espérances de Florida Blanca. Il y eut dans la monarchie
un Conseil de plus, composé de membres moins compétents
que les autres; les affaires subirent de son fait de longs retards;
le roi s'ennuya de le présider. Peu à peu on cessa de le réunir, et à partir de 1797 il n'exista plus guère que de nom.
Les conseillers d'Etat survécurent au Conseil; on en comptait 39 en 1804 (3).

IV. — Conseil de Castille.

Le Conseil d'Etat n'était qu'une ombre; le pouvoir appartenait en réalité au Royal et suprême Conseil de Castille.
Cette grande institution mériterait à elle seule une étude particulière, tant à cause de son importance capitale dans le
gouvernement de la monarchie, que par l'étendue de sa com-

---

(1) Godoy, *op. cit.*, t. I, p. 372.
(2) *Archives générales d'Alcalá de Henarès*, Estado, 2767.
(3) *Guia de forasteros*, 1804.

pétence et la variété des affaires qui lui étaient soumises.

Déjà très puissant au dix-septième siècle, il hérita au dix-huitième d'une partie des attributions du Conseil d'Etat, et de toutes celles du Conseil d'Aragon supprimé en 1707 (1). C'était à la fois un comité de législation, un conseil politique, le centre de l'administration, un haut tribunal de justice administrative, civile et criminelle ; car les pouvoirs politique et judiciaire étaient partout associés en Espagne.

Le Conseil de Castille, considéré dans son ensemble, avait droit au titre d'Altesse, et, même dans certains cas, au titre de Majesté. L'étiquette rigoureuse imposée à ses membres, l'immuable régularité de leurs occupations, la minutie de la procédure, la gravité de la discussion, la lenteur des décisions, la simplicité apparente de l'organisation, la prodigieuse complexité des services, le petit nombre des conseillers et la multitude des subalternes, tout concourait à donner au Conseil de Castille une physionomie caractéristique et éminemment nationale. Qui le connaîtrait à fond connaîtrait l'Espagne.

Etabli par Jean Ier en 1385 (2), réformé par le même roi en 1387, puis par Henri III et Jean II, réorganisé par les rois catholiques aux Cortès de Tolède (1480) (3), augmenté encore par Philippe II, le Conseil de Castille se composait en 1700 de quatre chambres (*salas*) et de vingt conseillers ; l'un d'eux présidait la Chambre des juges de l'Hôtel et de la Cour (*Sala de Alcaldes de Casa y Corte*) (4).

Le Conseil de Castille, ou, comme on l'appelait le plus souvent, *le Conseil* fut modifié à plusieurs reprises pendant le dix-huitième siècle.

Le 10 décembre 1713, le nombre des chambres fut porté à cinq, et celui des conseillers à vingt-deux (5). Macanaz, l'auteur de la réforme, créa en outre deux avocats généraux, deux fiscaux-substituts (substituts du procureur général) et quatre

---

(1) *Novisima Recopilacion*, IV, v, 9. — 15 juillet 1707.
(2) Antequera, *Historia de la legislacion*, p. 311.
(3) Mariéjol, *L'Espagne sous Ferdinand et Isabelle*, p. 150.
(4) *Novisima Recopilacion*, IV, III, 3.
(5) Id. IV, III, 4 (note 2).

secrétaires ; il supprima la charge de gouverneur ou vice-président du Conseil (1).

En 1714, Orry donna un président particulier à chacune des chambres, créa de nouveaux conseillers pour balancer l'influence des anciens, rajeunit les règlements, et supprima un grand nombre de jours fériés (2).

En 1715, Albéroni ramena le nombre des chambres à quatre et celui des conseillers à vingt-deux ; mais la chambre de gouvernement était autorisée à se scinder pour la plus prompte expédition des affaires. Un conseiller de Castille présidait la *Sala de Alcaldes* qui formait comme une cinquième chambre du Conseil. Le fiscal général (*procureur général*) était supprimé et remplacé par un fiscal civil et un fiscal criminel (3).

Charles III nomma un troisième fiscal (4), et porta à trente le nombre des conseillers (5).

En 1804 le Conseil de Castille comprenait deux chambres de gouvernement, une chambre dite des quinze-cents (*de mil y quinientas*), une chambre de justice et une chambre de province (6).

Les conseillers de Castille étaient nommés directement par le roi. Ils étaient choisis parmi les fonctionnaires éprouvés. Les corrégidors, les intendants, les auditeurs des Audiences et Chancelleries royales obtenaient une place au Conseil comme récompense suprême de leurs services.

(1) Antequera, *Historia de la legislacion*, p. 315.
(2) Baudrillart, *Philippe V et la Cour de France*, p. 576.
(3) Antequera, *Historia de la legislacion*, p. 315. — *Novisima Recopilacion*, IV, III, 4.
(4) 9 juin 1769.
(5) 9 août 1766.
(6) Composition du Conseil en 1804 :
1re Chambre de gouvernement : Le gouverneur du Conseil, président, 11 conseillers, 3 fiscaux.
2e Chambre de gouvernement : 4 conseillers.
Chambre des quinze-cents : 5 conseillers.
Chambre de justice : 4 conseillers.
Chambre de province : 4 conseillers.
5 conseillers en retraite avec tous les honneurs des conseillers en exercice, 8 conseillers honoraires.
Guia de Forasteros (1804).

Le roi appelait aussi au Conseil les jurisconsultes les plus renommés. Campomanès et Florida-Blanca étaient avocats consultants lorsque le roi les nomma fiscaux de Castille. Le gouverneur du Conseil ayant surtout des attributions politiques, le roi avait voulu se réserver une liberté absolue pour le choisir. Le comte d'Aranda était militaire et diplomate, son successeur, D. Manuel Ventura de Figueroa, était archevêque de Laodicée, patriarche des Indes et grand-aumônier du roi (1).

Les membres du Conseil recevaient du roi un traitement fixe. Pendant longtemps ils avaient touché des gratifications, des bonis, des indemnités de logement, perçu des droits sur les procès, sur les amendes, sur les dispenses (2). L'ordonnance du 20 janvier 1717 supprima — au moins en principe — tous ces menus profits, et donna 150.000 réaux au gouverneur de Castille, 44.000 réaux à chacun des conseillers et au fiscal (3). En 1763, le traitement des conseillers fut porté à 55.000 réaux, celui des fiscaux à 66.000. Le roi organisa une caisse de secours (*Montepio*) alimentée par des retenues sur le traitement des membres du Conseil, et destinée à assurer à leurs veuves des pensions variant entre 12.000 et 20.000 réaux (4).

Les conseillers de Castille portaient un riche et élégant costume qui nous est ainsi dépeint par Mélendez dans le prologue de son poème, aujourd'hui perdu, *El magistrado* :
« Soulier noir à boucle d'argent, bas de soie, culotte
« arrêtée au genou par la jarretière, veste boutonnée à
« partir du cou, un peu ajustée et assez longue pour cou-
« vrir la moitié du ventre, poches sur les côtés, ruche de
« dentelle au bout des manches, golille, toge, et par-dessus
« le tout manteau ou grande cape. A la main ou sous le
« bras la grande canne ou *vara* à pomme et à glands d'or,
« qu'on laisse voir à la hauteur du col quand on se drape ;

---

(1) Antonio Ferrer del Rio, *Historia de Carlos III°*, t. III, p. 109.
(2) Gruesa del salario — casa de aposento — propinas ordinarias — ayudas de costa.
(3) *Novisima Recopilacion*, IV, 11, 14.
(4) Id. IV, 11, 15.

« le chapeau à la main pour ne pas défriser son vénérable
« toupet ».

Le président de Castille était le premier personnage de l'Etat après le roi. Il exerçait toutes les fonctions royales en l'absence du souverain. L'étiquette défendait à un si grand personnage de faire des visites. Quand il en recevait, il ne pouvait ni aller au-devant du visiteur ni le reconduire : aussi les grands n'entraient-ils jamais chez le président de Castille que par un escalier secret, et comme à la dérobée. Pour les ambassadeurs et pour les cardinaux la difficulté était encore plus grande. La dignité du président ne pouvait être sauvegardée sans qu'il en coûtât quelque chose à la dignité d'une couronne étrangère ou de l'Eglise. On avait imaginé un biais merveilleux : lorsque le président était visité par un ambassadeur ou un cardinal, il se disait malade et les recevait au lit ; il était ainsi dispensé de venir au-devant de ses hôtes et de les reconduire (1). Le président était inamovible, mais pouvait être exilé ; quoique disgracié, il gardait son titre et son rang, et restait soumis au même cérémonial que s'il eût été en exercice, mais personne ne venait plus le voir ; et comme il ne pouvait aller voir personne, il menait une vie réellement très maussade. On en citait qui étaient morts d'ennui.

Le roi avait fini par ne plus nommer de président de Castille ; il nommait un gouverneur du Conseil, qui avait exactement les mêmes pouvoirs, mais qu'il pouvait toujours révoquer. En 1804 le Conseil n'avait qu'un simple gouverneur. Tessé a tracé du président de Castille Montellano un curieux portrait qui permet de comprendre pourquoi les rois finirent par prendre ombrage d'un *alter nos* aussi indépendant : « Le président de Castille, dit-il, paraît avoir de
« bonnes intentions, pourvu que tout passe par le Conseil
« de Castille qui se regarde comme le tuteur, non seulement
« du royaume, mais du roi. J'ai vu des ordres et des lettres
« particulières de lui à des corrégidors et juges, totalement
« contraires à ce qui avait été réglé dans le *despacho*. Le roi

---

(1) Saint-Simon, *Mémoires*, t. III, p. 103.

« d'Espagne ne sera jamais véritablement roi que l'autorité
« de ce Conseil ne soit diminuée (1). »

Les procureurs ou fiscaux du Conseil de Castille étaient les rapporteurs ordinaires de toutes les affaires graves, et l'on jugera de l'étendue de leur pouvoir par ce fait qu'ils siégeaient dans les cinq chambres du Conseil, et dans une assemblée plus étroite appelée la Chambre de Castille, et qu'ils étaient en droit d'évoquer à eux toutes les affaires dont ils jugeaient opportun de se charger.

Le premier fiscal s'occupait de toutes les affaires de la couronne d'Aragon ; les deux autres se partageaient la Castille. L'un avait tous les pays ressortissant à la Chancellerie de Valladolid ; l'autre, tous ceux qui relevaient de la Chancellerie de Grenade (2). Un fiscal ne pouvait changer de département ; il administrait la même circonscription aussi longtemps qu'il était au Conseil. Dans les affaires d'une importance exceptionnelle, le Conseil pouvait décider que les trois fiscaux seraient entendus. Quand une affaire, même d'importance secondaire, intéressait toute la Castille, on consultait les deux fiscaux de Castille; si elle n'intéressait que l'Aragon, on adjoignait au fiscal d'Aragon le moins ancien des fiscaux de Castille. Chaque fiscal avait sous ses ordres deux agents fiscaux, chargés de lui préparer la besogne, et le nombre des affaires devint si grand qu'il fut nécessaire de créer des agents fiscaux extraordinaires (3). Chacun de ces agents commandait, à son tour, à de nombreux employés (*oficiales*).

Les conseillers écoutaient la lecture des rapports qui leur étaient soumis, et votaient sur le fond du procès. Ils étaient répartis par le président entre les différentes chambres du Conseil ; mais cette répartition n'avait rien d'immuable, le président pouvait faire passer un conseiller d'une chambre dans une autre, ou détacher des conseillers d'une chambre pour parfaire le nombre de juges nécessaire dans une autre

---

(1) Coxe, *L'Espagne sous les Bourbons*, t. I, p. 110. — *Mémoire de Tessé*, à Chamillart, 1703.
(2) *Guia de Forasteros*, 1804. — *Nov. Rec.*, IV, xvi, 7 (19 juin 1769).
(3) *Nov. Rec.*, IV, xvi, 7 (note 5), 10 janvier 1785.

chambre. Les plus graves affaires étaient jugées en séance solennelle, toutes chambres assemblées. Certains conseillers étaient chargés de fonctions spéciales qui mettaient en relief ceux qui les obtenaient, et qui étaient fort recherchées. Pour empêcher ces commissions d'être données à l'intrigue, le roi s'était réservé la nomination des juges-commissaires. Le président de Castille lui remettait une liste de trois noms, parmi lesquels il en choisissait un. Il s'assurait que le commissaire nommé par lui n'était point déjà occupé à quelque autre affaire (1).

En ne comptant que les commissions permanentes, on reste effrayé des charges qui pesaient sur les trente conseillers de Castille. L'un d'eux présidait la *Sala de alcaldes*, deux autres étaient délégués auprès du Conseil des Ordres ; deux autres formaient une sorte de tribunal des conflits (*Jueces de competencias*) ; un autre était inspecteur général des gens de justice employés par le Conseil et les tribunaux de Madrid (*Juez de ministros*) ; chaque année il remettait au roi un rapport sur leur conduite et sur les reproches qu'ils avaient encourus. Pour être également renseigné sur le compte des magistrats provinciaux, le roi avait divisé l'Espagne en sept circonscriptions (2), à chacune d'elles était préposé un conseiller de Castille (3). Ce magistrat correspondait avec toutes les autorités des provinces dont il avait la surintendance. Il s'informait avec discrétion de la conduite des intendants, des corrégidors et des alcaldes. Les autorités ecclésiastiques tenaient pour lui bureau de renseignements (4). Ce répugnant espionnage exigeait d'ailleurs tant de travail pour être tenu à jour que les conseillers négligeaient d'ordinaire cette partie de leurs fonctions. Il n'en reste pas moins vrai que treize conseillers sur trente étaient commis chaque année à des tâches difficiles qui eussent parfaitement suffi à les occuper. Que l'on ajoute à ces grandes commissions le contrôle et la

(1) *Nov. Rec.*, IV, III, 4 (9 juin 1715).
(2) Il y en eut d'abord dix (*Nov. Rec.*, IV, xv, 1, note 2). Il n'y en avait plus que sept en 1804 (*Guia de Forasteros*, 1804).
(3) *Auto* du 1er février 1717.
(4) *Nov. Rec.*, IV, xv, 4 (26 février 1767. — 18 déc. 1804).

surveillance d'innombrables comités, établissements ou fondations pieuses (1), et l'on comprendra que le magistrat castillan ne pouvait suffire à l'écrasante besogne qu'on lui imposait.

Les conseillers ne se distinguaient entre eux que par l'ancienneté. Ils avaient chacun un numéro d'ordre qui marquait leur place dans la liste générale (2). Le plus ancien portait le titre de doyen (*decano*). De deux conseillers nommés le même jour par le même acte, celui qui était nommé le premier dans l'acte était considéré comme le plus ancien (3). Lorsqu'il s'agissait de voter, c'était le conseiller le moins ancien qui votait le premier. Les conseillers étaient astreints à garder un secret absolu sur toutes les délibérations du Conseil. Le roi les engageait même à ne pas trop se répandre en visites, et à ne pas paraître trop souvent à la cour. « Ils n'avaient pas besoin, disait-il, de solliciter « un avancement qui ne devrait être donné qu'à l'application « et au mérite » (4). Défense était faite à tous les conseillers de se faire les intendants ou les agents d'affaires des grands, des titrés de Castille ou des communautés (5).

(1) Le Conseil avait la surintendance des terres vagues de la Serena — la surintendance du canal d'Alcira et du canal impérial d'Aragon. Il choisissait parmi ses membres le juge conservateur des propriétaires de vignobles à Valladolid — le juge des appels du tribunal des eaux de Grenade — le juge conservateur de certains droits régaliens et autres dans l'État et duché d'Alcalà — le juge protecteur de l'État d'Ayala — le juge conservateur de la glacière et de l'impôt de la neige — le juge conservateur des hôpitaux généraux de Madrid.

Il avait sous sa protection : la confrérie du Très Doux Nom de Jésus, pour le rachat des pauvres prisonniers pour dettes — la Royale maison des enfants trouvés — le collège des enfants abandonnés — le collège des petites filles de N.-D. de la Paix — le *Beaterio* des Sœurs de la maison de Saint-Joseph — le collège de Saint-Nicolas de Bari — l'Hôpital de la Miséricorde des vénériens convalescents.

Il avait l'administration d'un grand nombre de fondations pieuses (*memorias*) faites par de grands personnages et placées par eux sous la tutelle de la Compagnie de Jésus. A l'extinction de la Compagnie, cette tutelle passa au Conseil. — D. Pedro Escolano de Arrieta, *Practica del Consejo real en el despacho de los negocios*, t. I, cap. 63 à 87.

(2) *Guia de Forasteros*, 1804.

(3) *Nov. Rec.*, IV, III, 17 (17 février 1739).

(4) Id. IV, III, 15 (3 juillet 1717).

(5) Id. IV, III, 14 (18 juin 1715); — IV, VI, 3 (16 sept. 1706). — *Auto acordado* du 27 oct. 1706.

Les fiscaux du Conseil jouissaient dès leur entrée en charge des honneurs accordés aux conseillers. Au bout de trois ans ils prenaient rang pour l'ancienneté avec les autres membres du Conseil (1).

Au-dessous des conseillers et fiscaux venaient les greffiers de la Chambre et du Conseil (*escribanos de la Camara y del Consejo*), chargés de préparer les affaires et de les distribuer, d'enregistrer les jugements et d'en délivrer copie aux intéressés. C'était encore un fort gros personnage qu'un greffier de la Chambre et du Conseil. Le nombre des greffiers du Conseil avait été fixé à six par la cédule royale du 15 novembre 1565, qui avait permis aux titulaires de désigner leurs successeurs. La nomination ne devenait définitive qu'après un examen constatant la capacité du candidat. A la fin du dix-huitième siècle, les greffes du Conseil étaient devenus de véritables propriétés, susceptibles d'être comprises dans un majorat. Les propriétaires des greffes ne les vendaient pas, mais les louaient aux titulaires moyennant une rente annuelle, fixée en 1722 à la somme de 7,000 réaux. Toutes libéralités accessoires connues sous le nom de « gants, ou cadeau une fois fait » (*agasajo para una vez*), étaient supprimées ; mais l'ordonnance royale dut être mal observée, car le roi reproduisait encore cette défense en 1804 (2). Lorsqu'un greffe devenait vacant par la mort ou la démission du titulaire, le propriétaire de l'office présentait au Conseil trois candidats, parmi lesquels le Conseil choisissait le nouveau titulaire. Il était enjoint au propriétaire de prendre ses trois candidats parmi les employés supérieurs (*oficiales mayores*) du greffe vacant.

Les affaires politiques ressortissant à la première chambre de gouvernement du Conseil avaient une telle importance qu'il parut nécessaire de donner à cette chambre un greffe spécial ; mais le roi ne voulut pas augmenter le nombre des greffiers de camara, et se contenta de nommer l'un d'eux greffier de gouvernement. Le greffier de camara et du

---

(1) *Nov Rec.* IV, xvi, 5 (31 août 1713).
(2) *Nov. Rec.*, IV, xxi, 16 (15 avril 1722, 18 déc. 1804). — Décret du Conseil du 12 avril 1737.

gouvernement du Conseil (*escribano de camara y del gobierno del Consejo*) avait donc deux greffes sous sa direction : le greffe de camara pour toutes les affaires contentieuses, le greffe de gouvernement pour les affaires politiques. Ces deux greffes étaient absolument distincts ; ils avaient leurs locaux séparés et leur personnel particulier. Lorsque le greffier de camara, chargé du greffe de gouvernement, venait à mourir ou à résigner son office, le Conseil pourvoyait à son remplacement, soit en nommant au greffe de gouvernement le successeur du greffier défunt ou résignataire, soit en choisissant le nouveau titulaire parmi les autres greffiers de camara (1).

Les greffiers du Conseil recevaient les plaintes et les requêtes des particuliers (*pedimentos*) par l'intermédiaire de leurs procureurs. Le président du Conseil recevait, de son côté, les plaintes déposées par les alcaldes et les corrégidors, ou les dossiers de certaines affaires d'une gravité exceptionnelle. Tous les dossiers, quels qu'ils fussent, étaient répartis à tour de rôle entre les différents greffiers, qui n'avaient pas le droit de les passer à d'autres (2).

La première obligation des greffiers était de garder fidèlement les dossiers. Il leur était prescrit de les recevoir, autant que possible, de la main même des plaideurs ou de leurs procureurs ; ils devaient les mettre à l'abri de toute indiscrétion, et ne pas tolérer que leurs clercs reçussent de présents (3). Les dossiers ne devaient renfermer que des pièces originales et bien connues des parties ; les greffiers n'avaient pas le droit d'y glisser de notes émanant des procureurs (4). Les dossiers devaient être collationnés par les greffiers, qui comptaient les pages et prenaient note de leur total. Les dossiers ne pouvaient être communiqués aux parties ou à

---

(1) *Nov. Rec.*, IV, xviii, 1 (1 mai 1717 — 18 déc. 1804).
Un décret du Conseil du 21 octobre 1785 mentionne deux greffes de gouvernement, l'un pour la Castille et l'autre pour l'Aragon (*Nov. Rec.* III, ii, 12, note 4). Une cédule royale du 19 janvier 1808 ne mentionne plus qu'un greffe de camara et de gouvernement.
(2) *Nov. Rec.* IV, xxi, 10. — *Autos* du 4 juillet 1620 et du 31 juillet 1636.
(3) *Nov. Rec.* IV, xxi, 6. — *Auto* du 28 juillet 1764.
(4) *Nov. Rec.* IV, xxi, 5.

leurs mandataires que par les greffiers en personne (1). Chaque greffier devait tenir un registre exact de toutes les affaires dont il était chargé (2).

Le greffier instruit de tous les détails d'une affaire aurait pu être tenté de la trancher lui-même : il lui était interdit de le faire, sous peine d'être suspendu de son office pendant un an. Il lui était même défendu de solliciter du président la prompte visitation du procès. Tout son droit consistait à lire au Conseil, sur l'ordre du président, un résumé des affaires dont il était chargé (3). La lecture une fois faite, le Conseil pouvait rejeter purement et simplement la requête, ou la renvoyer pour plus ample information auprès d'une personne compétente, ou l'admettre en principe et décider que le dossier serait confié à un rapporteur (*relator*).

Dans le premier cas, tout était terminé. Le greffier n'avait pas le droit de ramener l'affaire devant le Conseil. Dans les deux autres cas, il devait mettre toutes les pièces du procès à la disposition du consultant ou du rapporteur, aussitôt qu'il en avait reçu l'ordre du président (4).

Les greffiers étaient encore chargés de la garde des jugements. Les sentences du Conseil étaient rédigées aux greffes, transmises aux fiscaux, recopiées avec soin sur les registres officiels, et délivrées aux parties avec l'agrément du président (5). Sur tous les actes de procédure les greffiers percevaient des droits considérables ; mais ils ne pouvaient rien toucher avant que le juge taxateur eût vérifié leurs comptes, et ils devaient signer un reçu de toutes les sommes qu'ils encaissaient (6).

Les greffes regorgeaient d'employés, de scribes, d'expéditionnaires de toute sorte qui perpétuaient les bonnes tradi-

(1) *Nov. Rec.* IV, xxi, 4.
(2) *Auto* du 23 juillet 1764.
(3) *Nov. Rec.* IV, xxi, 7.
(4) Id. IV, xxi, 8 et 9.
(5) *Auto* du 22 janvier 1718.
(6) *Nov. Rec.*, IV, xxi, 15.

La cédule royale du 15 nov. 1563 semble indiquer que les greffiers de camara touchaient à cette époque un traitement fixe de 35 à 40.000 maravédis, pris sur le fonds des amendes (*penas de camara*). Ce traitement, s'il a été

tions de la *covachuela*. Tout ce monde de plumitifs avait des habitudes d'ordre et de régularité qui font encore aujourd'hui l'admiration des vieux Espagnols. On entrait au bureau à neuf heures précises, après la messe, et telle était la ponctualité des employés qu'ils servaient d'horloge aux habitants du quartier. En arrivant au bureau, on mettait ses manches de percale, on taillait sa plume d'oie, puis on discutait avec ses collègues : daterait-on tel *auto*, tel décret du Conseil, telle cédule royale ? Où commencerait-on la page ? Quelle largeur devait-on donner à la marge ?... A onze heures on faisait la collation. Le roi se montrait généreux. Les simples expéditionnaires avaient du pain et du vin, les chefs de bureau (*jefes de mesa*) avaient des pains au sucre et à l'huile (*bollos*), et du bouillon de poule. Les jours de fête à la Cour, le roi faisait distribuer des bonbons (*un ramillete de dulces*). A Aranjuez on avait d'excellentes volailles, c'était le paradis des gens de bureau. La sortie avait lieu à deux heures de l'après-midi. Chacun allait déjeuner chez soi, puis on faisait la sieste, une petite promenade dans les endroits les moins fréquentés (*por sitios retirados*), comme il convient à des gens sérieux ; au son de l'Angelus on rentrait chez soi, pour n'en plus sortir jusqu'au lendemain matin (1). Cette vie calme et monotone, cette application mécanique à un labeur sans intérêt font le bonheur des petites gens, et, parmi eux, il y avait dans l'Espagne du dix-huitième siècle beaucoup de braves gens. On n'allait point vite, mais personne ne connaissait le prix du temps, et tout finissait par s'arranger

Les lois espagnoles avaient donné un développement énorme à la procédure par écrit. Tous les procès étaient jugés sur rapports. Cette pratique avait amené la création d'une classe particulière de gens de justice, les rapporteurs (*relatores*) que l'on trouvait partout, autour du Conseil, des Chancelleries et des Audiences.

---

maintenu, ne devait constituer qu'une faible partie des émoluments d'un greffier, car 40.000 maravédis donnent seulement 1.175 réaux, et l'on a vu plus haut que chaque greffier devait une rente annuelle de 7.000 réaux au propriétaire de son office.

(1) M. Fernandez, *La hacienda de nuestros abuelos*, p. 184.

Les charges de rapporteurs du Conseil n'étaient ni héréditaires, ni vénales. Chaque titulaire était possesseur viager de son office. S'il venait à mourir ou à donner sa démission, il était fait inventaire de tous ses papiers, et l'office vacant était mis au concours. L'épreuve était fort pratique. Chacun des concurrents recevait un dossier, l'étudiait pendant vingt-quatre heures, et en faisait le rapport au Conseil en donnant son avis motivé sur les points de droit et de fait. Le candidat qui avait réuni le plus de suffrages était nommé rapporteur titulaire (*propietario*). Son prédécesseur ou les héritiers de son prédécesseur étaient tenus de lui remettre tous les papiers, procès et dossiers appartenant à son office, sans pouvoir prétendre à la moindre rémunération (1). Le principe de la gratuité des offices de rapporteurs paraît avoir été maintenu avec grand soin jusqu'à la fin de l'ancien régime (2).

Trois rapporteurs étaient attachés aux chambres de gouvernement du Conseil, deux à la chambre des quinze-cents, et deux autres aux chambres de justice et de province. A moins d'un ordre exprès du président, le rapporteur ne pouvait passer d'une chambre dans une autre (3). Pour maintenir l'égalité entre eux, les affaires leur étaient distribuées à tour de rôle par un conseiller désigné chaque semaine à cet effet (*semanero*). A partir de 1780, on attribua même à chaque rapporteur un jour pour lire ses rapports, parce que les plus anciens ayant commencé à rapporter faisaient souvent attendre les nouveaux pendant des semaines avant de leur céder leur tour (4).

Les rapporteurs étaient également chargés de veiller à l'expédition des sentences. Le jour même où le jugement était signé, ils devaient le remettre au greffier de camara, et il leur était interdit de retarder le dépôt, sous prétexte qu'ils n'avaient pas touché leurs honoraires (5). Ils percevaient des

---

(1) *ov. Rec.*, IV, xx, 2, 18 sept. 1630.
(2) *R. Orden* du 23 janvier 1791. — Consultation du Conseil des Finances du 1ᵉʳ août 1798.
(3) *Nov. Rec.*, IV, xx, 5.
(4) *Auto acordado* du 16 mars 1780.
(5) Id. du 21 nov. 1783.

droits sur les procès dont ils s'occupaient ; leurs mémoires passaient, comme ceux des greffiers, devant le conseiller taxateur nommé par le président (1).

Il arrivait souvent au cours d'une instance que le tribunal ordonnât un supplément d'information, une enquête sur un point particulier de la cause. Il y avait alors lieu à nommer un juge commissaire (*juez de comision*). Le Conseil avait toute latitude pour désigner la personne à laquelle il voulait confier cette tâche ; mais, en général, les conseillers de Castille n'acceptaient que des commissions royales. On avait remarqué, d'autre part, que la nomination d'un juge-commissaire entraînait des frais énormes ; le roi avait recommandé de commettre de préférence à ces sortes d'enquêtes les magistrats locaux, corrégidors ou alcaldes, qui n'avaient point à se déplacer, et pouvaient recueillir sur place tous les renseignements nécessaires (2). Ce système n'était pas toujours applicable. Parmi les affaires que jugeait le Conseil, beaucoup portaient sur les redditions de comptes des fonctionnaires administratifs, des greffiers et des notaires. On ne pouvait alors s'adresser aux intéressés eux-mêmes : il eût été dangereux de faire contrôler un corrégidor ou un alcalde par le corrégidor ou l'alcalde le plus voisin. Pour résoudre la difficulté, on avait créé une nouvelle classe d'officiers ministériels, les receveurs du Conseil (*receptores*). Ils remplissaient les fonctions de commissaires du Conseil, faisaient des enquêtes sur la conduite des agents du gouvernement, vérifiaient leurs comptes, déterminaient les sommes dont ils pouvaient être redevables envers le fisc ou envers les particuliers (3). De retour à Madrid, ils déposaient leurs mémoires entre les mains des greffiers de camara, un rapporteur était nommé, le Conseil prononçait (4). La sentence une fois rendue, les greffiers rédigeaient les exécutoires, et les renvoyaient au fiscal, qui s'occupait à son tour de la perception des deniers (5). Les

(1) *Nov. Rec.*, IV, xx, 8 ; — IV, xxiii, 1, 2, 3 et 4.
(2) Id. IV, x, 1 à 9.
(3) Id. IV, xi. *De las residencias*.
(4) *Autos* du 2 mai 1712 et du 10 juillet 1713.
(5) *Auto acordado* du 17 oct. 1704.

sommes perçues par les receveurs alimentaient deux caisses : celle des amendes (*penas de camara*), et celle des frais de justice et œuvres pies (*gastos de justicia y obras pias*). Chacune était administrée par un receveur général relevant du ministre des finances (1).

Les receveurs du Conseil formaient un corps considérable. Par résolution royale du 8 juillet 1769, Charles III réduisit à cinquante les cent offices de receveurs alors existants. Chaque office vacant devait être réuni à un autre jusqu'à ce que le nombre total eût été ramené au chiffre légal. Les charges de receveur étaient, comme les greffes de camara, possédées par des particuliers qui avaient le droit de présentation. Pour conserver les droits des propriétaires, le roi décida que la présentation à chaque nouvel office serait exercée alternativement par le propriétaire de l'office supprimé et par le propriétaire de l'office conservé (2). Les candidats devaient connaître le latin, savoir lire les actes anciens, et avoir passé au moins quatre ans dans un greffe de camara, ou une étude de notaire de Madrid ou de son district. Les candidats subissaient deux examens : l'un devant le juge conservateur de leur corporation, l'autre devant le Conseil de Castille, qui se prononçait sur leur admission.

Les commissions du Conseil étaient distribuées, à tour de rôle, aux receveurs par un répartiteur. Ils ne pouvaient se refuser à les remplir (3), et il leur était défendu de se faire aider par personne dans l'accomplissement de leur tâche (4). Ils touchaient une indemnité de 10 réaux par jour, pour leur nourriture et leur logement, et avaient 30 réaux pour frais de voyage, par jour de route ; mais ils devaient faire au moins huit lieues (5). Ils percevaient, en

---

(1) Décret du 17 déc. 1748. — Les procès relatifs aux amendes finirent même par passer du Conseil de Castille au Conseil des Finances. — Décret royal du 2 février 1801.
(2) *Nov. Rec.*, IV, xxii, 1.
(3) *Autos acordados* du 20 nov. 1619 et du 23 août 1629.
(4) Id. du 9 oct. 1627.
(5) *Nov. Rec.*, IV, xxii, 2 (10 mai 1771).

outre, des droits sur les mémoires qu'ils rédigeaient (1).

Les receveurs paraissent avoir été très menacés par Charles III. Le roi déclare qu'à défaut de receveur il pourra confier les commissions à tout greffier de son choix, et il se réserve formellement le droit de supprimer les offices quand il le jugera convenable (2). On avait fini par reconnaître qu'un corps d'enquêteurs patentés n'avait aucune raison d'être.

A côté des officiers ministériels il faut placer les agents en Cour, les avocats et les procureurs, intermédiaires naturels entre les particuliers et les magistrats.

Les grands personnages, les provinces, les villes entretenaient à Madrid des agents en Cour (*agentes en corte*), qui avaient pour mission de surveiller leurs intérêts, de hâter le jugement de leurs affaires, de solliciter en leur faveur l'intervention des personnes influentes. Ces agents se faisaient payer grassement par leurs clients, distribuaient des gratifications, donnaient des pots-de-vin et contribuaient certainement à fausser les décisions de la justice (3). Le roi avait à maintes reprises voulu les supprimer: il n'y avait jamais réussi (4).

Les particuliers qui n'étaient pas assez riches pour avoir leur agent en Cour consultaient un avocat (*abogado*). Les avocats de Madrid formaient un collège dont les statuts avaient été approuvés par acte du Conseil du 30 août 1732. Ils ne devenaient titulaires de leur office qu'après examen passé devant le Conseil (5). Les avocats accrédités près des Audien-

(1) *Auto acordado* du 20 nov. 1619. — « Quando eligen o se les reparten al-
« gunas comisiones que despues las parece no son tan buenas como desean. »
(2) *Nov. Rec.*, IV, xxii, 1, § 9.
(3) *Archives de Biscaye à Guernica.* — Cuentas, 1764. Reg. 10. — Comptes de la marquise de Sainte-Sabine, veuve de D. Joaquin Ignacio de Barrenechea, député en cour. — D. Joaquin touchait de la province un traitement annuel de 600 ducats. On voit figurer dans ses comptes : 40 réaux de pourboire au page d'un agent fiscal. — 72 réaux pour la location d'un carrosse le jour où D. Joaquin est allé au Pardo solliciter pour la Province. — 63 réaux, 24 maravédis pour le port d'une caisse de bonbons de France envoyés par la Province pour cadeaux à diverses personnes. — 178 réaux pour droits de douane sur le vin de Frontignan, le vin des Canaries, les huîtres et la morue, destinés à traiter diverses personnes.
(4) *Nov. Rec.*, IV, xxvi, 1 (20 juin 1625 et 18 déc. 1804); — IV, xxvi, 2 (10 janvier 1707).
(5) *Nov. Rec..* IV, xix, 1 (16-23 nov. 1617 — 18 déc. 1801).

ces et Chancelleries pouvaient remplir leur office auprès du Conseil de Castille à la condition de se faire agréger au collège des avocats de Madrid. L'avocat espagnol était presque exclusivement un avocat consultant, un juriste qui se prononçait sur les chances d'un procès. Aucune affaire ne pouvait être portée au Conseil sans que la requête fût contresignée d'un avocat au collège de Madrid (1). On doit donc se représenter l'avocat comme un « conseil officiel » donné aux parties par la loi, et destiné à arrêter dès les premiers pas un procès inutile. Cependant l'avocat n'avait pas toujours ce rôle passif. Il devait assister à l'audience lorsque se jugeait le procès où il avait conseillé les parties. Il pouvait être appelé à donner devant la cour des explications verbales (2). Il lui était permis de discuter, mais non de plaider; l'éloquence était traitée au Conseil de Castille comme la poésie chez Platon.

Les pauvres avaient leur avocat, désigné par le Conseil et rétribué par le roi (3).

Les avocats donnaient leurs avis sur l'opportunité d'un procès, et signaient le mémoire introductif d'instance. Les procureurs (*procuradores*) se chargeaient de constituer le dossier de l'affaire à l'aide de pièces fournies par les deux parties. Le dossier était déposé par leurs soins au greffe du Conseil, et ils avaient pour mission de suivre l'affaire jusqu'à son jugement définitif. Ils devaient se tenir toujours en leur étude, ou dans les antichambres du Conseil à la disposition de la Cour. Les procureurs formaient une corporation et jouissaient du droit de présenter leurs successeurs (4).

Enfin chaque année le Président de Castille et le Grand Majordome du roi nommaient douze huissiers du Conseil (*porteros*). Les chambres de gouvernement en occupaient trois, les autres chambres deux chacune; deux huissiers gardaient la porte extérieure du Conseil, et un autre la porte du

---

(1) *Auto* du 21 mai 1737.
(2) Id. du 12 oct. 1611.
(3) *Nov. Rec.*, IV, xix, 2 (1528), et *Auto acordado* du 19 janvier 1624.
(4) Id. IV, xxv, 1 et 2.

greffe (1). Ils veillaient à ce que les solliciteurs n'entrassent point au Conseil pour molester les magistrats, ou pour intriguer dans les greffes. Ils accompagnaient les greffiers au palais ou en ville. Ils portaient les lettres et les ordres du président. Ils assistaient aux audiences de leurs chambres respectives. Les douze huissiers assistaient aux audiences plénières, ou accompagnaient le Conseil quand il se rendait à quelque cérémonie, à la procession du *Corpus* ou au *besamanos* (2). Le roi leur donnait des gages, qui leur étaient payés par le greffier de gouvernement, et qu'ils perdaient s'il était prouvé qu'ils eussent accepté quelque gratification ou pourboire de quelque personne que ce fût (3).

Malgré le nombre considérable de ces agents, la justice du Conseil était extrêmement lente (4), ce qu'il faut attribuer plutôt à l'extension démesurée de sa compétence qu'au défaut d'activité de ses membres.

Le Conseil exerçait en fait la puissance législative au nom du roi. Il préparait et rédigeait les ordonnances, pragmatiques, décrets, ordres, règlements et avis expédiés au nom du souverain (5). Ses propres sentences (*autos, autos acordados*), ses mémoires au roi (*consultas*), ses cédules, ses provisions avaient force de loi, avec l'agrément exprès ou tacite du roi.

Les actes législatifs émanant directement du Conseil étaient publiés par le greffier de gouvernement.

Pour les actes royaux, la procédure était plus compliquée.

Il y avait eu jadis un grand chancelier de Castille et un grand chancelier du sceau secret (*canciller mayor del sello de la puridad*), deux grands notaires de Léon, un grand notaire de Castille, un de Tolède, un d'Andalousie, tous grands officiers de la couronne, appartenant à la plus haute noblesse.

(1) *Nov. Rec.*, IV, xxiv, 1 (18 déc. 1801).
(2) *Auto acordado* du 7 janvier 1793.
(3) *Nov. Rec.*, IV, xxiv, 4 (15 avril 1706 et 15 juillet 1712).
(4) En 1801 il y avait un procès pendant depuis 1713 entre la ville de Madrid et les propriétaires du sol sur lequel on avait construit le théâtre des *caños del peral*. — Pellicer, *Origen y progresos de la comedia*, t. 1, p. 269.
(5) Ordenanzas generales, pragmaticas, reales decretos, reales ordenes, reales edictos, reglamentos, bandos, etc...

Les actes royaux étaient enregistrés et scellés par eux (1).

Cette antique organisation disparut dès le temps des rois Catholiques. L'archevêque de Tolède devint grand chancelier-né de Castille, et ses pouvoirs passèrent à des lieutenants (*tenientes de canciller*). Le titre de grand notaire devint également une simple dignité. Au début du dix-huitième siècle, un lieutenant de chancelier du sceau secret résidait à la Cour et un lieutenant du grand chancelier à Valladolid (2). Sous Charles IV, les actes royaux étaient communiqués au Conseil par le secrétaire d'État, ministre de grâce et justice. Sur l'avis conforme d'un fiscal, le Conseil en ordonnait la publication. La copie était faite par le greffier de gouvernement, et portait la mention traditionnelle de l'enregistrement et de l'apposition du sceau royal (3). Les droits de sceau sur les actes concernant les particuliers étaient fixés par l'ordonnance du 8 avril 1739 (4).

La loi une fois imprimée, il en était remis quatre exemplaires au procureur général du royaume (5), douze au

---

(1) H. Mariéjol, *L'Espagne sous Ferdinand et Isabelle*, p. 165, d'après Salazar de Mendoza, *Origen de las dignidades seglares de Castilla y Leon*, Toledo, 1618.

(2) Archivo historico nacional de Madrid, 1446-c. *Matricula de decretos y acuerdos del Consejo* (1712). — *Nov. Rec.*, IV, XIII, 3 (18 sept. 1711).

(3) Voici quel était la formule exécutoire :

... Por locual os mando a todos, y cada uno de vos en vuestros respectivos lugares, distritos y jurisdicciones, veais la expresada mi Real resolucion, y la guardeis, cumplais y executeis, y hagais guardar, cumplir y executar en lo que os corresponda, sin permitir su contravencion en manera alguna : que asi es mi voluntad. Y que al traslado impreso de esta mi cedula, firmado de D. Bartolome Muñoz de Torres, mi secretario, escribano de camara mas antiguo, y de gobierno de mi Consejo, se le de la misma fe y credito que a su original — Dada en Aranjuez a diez y nueve de Enero de mil ocho cientos y ocho — YO EL REY — Yo D. Sebastian Piñuela, secretario del Rey nuestro señor, lo hice escribir por su mandado. — Registrada : D. Jose Alegre — Teniente de canciller mayor : D. Jose Alegre. — D. Gonzalo Jose de Vilches. — D. Jose Navarro. — D. Tomas Moyano. — D. Juan Antonio Gonzalez Carillo. — D. Vicente duque de Estrada.

Finale de la cédule royale du 19 janvier 1808 ordonnant l'impression du supplément de la *Novisima Recopilacion*.

(4) *Nov. Rec.* IV, XIII, 11 (note 2).

(5) *Décret du Conseil* du 24 oct. 1785. — Le procureur général du royaume présidait une commission permanente de finances appelée *Diputacion del reyno*.

ministre de grâce et justice (1), cinquante à chacun des Conseils des Indes, des Ordres, des Finances et de la Guerre (2). Le Conseil des Ordres était chargé de transmettre l'édit royal aux autorités du territoire soumis à la juridiction des Ordres militaires (3). Dans les territoires de juridiction royale (*de realengo*), la promulgation de la loi était confiée aux Audiences, aux intendants, aux corrégidors, aux gouverneurs des places, aux alcaldes mayors et aux alcaldes ordinaires. La publication de la loi se faisait à son de trompe et de caisse, en présence des magistrats royaux et municipaux (4).

Comme haut tribunal administratif, le Conseil de Castille avait une compétence extrêmement étendue.

Le président recevait le testament du roi, et, après la mort du souverain, le remettait tout scellé à son successeur. C'était encore le président de Castille qui convoquait les Cortès, vérifiait les pouvoirs des députés, leur accordait ou leur refusait l'autorisation de s'absenter de la Cour.

Le Conseil se formait en haute cour de justice pour le jugement des crimes de haute trahison et de lèse-majesté (5).

L'Eglise était placée sous la protection et aussi sous le contrôle du Conseil. Il faisait observer les canons du Concile de Trente et défendait les droits du roi contre les empiétements du clergé (6). Il donnait le *visa* aux bulles et aux brefs apostoliques (7). Il prêtait assistance aux prélats contre les clercs séditieux (8), et aux clercs persécutés contre leurs supérieurs (9). Il protégeait les monas-

---

(1) *Décret du Conseil* du 19 mars 1781.
(2) Id. du 7 mars 1783.
(3) Id. du 27 janvier 1787.
(4) *Nov. Rec.* III, II, 12 (1ᵉʳ avril 1767 — 18 déc. 1801).
(5) Ce fut le Conseil qui instruisit le procès des complices du Prince de la Paix après la conspiration de l'Escorial.
(6) Archivo historico, *Matricula de expedientes* (año de 1801), leg. 889, 897. — Id. (1805), leg. 1016. — Id. (1808), leg. 1118 et 1137.
(7) *Matricula de expedientes* (1808), leg. 1119. — Escolano, *Practica del Consejo real*, t. I, cap. 8.
(8) *Matricula de expedientes* (1808), leg. 1118.
(9) Id. (1805), leg. 1053.

tères (1) et les hôpitaux (2), favorisait la fondation des séminaires (3), administrait les biens d'Eglise vacants, recueillait la dépouille des évêques.

Le Conseil avait la surintendance de l'instruction publique. Il nommait les maîtres d'école et leur délivrait leurs diplômes (4). Il rédigeait les programmes d'enseignement des Universités (5); il les faisait inspecter (6). Il faisait dresser les inventaires des archives royales et provinciales. C'était lui qui délivrait aux auteurs le permis d'imprimer (7), sauf en matière politique, où l'autorisation personnelle du roi était exigée. C'était lui qui requérait la saisie et la destruction des écrits séditieux ou immoraux (8).

Le Conseil avait la surveillance des intérêts économiques de la nation : commerce (9), agriculture (10), élevage des troupeaux (11), reboisement des montagnes (12), mise en culture des terres en friches (13), greniers d'abondance (14), ponts

(1) *Matricula de expedientes* (1808), leg. 1121 et 1130. — *Matricula de pleytos* (1798), leg. 815. — *Matricula de expedientes* (1801), leg. 888.
(2) *Matricula de expedientes* (1808), leg. 1129.
(3) Escolano, *Practica del Consejo*, t. I, cap. 12.
(4) Id. t. I, cap. 13 et 14. — *Matricula de expedientes* (1801), leg. 873. — Id. (1805), leg. 1013 et 1017. — Id. (1808), leg. 1129. — *Matricula de pleytos* (1798), leg. 823.
(5) *Matricula de pleytos* (1798), leg. 822. — Escolano, *Practica del Consejo*, t. I, cap. 12.
(6) *Matricula de expedientes* (1801), leg. 875. — 1116-c. *Matricula de decretos*, 27 mars 1715.
(7) *Matricula de pleytos* (1798), leg. 820. — Escolano, *Practica del Consejo*, t. I, cap. 35, 36 et 37.
(8) *Matricula de expedientes* (1801), leg. 877. — Id. (1808), leg. 1123. — *Matricula de pleytos* (1797), leg. 792.
(9) *Matricula de pleytos* (1797), leg. 792. — Id. (1798), leg. 815. — *Matricula de expedientes* (1808), leg. 1128 et 1150. — Escolano, *Practica del Consejo*, t. I, cap. 42-45.
(10) *Matricula de expedientes* (1808), leg. 1123. — *Matricula de pleytos* (1798), leg. 826.
(11) Escolano, *Practica del Consejo*, t. I, cap. 59. — *Matricula de expedientes* (1801), leg. 890.
(12) *Matricula de expedientes* (1808), leg. 1123. — *Matricula de pleytos* (1798), leg. 822. — Escolano, *Practica del Consejo*, t. I, cap. 20-21.
(13) *Matricula de expedientes* (1801), leg. 896.
(14) *Matricula de decretos*, 1116-e. (8 mars 1715).

et chaussées, mines et carrières (1). Il avait le contrôle des finances municipales (2), il était tuteur légal des villes et personnes morales (3). Tout ce qui touchait à l'exécution des lois était de son ressort.

Comme cour suprême de justice, le Conseil pouvait évoquer directement à sa barre les affaires civiles et criminelles les plus graves (4). Il connaissait des appels comme d'abus (*recursos de fuerza*) interjetés contre la nonciature et les tribunaux ecclésiastiques (5). Il jugeait les plaintes des justiciables contre les magistrats (6), et les recours contre les jugements des Audiences pour injustice notoire (7). Il accordait des délais aux plaideurs (8), il jugeait en dernier ressort (*segunda suplicacion*) les procès déjà jugés deux fois par les Audiences (*vista y revista*) (9) ; mais, pour décourager la chicane, la loi forçait l'appelant à déposer une caution de 1500 *doblas* (21.396 réaux), qu'il perdait si la Cour se prononçait contre lui. Le plaideur pauvre devait jurer de payer les 1500 *doblas* s'il parvenait à meilleure fortune (10). Le Conseil jugeait encore les conflits entre les tribunaux (11), les procès de recréance et de possession provisoire en matière de majorat (12), les réclamations de noblesse (13), les procès

(1) *Matricula de expedientes* (1808), leg. 1119. — *Matricula de pleytos* (1797), leg. 789.
(2) *Matricula de expedientes* (1808), leg. 1121, 1132, 1133, 1135.
(3) *Matricula de pleytos* (1796), leg. 768.
(4) *Matricula criminal (sala del crimen del Consejo)*, 1712-1715.
(5) Escolano, *Practica del Consejo*, t. II, cap. 2.
(6) *Matricula de expedientes* (1801), leg. 887. — Id. (1808), leg. 1117 — *Matricula de pleytos* (1797), leg. 790 et 796. — Id. (1798), leg. 814 et 823.
(7) Escolano, *Practica del Consejo*, t. II, cap. 4.
(8) *Matricula de decretos del Consejo*, 1416-e. (12 oct. 1712).
(9) Id. (8 janvier 1707). — « Que se den relaciones por los escribanos de camara de los pleytos retardados de segunda suplicacion que estuvieren en sus oficinas, para que se bean y determinen. »
(10) Escolano, *Practica del Consejo*, t. II, p. 91.
(11) Id. t. I, cap. 29.— *Matricula de pleytos* (1798), leg. 823.— *Matricula de expedientes* (1801), leg. 885, 886, 888. — Id. (1805), leg. 1039 et 1019.
(12) *Matricula de decretos*, 1416-e. (1 avril 1715).— *Libro de los negocios de justicia del Consejo, desde 19 de diciembre de 1713.* 1476-e. — Escolano, *Practica*, t. II, cap. 15 et 19.
(13) Id. t. I, cap. 51 et 52. — *Matricula de expedientes* (1805), leg. 1039.

de réversion à la couronne (1), les contestations relatives aux offices aliénés par le roi (2), les litiges nés à propos de l'usage des pâturages, les procès de chasse, les procès de pêche en eaux douces. Il se prononçait sur les actions en reddition de comptes intentées aux corrégidors, aux alcaldes, aux notaires et aux greffiers (3).

Le Conseil avait ainsi une compétence presque universelle. Il n'y avait pour lui ni affaire trop haute, ni soins trop menus. Il recevait le testament des rois et délivrait le permis d'imprimer d'un roman : il taxait le pain et le lard qui se consommaient à Madrid, il autorisait ou prohibait une course de taureaux ou une comédie (4).

Le Conseil tenait audience tous les jours non fériés. Il s'assemblait dans la chambre des quinze-cents pour y entendre la messe. Aussitôt après l'office, à sept heures du matin en été, à huit heures en hiver, le Conseil passait dans la première chambre de gouvernement; les conseillers s'asseyaient au rang que leur assignait l'ancienneté; et face d'eux, debout contre le mur, se tenaient les greffiers et les rapporteurs. Le président demandait s'il y avait des absents, ou s'il y avait quelque rapport des deux conseillers de semaine chargés de collationner sur les minutes les copies des sentences du Conseil délivrées par les greffiers. Les rapporteurs et les greffiers se retiraient. S'il y avait quelque magistrat nouvellement nommé, le président lui faisait prêter serment. Si quelque résolution royale avait été adressée au Conseil, lecture en était faite. Puis le président sonnait un huissier et lui demandait s'il y avait quelque affaire à traiter, toutes chambres assemblées. S'il y en avait, l'huissier faisait rentrer le greffier ou le rapporteur chargé de l'affaire. Dans le cas contraire,

---

(1) *Matricula de pleytos* (1797), leg. 799.
(2) Id. (1798). — Leg. 822 et 825.
(3) *Matricula de expedientes* (1808), leg. 1126. — *Autos acordados*, 1113, c. 17 oct. 1704. Escolano, *Practica*, t. I, cap. 25.
(4) Mesonero Romanos, *El antiguo Madrid*, t. I, p. 167. — *Matricula de pleytos* (1797), leg. 790. — Id. (1798), leg. 819. — *Matricula de expedientes*, 1801, leg. 885. En 1712 le Conseil ordonna une enquête sur les causes de la hausse du prix du poisson salé à Séville. *Matricula de decretos*, 1616, e.

le président invitait les conseillers à se rendre dans leurs chambres respectives.

Tous les lundis, quinze conseillers des chambres des quinze-cents, de justice et de province se réunissaient pour former la chambre du possessoire (*Sala de tenutas*) qui jugeait les procès d'envoi en possession provisoire d'un majorat, les procès de réversion à la couronne, et les appels *de segunda suplicacion* (1).

Tous les jeudis, les deux salles de gouvernement se réunissaient pour juger les appels comme d'abus (2).

Il arrivait souvent que les juges d'une des deux chambres de gouvernement ne pouvaient s'accorder pour juger un procès. En cas de partage des voix, le procès était porté à l'autre chambre de gouvernement; puis les premiers juges se réunissaient aux seconds pour voter sur la sentence. S'il y avait encore partage des voix, l'affaire était portée à la chambre des quinze-cents; si l'on ne pouvait encore s'accorder, à la chambre de justice; si le désaccord persistait, à la chambre de province.

En cas de désaccord à la chambre des quinze-cents, l'affaire était successivement portée aux chambres de justice et de province.

En cas de désaccord à la chambre de province, le procès était examiné à nouveau en chambre de justice (3).

Avec la procédure par écrit, d'un usage constant en Espagne, les moindres affaires remplissaient des volumes. C'était déjà une tâche délicate de rédiger un rapport pour le Conseil dans une simple affaire d'ordre privé. « Qu'on se figure une
« feuille de papier in-8° espagnol, pliée à la marge, couverte
« d'une écriture hardie et fleurie, surtout au commencement
« de chaque paragraphe. C'était la requête de l'intéressé. Le
« chef de bureau écrivait en marge, avec le plus grand soin,
« une note qui n'était que la copie de notes antérieures, et où
« l'on changeait seulement les noms des parties et l'objet de

---

(1) Escolano, *Practica del Consejo*, t. I, cap. 1.
(2) Id., ibid. t. I, p. 46.
(3) Id., ibid. t. I, p. 44.

« la demande. Il était de tradition que toutes ces notes fus-
« sent semblables, rédigées sur un modèle fixe et uniforme,
« comme font les juristes pour les formules sacramentelles
« de la procédure (1). » C'était bien autre chose quand il
s'agissait de rédiger un mémoire (*consulta*) destiné à passer
sous les yeux du roi. Il fallait dire en vingt mots ce qu'un
rédacteur ordinaire aurait dit en cent ou en mille. C'était un
travail sérieux réservé aux bureaucrates les plus expérimentés.

Le Conseil était en correspondance continuelle avec les
ministres, les autres Conseils siégeant à Madrid, les Chancelleries, les Audiences, les intendants, les corrégidors, les
alcaldes. Il avait à chaque instant affaire au roi.

Tous les vendredis, le roi donnait audience au Conseil de
Castille. Le Conseil se rendait en corps au palais avec les
quatre membres les moins anciens de la *Sala de Alcaldes* (2). Le
majordome de semaine recevait les magistrats à la porte du
palais et les conduisait au pied du grand escalier. Les juges
de la *Sala de Alcaldes* quittaient leurs manteaux dans la salle
des hallebardiers de la garde, les membres du Conseil dans
la salle des gardes du corps; le président pouvait conserver
son manteau (3). Le Conseil était introduit dans une grande
salle, où le trône était dressé sur une estrade recouverte d'un
dais. Trois bancs de bois étaient disposés en face du trône
pour les conseillers. Le président se plaçait à droite, le conseiller rapporteur à côté de lui. A l'entrée du roi, les membres du Conseil s'agenouillaient; le roi s'asseyait, se couvrait,
disait aux magistrats de se relever et de se couvrir (*cubrios*);
la porte était fermée et la séance commençait.

Le roi écoutait les rapports, tranchait les questions
douteuses, signait les sentences, renvoyait au Conseil les questions qui ne lui paraissaient pas suffisamment élucidées, ou les
gardait par devers lui pour les remettre à qui bon lui semblerait. Lorsque toutes les affaires préparées lui avaient été sou-

---

(1) M. Fernandez, *La hacienda de nuestros abuelos*, p. 187.
(2) *Nov. Rec.* IV, ix, 9, note 6.
(3) *Nov. Rec.* IV, iii, 16 (7 juillet 1784).

mises, le roi se levait, les conseillers s'agenouillaient de nouveau, et ne se relevaient que lorsque Sa Majesté était sortie. Le président quittait la salle avec le roi, et alors commençait l'audience privée, dite audience de l'escabeau (*audiencia del banquillo*), parce que le roi et le président étaient assis à la même table, le roi sur un fauteuil, le président sur un escabeau. C'est dans cette audience que le président entretenait le roi des affaires les plus graves, lui donnait les informations les plus secrètes, lui recommandait les candidats aux fonctions publiques et lui lisait les remontrances du Conseil. Malgré la timidité dont il faisait généralement preuve, le Conseil se hasardait quelquefois à présenter au roi de sérieuses observations. En 1726, il refusa d'appliquer aux besoins de l'État les fonds de Saint-Just, réservés aux veuves et aux orphelins (1). Il s'opposa à la publication du Concordat de 1737, qu'il jugeait désavantageux au roi (2). Il osa en 1797 s'attaquer à Godoy lui-même, en un langage presque violent. « Le Conseil, disait la remontrance, connaît très bien
« l'homme abject qui a écrit ou dicté un pareil édit, en abu-
« sant du nom sacré de Votre Majesté. Il prévoit avec douleur
« la chute d'un trône digne de malédictions. Réveillez-vous,
« Majesté, de la profonde léthargie dans laquelle vous êtes
« plongé depuis si longtemps. Il est temps de vous débarrasser
« du joug des libertins insignifiants qui vous ont entouré de
« pièges (3). » Ces hardiesses offraient, à la vérité, peu d'inconvénient, puisque tout restait secret, et que le roi était maître de ne tenir aucun compte des avis qui lui étaient adressés.

Accablé par une correspondance énorme, et retardé dans sa marche par les lenteurs calculées de la procédure, le Conseil était en outre en conflit perpétuel avec les autres juridictions du royaume, et en hostilité ouverte avec les autres grands Conseils de Madrid. Le roi ayant ordonné la formation d'une junte composée de deux conseillers de Castille, deux

---

(1) Coxe, *L'Espagne sous les Bourbons*, t. III, p. 169.
(2) Id. t. III, p. 530.
(3) La Fuente, *Historia general de España*, t. XXIII, p 90.

conseillers de Guerre et un conseiller de Finances, la junte resta trois ans sans se réunir, parce que les préséances n'étaient pas déterminées et que personne ne voulait céder son droit (1). Le Conseil et la Chambre de Castille se disputaient en 1785 une misérable affaire relative à un alguazil-mayor d'Ubéda, et les deux premiers corps de l'Etat étaient en conflit pour savoir si cet alguazil était ou n'était pas hidalgo (2). Il y a des exemples de conflits allant jusqu'à la violence. Le Conseil de la Guerre fit mettre en prison un greffier de la province de Madrid, coupable d'avoir consulté le Conseil de Castille pour savoir s'il devait remettre certaines pièces au Conseil de la Guerre (3).

Il y avait conflit au sein même du Conseil entre les chambres qui le composaient. Il est presque impossible de tracer un tableau rigoureusement exact de la compétence particulière de chacune d'elles. On voit bien d'une manière générale que les chambres de gouvernement ont le maniement des affaires politiques et administratives, que la chambre de *tenutas* juge les procès de *segunda suplicacion*, que la chambre de justice reçoit les appels d'un certain nombre de juridictions extraordinaires, et que la chambre de province prononce sur la validité des oppositions à mariage formées par les pères et mères (4). Mais tout cela est très confus et très capricieux. La première chambre a dans ses attributions la surintendance du canal d'Aragon, et le canal du Manzanarès ressortit à la chambre de justice. Les appels des Chancelleries et Audiences vont à la seconde chambre et à la chambre des quinze-cents ; les appels de l'Audience de Majorque vont à la chambre de justice. Les chambres de gouvernement peuvent renvoyer aux autres chambres toutes les affaires qu'elles jugent convenable de leur faire juger (5). La chambre de justice reçoit les appels formulés contre les décisions

---

(1) *Nov. Rec.* IV, III, 18, note 13 (9 déc. 1784).
(2) Id. IV, v, 12, note 20 (29 sept. 1785).
(3) Id. IV, VII, 25 (28 février, 11 mars 1721).
(4) Escolano, *Practica del Consejo*. Table.
(5) *Nov. Rec.* IV, v, 2 (4 août 1806). — Supplément de 1808.

des membres du Conseil envoyés en commission. Dans ces procès au moins, le Conseil est juge et partie.

Il y a conflit entre les greffiers comme entre les conseillers. Les greffiers de la chambre veulent empêcher les greffiers de la province, ou ceux du collège de Madrid, d'instrumenter au Conseil. Ils voudraient au moins leur enlever les grosses affaires dépassant 1000 ducats (1). La même confusion et la même rivalité règnent entre les rapporteurs et entre les receveurs.

En résumé, le Conseil de Castille était une institution surannée qui ne correspondait plus à l'état social et politique de l'Espagne à la fin du xviii° siècle. Cette commission de légistes avait suffi, au temps des rois catholiques, à donner une allure régulière au gouvernement, mais on avait étendu sa compétence sans élargir ses cadres; le nombre des conseillers fut à peine doublé, et on leur demanda d'accomplir une tâche cent fois plus considérable. Il n'est pas étonnant qu'ils l'aient mal remplie. Le Conseil regorgeait d'affaires ; et plus on allait, plus l'encombrement augmentait, l'arriéré du jour allant grossir l'arriéré de la veille. Le roi croyait remédier au mal en demandant à ses conseillers de nouvelles informations, en les obligeant à tenir de nouveaux registres. Il ne faisait qu'amonceler du papier. Il eût fallu créer à la place d'un Conseil unique et universel un Conseil législatif, un haut Tribunal administratif et une Cour suprême de justice. C'est ce qu'a fait l'Espagne contemporaine ; mais aucun des ministres de Charles III ne paraît y avoir pensé.

V. — La Chambre royale.

Établie par Philippe II en 1588, la Chambre royale (*Real Camara*) était une section privilégiée du Conseil de Castille. Le président ou le gouverneur de Castille la présidaient. Cinq conseillers nommés par le roi portaient le titre envié de membres du Conseil et de la Chambre (*del Consejo y Camara*) :

---

(1) *Ordre royal* du 19 déc. 1755. — *Décret* du 23 mai 1776.

quatre secrétaires étaient délégués à la justice, au patronage royal sur les églises, à la juridiction gracieuse et aux affaires d'Aragon, Catalogne et Valence (1). La Chambre royale eut pendant longtemps son fiscal particulier, puis le roi décida que les fiscaux de Castille seraient chargés également du service de la Chambre (2). Il y avait en outre près de la Chambre un rapporteur, un trésorier, un receveur et des huissiers. Chacun des conseillers et des secrétaires de la Chambre recevait un traitement de 44.000 réaux. La Chambre royale avait droit au titre de Majesté.

La Chambre convoquait les Cortès pour prêter serment au roi et au prince des Asturies, vérifiait les pouvoirs des députés des villes (3), expédiait les nominations des régidors, corrégidors, secrétaires, et autres fonctionnaires que le Conseil de Castille ne nommait pas directement (4).

La Chambre royale octroyait au nom du roi des dispenses d'âge, de légitimité, et de grades pour exercer les fonctions publiques (5). Elle concédait à des bourgs (*lugares*) le titre de ville (*villas*). Elle déterminait les limites des grandes propriétés ; elle accordait les exemptions et les grâces appelées *al sacar* (6) qui ne dérivaient point du patrimoine royal et n'avaient pas été aliénées par le roi, ou défendues par les Cortès. Mais toutes les fois qu'une concession de privilèges municipaux (*villazgo*) ou une reconnaissance de limites d'héritages entraînaient concession du droit de justice, la Chambre devait soumettre l'affaire au roi (7).

La Chambre était gardienne des droits de patronage royal

---

(1) *Nov. Rec.* IV, iv, 4 (9 juin 1715). — Il n'y avait plus que trois secrétaires en 1804. *Guia de forasteros*, 1804.
(2) *Ordonnance* du 8 sept. 1786.
  —   du 19 août 1792.
  —   du 29 août 1802.
(3) Antequera, *Historia de la legislacion española*, p. 346.
(4) *Nov. Rec.* IV, v, 11. — 15 janvier 1721, 18 déc. 1801.
(5) Id IV, iv, 6 (12 mars 1728).
(6) On appelait *gracias al sacar* des actes de juridiction gracieuse qui s'obtenaient moyennant une somme d'argent, que l'impétrant devait déposer, dans les deux mois qui suivaient l'obtention du décret royal, à la Recette générale des valeurs (*contaduria general de valores*).
(7) *Nov. Rec.* IV, iv, 7 (23 mars 1763).

sur les églises (1). Elle avait la feuille des bénéfices à la nomination du roi (2). Comme tutrice des intérêts de la noblesse, elle délivrait les permissions pour la fondation des majorats et les diplômes des titres accordés par le roi (3).

VI. — La Chambre des Juges de l'Hôtel et de la Cour.

La Chambre des Juges de l'Hôtel et de la Cour (*Sala de alcaldes de casa y corte*) était considérée comme une dépendance du Conseil de Castille (4). Elle était présidée par un conseiller de Castille, qui portait le titre de gouverneur (5). Elle se composait de douze juges nommés et appointés par le roi (6). Un fiscal, quatre greffiers de Camara, trois rapporteurs, un agent fiscal, un avocat et un procureur des pauvres, un certain nombre de greffiers de province et d'huissiers complétaient son personnel (7). Elle se divisait en deux chambres qui s'occupaient toutes les deux des affaires criminelles (8).

L'autorité de la Sala s'étendait sur Madrid et sa banlieue, dans un rayon qui fut d'abord de cinq lieues, et que le roi étendit à dix lieues en 1792 (9).

Comme conseil de police, la Sala avait une compétence omnimode. Elle tenait tous les matins une séance plénière pour

(1) *Nov. Rec.* IV, IV, 1 (6 janvier 1588).
(2) *Id.* IV, ... le 8). — Le 17 avril 1799, le roi légalisa l'usage qui permettait aux huissiers de la Chambre de recevoir une gratification des clercs nouvellement pourvus d'un bénéfice par la Chambre.
(3) *Nov. Rec.* IV, IV, 2 (7 sept 1616). Antequera, *Hist. de la leg.*, p. 316.
(4) *Archivo historico nacional*, 1422. e. *Noticias de varios papeles*. La Sala reconnait « que le Conseil forme un tout supérieur à ses parties ».
(5) En 1741, le gouverneur était « D. Gabriel de Roxas y Loyola, del Consejo supremo de Castilla, asesor de las R. Guardias de Corps y de ynfanteria, del real Bureo de la r... n° s° y de la sumilleria de corps ».
(6) *Noticias de varios papeles*. Les alcaldes de Cour touchaient 30.000 réaux par an ; ils recevaient gratis les bulles de la croisade, on leur donnait une rame de papier, un almanach et 4 livres de cire à Noël et 4 autres livres de cire à Pâques ou à la Saint-Jean (1741).
(7) *Nov. Rec.* IV, XXVII, 3 (22 juin 1715) et 15 (28 nov. 1771).
(8) *Id.* IV, XXVII, 4 (6 oct. 1768) et 5 (19 avril 1785.)
(9) *Id.* IV, XXVII, 6 (27 janvier 1802).

prendre connaissance des incidents survenus depuis la veille, traiter les affaires générales et ordonner la publication des actes du roi ou du Conseil (1). Avant neuf heures du matin, le gouverneur de la Sala remettait son rapport (*pliego diario*) au gouverneur de Castille, qui l'envoyait immédiatement au roi (2). Tous les jours, un alcalde de cour, à cheval, la *vara* à la main, devait parcourir les promenades et les marchés pour veiller au bon ordre, réprimer les fraudes des marchands, faire appréhender les malfaiteurs, les vagabonds et les filles perdues (3). La Sala avait la surintendance de l'approvisionnement de Madrid (4). La Sala avait la police des courses de taureaux et des spectacles (5). Elle veillait à la solidité et à la propreté des prisons et présidait à l'exécution des sentences capitales (6). Elle maintenait l'ordre dans les cérémonies publiques (7). Deux alcaldes de cour accompagnaient le roi à la chapelle et dans toutes ses promenades. Si le roi allait en voyage, un alcalde était désigné par le Conseil pour l'accompagner jusqu'aux confins de la Castille (8). Lorsque le roi ou quelque membre de sa famille venaient à mourir, la Sala tout entière assistait aux offices mortuaires (9).

Comme tribunal criminel, la Sala était chargée de la poursuite, de l'arrestation et du jugement des malfaiteurs à

---

(1) *Nov. Rec.* IV, xxvii, 4 (6 oct. 1768). — *Archivo historico nacional*, 1420. e. *Advertencias*. Cap. 1, *Lo ordinario del dia*. Id. cap. 28, *Pregon de pragmaticas*. Deux alcaldes suffisaient pour publier une trêve ; il en fallait quatre pour une pragmatique et six pour un traité.

(2) *Nov. Rec.* IV, xxvii, 12 (9 juin 1715).

(3) Id. IV, xxvii, 11 (1600-1677). — *Advertencias*. Cap 4. *Plazas, rastro y repesos*. Cap. 5, *Rondas*.

(4) *Advertencias* Cap 35, *Faltas de pan*. Cap. 36, *Faltas de carne*. Cap. 37, *Falta de tocino*.

(5) Id. cap. 21, *Toros*, et 22, *Comedias*.

(6) Id. cap. 32, *Carcel y visita de ella, y relator que ha de asistir a la comida de los pobres*. Cap. 33, *Ajusticiados*.

(7) Id. cap. 6, *Procesiones*. Cap. 7, *Procesiones de la Semana santa*. — Cap. 8, *Tinieblas*. — Cap. 9, *Maitines*. — Cap. 10, *Dias publicos*. — Cap. 13, *Fiestas del corpus en San Felipe*.

(8) *Advertencias*. Cap. 11, *Salidas del rey y sus acompañamientos*. — Cap. 12, *Capilla*. — Cap. 16, *Jornadas de los reyes o personas reales*.

(9) *Advertencias*. Cap. 14, *Muertes de reyes o persona real*. — Cap. 15, *Honras de reyes*.

Madrid et dans sa banlieue. Elle recevait aussi l'appel des causes jugées en première instance par les lieutenants du corrégidor de Madrid et les juges locaux de la banlieue (1). Les deux chambres étaient présidées par le doyen ou le vice-doyen; elles ne pouvaient juger à moins qu'il n'y eût trois juges présents. Les causes les plus graves se jugeaient devant cinq juges au moins et sept au plus. S'il n'était ni malade ni absent, le gouverneur devait assister à l'audience (2). Aucune sentence capitale ne pouvait être exécutée sans l'assentiment du roi (3). Chaque semaine, les greffiers de province remettaient au gouverneur un état de toutes les causes pendantes au tribunal du corrégidor de Madrid (4). Dans chaque chambre les jugements étaient inscrits sur des registres spéciaux (*libros de acuerdos*) (5). Chaque semaine le gouverneur de la Sala envoyait au Conseil de Castille un rapport récapitulatif sur toutes les affaires dont elle s'était occupée (6).

Comme tribunal civil, la Sala présentait une organisation des plus compliquées.

En principe, la justice civile appartenait à Madrid au corrégidor et à ses lieutenants, et dans la banlieue aux alcaldes locaux. L'appel était porté à la chambre de province du Conseil de Castille pour les procès inférieurs à 1.000 ducats (11.000 réaux) et à la chambre des quinze-cents pour les autres. Il semble donc qu'il n'y eût point de place pour la juridiction civile de la Sala. Elle possédait cependant une juridiction propre en matière civile, tant en première instance qu'en appel.

En vertu d'une pragmatique de Philippe III, en date de 1600, cinq des six alcaldes de cour qui composaient alors le tribunal, devaient se réunir dans la soirée du mardi, du

---

(1) *Advertencias.* Cap. 48, *Teniente de Villa.*
(2) *Nov. Rec.* IV. xxvii, 1.
(3) *Real decreto* (26 nov. 1720). — *Advertencias.* Cap. 19, *Consultas de la Sala para los ajusticiados.* Toutes les fois que la Sala a condamné quelqu'un à mort, elle consulte le roi qui répond : « Faites justice ».
(4) *Nov. Rec.* IV, xxvii, 13 (30 août 1713).
(5) *Acuerdo de la Sala plena* (6 fév. 1786). — Arch. hist. nac. 1420. e. — *Advertencias,* Cap. 31, *Causas graves y remitidas.*
(6) *Auto acordado de la Sala plena* (5 août 1789).

jeudi et du samedi de chaque semaine, pour juger certaines causes civiles dont la connaissance était enlevée au corrégidor : c'était l'audience de la province de Madrid (*audiencia de provincia*) (1). En 1768 les fonctions d'alcaldes juges de la province (*alcaldes jueces de provincia*) passèrent aux huit alcaldes les plus anciens de la Sala qui furent mis par le roi à la tête des huit quartiers de Madrid, et qui reçurent, chacun dans son quartier, tous les pouvoirs d'un alcalde ordinaire dans son village (*alcaldes de quartel*) (2). Les alcaldes de cour remplissaient ainsi les fonctions de juges civils et criminels de première instance.

Les appels étaient jugés, avant 1768, par deux alcaldes, désignés chaque mois par le président de Castille, et qui tenaient audience les lundi, mercredi et vendredi de chaque semaine. A partir de 1768, les appels se jugèrent à la seconde chambre de la Sala (3) ; et comme les juges de cette chambre se trouvèrent bientôt surchargés, Charles III décida en 1785 que la première chambre jugerait un appel civil sur trois (4). L'encombrement reparut lorsque Charles IV étendit le ressort de la Sala à dix lieues de Madrid (5). La Sala jugeait en appel les procès civils inférieurs à 300.000 maravédis (6). Au-dessus de cette somme et jusqu'à 375.000 maravédis ou 1.000 ducats, les appels étaient jugés par deux membres de la chambre de province du Conseil de Castille (7). Au-dessus de 1.000 ducats, l'appel était porté devant la chambre des quinze cents. Il semble que le roi ait eu l'intention de transformer graduellement la Sala en une véritable Audience.

---

(1) *Nov. Rec.* IV, xxviii, 5 (1600). — 1420° Cap. 46, *Provincia*.
(2) *Nov. Rec.* III, xxi, 9 (19 sept. 1768). — *Arch. hist. nat.* 1822°. — Orden del Exc^{mo} señor D. Francisco Ronquillo gobernador del Consejo remitido al Señor D. Pedro Colon de Larreategui gob. de la Sala en el año de 1705 que esta en el libro de gobierno del referido año, al folio 374, sobre lo que cada señor alcalde ha de hacer en su quartel.
(3) *Nov. Rec.* III, xxi, 9 (art. 6).
(4) Id. IV, xxvii, 5 (11 fév. 1785).
(5) Id. IV, xxvii, 6 (27 janvier 1803).
(6) *Résolution royale* du 9 sept. 1750.
(7) *Nov. Rec.* IV, vii, 12.

Tous les procès se jugeant sur rapports, nous retrouvons auprès de la Sala les mêmes officiers ministériels qu'auprès du Conseil.

Le service des greffes était fait par quatre greffiers criminels de la Chambre (1) et dix greffiers de province (2). Les greffiers de la Chambre et de province étaient autorisés à prendre dans leurs bureaux jusqu'à six notaires royaux (*escribanos reales*), à titre d'auxiliaires (*escribanos officiales de la Sala*) (3) : ce qui eût fait 84 greffiers auxiliaires pour les quatre greffes de la Chambre et les dix greffes de province. Philippe V voulut les réduire à dix-huit, et leur assigna un traitement fixe de 3.300 réaux par an (4). Mais ses prescriptions ne furent pas observées, car en 1783 la Sala comptait encore vingt notaires royaux attachés aux greffes de la Chambre, et vingt autres attachés aux greffes de province (5). Certains greffes avaient été aliénés par le roi, et formaient des propriétés particulières, susceptibles d'être données à bail ; le roi fit taxer la somme annuelle à payer aux propriétaires, et leur interdit de proposer au tribunal des candidats incapables (6).

Les greffiers se trouvaient tous les matins à la Sala pour remplir les commissions que les alcaldes jugeaient à propos de leur confier (7). Les greffiers de la Chambre se partageaient la besogne administrative ; l'un d'eux centralisait chaque semaine les rapports et les renseignements que la Sala devait communiquer au Conseil (8). Les greffiers auxiliaires étaient chargés de l'instruction par écrit de toutes les affaires criminelles, et remettaient leurs rapports et les dossiers de toutes les affaires aux greffiers de la Chambre. Ils visitaient chaque jour les hospices, ils adressaient tous les jours à la

---

(1) *Escribanos de camara del crimen*. Nov. Rec. IV, xxvii, 3 (22 juin 1715).
(2) Nov. Rec. IV, xxix, 4 (30 juillet 1711).
(3) Id. IV, xxix, 3 (1623).
(4) Id. IV, xxx, 3 (30 août 1713).
(5) Id. VII, xv, 32 (29 avril 1783).
(6) *Résolution royale* du 21 mars 1749.
(7) Nov. Rec. IV, xxx, 19 (30 août 1713).
(8) Id. IV, xxx, 22 (30 août 1713).

Sala un rapport sommaire sur les meurtres, les rixes, les accidents de toute sorte survenus pendant la journée dans les hôpitaux de Madrid; ils étaient employés au service des approvisionnements (1), accompagnaient les alcaldes au marché, au « Poids du roi » (*Repeso mayor de la Corte*), au théâtre. Ils assistaient à l'exécution des sentences prononcées par la Sala, et à la proclamation des actes législatifs émanés du roi ou de ses Conseils. Le rapport général que la Sala adressait chaque semaine au roi était fait sur leurs rapports quotidiens, et leur était lu avant d'être envoyé au Conseil de Castille (2).

Trois rapporteurs, nommés par le roi et payés à raison de 15,000 réaux, exposaient devant les juges les causes les plus importantes. Lorsque ces causes leur étaient attribuées d'office, ils ne pouvaient percevoir aucun droit pour la visitation du procès; il n'en était pas de même lorsque l'affaire leur avait été confiée volontairement par un particulier, ou était remise à la Sala par ordre du roi (3).

Le collège des avocats de Madrid désignait chaque année six avocats d'office, qui devaient défendre devant la Sala les prisonniers pauvres (4).

Vingt-quatre huissiers à verge (*porteros de vara*) étaient chargés de la police des audiences, de la signification des ajournements, et des commissions que le gouverneur ou les alcaldes leur distribuaient. Ils touchaient 5 réaux par jour, et avaient 4 réaux par chaque assignation qu'ils signifiaient aux parties (5).

L'*alguazil mayor de la Sala* avait 5.500 réaux de traitement, et percevait en outre quelques redevances sur les boucheries et les marchandes d'herbes.

Les quarante alguazils qu'il avait sous ses ordres devaient toucher comme les greffiers auxiliaires 3.300 réaux par an;

---

(1) Veredas de pan cocido, positos de trigo, visitas y reconocimientos de vinos, conducciones de reos y demas diligencias. *Nov. Rec.* IV, xxvii, 13 (30 août 1743).
(2) *Nov. Rec.* IV, xxvii, 13 et 14 (note 32). — Id. IV, xxx, 19.
(3) Id. IV, xxvii, 15 (28 nov. 1771) (note 35).
(4) Id. IV, xxvii, 15, *in fine*.
(5) Id. IV, xxx, 3 (30 août 1743.)

mais si leur rôle était moins relevé, ils avaient plus de facilités pour grossir leur solde aux dépens de leurs clients. Portant à découvert la canne à pomme d'ivoire (*vara*), symbole de la puissance publique (1), les alguazils de cour procédaient à l'arrestation des malfaiteurs, prêtaient main-forte à la justice dans les saisies et la mise des biens sous séquestre ; ils faisaient des rondes de jour et de nuit, gardaient les tribunaux, accompagnaient les magistrats à la visite des prisons, au théâtre et aux processions, maintenant le bon ordre dans les promenades publiques, et, pendant les incendies, empêchaient les combats à coups de pierres, divertissement favori de la populace. Dans un grand nombre de cas, ils percevaient des droits, fixes ou proportionnels, déterminés par un tarif (2). Les atteintes portées au tarif par les alguazils devaient être fréquentes, car la loi édictait des peines très sévères contre tout alguazil qui recevrait des cadeaux des plaideurs, avertirait le prévenu qu'il devait arrêter, ou le laisserait fuir, ou s'entendrait avec un coupable condamné à l'amende pour lui permettre de dissimuler une partie de son actif (3).

Les alguazils de cour formaient une association présidée par un Grand Frère, *Hermano mayor*, qui défendait les intérêts de la corporation (4). Ils devaient être gens de bonne vie et de bonnes mœurs, n'exercer aucun commerce public ni clandestin, posséder un capital d'au moins 4.000 ducats (5) et remplir eux-mêmes leurs fonctions, sans les affermer à d'autres personnes, et sans se dérober aux obligations pénibles de leur emploi (6). Le roi avait fait ce qu'il avait pu pour abolir la vénalité des charges de greffier et d'alguazil (7) ; il n'y avait pas complètement réussi ; cependant, grâce au zèle des alguazils de cour, la police

---

(1) *Nov. Rec.* IV, xxx, 11.
(2) Id. IV, xxx, 16.
(3) Id. IV, xxx, 13, 14, 15.
(4) Id. IV, xxx, 18.
(5) Id. IV, xxx, 3.
(6) Id. IV, xxx, 5 et 9.
(7) *Résolution royale* du 21 mars 1749.

de Madrid à la fin du xviii° siècle était plus régulière et plus sérieuse que celle de la plupart des capitales de l'Europe.

VII. — Le Conseil des Indes.

Le royal et suprême Conseil des Indes était pour le Nouveau-Monde ce que le Conseil de Castille était pour la péninsule : un comité de législation, et un tribunal administratif et judiciaire à compétence universelle. A l'énorme développement de l'empire colonial de l'Espagne avait répondu un développement parallèle du Conseil des Indes ; son importance était immense à la fin du xviii° siècle, et en tout comparable à celle du Conseil de Castille.

Ebauché par les rois catholiques, et définitivement organisé par Charles-Quint en 1524 (1), le Conseil des Indes se divisait en deux chambres de gouvernement et une chambre de justice (2). La première chambre était présidée par le gouverneur du Conseil, et comprenait en 1804 onze conseillers, dont un directeur et receveur général pour l'Amérique du Nord, un fiscal et un secrétaire des royaumes de Nouvelle-Espagne. La seconde chambre de gouvernement avait, comme la première, onze conseillers, un directeur et receveur général pour l'Amérique méridionale, un fiscal et un secrétaire pour les royaumes du Pérou. La chambre de justice comprenait sept conseillers, deux juges des conflits (*jueces de competencias*), un juge des peines pécuniaires (*juez de penas de camara*), un juge des fonctionnaires (*juez de ministros*) et un lieutenant de grand chancelier, garde du sceau (*teniente de chanciller mayor*) (3).

Le Conseil comprenait en outre un greffier de la Chambre, trois rapporteurs, quatre receveurs (*contadores*), un trésorier

---

(1) Mariéjol, *Pierre Martyr d'Anghiera*, p. 157.
(2) *Cédules royales* du 13 sept. 1773 et du 3 avril 1776.
(3) *Guia de forasteros*, 1804. — Le duc d'Albe était propriétaire de l'office de chancelier des Indes. — Chaque audience des Indes avait un lieutenant de chancelier. — *Diccionario de govierno de Yndias*, v° *Chancilleria*.

général, deux solliciteurs fiscaux, un grand chroniqueur et cosmographe, un professeur de mathématiques, un taxateur des procès, un avocat et un procureur des pauvres, un chapelain (1).

Tous les membres du Conseil étaient nommés par le roi et choisis en général parmi les hauts fonctionnaires ayant résidé en Amérique (2). Ils recevaient un traitement de l'État. Le gouverneur touchait 198.529 réaux, le chancelier 80.000 réaux (3), les membres du Conseil et de la Chambre des Indes avaient 66,000 réaux, les conseillers 55 et 60,000 réaux. On les distinguait en conseillers de robe (*toyados*) et conseillers de cape et d'épée (*de capa y espada*), non gradués en droit. Les directeurs et receveurs généraux du Mexique et du Pérou recevaient 60.000 réaux, les agents fiscaux 9.000 ; les rapporteurs 10.000, le lieutenant de chancelier des Indes 16.000 réaux (4).

Toutes les lois relatives aux Indes formaient une vaste compilation, *la Recopilacion de leyes de Indias*, publiée en 1680 par ordre de Charles II, et divisée en neuf livres. Ce code était pour le Conseil des Indes ce que la *Nueva Recopilacion* était pour le Conseil de Castille.

Ce parallélisme si parfait entre les deux Conseils de la péninsule et de ses colonies dénote clairement à quelle idée avaient obéi les souverains espagnols. Les royaumes des Indes étaient pour eux des provinces de leur empire, et leur idéal était de les soumettre, autant que possible, au même régime que la métropole. « Les royaumes de Castille et
« des Indes, disait Philippe II, appartiennent à la même
« couronne ; les lois et le système de gouvernement doivent
« être aussi semblables et aussi identiques que possible ; aussi
« dans les lois et ordonnances qu'ils rédigeront pour ces
« États, les gens de notre Conseil devront s'attacher à rame-
« ner la forme et la manière de leur gouvernement au style

---

(1) *Recopilacion de leyes de Indias*, II, ii, 1.
(2) *Diccionario de govierno de Yndias*, v° *Consejo*. — Consulte du mois d'août 1750.
(3) Id. ibid. — Consulte du mois d'août 1756.
(4) *Archives générales des Indes à Séville*. Est. 111. Caj. 5, leg. 10.

« et à la méthode qui régit et gouverne nos royaumes de
« Castille et de Léon, autant du moins que le permettra la
« diversité des races et la différence des lieux (1). » Pour marquer mieux encore cette idée maîtresse que l'Espagne et les
Indes ne forment qu'un même État, le roi avait décidé que,
dans le silence des lois faites pour les Indes, l'Ordonnance de
Toro serait suivie en Amérique comme en Castille (2). En
1736 le Nouveau Monde reçut des intendants comme l'Espagne en avait depuis 1718 (3).

L'expérience semble avoir condamné ce système de gouvernement uniforme. Il est coûteux et entraîne d'insupportables lenteurs. Il n'est point favorable à la colonisation, il paralyse presque toute initiative. On comprend cependant qu'il
ait séduit le génie autoritaire des princes de la Maison d'Autriche. C'est une idée, « plus grande encore que folle », de
prétendre régler dans tous ses détails à trois ou quatre mille
lieues de distance le gouvernement d'une moitié du monde ;
les rois d'Espagne l'ont voulu, et leur Conseil des Indes a
effectivement gouverné l'Amérique pendant trois siècles. La
colonisation eût sans doute fait des progrès beaucoup plus
rapides sous une domination plus libérale ; mais le despotisme
castillan a marqué l'Amérique d'un caractère ineffaçable,
que les républiques américaines gardent encore après quatre-
vingts ans d'indépendance.

Le Conseil des Indes était le Corps législatif des colonies
espagnoles. Il élaborait sous le contrôle du roi « les lois, prag-
« matiques, ordonnances et décrets généraux ou particuliers »
applicables aux États d'outre-mer (4). Ce fut lui qui publia en
1786 la célèbre « Instruction des Intendants », qui résume en
ses 306 articles toutes les idées du moment sur le gouvernement des Indes (5), et qui servit de base à la dernière
réforme accomplie en 1803 par Charles IV. Le régime
commercial et l'organisation de la justice consulaire furent

---

(1) *Recopilacion de leyes de Indias*, II, 11, 13.
(2) Id. II, 1, 2.
(3) Antequera, *Historia de la legislacion*, p. 491.
(4) *Recopilacion de leyes de Indias* II, 11, 2.
(5) Antequera, *op. cit.*, p. 491.

profondément modifiés au dix-huitième siècle par les cédules royales du 6 avril 1776, du 22 nov. 1792 et du 4 avril 1794 (1). Tous ces actes législatifs furent préparés et rédigés par le Conseil des Indes.

Le Conseil des Indes avait, comme le Conseil de Castille, sa Chambre royale (*Camara de Yndias*), chargée de la juridiction gracieuse et du patronage des églises. La Chambre des Indes se composait, en 1804, de quatre conseillers des Indes, choisis par le roi.

Le Conseil et la Chambre se partageaient l'administration supérieure des Indes. Le Conseil proposait à la nomination royale les vice-rois, intendants, gouverneurs, présidents et auditeurs des Audiences royales; il confirmait dans leurs titres les employés les plus modestes, les greffiers, les notaires, les régidors des plus petites villes. La Chambre proposait au roi les candidats aux principales dignités de l'Eglise des Indes. Elle confirmait les nominations aux bénéfices inférieurs faites par les prélats des Indes ou par les Ordres monastiques (2).

Conformément aux traditions espagnoles, le Conseil entretenait une correspondance active avec les autorités ecclésiastiques et laïques du Nouveau Monde, avec les officiers de marine et de guerre, même avec les particuliers influents. Il surveillait jalousement et faisait espionner les uns par les autres les fonctionnaires placés sous ses ordres.

(1) Antequera, Id. p. 491.
(2) *Archives générales des Indes à Séville.* E. 113, C. 2, l. 16. — Affaires jugées en Conseil et Chambre des Indes en l'année 1803. Secrétariat du Pérou. Dossiers de Lima : — Confirmation d'un greffier au Callao, mesures à prendre pour pourvoir à la chaire de philosophie vacante à l'Université de Lima, confirmation de l'alguazil mayor d'Aréquipa, confirmation du greffier principal du Chapitre de Cajamarca (avec droit au titre de *Don*), confirmations de régidors de Guamanga, de Huanuco, de Lambayèque... Visa de lettres patentes du vicaire général des Agonisants (*sic*) nommant des prélats pour les maisons de Mexico et de Popayan, désignation du chantre et de deux rationnaires de l'église cathédrale de Lima.

Le Conseil désignait au choix du roi les candidats qui lui paraissaient les plus dignes; mais il devait nommer tous ceux qui s'étaient présenté et dire pourquoi il avait rejeté les uns et admis les autres. — *Dicciona.io de govierno de Yndias*, v° *Camara*.

Il envoyait de temps à autre aux Indes des inspecteurs généraux (*visitadores*), qui lui rendaient compte de l'état des colonies, et lui faisaient connaître l'esprit des populations. Quelques-uns de ces inspecteurs rendirent aux colonies de véritables services ; la plupart du temps, le peuple attendait leur départ avec plus d'impatience qu'il n'en avait montré à leur arrivée (1).

La compétence administrative du Conseil embrassait les matières les plus diverses : statistique générale, organisation des voyages de découvertes, envoi de curiosités pour le Cabinet d'Histoire naturelle, culture du quinquina, propagation de la vaccine, traités de paix, déclarations de guerre, révoltes aux Indes, prêts et dons faits à la nation (1793-1809), commanderies (d'Indiens), grâces et privilèges concédés à des descendants de Pizarre, de Montézuma, au duc de la Veragua, au marquis del Valle de Oajaca, décision des conflits entre les tribunaux des Indes, établissement de notariats, ventes de terres vaines et vagues, ventes et confiscations, successions en déshérence (2).

Les questions financières relatives à l'établissement des impôts, à leur perception, aux redditions de comptes des gens du roi, étaient de la compétence du Conseil, et formaient aux yeux du roi la plus importante de ses attributions. C'est sur l'or d'Amérique que l'on comptait pour subvenir aux dépenses imprévues, même aux dépenses régulières ; le Conseil des Indes devait veiller à ce que les Indes fussent administrées au moins de frais possible, afin que l'excédent des recettes fût d'autant plus fort. Aucune dépense nouvelle ne pouvait être engagée sans son assentiment, aucune taxe locale ne devait être établie sans sa permission. Si le roi permettait l'érection d'un collège ou d'un séminaire, c'était à condition de ne contribuer en rien à leur construction (3). Le roi faisait des retenues considérables sur les bénéfices et les dignités ecclésiastiques dont il avait la nomination. L'archevêque de Mexico

---

(1) Humboldt, *Essai sur la Nouvelle Espagne*, t. I, p. 431.
(2) *Archives générales des Indes à Séville*. Est. 115. Caja 6, legajo 27.
(3) Id. E. 115, C. 7, leg. 12.

devait au roi le tiers de ses dîmes, 100,000 réaux par an au patriarche des Indes, grand-aumônier, 40.000 réaux à l'Ordre de Charles III (1). La gestion financière appartenait aux intendants. Les recettes générales (*contadurias*) de l'Amérique du Nord et de l'Amérique du Sud centralisaient les renseignements fournis par les intendants et les transmettaient à la Recette générale des Indes (*contaduria general de Indias*), un des grands bureaux du ministère des finances. Les recettes générales annexées au Conseil des Indes formaient deux importants services ; chacune d'elles était présidée par un membre du Conseil, et en 1807 la recette générale de l'Amérique méridionale comprenait neuf employés payés de six mille à vingt-deux mille réaux chacun (2).

Les questions relatives à la navigation et au commerce ressortirent exclusivement, jusqu'en 1778, à la Chambre de Commerce des Indes (*casa de contratacion de Indias*) transférée par Philippe V de Séville à Cadiz (3). Mais l'ouverture des principaux ports d'Espagne au commerce d'Amérique enleva toute raison d'être à la Chambre de Commerce. Des consulats furent créés à Barcelone, à Valence, à Alicante, à Malaga, à Cadiz, à Séville, à la Corogne et à Santander ; et la Chambre de Commerce, devenue inutile, fut supprimée par décret du 18 juin 1790. Le Conseil des Indes fut dès lors chargé de la conservation des successions en déshérence ; ce fut lui qui rechercha les héritiers des personnes décédées aux Indes, et prononça sur leurs prétentions réciproques. Les anciennes fonctions de police de la Chambre de Commerce passèrent aux juges des relâches et des appels (*jueces de arribadas y alzadas*) institués auprès des consulats (4).

A cette juridiction commerciale, le Conseil des Indes ajoutait le droit de juger en appel toutes les causes criminelles, et les causes civiles d'un intérêt supérieur à 10.000 piastres jugées en première instance et en appel par les tribunaux des

---

(1) *Archives générales des Indes à Séville.* E. 88, C. 1, leg. 11.
(2) Id. E. 111, C. 5, leg. 10.
(3) 12 mai 1717.
(4) *Nov. Rec.* IX, 11, 18.

Indes (1). Il est aisé de comprendre que le Conseil, surchargé d'affaires, ne jugeait qu'avec une extrême lenteur. En 1805, année de guerre, pendant laquelle les rapports réguliers furent souvent interrompus entre la métropole et les colonies, le secrétariat du Pérou jugea 498 affaires ; 97 restaient en suspens, 171 étaient retenues à la recette générale de l'Amérique méridionale, 201 étaient entre les mains du fiscal, 1 chez un membre du Conseil, et 5 chez le rapporteur ; en somme, 475 procès restaient à juger, pour une seule section du Conseil des Indes (2).

Cette justice n'était pas seulement très lente, elle était aussi très incomplète et très insuffisante. Toujours mal informé, le Conseil des Indes ouvrait enquête sur enquête, et finissait, de guerre lasse, par donner une sentence quelconque qui ne répondait presque jamais aux besoins de la cause. La fameuse affaire des Pyramides de Quito est l'un des meilleurs exemples que l'on puisse citer de ces interminables procès (3) ; mais comme on pourrait croire que la Condamine a quelque peu forcé les couleurs, nous choisirons une espèce moins connue, tout espagnole, et tout aussi caractéristique.

D. Andres Suarez de Peredo, fils aîné du comte del Valle de Orizaba, voulait épouser Doña Maria Dolores Prieto de Bonilla. Le père du jeune gentilhomme demanda à l'Audience de Mexico de ne pas accorder l'autorisation de célébrer le mariage (15 juillet 1799). L'Audience répondit que cette réclamation ne pouvait être admise, les lois ne permettant pas qu'il fût apporté aucun empêchement aux mariages toutes les fois que l'honneur des familles et l'intérêt de l'Etat n'était pas en jeu. Le Conseil des Indes confirma l'avis de l'Audience de Mexico, et l'affaire paraissait terminée, lorsque, sur une nouvelle instance du comte del Valle de Orizaba, le roi décida que la cause serait de nouveau examinée, et que les deux fiscaux du Conseil des Indes seraient entendus (27 janvier 1801). Les débats eurent lieu le 26 février 1801. On lut à l'audience

---

(1) Demersay, *Histoire du Paraguay*, III, p. 339.
(2) *Archives générales des Indes à Séville.* E. 143, C. 2, leg. 16.
(3) La Condamine, *Histoire des Pyramides de Quito*, Paris, 1751, in-4°.

les lettres du vice-roi de Nouvelle-Espagne, en date du 27 juillet 1799 et du 27 février 1800, sur ce bruyant procès qui tenait dans l'attente toute la société de Mexico, tant pour la qualité des personnes en cause que pour les incidents extraordinaires de l'instance. Comme toujours, le Conseil des Indes ne se crut pas suffisamment éclairé. Le roi ordonna à l'Audience de Mexico de terminer l'affaire au plus tôt, mais de ne pas délivrer l'exécutoire de sa sentence, et de renvoyer toutes les pièces du procès à Madrid, afin que dans une troisième et définitive instruction le Conseil des Indes pût enfin rendre un jugement concluant. Mais, tandis que les juges n'osaient se prononcer, les fiancés avaient eu le bonheur d'obtenir de l'Audience de Mexico la permission de procéder au mariage, et quand la résolution du Conseil des Indes arriva à Mexico, il était bien tard pour réclamer contre le fait accompli. D. Andres Suarez de Peredo put prouver sa bonne foi, le comte del Valle de Orizaba se laissa fléchir, et le vice-roi et l'Audience se bornèrent à demander au roi de bien vouloir confirmer le mariage. Le 20 novembre 1802, l'un des fiscaux du Conseil des Indes proposa à Sa Majesté le renvoi de l'affaire à la Chambre des Indes compétente pour accorder la dispense (1). Cette très simple affaire avait duré trois ans et quatre mois.

VIII. — Le Conseil de la Guerre.

Si universelle que fût en Espagne la compétence du Conseil de Castille, il avait bien fallu créer à côté de lui quelques Conseils spéciaux, chargés de la législation et de la juridiction des départements ministériels les plus importants.

Deux fois modifié au cours du dix-huitième siècle (2), le Suprême Conseil de la Guerre fut réorganisé par Charles III le 4 novembre 1773 sur un plan très vaste. Le roi en était président perpétuel. Le ministre de la guerre, le plus an-

---

(1) *Archives générales des Indes à Séville.* E. 89, C. 1, leg. 11.
(2) *Nov. Rec.* VI, v, 5 (2 oct. 1706), et VI, v, 1 (27 août 1713).

cien capitaine des Gardes du corps, le plus ancien colonel des Gardes royales d'infanterie, les trois inspecteurs généraux d'infanterie, cavalerie et dragons, les deux commandants généraux de l'artillerie et du génie, les deux inspecteurs généraux de la marine et des milices étaient membres-nés du Conseil de la Guerre. Il comprenait en outre, sous le nom de membres résidents, deux officiers généraux de l'armée de terre, deux de l'armée de mer, un intendant d'armée et un intendant de marine et quatre conseillers de robe ayant servi dans les tribunaux de la guerre et de la marine ; en tout vingt conseillers. Il avait en outre deux fiscaux, un secrétaire ayant servi dans l'armée, un greffier de la Chambre et ses clercs, un agent fiscal, un avocat et un procureur des pauvres, un alguazil, des huissiers, et trois garçons de salle. Les officiers, membres du Conseil de la Guerre, ne recevaient rien en sus de leur solde : les intendants touchaient 60.000 réaux ; les conseillers de robe, les deux fiscaux et le secrétaire, 55.000 réaux (1).

Les conseillers de la Guerre avaient le même rang que les conseillers de Castille (2). Ils étaient nommés par le roi, sur la proposition du doyen du Conseil, transmise par le ministre de la guerre. Ils prêtaient serment en Conseil de Castille (3).

Le Conseil de la Guerre était divisé en deux chambres, dites de Gouvernement et de Justice. Les conseillers devaient siéger au moins trois heures par jour. En l'absence du roi, le ministre de la guerre présidait la première chambre, avec le titre de doyen ; le vice-doyen (*subdecano*) ou le plus ancien général présidait la seconde chambre.

Le 13 novembre 1796, Charles IV sépara du Conseil la Junte de Cavalerie, et l'agrégea de nouveau au Conseil le 18 novembre 1802 ; elle forma la troisième chambre du Conseil (4). Le 16 mai 1803, Charles IV supprima les dix conseillers-nés institués par son père et réduisit à deux le nombre

(1) Nov. Rec. VI, v, 7 (4 nov. 1773).
(2) Id. VI, v, 3 (10 nov. 1742), et VI, v, 4 (25 oct. 1754).
(3) Id. VI, v, 7, § 26 (note 17), et VI, v, 10, § 38.
(4) Id. VI, v, 9.

des chambres. Le Conseil comprit dès lors six généraux, quatre conseillers de robe, un fiscal militaire, un fiscal de robe et un secrétaire. La chambre de Gouvernement fut présidée par le plus ancien général (*decano*) et se composa de quatre autres généraux. La chambre de justice, présidée par le doyen en second (*subdecano*), comprit les quatre conseillers de robe (1). Tous les jours après la messe le Conseil se réunissait en assemblée plénière pour prendre connaissance des ordres du roi qui lui étaient communiqués par le secrétaire. Tous les jeudis le Conseil tenait une séance plénière pour proposer au roi les mesures qu'il jugeait avantageuses à son service.

Comme les Conseils de Castille et des Indes, le Conseil de la Guerre était un comité législatif, un tribunal administratif et judiciaire.

En qualité de Corps législatif, il émettait des résolutions, rédigeait des cédules et des lettres circulaires qui faisaient loi par toute l'Espagne, comme si elles eussent émané du roi en personne (2). Comme le Conseil de Castille, le Conseil de la Guerre pouvait être consulté par le roi, et lui demander avis à son tour sur toute question embarrassante.

Comme tribunal administratif, le Conseil de la Guerre tranchait toutes les questions contentieuses relatives au tirage au sort de la milice, aux fortifications, aux bagnes, à la construction des navires, aux arsenaux et aux bois de la marine, aux fonderies de canons, aux fabriques d'armes et de munitions, aux corsaires, aux étrangers voyageant en Espagne, aux logements militaires (3).

Comme haute Cour de Justice, le Conseil de la Guerre jugeait en dernier ressort les causes civiles et criminelles de tous les individus soumis à la juridiction militaire (*Fuero militar*). Les procès se jugeaient sur rapports, comme au Conseil de Castille. Les petites affaires pouvaient être jugées

---

(1) *Nov. Rec.* VI, v, 10.
(2) Cédule du Conseil de la Guerre du 2 juillet 1777. — Circulaires des 22 janvier 1788, 13 juin 1788 et 28 juin 1792.
(3) *Nov. Rec.* VI, v, 7, § 9.

par deux ou trois conseillers ; aucune affaire capitale n'était décidée par moins de cinq juges ; les recours en deuxième appel étaient jugés par neuf conseillers (1). Certains corps privilégiés, comme les Gardes du corps, les Gardes royales d'infanterie, la brigade royale des carabiniers, le corps de l'artillerie, portaient leurs procès directement au Conseil de la Guerre ; l'appel était jugé par le roi (2).

A chaque instant le Conseil de la Guerre était en conflit avec les autres tribunaux du royaume, et surtout avec le Conseil de Castille.

IX. — Le Conseil des Finances et ses annexes.

Le Conseil des Finances (*Supremo Consejo de Hacienda*) fut créé en 1593, à la place de la *Contaduria Mayor*, et subit de très nombreux remaniements jusqu'à la fin du dix-huitième siècle. Les finances d'Espagne n'ont jamais été prospères depuis les jours anciens des Rois Catholiques, et les souverains croyaient remédier au désordre en changeant l'organisation intérieure de leur Conseil : c'était repeindre le navire au lieu d'aveugler les voies d'eau. De 1593 à 1803 le Conseil des finances a subi dix-sept réorganisations générales, sans compter d'innombrables réformes de détail (3).

En 1804 le contentieux financier et l'administration générale des finances ressortissaient à six Conseils ou commissions : Suprême Conseil des Finances, — Tribunal de la Chambre des Comptes, — Commissariat général de la Croisade, — Tribunal royal et apostolique de la grâce de l'*excusado*, — Recette générale des dépouilles et des bénéfices vacants, — Junte royale du commerce, des monnaies, des mines, des affaires des étrangers et du mercure (4).

---

(1) *Nov. Rec.* VI, v. 10, § 19, et XI, xxii, 22 (19 mai 1797).
(2) *Id.* VI, v, 7, § 8.
(3) 1593 — 1602 — 1621 — 1635 — 1651 — 1658 — 1691 — 1694 — 1701 — 1713 — 1715 — 1718 — 1720 — 1739 — 1760 — 1761 — 1803.
(4) *Tribunal de la Contaduria Mayor.* — *Comisaria general de Cruzada.*

Ce formidable ensemble de corps délibérants ne comprenait pas moins de soixante-cinq conseillers, secrétaires et fiscaux et une incroyable multitude de subalternes. En 1706 le seul Conseil des finances employait 382 agents, et après une réforme des plus sévères, Philippe V lui en laissa encore 240 (1). La Chambre de la Contribution unique, créée par Charles III (2), employait, disait-on, plus de trente mille personnes ; on évaluait ses dépenses à 12 millions de réaux (3). Les différents services des finances mettaient en mouvement une armée de 27.922 agents, tous justiciables du Conseil ou des Tribunaux supérieurs de finances de Madrid (4).

D'après le décret royal du 2 février 1803, le Conseil des Finances était divisé en quatre chambres : une de Gouvernement, une de *Millones* (5) et deux chambres de Justice. Il avait un gouverneur, onze conseillers de cape et d'épée, dix conseillers de robe et deux secrétaires (6). La présence des conseillers de cape et d'épée, ou non gradués en droit, s'explique par la nécessité d'avoir au Conseil des Finances des financiers de profession à côté des jurisconsultes chargés de la besogne judiciaire. Il y avait rivalité entre les conseillers de cape et d'épée et ceux de robe. Les premiers n'avaient le droit de s'occuper que des affaires administratives, les seconds ne devaient s'occuper que des affaires judiciaires ; cependant il y avait un conseiller de robe à la chambre de Gouvernement et un autre à la chambre de *Millones*, et il y avait un conseiller de cape et d'épée à la première chambre de Justice. Les conseillers de robe se plaignaient d'être considérés dans les chambres de Gouvernement et de *Millones* comme de

---

— *Tribunal apostolico y Real de la gracia del excusado.* — *Colecturia general de espolios y vacantes.* — *Real Junta general del comercio, moneda, minas y dependencias de estrangeros, excepto por la respectivo a Indias, y de azogues en todos los dominios del rey.* — Guia de Forasteros, 1804.
(1) Baudrillart, *Philippe V et la Cour de France*, p. 280.
(2) *Décret royal* du 4 juillet 1770.
(3) Bourgoing, *Nouveau Voyage*, t. II, p. 5.
(4) De Laborde, *Itinéraire descriptif*, t. IV, p. 514.
(5) Droits sur le vin, le vinaigre, l'huile, la viande, le savon et la chandelle.
(6) Gallardo, *Rentas de la corona*, t. I, p. 148.

simples auditeurs (1). Le conseiller de cape et d'épée, délégué à la première chambre de justice, avait rempli pendant longtemps les fonctions de rapporteur ; elles lui furent enlevées en 1748 ; il resta simple spectateur, sans suffrage ; on ne le conserva que par respect pour la tradition (2).

Les membres du Conseil des Finances étaient assimilés pour les honneurs et pour le traitement aux conseillers de Castille. Ils recevaient une solde annuelle de 55.000 réaux. Leurs veuves touchaient une pension du Mont-de-piété établi par Charles III. Les fiscaux prenaient rang pour l'ancienneté parmi les conseillers, au bout de trois ans de service (3).

La procédure était la même au Conseil des Finances et au Conseil de Castille. Deux greffiers de la Chambre à 4.000 réaux et trois rapporteurs à 5.516 réaux de traitement fixe recueillaient les dossiers et lisaient leurs rapports devant le Conseil (4).

La Chambre des *Millones* présentait une particularité assez intéressante ; et, pour la bien comprendre, il est nécessaire de remonter un peu haut dans l'histoire financière de l'Espagne.

Au temps des Rois Catholiques Ferdinand et Isabelle, les revenus de la Couronne étaient administrés par le Conseil des Finances et la *Contaduria Mayor*. Mais ces revenus étaient insuffisants, les Cortès accordaient au roi des aides (*servicios*), évaluées en millions de maravédis (*cuentos de maravedis*), dont la perception était confiée à une commission permanente des Cortès appelée Députation du royaume (*Diputacion del reyno*) (5). La Députation se composait de trois membres des Cortès, et s'occupait à la fois des *servicios*, et des droits sur les ventes ou *alcabalas*.

A la fin du XVI° siècle, les aides évaluées en maravédis ne suffirent plus à combler le déficit, et le roi en obtint de nouvelles, qui se comptaient par millions de ducats. Ce fut l'origine

---
(1) Gallardo, *Rentas de la Corona*, t. I, p. 92.
(2) Id. t. I, p. 106.
(3) Id. t. I, p. 118.
(4) Id. t. I, p. 123 (Ordonnance du 18 mai 1754).
(5) Id. t. I, p. 44. (Cortès de 1515, 1518, 1525 et 1548).

des *Millones* (1). En 1608 les Cortès obtinrent du roi que les *Millones* seraient administrés par quatre membres de l'assemblée qui formèrent la Commission des *Millones* (2). Il y avait donc à cette époque quatre comités distincts qui avaient le maniement des impôts : le Conseil des Finances, la *Contaduria Mayor*, la Députation du royaume, et la Commission des *Millones* (3). Pour simplifier l'administration, le roi incorpora en 1658 la Commission des *Millones* au Conseil des Finances ; des quatre députés des Cortès et de quatre conseillers de Finances fut formée la chambre des *Millones*.

La Députation du royaume continua à tenir registre des alcabalas jusqu'en 1694, époque à laquelle le roi la supprima. Mais la Commission des *Millones* continua à siéger au Conseil des Finances, et ses membres laissaient entendre volontiers que la Députation n'avait pas été réellement supprimée, mais bien réunie à leur Commission (4). En 1711 ils obtinrent la création d'un cinquième commissaire pour les pays de la couronne d'Aragon (5), et en 1713 les Cortès leur donnèrent officiellement le titre de députés des royaumes. C'était une illégalité manifeste, mais elle flattait l'esprit traditionnaliste des Espagnols, et le roi jugea la Députation si peu redoutable qu'il lui adjoignit, en 1767, un sixième commissaire pour la Catalogne et le royaume de Majorque (6). La Députation se composa dès lors de six députés titulaires, d'un député suppléant (*de ausencias*) et de trois députés surnuméraires (7).

Les députés du royaume étaient traités avec toute sorte d'égards. Pendant leur séjour à Madrid, ils étaient considérés comme régidors des villes qu'ils représentaient, et payés

---

(1) Gallardo, *Rentas de la Corona*, t. I, p. 47 (1590 — 1597 — 1600, 1603).
(2) Id. t. I, p. 51.
(3) « El reyno suplico (al Rey) que hubiese comision y diputacion. » Gallardo, *Rentas de la Corona*, t. I, p. 54.
(4) Id. t. I, p. 71.
(5) *Nov. Rec.* III, viii, 14 (1712). Il y avait en Aragon et Valence 16 villes représentées aux Cortès, qui nommèrent tour à tour le député.
(6) Ordonnance du 2 février 1767.
(7) *Nov. Rec.* III, viii, 17 (13 juillet 1789, 10 avril 1790).

comme tels (1). Le roi leur reconnut le droit d'assister aux accouchements des princesses de sa maison (2). Ils semblent avoir eu aussi le caractère d'agents en cour, et avoir défendu auprès du Conseil les intérêts de leurs provinces (3). Il n'en faut pas conclure qu'ils aient joui d'une sérieuse influence. Leur mode de nomination était vicieux. Tous les six ans, les gouverneurs et intendants, d'accord avec les Audiences royales, invitaient les cités ayant voix aux Cortès à voter la prorogation des *Millones*, et à nommer chacune un représentant. Les noms des élus étaient envoyés à Madrid. Le Conseil de Castille tirait au sort les noms des six provinces d'Espagne qui devaient être représentées à la Députation. Un nouveau tirage au sort avait lieu pour désigner le représentant de chaque province (4). Le Conseil de Castille était, en réalité, maître absolu de choisir qui bon lui semblait, et si les opérations se faisaient légalement, le sort pouvait tomber sur les villes les plus obscures et sur les hommes les moins compétents,

Les pouvoirs des députés avaient été réduits à fort peu de chose par le roi. Ils avaient perdu leur droit de contrôle sur la perception des *Millones*. Quant aux questions contentieuses dont le jugement leur avait été laissé, elles passèrent peu à peu aux mains du surintendant général des finances créé par Philippe V en 1714 (5). Il avait la haute direction économique et politique de son département, et exerçait par lui ou par ses délégués les intendants, la juridiction en première instance par tout le royaume (6). Les chambres de Gouvernement et de *Millones* devinrent ainsi à peu près sans objet, et les deux chambres de justice n'eurent plus à juger que les appels des décisions rendues par le surintendant général et ses délégués (7).

(1) Circulaire du Conseil du 15 janvier 1774.
(2) Résolution royale du 9 sept. 1777.
(3) Gallardo, *Rentas de la Corona*, t. I, p. 125.
(4) *Nov. Rec.* III, VIII, 13 (12 sept. 1752) et 16 (27 mars 1790).
(5) Gallardo, *Rentas de la Corona*, t. I, p. 77.
(6) Id. t. I, p. 101, 107, et 131.
(7) « De manera que por estos reglamentos no quedaron ni al Consejo, ni a la Sala de millones funciones algunas, en lo economico ni judicial, del

Au rebours du Conseil de Castille qui était surchargé de nourriture, le Conseil des Finances paraissait menacé de périr d'inanition ; Charles III songea à lui attribuer un peu du superflu du Conseil de Castille. Il lui rendit le contentieux de certaines affaires mixtes, moitié politiques, moitié financières (1); il lui donna le contrôle de toutes les ventes d'alcabalas, dîmes et juridictions que l'Etat pouvait consentir à des particuliers (2). Il essaya de prévenir les conflits entre le Conseil des Finances, le Conseil et la Chambre de Castille, le Conseil de la Guerre et les Tribunaux de Marine (3). Il réserva au Conseil des Finances le jugement en dernier ressort de tous les procès nés du recouvrement des impôts. Il lui transporta toutes les attributions de la *junta de Tabacos*, et lui donna les appels des sentences prononcées par le Juge de la fabrique royale de porcelaine (4).

Malgré toutes ces concessions, le Conseil resta peu occupé. Charles IV supprima la Junte des Rentes (5) et attribua ses pouvoirs et sa juridiction au Conseil des Finances. Il lui fit passer toutes les affaires de réversion à la Couronne, toutes les évaluations de juridictions et droits annexes, toutes les évaluations et péremptions d'offices aliénés par la Couronne. Craignant encore de voir ses conseillers oisifs (6), il leur donna à juger toutes les affaires relatives aux amendes et frais de justice, les procès de la Junte des pâturages royaux de la Serena, ceux du canal d'irrigation d'Alcira, les procès des entrepreneurs du Palais royal de Madrid, les contestations soulevées par la perception de l'octroi de la neige, et

cobro y distribucion de la R. Hacienda, y solamente se ocupaban estas salas en algunos negocios de tan poca consideracion que casi eran inutiles estos ministros. » — Gallardo, *op. cit.* I, p. 105.

(1) *Ordonnance* du 21 févr. 1760. — Lanzas, medias anatas, concursos formados a los pueblos, pleytos de incorporacion.

(2) *Ordonnance* du 23 mars 1763.

(3) *Ordonnances* du 4 avril 1772 et du 10 mars 1778. — Cf. Gallardo, *Rentas de la Corona*, t. I, p. 128-129.

(4) *Nov. Rec.* VI, x, 13, 17 sept. 1788.

(5) *Junta de juros*. Les *juros* étaient des rentes servies par le roi à titre d'intérêts d'un capital qui lui avait été prêté.

(6) « Con el justo fin de atender a la mas continua ocupacion del Consejo de Hacienda. » — *Cédule royale* du 2 févr. 1803.

l'appel des causes intéressant les courtiers de la Bourse de Séville (1).

La mauvaise organisation du Conseil des Finances n'est que l'image du désordre qui régnait dans toute cette branche de l'administration. Le Conseil est un mauvais instrument, qui semble devenir plus mauvais après chaque raccommodage, et dont l'abandon s'imposait. Mais une refonte sérieuse devait être précédée d'une réforme générale du système financier de l'Espagne, et ces réformes-là ne peuvent sortir que d'une révolution.

Plus inutiles encore étaient les cinq autres Tribunaux financiers du royaume.

Le *Tribunal de la Grande Chambre des Comptes* (*Contaduria Mayor*) était présidé par un conseiller des Finances, et comprenait cinq conseillers, neuf membres surnuméraires avec traitement, et 39 membres honoraires (2). Il avait eu jadis le contrôle de toutes les sommes perçues par les agents du fisc. A partir de 1763 on ne lui en donna plus que la garde ; il n'eut plus qu'à approuver la comptabilité du Trésorier général qu'il n'avait aucun moyen de vérifier (3). Sa suppression n'eût laissé aucun vide dans le service des finances.

Le *Commissariat général de la Croisade* occupait sept employés supérieurs pour l'administration d'une branche relativement peu importante des revenus royaux (4). Il avait succédé au Conseil de la croisade supprimé en 1750 et à la Direction générale, supprimée en 1753 (5).

Le *Tribunal apostolique et royal du Privilège de l'Excusado*

---

(1) *Cédule royale* du 2 fév. 1803.
(2) *Guia de forasteros*, 1805.
(3) Gallardo, *Rentas de la Corona*, t. I, p. 111.
(4) Il se composait, en 1805, d'un commissaire général de la croisade, juge apostolique des trois privilèges de *cruzada*, *subsidio* et *excusado*, de trois assesseurs, dont un conseiller de Castille, un conseiller des Indes, un conseiller des Finances. — Un receveur général, un fiscal et un secrétaire y étaient attachés. — *Guia de forasteros*, 1805.
(5) Embun, *Notas y apuntes para formar un glosario de la historia de las instituciones de España*.

était composé de cinq membres (1). Ses fonctions se bornaient à juger en première instance les questions contentieuses soulevées par la perception de l'*excusado*.

La Recette générale des dépouilles et bénéfices vacants était administrée par un conseiller d'État, un conseiller des Finances et un receveur général (2).

Ces trois derniers tribunaux auraient pu facilement être supprimés, puisque tous leurs membres faisaient déjà partie d'autres tribunaux et n'avaient que fort peu de temps à donner à ces fonctions spéciales.

La Junte royale du commerce, des monnaies, des mines, des affaires des étrangers et du mercure avait plutôt sa raison d'être. C'était, sous un nom assez bizarre, une sorte de Conseil du commerce. Elle avait été établie comme Junte du commerce par les décrets royaux du 19 janvier 1679, du 25 janvier et du 15 mars 1683. Elle avait hérité en 1730 des attributions de la Junte des monnaies, créée en 1728. En 1747 elle hérita encore de la Junte des mines, et en 1748 de la Junte des affaires des étrangers (3). Elle fut divisée le 8 janvier 1777 en chambre de gouvernement et chambre de province (4).

Elle comprenait en 1804 un président, trois conseillers, membres du Conseil des Finances, un secrétaire avec voix délibérative, et treize autres commissaires, parmi lesquels le directeur général des mines, deux membres du Conseil des Ordres, le surintendant de l'Hôtel des monnaies de Madrid, l'inspecteur général des essais des monnaies, le directeur du Cabinet des machines, le consul général de Sa Majesté en Turquie et deux chefs de bureau de l'administration intérieure du royaume (5).

La Junte examinait les statuts des corporations, les fondations de fabriques nouvelles, les projets destinés à favoriser

---

(1) Deux membres du Conseil des Finances, un membre du Conseil des Ordres, le commissaire général de la Croisade président, le fiscal du Tribunal de la Croisade. — *Guia de forasteros*, 1804.
(2) *Guia de forasteros*, 1804.
(3) Gallardo, *Rentas de la Corona*, t. I, p. 95-99. — *Nov. Rec.* IX, 1.
(4) Embun, *Apuntes*.
(5) *Guia de forasteros*, 1804.

le commerce, les demandes d'exemption de droits formulées par les industriels ; mais ses décisions n'avaient pas force de loi par elles-mêmes ; elles devait passer par le Conseil des Finances.

Les causes commerciales ordinaires étaient plaidées devant les consulats et devant le Conseil des finances ; mais les membres des cinq grands corps de métiers de Madrid (*gremios mayores*) étaient justiciables de la Junte pour toutes leurs affaires civiles, commerciales et criminelles. Les ingénieurs royaux des monnaies, les orfèvres et argentiers en dépendaient pour tous les procès relatifs au titre, au poids, aux essais et marques des espèces d'or et d'argent. La Junte connaissait en dernier ressort de toutes les causes plaidées en première instance devant le surintendant général de l'hôtel des monnaies. Elle avait à se prononcer sur la nomination des consuls étrangers en Espagne; elle avait le contrôle général du commerce et de la navigation, et la juridiction exclusive des mines (1). Elle eût rendu de grands services si elle avait été composée de gens instruits et pratiques ; mais de pareilles gens étaient rares en Espagne au xviii° siècle.

On doit rattacher à la Junte du Commerce la *Junte et Surintendance générale, direction et tribunal des courriers, postes, chemins, auberges, canaux, successions en déshérence, biens vacants et successions ab intestat de ces royaumes (d'Espagne) et de l'imprimerie royale, des courriers et postes des Indes*. Etablie par décret royal du 20 décembre 1776 (2), la Junte des postes se composait, en 1804, du surintendant général des postes, d'un directeur général des courriers et des chemins, d'un inspecteur des chemins, d'un assesseur et subdélégué général des successions en déshérence, d'un fiscal et délégué général de l'Imprimerie royale, de deux membres sans attributions fixes, d'un receveur général des postes, d'un receveur général des chemins, et de deux assesseurs du surintendant général, l'un conseiller d'Etat, l'autre conseiller et camarista de Castille (3).

(1) Gallardo, *Rentos de la Corona*, t. I, p. 98.
(2) *Nov. Rec.*, III, xiii, 1.
(3) *Guia de forasteros*, 1804.

Les attributions de la Junte des Postes avaient été réglées par l'ordonnance royale du 8 juin 1794. La Junte était érigée en tribunal suprême, et héritait de toute la juridiction réservée jusqu'alors à la chambre de justice du Conseil des Finances. Elle avait toutes les affaires administratives et contentieuses touchant à la police des chemins, des canaux, des auberges, des postes et courriers, et jugeait au civil et au criminel les procès de tous les employés qui jouissaient du *fuero de correos*. Quoique la Junte n'eût pas à s'occuper de l'administration proprement dite, réservée au ministre secrétaire d'État, surintendant général des postes (1), cependant on en avait tiré, sous le nom de Junte de direction ou de gouvernement, un comité consultatif formé des directeurs généraux, qui élaborait les règlements, et jugeait en première instance les causes ressortissant au tribunal du surintendant général. L'appel des décisions de la Junte de direction était porté à la Junte royale (2), et comme celle-ci n'avait pas encore paru offrir toutes les garanties nécessaires, on lui avait adjoint une Junte d'appel composée d'un président, de neuf membres tirés des différents Conseils, un fiscal et deux secrétaires (3), et dont la seule utilité était de constituer un troisième degré de juridiction.

X. — Le Conseil des Ordres.

Depuis l'expulsion des Mores, les Ordres militaires de Saint-Jacques, Calatrava et Alcantara avaient perdu toute raison d'être, et ne servaient plus qu'à récompenser les courtisans. Cependant telle est la force des traditions que ces Ordres subsistent encore aujourd'hui, quoiqu'il y ait plus de quatre siècles que Grenade a ouvert ses portes aux Rois Catholiques.

Au moment où Ferdinand et Isabelle s'emparèrent du gou-

(1) *Nov. Rec.*, III, xiii, 2.
(2) Id., III, xiii, 4.
(3) *Guia de forasteros*, 1801. — De Laborde, *Itinéraire descriptif*, t. V, p. 53.

vernement des Ordres, ces puissantes corporations étaient encore beaucoup trop redoutables pour que les rois aient pu songer à les supprimer. Ils se contentèrent de les placer sous leur contrôle direct en créant le Conseil des Ordres qui fut chargé d'administrer les domaines des Ordres, d'en percevoir les revenus, et d'éclairer les rois sur la meilleure répartition des prébendes et des commanderies (1).

Le Conseil des Ordres (*Consejo real de las Ordenes*) se divisait en deux chambres, dites de gouvernement et de justice (2).
— La chambre de gouvernement recevait les preuves de noblesse des chevaliers, et leur accordait les dispenses nécessaires pour faire profession sans suivre la règle (3). Elle avait le gouvernement général du territoire des Ordres. Elle recueillait tous les renseignements nécessaires pour avoir une connaissance exacte de toutes les terres de sa juridiction (4), et de l'état matériel et juridique des commanderies (5). Elle nommait des agents, des collecteurs, des juges, donnait des gouverneurs aux villes, des administrateurs aux hôpitaux, des prieurs aux couvents (6). Les commandeurs avaient gardé le droit de nommer les juges locaux ; les

(1) Mariéjol, *L'Espagne sous Ferdinand et Isabelle*, p. 157. — Cédules des Rois catholiques du 10 nov. 1495 et du 21 juillet 1496. — *Archivo historico nacional*, 935. c. — Riol, *Representacion del origen y estado de los Consejos*.

(2) Conseil des Ordres en 1801 (*Guia de forasteros*).
1° *Chambre de gouvernement*. 1 président (membre du Conseil d'Etat) — 6 conseillers. — 1 fiscal (avec rang et honneurs de conseiller de Castille). — 1 secrétaire.
2° *Chambre de justice*. 4 conseillers (dont un avec les honneurs de conseiller de Castille). — 1 receveur général des maîtrises des Ordres militaires. — 1 trésorier. — 1 procureur général de Saint-Jacques. — 1 pour Calatrava. — 1 pour Alcantara. — 1 pour Montésa. — 1 fiscal de Saint-Jacques. — 1 pour Calatrava. — 1 pour Alcantara. En 1803 le Conseil des Ordres tint 256 séances. — Arch. hist. nac. 1041. c. *Libro de matriculas del Consejo*.

(3) *Archiv. hist. nac.* — Archivo de Ordenes. *Pruebas*. — Id. 988. c *Pleyto del marques de Torre Casa contra D. Andres Rodriguez de la Madriz* (1729).

(4) Id. 939. c. — *Ynforme que de orden del rey nuestro señor (D. Fernando el VI) hizo á S. M. el Excelentisimo señor D. Felix Masones de Lima, duque de Sotomayor, presidente del Consejo de Ordenes, sobre los fundaciones, dotaciones, rentas, estado y reglas de los conventos de religiosos pertenecientes a las tres ordenes militares*.

(5) Id. 926. c. *Registro de escrituras* (1783-1801).

(6) Archives de Simancas. — *Ynventario manual de los papeles del Archivo*

prieurs avaient un grand nombre de bénéfices à leur nomination, et choisissaient les proviseurs qui rendaient en leur nom la justice ecclésiastique (1) ; les trésoriers des Ordres nommaient des agents fiscaux ; le Conseil recevait le serment de tous ces officiers (2) et contrôlait leur gouvernement. Il examinait les plaintes portées contre eux par les particuliers, il faisait inspecter les juges et notaires nommés par lui (3).

Comme tous les grands Conseils, le Conseil des Ordres avait des rapports directs avec le roi, et lui soumettait tous les cas embarrassants qui pouvaient se présenter, ou les demandes qu'il adressait à la Majesté royale ; le roi répondait par une courte note mise en marge du mémoire. Mais il est aisé de voir que le roi en use avec le Conseil des Ordres plus librement qu'avec son Conseil de Castille ou des Indes. Il ne répond pas toujours aux questions qui lui sont posées ; s'il répond, c'est souvent avec des restrictions gênantes ; parfois même sa réponse montre une certaine impatience (4).

La chambre de justice du Conseil tranchait les litiges d'ordre administratif nés sur le territoire des Ordres militaires : querelles relatives au partage des dîmes, aux droits de patronage sur certaines églises, au droit de sépulture dans les églises et chapelles, aux pensions octroyées par le roi sur telle ou telle commanderie, aux privilèges des ayuntamientos, à la gestion économique des commandeurs nommés par le roi (5). Le Conseil eût bien voulu s'ériger en tribunal d'appel de toutes les causes civiles et criminelles jugées en première instance sur le territoire des Ordres ; mais jamais

---

de la Secretaria de Estado, y del despacho de gracia y justicia de España, que de R. Orden se remiten al Archivo general de Simancas en este año de 1826. — Negociado del Consejo de las Ordenes, n° 4, f° 8. — Archivo hist. nac. 910. c. Maestrazgos. Acuerdos (1811-1815). — Id. 912. c. Libro de establecimiento y supresion de varas (1801-1820).

(1) *Diario de Barcelona* (1797). Article sur la ville de Fuente del maestre.

(2) Archivo hist. nac. 986. c. Libro titulado de juramentos, en que constan los prestados ante el Consejo (1618-1851).

(3) Archivo hist. nac. 912. c. Registro de expedientes de los alcaldes mayores del territorio de las Ordenes (1801-1821).

(4) Arch. hist. nac. 921. c. — Libro donde se han de sentar todas las consultas del Consejo.

(5) Id. — 919. c. Jurisdiccion del R. Consejo de las Ordenes.

le roi n'y consentit, et l'appel des juges des Ordres se fit devant les Chancelleries et Audiences, et en dernier ressort devant le Conseil de Castille. Si le Conseil des Ordres était parfois saisi d'affaires de ce genre, le roi prenait grand soin de l'avertir que ce n'était qu'une exception, une tolérance toujours soumise au bon plaisir royal. Il réservait à la justice ordinaire les procès civils des chevaliers (1), et jugeait lui-même les procès criminels, comme Grand-maître des Ordres (2). Il alla plus loin encore. Par résolution royale du 8 avril 1808, il attribua au Conseil de Castille le jugement en second appel des sentences rendues par le Conseil des Ordres, et autorisa le recours en Conseil de Castille pour cause d'injustice notoire dans une sentence du Conseil des Ordres (3).

Il est manifeste que le roi tendait à transformer le Conseil des Ordres en un simple comité d'administration.

Même au point de vue administratif, un nombre considérable d'affaires échappaient à la compétence du Conseil et étaient réparties entre des commissions spéciales. Un membre du Conseil avait la *Surintendance du trésor des Ordres* (4). Un juge protecteur présidait le *Tribunal des églises du territoire des Ordres* (5), et défendait ces églises contre la rapacité des gros décimateurs. Un président et cinq assesseurs, tous membres du Conseil des Ordres, formaient la *Junte de Cavalerie des Ordres* (6), qui s'occupait de l'élevage du cheval sur le territoire des Ordres. Enfin une *Junte royale et apostolique* était chargée de trancher les conflits entre les tribunaux des Ordres et les tribunaux royaux et ecclésiastiques. Créée par Philippe II en 1583 et réorganisée en 1785 par Charles III, la Junte se composait de quatre conseillers de Castille, d'un conseiller des Ordres, d'un fiscal et d'un secrétaire. Elle siégeait les lundi et jeudi de chaque semaine,

(1) *Nov. Rec.* II, viii, 12, 2 juillet 1714.
(2) Id. II, viii, 11, 30 juillet 1728.
(3) Id. XI, xxii, 23, et xxiii, 5.
(4) *Superintendencia de los tesoros de las Ordenes de Santiago, Calatrava y Alcantara.*
(5) *Juzgado de Iglesias del territorio de Ordenes.*
(6) *Junta de la caballeria de las Ordenes.*

après le Conseil, et jugeait les procès pendants entre ecclésiastiques, séculiers et membres des Ordres militaires au sujet des dîmes, des troupeaux, des droits de patronage des églises, et des droits de juridiction. La prépondérance donnée par le roi aux conseillers de Castille est une nouvelle preuve de sa défiance à l'égard du Conseil des Ordres (1). Les Ordres ne subsistaient plus que par grâce, et le roi ne voyait en leurs richesses qu'une caisse de pensions.

XI. — Le Conseil de l'Inquisition.

Le Conseil de l'Inquisition, ou Conseil de la Suprême, était, en dignité, le second Conseil de la monarchie, et venait immédiatement après le Conseil de Castille. Nous l'avons placé à la fin de ce chapitre pour exposer tout d'une traite ce qui concernait le gouvernement de la monarchie.

Le Conseil de l'Inquisition, présidé par l'inquisiteur général, se composait de 28 membres : 7 conseillers, 1 alguazil mayor, 3 secrétaires du Conseil, 1 secrétaire de l'inquisiteur général, 2 rapporteurs, 1 agent général, 1 dépositaire du conseil, 1 messager, 3 portiers, 1 chapelain du Conseil, un employé du receveur, 1 médecin, 2 chirurgiens, 2 alguazils et 1 chapelain. Sa dépense annuelle montait à 31.832 réaux.

Autorité suprême en matière de foi, l'inquisiteur général jugeait en dernière instance tous les appels, dressait la liste des livres prohibés, nommait les inquisiteurs provinciaux et avait dans sa dépendance tout le personnel relevant du Saint-Office : inquisiteurs provinciaux, consulteurs, qualificateurs, fiscaux, avocats, notaires du secret et du séquestre, juges des confiscations, commissaires, receveurs, messagers, gouverneurs des prisons, portiers, fournisseurs, médecins, chirurgiens, barbiers, personnes honnêtes et familiers du Saint-Office, tous ces pieux personnages qui faisaient de l'Inquisition « la terreur et le fléau des impies, l'arc-en-ciel

---

(1) *Nov. Rec.*, II, x, 1, 3 et 5.

« qui brilla dans le déluge des sectes hérétiques, la purifi-
« catrice des esprits espagnols » (1).

Les conseillers de la Suprême étaient choisis, en général, à l'ancienneté parmi les inquisiteurs provinciaux. C'étaient, disent les apologistes de l'Inquisition, des ecclésiastiques d'une science et d'une vertu éprouvée. Auprès d'eux étaient deux consulteurs avec voix délibérative, tirés du Conseil de Castille, un représentant de l'Ordre de Saint-Dominique et un religieux appartenant, à tour de rôle, aux autres Ordres monastiques.

Le Conseil avait une compétence universelle en matière de foi, jugeait en appel les causes déjà jugées en première instance par les tribunaux de province, et répondait aux consultations que ces tribunaux lui adressaient, et devaient même lui demander pour toute arrestation ou toute sentence définitive.

La législation inquisitoriale avait pour base le *Guide de l'inquisiteur* d'Eymerich (xiv° siècle), les *Instructions* de Torquemada, de Cisneros et de Valdes, les *Additions* de Séville (1485), de Valladolid (1488), de Tolède et d'Avila (1498), de Séville (1500), et d'autres encore ; formulées au cours du seizième siècle jusqu'en 1561.

A partir du règne de Charles III, l'Inquisition avait à peu près perdu tout pouvoir politique ; elle constituait encore un comité d'espionnage redoutable, et un ardent foyer de résistance à la diffusion des idées philosophiques. L'Inquisition n'était plus que l'ombre d'elle-même ; mais cette ombre jetait encore tant de terreur dans les esprits que les écrivains les plus hardis de la fin du dix-huitième siècle n'osèrent jamais l'attaquer de front. Campomanès qui critique si amèrement la noblesse, et même le clergé, dans ses lettres politico-économiques, n'a pas un mot sévère à l'égard du Saint-Office.

(1) P. Ricardo Cappa, *La Inquisicion española*. Madrid, 1888, in-8°, p. 202. — L'ouvrage du P. Cappa est une apologie furieuse de l'Inquisition. Il renferme quelques renseignements précis sur l'organisation du tribunal et son fonctionnement.

XII. — Grandes Commissions siégeant à Madrid.

En dehors des grands Conseils de gouvernement, Madrid renfermait encore beaucoup de tribunaux ou de grandes commissions spéciales que nous nous contenterons d'énumérer.

Le *Tribunal de la Rote* était la plus haute juridiction ecclésiastique du royaume (1). La *Junte royale de l'Immaculée Conception*, établie le 21 mars 1779 et incorporée à l'Ordre de Charles III, s'occupait de hâter le moment où le mystère de l'Immaculée Conception de la Vierge serait déclaré article de foi.

L'*honorable Conseil de la Mesta*, présidé par un conseiller de Castille, assisté des quatre représentants des *quadrillas* de Soria, Cuenca, Ségovie et Léon, jugeait en première instance, avec appel au Conseil de Castille, toutes les affaires intéressant la Mesta. Cette puissante association de propriétaires de troupeaux avait perdu beaucoup de ses anciens privilèges, et la présence d'un conseiller de Castille dans son grand Conseil était comme la marque de sa dépendance.

La *Junte du Mont-de-Piété du bureau royal* gérait la caisse de secours aux veuves et aux enfants des fonctionnaires du Palais.

Les employés de la *Loterie royale* avaient leur caisse particulière.

La quotité des pensions accordées aux veuves des possesseurs de majorats était fixée par la *Junte royale des droits de viduité* (1).

La *Junte des imprimeries et librairies* faisait l'office d'un Comité central de censure.

La *Junte suprême de Santé* s'occupait de toutes les questions d'hygiène générale. Il y avait aussi une *Junte de Charité* ; la *Junte supérieure de Médecine*, la *Junte de Phar-*

---

(1) Il en a été parlé dans notre précédent ouvrage sur la *Société espagnole*. Chapitre II, p. 95 et 106.

macie, la *Junte de Chirurgie*, avaient la haute main sur l'enseignement de ces sciences.

Et ce ne sont là que des commissions d'intérêt général. Madrid avait ses juntes particulières ; les villes, les associations avaient les leurs. L'Espagne était littéralement couverte de comités de toute espèce et de toute importance : en aucune république on n'a fait à la délibération une part aussi grande qu'en cette étrange monarchie espagnole, si despotique en théorie, si bénigne et si facile dans la pratique.

Comment expliquer cette contradiction entre l'absolutisme du monarque et l'extraordinaire pullulation des corps délibérants ? C'est que l'Espagnol est naturellement irrésolu et d'esprit paresseux. A part certaines idées auxquelles il tient avec une fixité inébranlable, il ne se met presque jamais en peine de se faire sur les choses une opinion réfléchie et personnelle. Un pareil effort lui coûterait trop. D'autre part, son éducation cléricale le rend timoré ; il a des scrupules de conscience, il a peur de se tromper, il est porté à demander conseil ; il cherche instinctivement à échapper à la responsabilité de sa décision. Le régime des juntes convenait très bien à un pareil tempérament, et, à ce titre, jamais gouvernement n'a été plus national que celui de l'Espagne du dix-huitième siècle.

CHAPITRE III.

L'ADMINISTRATION PROVINCIALE.

Si le législateur espagnol se fût piqué de logique, l'administration des provinces eût été confiée à des Conseils, comme celle de la monarchie ; mais, par une très politique inconséquence, les provinces et les districts avaient à leur tête un chef unique, qui centralisa pendant longtemps tous les pouvoirs, et en retint toujours une grande partie. Le pouvoir des Conseils n'était rappelé dans les provinces que par le rôle dévolu aux Audiences ; mais l'influence de ces Cours de justice était infiniment moins forte que celle des Conseils de Madrid. Un capitaine général était plus maître dans sa province qu'un ministre dans son département. Au dernier degré de l'échelle hiérarchique, le corrégidor régnait sans partage, et concentrait dans ses mains toute la puissance administrative et judiciaire. L'autorité devenait plus précise et plus forte à mesure qu'elle se rapprochait des justiciables.

L'Espagne a dû à ce régime une administration passable, tandis que la polysynodie appliquée au gouvernement des provinces les eût plongées dans l'anarchie.

I. — Divisions territoriales de l'Espagne et des Indes.

La division territoriale de l'Espagne ne présentait au premier abord que désordre et confusion. « Elle offrait, dit « Campomanès, le spectacle ridicule de provinces encas-« trées dans d'autres, d'angles irréguliers de tous côtés, « d'intendances immenses, et d'intendances très peu éten-

« dues, d'évêchés de quatre lieues et d'évêchés de soixante-
« dix, de tribunaux dont la juridiction s'étendait à peine au
« delà des murs d'une ville, et de tribunaux qui embrassaient
« deux ou trois royaumes (1). »

Toutes ces inégalités s'expliquaient par l'histoire. Presque chaque région avait sa physionomie propre. Il n'est pas certain que les changements réalisés depuis Campomanès constituent un véritable progrès. On s'explique cependant qu'un esprit scientifique ait trouvé choquante l'irrégulière distribution du territoire espagnol.

Les pays de la couronne de Castille comprenaient vingt-quatre provinces (2). Ceux de la couronne d'Aragon en comprenaient quatre (3). La Navarre et les Vascongades portaient à trente-deux le nombre total des provinces d'Espagne.

Outre l'inégalité des dimensions, ces provinces présentaient encore les plus étranges anomalies. Celle de Toro était discontinue et formée de trois districts séparés (Toro, Carrion, Reynosa) (4). Le comté de Treviño était une enclave castillane en terre d'Alava (5), comme la ville de Llivia était une enclave espagnole dans la Cerdagne française. Le district d'Antequera, situé entre les trois provinces de Séville, de Cordoue et de Grenade, n'appartenait cependant à aucune d'elles (6).

Chaque province était subdivisée en cantons (*partidos*). La province de Zamora en comprenait sept : cantons du pain, du vin, de Sayago, de Carvajales, de Tavara, de Alcanices et de Mombuey (7). L'Alava se divisait en six *cuadrillas* et 54 *hermandades* (8). La Biscaye, répartie en sept *mérin-*

---

(1) Campomanès, *Cartas politico-económicas*. Carta IV.
(2) Asturies, Andalousie, Avila, Burgos, Castille-Vieille, Ciudad-Real, Cordoue, Cuenca, Estrémadure, Galice, Grenade, Guadalajara, Jaen, Léon, Madrid, Murcie, Palencia, Salamanque, Ségovie, Soria, Tolède, Toro, Valladolid, Canaries.
(3) Aragon, Catalogne, Valence, Majorque.
(4) Fernandez Duro, *Hist. de Zamora*, t. III, p. 183.
(5) Bengoa, *El libro de Alava*, p. 23.
(6) Du Rozoir, *Description de l'Espagne*, p. 224.
(7) Fernandez Duro, op. cit. t. III, p. 187.
(8) Bengoa, op. cit. p. 13.

dades, se divisait encore en *tierra llana*, *villas* et *encartaciones* (1). Le Guipuzcoa comptait trois *alcaldias mayores* (2).

Partout il y avait distinction entre les villes du roi, des seigneurs, des églises, ou des Ordres militaires (3). La principauté des Asturies comptait une cité et 3 juridictions royales, un comté royal, 5 juridictions seigneuriales, 5 bourgs royaux et un bourg seigneurial, 45 conseils royaux et 15 seigneuriaux, 12 territoires (*cotoredondos*) royaux, 16 d'Eglise et 53 seigneuriaux (4). Dans le district de Lérida, on comptait six localités de juridiction royale contre 116 de juridiction féodale. Un même lieu relevait souvent de plusieurs seigneurs. Alfaras dépendait pour le civil du marquis d'Alfaras, et du roi pour le criminel. Alcoléa appartenait à la fois à la Prieure du couvent de Junquera à Barcelone et à l'ayuntamiento de Lérida; Monblanquet à l'abbé du Pollet et au roi (5). Il y avait dans certaines provinces des rivalités acharnées entre les villes; Irun et Fontarabie étaient en guerre entre elles, et avec la province de Guipuzcoa. Le roi les sépara toutes deux du Guipuzcoa pour les donner à la Navarre (21 septembre 1705). En 1810 Napoléon les restitua au Guipuzcoa (6).

Nées du développement progressif de la colonisation, les divisions territoriales des Indes ne présentaient pas plus de régularité.

L'Amérique espagnole était divisée en quatre royaumes: Nouvelle-Espagne, Nouvelle-Grenade, Pérou, Buenos-Ayres, et en cinq capitaineries générales: Puerto-Rico, Cuba et Floride, Guatémala, Caracas, Chili.

La Nouvelle-Espagne comprenait dix intendances et deux provinces soumises au vice-roi, et deux intendances et deux territoires placés sous l'autorité du commandant général des provinces intérieures (7).

(1) *Fuero de Vizcaya*, II, 7. — VII, 6.
(2) Larramendi, *Corografia de Guipuzcoa*, p. 81.
(3) *Pueblos de realengo — de señorio — de abadengo — de ordenes*.
(4) *Censo* de 1787.
(5) *Archives de l'Audience de Barcelone*, Nombramientos de bayles, 1791.
(6) *Archives de Guipuzcoa*, Sec. I, neg. 11, leg. 79 et 81.
(7) Au vice-roi: intendances de Mexico, Puébla, Vera-Cruz, Oajaca, Mérida,

La Nouvelle-Grenade, érigée en vice-royauté en 1718 (1), avait été formée d'une partie de l'ancien royaume de Terre ferme et des royaumes de Santa-Fé et de Quito. Elle était divisée en un grand nombre de petits gouvernements, alcaldias mayores et corregimientos.

Pendant près de deux siècles la vice-royauté du Pérou avait embrassé toutes les colonies espagnoles de l'Amérique du Sud, puis elle avait été morcelée par la création des vice-royautés de Nouvelle-Grenade et de Buenos-Ayres. Le système des intendances lui avait été appliqué à partir de 1778 (2). On y comptait en 1791 huit intendances et deux provinces (3).

La vice-royauté de Buenos-Ayres, détachée du Pérou en 1778, comprenait les provinces du Rio de la Plata, du Paraguay et du Tucuman, et les quatre districts péruviens de La Paz, Potosi, Charcas et Santa-Cruz. Elle fut divisée en huit intendances (4).

La capitainerie générale de Puerto-Rico ne formait qu'un département. Le capitaine général y faisait fonctions d'intendant (5).

La partie espagnole de Saint-Domingue avait été cédée à la France par le traité de Bâle (1795). Avant la cession, le gouvernement était exercé à Saint-Domingue par un gouverneur général, assisté d'une Audience, d'un receveur, d'un trésorier et d'un agent fiscal (6).

Cuba avait un capitaine général, un gouverneur militaire

Valladolid, Guadalajara, Zacatecas, Guanajuato, San-Luis Potosi, les deux provinces de Californie. — Au commandant général, les intendances de Durango et de Sonora, les territoires du Nouveau-Mexique et de Cohahuila y Texas. — Humboldt, *Essai politique sur la Nouvelle-Espagne*, t. II, p. 9.

(1) Établie en 1718 — supprimée en 1722 — rétablie en 1739. — *Art de vérifier les dates*, supplément, t. XII, p. 320.

(2) Humboldt, *Essai politique*, t. III, p. 318.

(3) Intendances de Lima, Tarma, Truxillo, Guamanga, Cuzco, Arequipa, Guantayaga et Huancavelica. — Provinces de Pasco et de Huallauca. — Lacroix, *Le Pérou*, p. 336.

(4) Buenos-Ayres, Cordoba del Tucuman, Paraguay, La Paz, Potosi, Puno, Salta del Tucuman, Santa Cruz de la Sierra. — *Guia de forasteros*, 1804.

(5) *Guia de forasteros*, 1804.

(6) Dessalles, *Histoire générale des Antilles*, t. IV, p. 100.

pour la place de La Havane, et un intendant depuis le 7 novembre 1791 (1). La juridiction du capitaine général de Cuba s'était étendue sur la Floride jusqu'en 1763. Après la conquête de ce pays par les Anglais, la Louisiane fut cédée à l'Espagne par Louis XV, et le capitaine général de Cuba en eut l'administration. Puis la Floride fut rendue à l'Espagne par la paix de Versailles, et forma avec la Louisiane une capitainerie générale particulière (2). Mais en 1800 la Louisiane redevint française, et le capitaine général de Cuba reprit le gouvernement de la Floride.

Le royaume de Guatémala était gouverné par un capitaine général, cinq gouverneurs de province et un intendant (3).

La province de Vénézuéla formait une capitainerie générale dont le siège était à Caracas (4).

Le Chili était divisé en treize provinces (5). Le capitaine général résidait à Santiago.

Les Philippines formaient une dernière capitainerie générale, avec Manille pour capitale (6). Les îles Mariannes avaient un gouverneur particulier.

II. — Vice-Rois.

Les fonctionnaires les plus élevés de la hiérarchie administrative étaient les vice-rois, représentants directs du roi, participant à ses honneurs et exerçant une autorité déléguée considérable.

Le titre de vice-roi était autrefois porté en Espagne par les gouverneurs de Galice, de Navarre, d'Aragon, de Catalogne,

---

(1) Antequera, *Historia de la legislacion española*, p. 492.
(2) *Guia de forasteros*, 1804.
(3) Capitaine général à Guatémala, gouverneurs à Comayagua, Costa-Rica, Nicaragua, Chiapa. Intendant-corrégidor à S. Salvador. — Id. 1804.
(4) *Art. de vérifier les dates*, suppl., t. XII, p. 69.
(5) Copiapo, Coquimbo, Quillota, Aconcagua, Melipilla, Santiago, Rancagua, Calchagua, Maule, Itata, Chillan, Puciacay, Huilquilmenu. — *Univ. pitt.* Chili, p. 48.
(6) La *Guia de Forasteros* de 1804 mentionne les provinces de Cagayan, Pangosinan, Bulacan, et Camarines.

de Valence et de Majorque. A la fin du dix-huitième siècle, il n'y avait plus qu'un vice-roi en Espagne, celui de Navarre.

Le titre de vice-roi de Navarre fut porté au xviii° siècle par des personnages célèbres, tels que le comte de Gages, le comte de Colomera, le prince de Castelfranco, le marquis de Las Amarillas. Le vice-roi habitait à Pampelune un hôtel d'assez modeste apparence ; mais il gouvernait la Navarre, avec l'assistance d'un conseil élu, appelé Députation du royaume. Dans les circonstances solennelles, c'était lui qui convoquait les Cortès, présidait leur séance d'ouverture, assis sur un trône placé sous un dais, recevait le serment de fidélité des députés, transmettait leurs griefs au roi et sollicitait la réforme des contrafuéros (1).

Les grandes vice-royautés des Indes étaient de véritables satrapies à la mode orientale, avec cette seule différence que les vice-rois n'étaient jamais maintenus en place que pendant six ans au plus.

Charles-Quint avait établi les vice-rois « pour représenter
« la personne du roi, rendre et administrer une justice égale
« à tous ses sujets et vassaux, et entendre à tout ce qui con-
« vient au repos, à la quiétude, à l'ennoblissement et à la
« pacification des provinces des Indes » (2).

Les vice-rois appartenaient à la haute noblesse castillane, et devaient être nés dans la péninsule, comme tous les fonctionnaires des Indes (3). Ils habitaient de splendides palais et touchaient à Mexico et à Lima 1.200.000 ou 1.600.000 réaux, à Santa-Fé et à Buenos-Ayres 800.000 réaux. Leur maison était montée comme celle du roi. Ils avaient une garde de hallebardiers (4). Ils ne sortaient du palais que précédés de

(1) Cf. Desdevises du Dezert, *Le Régime foral en Espagne au XVIII° siècle*, Revue historique, t. LXII, 1896.
(2) Antequera. *Hist. de la legislacion*, p. 478.
(3) Un seul Américain, le marquis de Casa Fuerte, obtint une vice-royauté aux Indes pendant la domination espagnole. Humboldt, *Essai politique*, t. II, p. 93.
(4) A Mexico, la compagnie de hallebardiers de la garde du vice-roi comptait un capitaine, un sous-lieutenant, trois caporaux et vingt hallebardiers. L'uniforme était bleu avec gilet et revers incarnat, boutons et brandebourgs d'argent. *Guia de forasteros*, 1801.

leurs gardes à cheval. Ils étaient servis par des pages, et vivaient, comme le roi, dans un isolement majestueux et farouche. « Notre ami Zayas nous quitte, écrivait le comte de « Bucaréli, vice-roi du Mexique ; il nous fait bien faute, car « il nous accompagnait partout ; vous saurez par lui combien « est peu agréable l'existence d'un vice-roi (1). » Dans sa capitale, un vice-roi ne pouvait avoir d'autres convives que sa femme et ses enfants (2).

Le vice-roi disposait, en théorie du moins, d'une autorité universelle. Quoique le Conseil des Indes prétendît tout régler, la distance qui séparait l'Europe de l'Amérique ne lui permettait d'exercer qu'un contrôle illusoire. Le Mexique était déjà à deux ou trois mois de navigation de Cadiz (3). La *nao de la China*, ou courrier d'Acapulco, n'arrivait qu'une fois l'an à Manille. En temps de guerre, les vice-rois restaient quelquefois des années entières sans pouvoir communiquer avec l'Espagne. Le vice-roi avait donc dû être investi de pouvoirs illimités ; il était le chef suprême du gouvernement, avait le commandement des forces militaires, surveillait la rentrée des impôts, exerçait même exceptionnellement les fonctions de juge et de législateur.

Les fonctions administratives eussent suffi à elles seules à occuper le vice-roi le plus actif. En 1800, le vice-roi de Nouvelle-Espagne était à la fois vice-roi, intendant de la province de Mexico, et corrégidor de la ville. Il n'y avait chose dont il ne s'occupât. La police de Mexico était une de ses grandes préoccupations ; l'entretien du pavage et des canaux, la délimitation des quartiers, l'alignement des rues, le balayage, l'ouverture de nouvelles promenades et de nouveaux marchés, le service des approvisionnements, l'inspection des tavernes, l'arrestation des malfaiteurs et des vagabonds, l'établissement d'hospices, d'hôpitaux, de maisons de travail et de prisons étaient autant de soins incessants qui

---

(1) *Archives des Indes à Séville*, Est. 146, Caja 4, legajo 4.
(2) Humboldt, *Essai politique*, t. IV, p. 243.
(3) *Archives des Indes à Séville*. Est, 146, Caj. 4, leg. 4. — Bucaréli à O'Reilly (27 déc. 1772).

ne formaient cependant qu'une faible partie des attributions du vice-roi (1).

En 1772 Bucaréli écrivait à son frère qu'il se proposait d'obtenir pendant sa vice-royauté trois résultats principaux : dégager le Trésor, assurer les frontières contre les incursions des Indiens, former le plan de défense générale du royaume, dont on ne s'était pas occupé depuis sept ans, quoique beaucoup d'argent eût été dépensé pour cet objet (2). — Bucaréli se mit courageusement à l'œuvre et voulut mener de front la réforme financière et l'organisation militaire; mais il trouva tout dans le plus grand désordre. Les paiements à faire aux présidios étaient arriérés de deux ans (3), la gestion des biens communaux, des biens d'Etat et des biens privés, provisoirement administrés par l'Etat, formait « un chaos plus grand que la Nouvelle-Espagne » (4) ; les laboureurs se plaignaient de l'exagération des alcabalas sur le blé, le maïs et les semences (5); les envois de fonds à la Havane et aux autres colonies ouvraient de larges brèches au Trésor mexicain (6). Trois ans plus tard (1775), Bucaréli revient encore sur les difficultés financières au milieu desquelles il se débat (7). En 1779 le vice-roi et l'Audience augmentent les alcabalas pendant la durée de la guerre (8).

En 1800 Azanza s'occupe encore continuellement des finances. Il promulgue des décrets pour fomenter l'extraction du cuivre; il sollicite du clergé des dons et des emprunts, il réorganise le budget général de la Nouvelle Espagne, il fait agrandir l'hôtel des monnaies de Mexico, il réglemente la vente du pulque, abaisse le prix des cartes à jouer, dresse le bilan de la rente du tabac et de la rente du mercure, fait le calcul des fonds envoyés en Espagne et aux colonies (9).

(1) *Archives des Indes à Séville*, Est. 88, Caj. 5, leg. 12. — Instruccion de Azanza.
(2) Id. Est. 146, Caj. 4, leg. 4.
(3) Id. Est. 146, Caja 4, leg. 4. — Bucaréli au marquis de Rubi, 27 août 1772.
(4) Id. Ibid. (même date).
(5) Id. Est. 93, Caja 5, leg. 17.
(6) Id. Est. 146, Caja 4, leg. 4 — Bucaréli à O'Reilly (26 avril 1772).
(7) Id. Ibid. Bucaréli au duc d'Albe, 24 fév. 1775.
(8) Id. Est. 93, Caja 5, leg. 18.
(9) Id. Est. 88, Caja 5, leg. 12.

Les vice-rois firent les plus grands efforts pour mettre les Indes en état de défense ; ils organisèrent une véritable armée coloniale et fortifièrent en Amérique et aux Philippines 113 places, sans compter les présidios des frontières ou des missions (1).

Les vice-rois avaient la haute main sur l'administration de l'Eglise (*vice-patronato de las Indias*). Tous les bénéfices de l'Eglise étaient à la nomination de la Chambre des Indes; mais les vice-rois avaient souvent à donner leur avis sur les candidats proposés par le clergé des Indes au choix du roi (2). Ils veillaient au maintien des droits royaux, administraient les biens des bénéfices vacants, contrôlaient les dépenses de construction des églises, des monastères et des hôpitaux (3), adressaient à la Chambre des Indes les statuts des confréries (4), réprimaient les tentatives d'empiétement des tribunaux ecclésiastiques (5).

Les vice-rois avaient été constitués protecteurs des Indiens et étaient leurs juges naturels en première instance au civil et au criminel. Mais ils avaient délégué ces fonctions à un tribunal spécial (*Juzgado de naturales*) composé d'un assesseur, d'un rapporteur et d'un greffier. L'assesseur, gradué en droit, faisait en réalité toute la besogne, et le vice-roi se contentait de signer les sentences. Cependant les procès jugés par ce tribunal pouvaient être très importants ; les Indiens demandeurs pouvaient citer devant lui des créoles et des Espagnols ; les villages indiens portaient à sa barre leurs accusations contre les corrégidors et les subdélégués. Azanza reconnaît bien « que ce mode de procéder présentait quel« ques inconvénients », mais il ne paraît avoir rien fait pour y remédier; il fit seulement juger les procès en retard. Il avait trouvé, en arrivant au Mexique, 700 procès criminels en cours

---

(1) *Guia de forasteros*, 1804.
(2) *Archives des Indes à Séville*. Est. 88, Caja 1, leg. 14. — (23 mars 1801.) Nomination d'un archidiacre du Chapitre de Merida de Yucatan.
(3) Id. ibid. — Comptes de construction de l'église de Tlahuac (10 juin 1801).
(4) Id ibid. — Statuts de la Confrérie de S. Josef de Tlacotalpan, et de la Confrérie des âmes de l'Eglise du doux Nom de Marie de Tepamitlan.
(5) Lacroix, *Pérou*, p. 315.

d'instruction, et plus de 1.500 accusés détenus préventivement. Il nomma deux avocats, qui, avec le rapporteur et l'assesseur du tribunal, jugèrent « en un an » toutes les causes pendantes (1).

Quoique le roi n'eût pas eu l'intention de faire de ses vice-rois des magistrats de l'ordre judiciaire, ils étaient, par leurs fonctions mêmes, les contrôleurs de tous les tribunaux royaux, et ils pouvaient être appelés à juger des causes civiles annexes à des procès administratifs. On pouvait appeler de leurs décisions aux Audiences ; mais la demande d'appel devait passer par leurs mains ; ils ne refusaient presque jamais de la transmettre, ils prétendaient néanmoins en avoir le droit (2).

Dans certains cas, enfin, ils exerçaient une sorte de pouvoir législatif. Ils n'avaient pas le droit de législation directe ; mais ils interprétaient les ordres de la cour, et leur donnaient parfois un sens et une portée que le Conseil des Indes n'avait jamais songé à leur donner. En temps de guerre, d'accord avec les Audiences, ils imposaient des taxes, faisaient des règlements généraux, allaient jusqu'à ouvrir des ports au commerce étranger et s'excusaient auprès du roi sur l'urgente nécessité qui justifiait leurs hardiesses (3).

L'immense pouvoir laissé aux vice-rois n'avait pas été sans éveiller la jalousie du roi et du Conseil des Indes, qui avaient cherché à le contrebalancer par des influences rivales, puisqu'il paraissait impossible de le limiter. On leur avait donné un conseil consultatif (*el real Acuerdo*), composé de quelques membres de l'Audience ; mais ils tenaient en fait peu de compte de ses avis (4). L'Audience était le véritable obstacle à la souveraineté du vice-roi. Le Conseil des Indes s'était toujours refusé à préciser les pouvoirs respectifs des vice-rois et des Audiences ; le vice-roi renseignait le Conseil des Indes sur la conduite des magistrats ; et le régent de l'Au-

---

(1) *Archives des Indes à Séville.* Est. 88, Caja 5, leg. 13. *Instruccion de Azanza.*
(2) Id. ibid.
(3) Humboldt, *Essai politique sur la Nouvelle-Espagne*, t. IV, p. 245.
(4) Antequera, *Historia de la legislacion*, p. 481.

dience envoyait au Conseil des notes confidentielles sur le vice-roi. Les deux pouvoirs rivaux vivaient sur le pied d'une défiance réciproque et en venaient souvent à la guerre ouverte. Alors il n'y avait plus de gouvernement possible jusqu'au jour où le Conseil de Indes mettait fin au conflit en rappelant le vice-roi. Si, au contraire, le vice-roi et l'Audience parvenaient à s'entendre, toutes garanties disparaissaient pour les justiciables ; le Conseil des Indes n'était plus renseigné, et la colonie restait soumise au plus effroyable arbitraire. Le roi avait la ressource d'expédier des ordres, et de les réitérer ; mais l'usage permettait au vice-roi d'obéir aux volontés royales sans les exécuter (*Obedezco pero no cumplo*). Le vice-roi envoyait à Madrid mémoire sur mémoire et, en attendant les réponses du Conseil des Indes, restait maître absolu dans sa vice-royauté. « Si le vice-roi est riche, dit « Humboldt, adroit, soutenu en Amérique par un assesseur « courageux et à Madrid par des amis puissants, il peut « gouverner arbitrairement sans rien craindre de la reddi- « tion de comptes (*residencia*) » (1).

Il y eut des vice-rois désintéressés, comme le marquis de Casafuerte (2), comme le comte de Revilla-Gigedo et le chevalier d'Azanza. Il y en eut beaucoup d'avides, et quelques-uns furent de véritables pillards. On en citait qui avaient volé en peu d'années 8 millions de livres. Souvent un grand d'Espagne se ruinait pour obtenir une vice-royauté ; aux Indes il recevait un gros traitement du roi, dépensait trois ou quatre fois plus et revenait en Espagne avec de belles économies (3). Les vice-rois peu scrupuleux s'attribuaient des gratifications pour le moindre déplacement (4) ; ils acceptaient des pots-de-vin sur les emplois à leur nomination, ils vendaient aux créoles des titres et des distinctions honorifiques qu'ils trouvaient moyen de faire confirmer à Madrid ; ils vendaient aux négociants des licences pour faire le com-

---

(1) Humboldt, *Essai sur la Nouvelle-Espagne*, t. IV, p. 214.
(2) Le seul Américain qui ait été vice-roi du Mexique de 1525 à 1809. — Humboldt, *op. cit.* II, p. 93.
(3) La Renaudière, *Le Mexique*, p. 155.
(4) Humboldt, *op. cit.* II, p. 127.

merce en temps de guerre; ils s'intéressaient dans les affaires de contrebande, ils tiraient surtout d'énormes profits de la distribution du mercure aux propriétaires de mines d'argent; ceux qui leur offraient les plus riches cadeaux étaient les premiers servis. Pour couper court à cet abus, un ministre eut l'idée de régler lui-même, à Madrid, la répartition du mercure; mais il lui fallait connaître exactement l'état de toutes les mines de la Nouvelle-Espagne, et ce fut le vice-roi qui fut chargé de fournir au ministre les renseignements dont il avait besoin; il tergiversa, gagna du temps et finit par rester en possession de son privilège (1).

Enhardis par l'exemple de leurs chefs, les agents subalternes volaient à qui mieux mieux, et justifiaient le mauvais renom de l'administration coloniale.

Vers la fin du dix-huitième siècle, le pouvoir arbitraire des vice-rois reçut une sérieuse atteinte. Leurs attributions financières furent transportées aux intendants, et ils perdirent la surintendance de la justice, qui fut confiée, dans chaque Audience, à un président (*regente*) (2). Ces mesures produisirent les meilleurs effets, et firent beaucoup plus de bien que les inspections (*visitas*), qui demeuraient presque toujours sans résultat (3). On eût fait mieux encore en donnant aux créoles une juste part d'influence et en organisant des pouvoirs locaux indépendants; le Conseil des Indes fut, jusqu'aux derniers jours de la domination espagnole, l'ennemi de l'autonomie coloniale.

III. — Capitaines généraux et intendants.

Le grade de capitaine général était le plus élevé de la hiérarchie militaire; les gouverneurs militaires des provinces

---

(1) Humboldt, *Essai sur la Nouvelle-Espagne*, t. III, p. 293.
(2) Antequera, *Hist. de la legislacion*, p. 484.
(3) « On ne peut nier que le visiteur (D. Josef de Galvez) ait travaillé, ni qu'il ait du zèle pour le service, et il ne manque pas d'habileté. Mais il a aussi ses défauts; ses amis font toujours bien, ses adversaires se trompent toujours, il ne pardonne pas une injure, et souvent, en cherchant à la venger, il cause préjudice à beaucoup de bons serviteurs du roi. » — Lettre du vice-roi Bucaréli à son frère. *Archives des Indes à Séville*. Est. 146, Caja 4, leg. 4.

les plus importantes prenaient le titre de capitaines généraux, encore qu'ils ne fussent que brigadiers ou lieutenants généraux (1).

Il y avait des capitaines généraux d'Aragon, de Catalogne, de Valence, de Majorque, de la côte de Grenade, d'Andalousie, des Canaries, d'Estremadure, de Castille-Vieille, de Galice et des Asturies (2).

Les capitaines généraux avaient le commandement de toutes les troupes cantonnées dans leur province. Ils avaient gardé, comme présidents des Audiences, le contrôle général de l'administration. Leurs anciennes attributions financières avaient passé à un fonctionnaire nouveau, l'intendant.

L'intendant fut d'abord, en Espagne comme en France, un fonctionnaire revêtu d'une charge temporaire et eut le titre « d'intendant de justice, de police, des vivres et des fi-« nances en une armée ». Il percevait les deniers royaux dans la province placée sous le commandement du général de l'armée ; il ordonnançait les dépenses de guerre, assurait le logement des soldats et jugeait toutes les affaires contentieuses en matière d'administration et de finances (3).

Les services rendus par les intendants d'armée décidèrent le roi à placer un intendant à la tête de chaque province. Créés en 1718, supprimés peu après, les intendants de province furent établis par ordonnance de Ferdinand VI en date du 13 octobre 1749 (4).

Les intendants d'armée et les intendants de province fini-

---

(1) En 1793, Ricardos s'intitulait « lieutenant général des armées royales, « gouverneur et capitaine général de l'armée et principauté de Catalogne, « président de l'Audience royale ». *Diario de Barcelona*, 27 fév. 1793.

(2) En résidence à Saragosse, Barcelone, Valence, Palma, Malaga, Séville, Santa-Cruz de Tenerife, Badajoz, Zamora, La Corogne. Le commandant général des Asturies, résidant à Oviedo, ne fut créé que le 15 février 1805. — *Nov. Rec.* V, III, 3.

(3) Rodriguez Villa, *Patiño*, p. 13 et 171.

(4) Il y avait des intendants d'armée en Castille, Galice, Estremadure, Aragon, Valence et Majorque. — Des intendants de province de 1re classe à Burgos, Léon, Grenade, Cordoue, Tolède et Valladolid. — Des intendants de province de 2e classe à Almagro, Murcie, Ségovie, Jaen, Cuenca et Salamanque. — Des intendants de province de 3e classe à Palencia, Toro, Avila, Soria et Guadalajara. — Escolano, *Practica del Consejo*, t. I, p. 566.

rent par se confondre presque complètement. L'Almanach royal de 1804 ajoute à la « liste des seigneurs intendants d'armée » vingt-six gradués pouvant être nommés intendants de province. Il y avait toutefois quelques différences entre les uns et les autres. Les intendants d'armée, placés le plus souvent près des capitaines généraux, avaient le titre de maréchaux de camp et touchaient un traitement plus élevé que les intendants de province (1).

Indépendants des intendants d'armée pour tout ce qui avait trait aux affaires civiles, les intendants de province leur étaient au contraire subordonnés pour tout ce qui regardait le militaire (2).

Les intendants avaient des attributions judiciaires, administratives, financières et militaires.

Comme juges, ils avaient le titre de corrégidors dans la ville capitale de leur province et son district (3), et exerçaient un droit de contrôle sur les corrégidors et les alcaldes mayors de leur ressort. Pour leur faciliter l'exercice de leurs fonctions judiciaires, le roi leur avait adjoint, suivant l'importance de la ville où ils résidaient, un ou deux lieutenants de robe (*alcaldes mayores*). Là où il y avait deux lieutenants, l'un jugeait les affaires civiles, et l'autre les affaires criminelles. Le lieutenant civil était l'assesseur de l'intendant, dans toutes les affaires de sa compétence, et l'intendant ne pouvait le révoquer sans l'assentiment du Conseil de Castille (4). Malgré l'aide qu'il trouvait chez ses lieutenants, l'intendant risquait d'être accablé sous le poids de ses fonctions judiciaires. Le 13 novembre 1766, Charles III sépara le corrégidorat de l'intendance,

---

(1) Les intendants d'armée touchaient de 50 à 60.000 réaux de solde par an et de 10 à 25.000 réaux de frais de représentation (*ayudas de costa*). — Les intendants de province de 1re classe touchaient 50.000 réaux, ceux de 2e classe 40.000 réaux, ceux de 3e classe 30.000 réaux. Escolano, *loc. cit.*
(2) Canga Arguelles, *Dic. de hac.*, v° *Intendentes*.
(3) En 1760 l'intendant de Zamora se qualifiait « d'intendant général de « justice, police, finances et guerre de l'armée et royaume de Castille surin- « tendant général des rentes royales et du service des *millones*, en la cité « de Zamora et sa province, corrégidor de Zamora. » Duro, *Hist. de Zamora*, t. III, p. 501.
(4) Ordonnance royale du 13 oct. 1749.

pour ne laisser aux intendants que leurs fonctions administratives, financières et militaires (1). On voit cependant des intendants s'intituler corrégidor bien après 1766 (2), et il est bien probable que jusqu'à la fin de l'ancien régime la justice et l'administration ne furent jamais bien nettement séparées.

L'intendant avait la police générale et la tutelle économique de sa province. Il veillait à l'observation des lois, et à la bonne conduite des agents du gouvernement; il était juge des conflits de juridiction. Il ne devait pas se contenter de maintenir l'ordre matériel dans sa province; il devait en étudier les ressources, s'attacher à les conserver et à les développer, faire dresser des cartes avec indication de tous les territoires relevant du roi, des seigneurs, de l'Eglise ou des Ordres militaires. Il devait fournir un état exact des terres, des bois, des pâturages, des jachères; indiquer les travaux à exécuter, connaître le rendement des récoltes et le produit des industries, favoriser l'établissement de manufactures (3).

En matière de finances, l'intendant agissait comme représentant du surintendant général. Le roi lui avait permis de se choisir, pour les affaires de cette sorte, un assesseur à sa convenance, qu'il faisait seulement confirmer par le surintendant. Il avait un droit de contrôle étendu sur les subdélégués de son ressort, et pouvait se faire remettre par eux les dossiers de toutes les affaires qui lui paraissaient mériter un examen approfondi (4).

Au point de vue militaire, l'intendant était chargé de pourvoir à la subsistance des troupes et à l'entretien des casernes et magasins. Il avait le contrôle de la comptabilité militaire. C'était lui qui dressait les listes pour la conscription (*quintas*) et qui préparait les opérations du tirage au sort (*sorteo*).

Il avait, comme on le voit, une compétence presque universelle; et de bons juges se demandaient même s'il n'en était

---

(1) *Nov. Rec.* VII, xi, 26.
(2) *Autos acordados de Valladolid*. Año de 1791.
(3) *Instruccion de intendentes* (1749).
(4) *Nov. Rec.* VII, xi, 25. — Gallardo, *Rentas de la Corona*, t. I, p. 131. Conflit entre l'intendant de Badajoz et le subdélégué de Plasencia.

pas écrasé. « L'instruction pour les intendants est admirable, « disait Campomanès ; mais dans les grandes provinces, elle « va de pair avec les rêves de P[...]on et de Thomas Morus. « Un intendant d'Andalousie ! Comment est-il possible qu'il « connaisse tout le détail des opérations qui s'y poursuivent ? « Je le suppose doué d'une intelligence divine, si ses forces « ne sont que celles d'un homme, toute cette belle instruction « restera toujours à l'état de roman agréable (1). » Il est fort probable que Campomanès avait raison et que les intendants opposaient la nonchalance au surmenage. On voulait qu'ils fissent tout ; ils se tiraient d'affaire en ne faisant rien.

Le roi se rendait d'ailleurs si peu compte des vices de l'institution qu'il donna aux intendants du Mexique, créés par lui en 1786, les mêmes attributions omnimodes qui accablaient ceux d'Espagne ; et cependant, si l'on trouvait la province de Burgos trop grande pour un seul intendant, que devait-on penser des intendances de Durango et de S. Luis de Potosi qui atteignaient presque les dimensions de l'Espagne tout entière ? On donna aux intendants des Indes le contrôle des notaires et gens de justice, l'inspection générale de tous les services publics, la surveillance de l'agriculture, de l'industrie, des monnaies, des mines et du coton ; on leur donna la poursuite et la correction des vagabonds, la police des villes, des auberges et des routes, la direction du service des finances et le contrôle de la juridiction contentieuse des employés du fisc. Ils eurent encore à s'occuper des fournitures militaires, à infliger des amendes aux adjudicataires négligents, à assurer les transports, à inspecter les magasins d'artillerie, à payer la solde des officiers, à étudier les mouvements des troupes, de concert avec les commandants militaires (2). Personne ne croira que les intendants des Indes aient pu réellement remplir tous les devoirs de leur charge ; mais comme le désordre était encore plus grand au temps où tous les pouvoirs qui leur furent attribués étaient concentrés dans les mains du vice-roi, leur création marqua un progrès

---

(1) Campomanès, *Carta IV*.
(2) Antequera, *Historia de la legislacion*, p. 493.

très notable. Humboldt rend justice à la bonne volonté des intendants de la Nouvelle-Espagne, et les Indiens trouvèrent en eux d'utiles défenseurs contre l'avidité et l'arbitraire des vice-rois et des corrégidors (1).

IV. — Les Audiences.

Auprès de chaque vice-roi ou capitaine général existait un haut tribunal, appelé Chancellerie ou Audience, qui servait à la fois de conseil politique aux gouverneurs de province et de tribunal d'appel aux justiciables du ressort.

Le plus ancien et le plus considérable de ces grands corps judiciaires était la Chancellerie royale de Valladolid, dont l'origine remontait au règne d'Alphonse X, et qui fut définitivement installée à Valladolid par Isabelle en 1485. Une autre Chancellerie, instituée à Ciudad-Réal, fut transférée à Grenade par Ferdinand en 1506 (2).

Ces deux grandes cours se partageaient toute la Castille. Le Tage marquait la limite de leurs juridictions respectives.

Comme les tribunaux d'appel étaient encore trop éloignés des justiciables, les rois créèrent, dans le ressort de chaque Chancellerie, de nouvelles cours de justice qui reçurent le nom d'Audiences, et furent en quelque manière subordonnées aux deux grandes cours de Valladolid et de Grenade. Les premières Audiences furent celles de Galice (1480 et 1504), de Séville (1556), des Canaries (1568 et 1666) et de Majorque (1571). Au cours de la guerre de Succession, Philippe V, ayant soumis les pays d'Aragon aux lois de Castille, fonda à Valence une troisième Chancellerie (1707), qu'il transforma en simple Audience en 1718, afin de mieux marquer l'idée unitaire qui le guidait (3). L'Aragon fut doté d'une Audience en 1707, la Catalogne en 1716, les Asturies en 1717 et l'Estremadure en 1790 (4).

---

(1) « Parmi les douze intendants qui administraient la Nouvelle-Espagne en 1804, il n'y en avait pas un seul que le public accusât de corruption ou d'un manque d'intégrité. » — Humboldt, *Essai sur la Nouvelle-Espagne*, t. I, p. 390.
(2) Mariéjol, *L'Espagne sous Ferdinand et Isabelle*, p. 182.
(3) Coxe, *L'Espagne sous les Bourbons*, t. I, p. 508.
(4) Antequera, *Hist. de la leg.*, p. 319.

La Navarre avait conservé son organisation judiciaire particulière. La justice d'appel y était rendue par la Chambre des Comptes et par le Conseil royal et Cour de Navarre.

Les Indes eurent leurs Audiences, comme la métropole, à raison de deux Audiences par vice-royauté, et d'une par capitainerie générale. Celles de Mexico et de Lima remontaient à Charles-Quint(1).

La physionomie des Audiences rappelle en petit celle du Conseil de Castille.

Elles étaient présidées par le capitaine général de la province, qui ne s'occupait d'ailleurs que des matières administratives. En cas d'absence du capitaine général, ses pouvoirs étaient dévolus au second commandant militaire (2). Les Chancelleries de Valladolid et de Grenade, les Audiences de Séville et de Caceres gardèrent longtemps un président civil. Elles furent soumises à l'autorité militaire par décret royal du 30 novembre 1800 (3). L'Audience d'Oviédo resta présidée par un magistrat jusqu'en 1805. Les capitaines généraux présidents d'Audiences pouvaient appeler devant eux les corrégidors, les alcaldes mayors et autres ministres de justice, mais ils ne pouvaient les faire arrêter sans la permission du roi (4). Le Conseil de Castille ne pouvait, sans l'avis du roi, suspendre les mesures ordonnées par les capitaines généraux (5).

En tant que cours de justice civile, les Chancelleries et Audiences étaient présidées par un régent, nommé par le roi (6). Les régents étaient souvent pris parmi les gens d'Église. Sur cinquante régents ou présidents qui se succédèrent à Valladolid pendant les dix-septième et dix-huitième

---

(1) Nouvelle-Espagne : Mexico (1527) et Guadalajara (1548).
Nouvelle-Grenade : Santa-Fé (1549) et Quito (1563).
Pérou : Lima (1542) et Cuzco.
Buenos-Ayres : Buenos-Ayres et Charcas.
Audiences à Cuba (1526), Guatemala (1543), Caracas (1786), Santiago de Chili (1609), Manille (1583). La capitainerie générale de Puerto-Rico n'avait pas d'Audience spéciale. *Guia de forasteros*, 1804.
(2) *Nov Rec.* V, xi, 16. — 21 juin. — 7 juillet 1800.
(3) Id. V, xi, 15.
(4) Id. V, xi, 12, 6 nov. 1773, et 13, 8 déc. 1782.
(5) Id. V, xi, 14. — 14 mai 1794.
(6) Cédule royale du 6 avril 1776.

siècles, on compte dix évêques, des vicaires généraux et des auditeurs de Rote. La mode finit par se perdre : les quinze derniers présidents furent des laïques (1).

C'était un fort gros personnage qu'un régent de la Chancellerie royale de Valladolid. Il avait droit au titre d'Illustrissime seigneur. Il était complimenté à son entrée en ville par l'ayuntamiento, l'Université, le grand collège de Santa-Cruz, les corporations et les notables de la ville en costume de cérémonie. Le lendemain, l'ayuntamiento à cheval, suivi de ses huissiers et alguazils, allait chercher les magistrats à la Chancellerie. Ceux-ci montaient à cheval à leur tour et se rendaient en cortège à la demeure du régent qu'ils trouvaient à cheval à la porte de sa maison. L'installation se faisait à la Chancellerie. Dans la salle des audiences publiques, le secrétaire donnait lecture de l'acte royal de nomination. Dans la salle du sceau royal, le lieutenant de chancelier, le doyen des auditeurs, un juge criminel et le fiscal recevaient le serment du nouveau régent, qui allait prendre possession de son siège dans la salle du conseil (*sala de acuerdos*) (2).

Les Audiences étaient généralement divisées en plusieurs chambres. Les Chancelleries comprenaient quatre chambres civiles ; les grandes Audiences, deux ; les petites Audiences d'Oviédo et des Canaries n'avaient qu'une seule chambre (3). Les membres des chambres civiles portaient le titre d'auditeurs (*oidores*) ; les membres des chambres criminelles, le titre de juges du crime (*alcaldes del crimen*). Le régent de l'Audience avait la présidence de la première chambre civile. La chambre criminelle était présidée par un gouverneur (*gobernador de sala*).

Les deux Chancelleries avaient en outre une chambre de *hijosdalgo* pour les questions de noblesse. La Chancellerie de Valladolid possédait un grand juge de Biscaye (*Juez mayor de Vizcaya*), chargé de juger les appels portés contre les sentences du corrégidor de Biscaye et de ses lieutenants. Il y

---

(1) Sangrador, *Historia de Valladolid*, t. I, p. 610.
(2) Id. ibid. t. I, p. 511.
(3) *Guia de Forasteros*, 1816.

avait appel de ses décisions à une chambre de la Chancellerie, appelée grand'chambre de Biscaye, qui se réunissait au moins une fois par semaine, le jeudi (1).

Dans un certain nombre d'Audiences, les juges criminels portaient aussi le titre de juges de province (*alcaldes jueces de provincia*) et formaient à côté des Audiences une sorte de tribunal de première instance, dont le ressort ne s'étendait qu'à la ville chef-lieu de l'Audience et à ses environs dans un rayon de cinq lieues (2). Charles III généralisa l'institution. Chaque ville chef-lieu de Chancellerie ou d'Audience fut divisée en autant d'arrondissements qu'il y avait de juges de province, et chaque arrondissement urbain fut divisé en quartiers qui reçurent chacun un juge de quartier (*alcalde de barrio*) muni des mêmes pouvoirs que les alcaldes ordinaires des communes rurales (2).

Le parquet des Chancelleries et Audiences se composait d'un ou de deux procureurs généraux (*fiscales*) ayant rang d'auditeurs. Un officier spécial était chargé de vérifier les pouvoirs présentés au tribunal par les représentants des parties. Cette charge s'appelait *bastanteria*, et avait été aliénée par le roi dans plus d'une Audience. A Valladolid, la *bastanteria* était une propriété de la maison de Grijalva (3). L'alguazil mayor n'avait guère qu'un titre honorifique ; sa charge était souvent héréditaire.

Les magistrats des Audiences étaient nommés par le roi, et n'étaient point inamovibles. Ils touchaient un traitement assez élevé. Les présidents des Chancelleries recevaient 55.000 réaux, les auditeurs et fiscaux 20.000 réaux, les juges criminels 18.000 réaux, les juges *de hijosdalgo* et le grand juge de Biscaye 15.000 réaux. Les régents des Audiences étaient payés 36.000 réaux, les auditeurs et fiscaux 18 000 réaux (4). Aux Indes, les appointements étaient beaucoup plus élevés.

---

(1) *Nov. Rec.* V, xvi, 1. — *Fuero antiguo de Vizcaya*, p. 1. — Artiñano, p. 302.
(2) *Nov. Rec.* V, xiv, 7, 8 et 9.— De Laborde, *Itin. descriptif*, t. V, p. 48 — *Nov. Rec.* V, xiii, 1.
(3) Sangrador, *Hist. de Valladolid*, t. I, p. 615.
(4) *Nov Rec.* IV, ii, 15, 12 janvier 1763.

Le régent de l'Audience de Caracas touchait 106.000 réaux, les auditeurs et les fiscaux 66.000 (1).

Les auditeurs portaient la toge, la haute collerette (*golilla*), le bonnet carré à six faces et la perruque (*peluca de estilo*). Ils avaient droit de paraître en public avec l'épée et la canne (2).

Les grands collèges des Universités de Valladolid, Alcala et Salamanque étaient les pépinières de la magistrature. D. Luis de Mirabal, élève du grand collège de Cuenca à Salamanque, débuta comme fiscal à la Chancellerie de Valladolid, puis devint auditeur, puis juge *de casa y corte* à Madrid, puis fiscal de Castille, et enfin président de Castille (3). D. Martin Patricio Davila Siguenza y Vargas, ancien élève d'un des grands collèges de Salamanque, fut auditeur à Valladolid, puis membre du Conseil des Ordres (4). D. Diego Adorno Davila, élève du grand collège de Cuenca, fut successivement auditeur à Séville, président de l'Audience des Canaries, puis de celle de Galice, président de la Chancellerie de Valladolid, conseiller et membre de la Chambre de Castille (5).

L'avancement se faisait d'Audience à Audience, ou bien l'on passait à un corrégidorat important, comme celui de Biscaye, ou à la Chambre des juges *de casa y corte*. L'ambition suprême était d'entrer aux grands Conseils de Madrid (6).

Autour des Chancelleries et Audiences pullulaient les gens de justice : greffiers, receveurs, rapporteurs, procureurs, avocats et huissiers.

Dans un pays où la procédure par écrit était de règle générale, les greffiers (*escribanos*) avaient des attributions considérables. On en distinguait quatre sortes : les greffiers *de camara* des Chancelleries et Audiences, attachés aux chambres civiles ; les greffiers criminels (*escribanos del crimen*) ; les greffiers *de hijosdalgo* et les greffiers *de provincia*, attachés

---

(1) *Art de vérifier les dates. Supplément*, t. XII, p. 70.
(2) Bénavides, *Hist. de las Ordenes de caballeria*, t. II, p. 591.
(3) Parada, *Hombres ilustres de Jerez*, p. 291.
(4) Id. ibid. p. 123.
(5) Id. ibid. p. 3.
(6) Coxe, *L'Espagne sous les Bourbons*, t. VI, p. 231.

aux magistrats des Audiences formant le tribunal de province (*juzgado de provincia*). Les greffiers civils, criminels et de hijosdalgo étaient, en principe, nommés par le roi sur la présentation des magistrats des Chancelleries et Audiences. Ils étaient nommés à vie et devaient gérer en personne leur office (1). Mais le roi avait souvent aliéné son droit de nomination, et les greffes appartenaient à des particuliers qui les géraient eux-mêmes ou les donnaient à bail à des tiers, avec l'agrément du roi (2). Les greffiers de province étaient choisis par les alcaldes et confirmés par le régent et les juges de l'Audience (3). Les greffiers avaient la garde des dossiers, tenaient registre des procès et conservaient les minutes des jugements.

Les receveurs (*receptores*) étaient nommés par le roi sur la proposition des Audiences, et après examen préalable (4). Ils étaient chargés des enquêtes ordonnées par la cour, et de certains recouvrements. Un répartiteur, nommé par le président et les auditeurs de l'Audience, leur distribuait les affaires (5). Un receveur ne devait jamais avoir plus d'une affaire en train ; il n'en obtenait une nouvelle qu'après avoir rendu compte de celle qui lui avait été précédemment confiée (6).

Les rapporteurs (*relatores*) étaient nommés par les Chancelleries et Audiences devant lesquelles ils instrumentaient, après avoir subi un examen de capacité. Leurs offices ne pouvaient être vendus par eux, ni par leurs héritiers (7). Leurs fonctions consistaient à lire à la cour les mémoires qu'ils

---

(1) « He resuelto que la Camara me consulte sugetos habiles e idoneos « para servir esta escribania por si mismos; y por punto general quiero que « semejante genero de empleos no se propongan con perpetuidad, o por « juro de heredad, ni por mas tiempo que el de la vida del que se nombre. » — *Real resolucion*, 23 avril 1766.
(2) « Ordenamos que en el juzgado de los alcaldes de los hijosdalgo haya « siempre dos escribanos, losquales sean por Nos puestos, y por las personas « a quien dello hicieremos merced, a los quales mandamos que pongan « personas habiles y suficientes. » — *Nov. Rec.* V, xxvii, 1 (1489-1515).
(3) *Nov. Rec.* V. xxvi, 1.
(4) Id. V, xxiv, 2, et xxviii, 1.
(5) Id. V, xxix, 1.
(6) Id. V, xxviii, 11, 12 et 15.
(7) Id. V, xxiii, 9.

avaient rédigés sur les procès qui leur avaient été confiés par le répartiteur.

Les procureurs (*procuradores*) étaient de véritables agents d'affaires chargés d'initier les plaideurs aux mœurs judiciaires. Ils avaient été jadis extrêmement nombreux, parce qu'on n'exigeait d'eux aucune garantie de capacité. Le Fuéro de Biscaye, rédigé au commencement du seizième siècle, assure que beaucoup de procureurs ne savaient alors ni lire ni écrire (1). On finit par les soumettre à un examen devant le régent de l'Audience, qui avait le droit de leur retirer leur titre s'ils se montraient incapables (2).

Les avocats (*abogados*) avaient été réduits par la loi au rôle d'avocats consultants. On les avait longtemps accusés de mieux connaître le droit romain que le droit national. En 1802, Charles IV voulut les astreindre à huit ans de cours et à deux ans de cléricature chez un avocat (3). Ce système, beaucoup trop sévère, ne fut pas mis en vigueur ; les avocats continuèrent « à rédiger de gros volumes, plus farcis de citations « qu'un sermon de prédicateur du samedi (4) ».

Au-dessous de tous ces gens de justice, les huissiers (*porteros*) et les sergents (*alguaziles*) étaient les commissionnaires de la cour, et prêtaient main-forte à l'exécution de ses arrêts.

La justice n'avait pas très bon renom. On disait volontiers que « la justice et le carême ne sont faits que pour les pe- « tites gens, la canaille et les malheureux ». On estimait que le meilleur moyen de rendre droit un procès boiteux était de contenter le greffier (5). Malgré les tyrannies des gens de chicane, le paysan, le bourgeois et l'hidalgo restaient processifs : « Si les gens de Burgos, disait Larruga, employaient « en créations utiles l'argent qu'ils donnent aux huissiers, il « n'y aurait pas de pays plus prospère en Espagne » (6).

(1) *Fuero de Vizcaya*, VI, 7.
(2) *Nov. Rec.* V, xxxi, 1.
(3) Id. V, xxii, 2 (11 sept. 1802).
(4) Campomanès, *Carta IV*.
(5) Proverbe castillan.
(6) Larruga, *Memorias*, t. XXXVI, p. 228.

Il ne faudrait peut-être pas ajouter une foi absolue à ces échos des rancunes populaires; cependant il devait y avoir de grands abus. Le roi rappelle à chaque instant les magistrats à leur devoir. Il leur défend d'accepter des plaideurs des bijoux, des comestibles ou de l'argent (1). Il défend aux membres des Audiences d'exercer d'autres fonctions que leurs fonctions juridiques. Il défend aux rapporteurs d'être avocats. Il ordonne à tous de venir exactement au Palais, de ne pas imputer le temps de la messe sur celui de l'audience, de ne pas causer avec les plaideurs (2). Il voudrait que la justice fût rendue plus rapidement. Il limite les vacances (3). Il veut qu'à la fin de chaque mois on lui remette un état au vrai des procès jugés et des affaires encore pendantes (4). Il défend d'interrompre le cours de la justice sous prétexte qu'il a demandé un rapport au tribunal sur une question ou sur une affaire particulière (5). Il défend de rédiger les jugements en latin, d'en allonger inutilement le texte par des considérants trop développés (6). Il édicte quelques bonnes lois pour simplifier la procédure, restreindre les appels, châtier promptement les coupables (7).

Toutes ces mesures n'empêchent pas Campomanès de faire un tableau déplorable de la justice espagnole. « L'im« mense juridiction des deux Chancelleries de Grenade et « de Valladolid emporte plus de pertes qu'on ne saurait « dire. En appeler à ces deux tribunaux entraîne des dé« penses intolérables, même pour la plus méchante affaire. « Les innombrables procès qui s'entassent chaque jour né« cessiteraient pour leur prompte expédition vingt chambres « dans chaque Chancellerie, avec un nombre correspondant « de subalternes, et encore subiraient-elles des retards. « L'arbitraire des juges inférieurs dans leurs sentences, et

(1) *Nov. Rec.* IV, II, 9, et XI, 1, 9 (15 mai 1788).
(2) Id. V, XI, 11 (1769).
(3) Id. IV, II, 6, 29 mars 1789.
(4) Id. IV, II, 2, 4 janvier 1729.
(5) Id. IV, II, 5, 1766 et 1770.
(6) Id. XI, XVI, 8, 23 juin 1778.
(7) *Compte rendu de Florida-Blanca*, § 31.

« les chicanes non réprimées des avocats ont mis l'appel à
« la mode ; à peine y a-t-il un petit procès qui se juge dé-
« finitivement en première instance. Les délais que l'on
« remarque dans l'expédition des affaires sont une raison
« de plus pour que ceux qui n'ont point pour eux le bon
« droit portent leur cause en appel, avec l'espoir de terminer
« l'affaire, ce qui est toujours facile à qui a de l'argent. La
« clique des rapporteurs, greffiers, procureurs et agents
« est unie par l'intérêt ; ils se rendent mutuellement ser-
« vice, sans que le magistrat puisse empêcher ces intrigues...
« En trois heures d'audience, tout au plus, tous les jours,
« à peine a-t-on le temps d'examiner une décision émanée
« d'un tribunal étranger. Rabattons encore les jours fériés,
« et voyons s'il est possible soit d'éviter des retards énormes,
« soit de juger une infinité de causes sans l'attention vou-
« lue. Les difficultés de l'appel aux Chancellerie ont fait des
« juges de vrais despotes, surtout pour les petites causes, et
« les pauvres, malgré les lois, gémissent sans la misérable
« consolation de pouvoir élever leurs plaintes là où elles
« seraient entendues. Le juge adroit a peu à craindre. Les
« vols judiciaires sont punis d'une simple amende ; si les
« vols de grand chemin étaient punis de même, personne
« n'oserait sortir de chez soi. Je n'ai jusqu'ici entendu par-
« ler d'aucun juge pendu, ni dire qu'aucun greffier ait eu le
« poing coupé, et j'ai vu beaucoup de juges publiquement
« iniques et beaucoup de greffiers faussaires. Les lois qui se
« sont montrées si sévères avec les voleurs d'argent semblent
« avoir tempéré leurs rigueurs avec les voleurs des droits et
« même de la vie des citoyens » (1).

On n'a qu'à interroger les archives des Audiences pour connaître jusqu'à quel point Campomanès disait vrai.

Les archives de la Chancellerie de Valladolid comprennent dix-huit salles, bordées d'étagères en sapin, remplies de dossiers. Les grandes archives nationales de Simancas ne sont pas trois fois plus vastes. Les dossiers des affaires criminelles ont été détruits en grande partie en 1835 ; ceux qui restent

---

(1) Campomanès, *Carta IV*.

ont trait aux affaires civiles et aux procès en vérification de noblesse. Les affaires plaidées devant le grand-juge de Biscaye occupent une salle entière.

A Pampelune les Archives du Conseil royal de Navarre sont rangées sur des planches qui, mises bout à bout, formeraient une longueur de 3000 mètres.

A Barcelone les greniers de l'Audience regorgent de papiers. Un dossier formidable, roulé dans une peau de mouton, contient plus de 8.000 feuillets et formerait à lui seul une petite bibliothèque. Les affaires les plus modestes emplissent des mémoires de 400 (1), 600 (2) et 650 pages (3).

Les procès s'éternisent et le règlement des frais donne lieu à d'interminables difficultés.

Au mois de juin 1758, un procès en dénonciation de nouvelle œuvre est porté devant le juge ordinaire de Mataro. Par jugement rédigé en latin (4), le lieutenant corrégidor donne gain de cause à la dame Maria Torner, défenderesse, mais dispense de frais le plaignant Jayme Eymerich, pauvre journalier de Mataro. Le 11 août 1758, Eymerich interjette appel à l'Audience de Barcelone, et obtient des lettres d'inhibition, défendant à Maria Torner de rien changer à l'état de choses existant, jusqu'au moment où l'Audience aura statué sur le fond. Ces lettres sont signifiées le 22 août 1758 à Maria Torner. Mais, faute de ressources, Eymerich ne continue pas le procès ; il n'a pour vivre que son travail et la petite vigne qu'il défend contre les empiétements de sa voisine. Au mois d'octobre 1764, Maria Torner, forte du silence d'Eymerich, fait élever un mur entre sa maison et celle d'Eymerich et prétend lui faire payer la moitié des frais du procès de 1758 et la moitié du prix du mur. Eymerich refuse, et Maria Torner fait saisir sa mule (1765). Nouveau procès que la pau-

---

(1) *Archives de l'Audience royale de Barcelone*, Gualsa, A. 1, A, 1. 5. — Les régidors d'Amposta contre les époux Miralles et leur fils. — 1751.

(2) Id. Gualsa, A, 1, A, 1. 5. — Joseph et Pablo Ayra, laboureurs de la Selva del Campo contre Joseph Boques, 1776-1779.

(3) Id. Gualsa, A, 1, A. 1. 5. — Joseph Audivert contre Antoine Audivert, 1759.

(4) « J. M. J. — In causa vertenti in hâc regiâ curiâ inter Jacobum Ey-
« merich laboratorem et Mariam Torner viduam et tutores ».

vreté d'Eymerich l'empêche encore de terminer. L'huissier Gibert, qui a saisi la mule, s'est fait donner à manger à l'auberge ; l'aubergiste, qui a reçu la mule en dépôt, réclame le prix du repas de l'huissier et les frais de nourriture de la bête ; le procureur d'Eymerich combat leurs prétentions, mais fera payer cher ses services, et quoi qu'il arrive, le pauvre homme y laissera la moitié de son bien (1).

En 1778, dans l'église paroissiale d'Azpeytia, un homme tombe à coups de couteau sur deux femmes, dont l'une est tuée et l'autre grièvement blessée. L'alcalde reconnaît que l'accusé est fou. Il décide qu'il sera renfermé à l'asile royal de Saragosse, et il met ses biens sous séquestre pour payer les frais du procès, et les soins donnés à la femme blessée. La chambre criminelle de la Chancellerie de Valladolid confirme le jugement de l'alcalde, mais ne condamne pas l'accusé aux frais. Il faut cependant payer. L'alcalde demande les fonds nécessaires à la Députation de Guipuzcoa, qui refuse de rien fournir. L'alcalde s'adresse à la Junte générale ; la Junte nomme une commission, la commission étudie l'affaire et propose d'admettre la demande de l'alcalde. La Junte générale, tout en acceptant le principe du paiement des frais par la province, demande qu'ils soient taxés en Chancellerie. Il a fallu cinq mois pour en arriver à ce beau résultat, et la commission se félicite de la prompte expédition de l'affaire (2).

Le jugement d'un délit de bestialité, commis le 20 août 1794, n'est prononcé que le 29 février 1796, après les incidents les plus bizarres et les complications les plus inexplicables (3). Le dossier d'un procès criminel intenté à deux contrebandiers de Traspinedo comprend plus de douze cents feuillets. La cause, commencée en 1789, n'était pas encore jugée en 1793. On rencontre parmi les pièces un mémoire en 57 feuillets sur l'endroit où peut bien se trouver un bonnet blanc à liserés bleus appartenant à l'un des accu-

(1) Archives de l'Audience de Barcelone. — Gualsa. — A, 1, A. 1. 5.
(2) Indice general de Guipuzcoa, 1779, p. 81.
(3) Archives générales d'Alcala de Hénarès. — Audiencia de Madrid, Causas celebres, leg. 1.

sés (1). Un vol de papiers aux archives du Conseil d'État occupe les tribunaux de Madrid pendant quatre ans (1802-1806) (2).

Tous ces procès pâlissent devant l'interminable affaire du Vœu de Saint-Jacques (3) qui de 1513 à 1771 occupa les Chancelleries de Grenade et de Valladolid, sans que la question de la légitimité de cet impôt ait pu être tranchée. On le percevait encore plus de soixante ans après le dernier arrêt prononcé (4).

Les Audiences des Indes, moins contrôlées que celles de la Péninsule, offraient encore moins de garanties aux justiciables. La vénalité des charges commençait à s'y introduire. En 1749, D. Diego de Urbea fut nommé membre surnuméraire de l'Audience de Lima, « en récompense de son talent « et du service de 41.400 pesos qu'il avait fait à Sa Majesté ». Les Audiences étaient souvent en lutte avec les vice-rois et les évêques. Il n'y avait sorte d'avanies qu'elles ne leur fissent. Les magistrats réglaient les questions les plus importantes sans la participation du vice-roi. Pour taquiner l'évêque, ils intentaient aux ecclésiastiques de nombreux procès, qu'ils refusaient ensuite d'instruire et de juger. Il y avait parfois guerre intestine entre les magistrats : les femmes des auditeurs refusaient de faire visite à Madame la Présidente. Les rapporteurs empiétaient sur les attributions des receveurs. En 1731 l'Audience de Guatémala fut dissoute par son propre président. Le doyen des auditeurs avait commencé l'étude d'un dossier criminel, le président le réclama, et sur le refus du doyen, il exila le magistrat récalcitrant et confisqua ses biens. Les auditeurs et deux greffiers de camara protestèrent ; le président les exila tous et reconstitua une Audience provisoire avec le fiscal et deux avocats. Il fallut l'intervention personnelle du vice-roi pour mettre fin à ce scandale. Les

---

(1) Id. ibid. leg. 5.
(2) Id. Estado, leg. 2.767.
(3) Impôt de quelques mesures de grain ou de vin pour chaque joug de bœufs, soi-disant établi par le roi D. Ramire après la bataille de Clavijo (846) en faveur des chanoines de S. Jacques.
(4) Ferrer del Rio, *Hist. del reinado de Carlos III*, t. IV, p. 151.

magistrats étaient aussi paresseux que violents. L'Audience de Lima avait six chapelains ; et jamais on n'y disait la messe. A Mexico, les auditeurs se réunissaient en chambre du Conseil au lieu de juger les procès, et racontaient à tout venant tout ce qui s'était passé au Conseil. L'Audience de Panama, supprimée en 1718 et rétablie en 1728, fut de nouveau abolie en 1757, « parce que ses membres, n'ayant rien à faire, « passaient leur temps en disputes et en vains procès » (1).

Deux procès fameux nous donneront une idée de la justice aux Indes.

En 1737 un Français, M. de Séniergues, fut assassiné dans une émeute à Cuenca (Pérou). Le procès qui suivit devant l'Audience de Quito dura trois ans. Le rapport communiqué à M. de la Condamine formait un volume de 1000 pages. Après le départ de M. de la Condamine, les coupables furent condamnés pour la forme à l'amende et au bannissement ; ils firent réviser leur sentence et furent absous (2).

Plus scandaleux encore fut le procès Malherbe. Ancien notaire à Saint-Lô en Normandie, Malherbe était allé au Pérou en 1754 et avait amassé une grande fortune en exploitant quelques mines abandonnées de la province de Chayanta. Les héritiers de son associé Astrueux cherchèrent à le dépouiller. Il gagna sa cause devant l'Audience de Charcas (23 oct. 1778) ; mais ses ennemis refusèrent de lui restituer ses mines, et il mourut en 1779, laissant pour héritière sa fille, restée en Normandie. Le 17 novembre 1780, l'Audience de Charcas déclara la succession Malherbe acquise au roi par droit d'aubaine. Le 16 juillet 1784, Rosalie Malherbe adressa un mémoire justificatif à Charles III et demanda à rentrer en possession au moins d'une partie de l'héritage paternel. Le roi ordonna à l'Audience de Charcas de l'informer, avec toute la promptitude possible, de l'état des mines ayant appartenu au sieur Malherbe. Le 19 pluviôse an XII (9 février 1804), Rosalie Malherbe n'avait encore reçu aucune satisfaction « et « suppliait Sa Majesté Catholique de bien vouloir conver-

(1) *Diccionario de gobierno y legislacion de Yndias*, v° *Audiencias*.
(2) La Condamine, *Mémoires*, p. 86, 128, 134 à 145.

« tir en une indemnité la faveur de l'hérédité à laquelle Sa
« Majesté lui permettait de prendre droit (1) ».

Les magistrats espagnols ne doivent pas être tenus pour
absolument responsables de tous les abus qui viennent d'être
signalés. Ils manquaient d'activité, comme la plupart des
hommes de leurs pays et de leurs temps ; ils manquaient de
décision ; leur éducation universitaire en avait fait des raisonneurs, des logiciens, des casuistes, et non de véritables
magistrats, habiles à démêler le point capital d'une affaire et
prompts à trouver la solution qu'elle comportait en droit
comme en équité. Mais à côté de leurs défauts et des lacunes
de leur esprit, il faut signaler aussi les vices des institutions
qu'ils étaient chargés d'appliquer.

La législation espagnole présentait l'aspect d'un véritable
chaos. Les pays castillans n'obéissaient pas à moins de
onze codes différents (2), sans compter les coutumes particulières, et la masse toujours grossissante des ordonnances royales et des décrets des Conseils.

La Navarre avait son Fuero général et ses Fueros particuliers, sa *Recopilacion*, ses lois votées en Cortès et ses
Ordonnances du Conseil (3).

Les Vascongades avaient leurs privilèges municipaux et
leurs lois générales (4).

La Catalogne, l'Aragon, Valence, les Baléares étaient soumis au droit politique castillan, mais continuaient d'appliquer leurs vieilles lois civiles qui formaient de nombreux
et volumineux répertoires (5).

(1) *Archives des affaires étrangères à Paris*, Espagne, t. 666, f° 45.
(2) Forum Judicum (vii° siècle). — Fuero de los fijosdalgo (1138). —
Fuero viejo (1212).— Fuero real (1251-1255).— Especulo (1256).— Setenario —
Siete partidas (1263-1265). — Ordenamiento de Alcalà (1346-1348). — Orde-
nancias reales (1488).— Leyes de Toro (1505). — Nueva Recopilacion (1567) et
Novisima Recopilacion, à partir de 1805.
(3) Fuero général (1300) — Amejoramientos de 1330 et de 1418 — Fuero
reducido (1525) — Novisima Recopilacion de las leyes de Navarra (1662) —
Quadernos de leyes.
(4) *Alava* : Fueros municipales — *Vizcaya* : Fuero general (1525), Fueros
municipales. — *Guipuzcoa* : Fueros municipales, Fuero general (1397).
(5) *Catalogne* : Usatges (1068). — Fueros municipales. — Costumbres de
Lerida (1229). — Costumbre de Tortosa (1279). — Constituciones. — Capitulos o

Les Indes avaient leur législation particulière (1).

Le jurisconsulte obligé de se diriger dans un pareil dédale avait de grandes chances de s'y perdre, d'autant plus qu'au lieu de prendre franchement le parti de juger en équité plutôt qu'en droit strict, le magistrat perdait son temps à compulser les codes et à essayer d'accorder entre eux des textes inconciliables. La loi navarraise faisait d'ailleurs au juge une obligation absolue de l'interprétation littérale.

A la complication des lois s'ajoutaient d'innombrables privilèges personnels. Les clercs avaient leur loi particulière (*fuero eclesiastico*); les militaires avaient la leur (*fuero militar*). Les artilleurs, les ingénieurs, les miliciens provinciaux, les marins, les étrangers, les employés de la maison du roi, ceux des finances, ceux des postes, jusqu'aux éleveurs de chevaux, avaient leurs juridictions exceptionnelles (2). Les conflits venaient à chaque instant arrêter la marche de la justice.

La procédure en usage semblait faite pour paralyser l'activité des magistrats écrasés sous des montagnes de papier. On s'était défié de l'avocat ; on avait restreint son rôle à de simples explications sur les difficultés de la cause ; on n'avait pas voulu de ces grandes plaidoiries oratoires où la magnificence castillane aurait si bien empli les oreilles de ses sonorités éclatantes, où l'éloquence passionnée aurait arraché les juges à leur impeccable gravité ; on avait tout atténué, tout éteint, tout glacé. Au plaidoyer vivant on avait préféré

---

actos de Corte. — Pragmaticas o privilegios. — Sentencias reales. — Sentencias arbitrarias. — Recopilaciones de 1588-1589 et de 1705.
Aragon : Fuero de Sobrarbe. — Compilacion de Huesca (1247). — Fuero de Ejea (1265). — Privilegio de la Union (1287). — Fuero de Zaragoza (1300). — Cortes de Alagon (1307). — Cortes de Daroca (1311). — Libro X° de la compilacion de Huesca (1340). — Libro XI (1390). — Libro XII (1398-1404). — Novem codices novissimi (1413-1467). — Liber de excelsis. — Observancias. — Observancias de D. Martin Diaz de Aux (1427-28). — Recopilaciones de 1664, 1667.
Valence : Recopilacion de Fueros de 1548. — Privilegios de 1515.
Majorque : Privilegios y buenos usos.
(1) Novisima Recopilacion de leyes de Indias, mandada formar y publicar por la Majestad catolica del rey D. Carlos II, nuestro señor. — Réimpression. Madrid, 1841, 4 vol. in-f°.
(2) Antequera, *Hist. de la legislacion*, p. 352.

la lecture morne et le maussade rabâchage ; et les tribunaux avaient pris, eux aussi, cette physionomie monastique qu'on retrouve partout dans l'ancienne Espagne, et qui la teinte d'un si lourd, d'un si profond ennui. Alors se succédaient devant les juges somnolents les requêtes et les répliques, les procès-verbaux d'assignation, de consignation, d'expertises et d'enquêtes, les mémoires des avocats, les dépositions des témoins, les récits des mille incidents de procédure. Payés à tant la page, avocats, procureurs, rapporteurs et greffiers noyaient les détails intéressants dans les flots de leur prose insipide. Bercé par la voix monotone du lecteur, le juge ne prêtait à la cause qu'une attention distraite et ennuyée, se prononçait sans conviction, ou ajournait sa décision, reculant le plus possible l'instant où il devrait accepter la responsabilité de son vote.

Pour rendre acceptable ce système judiciaire, il eût fallu des rapporteurs habiles à condenser en quelques pages toutes les questions contentieuses d'une affaire, et des magistrats jouissant d'une entière liberté d'esprit. Or, les rapporteurs n'offraient que de médiocres garanties d'intelligence et de capacité ; et le législateur semble s'être ingénié à empiler sur les épaules des juges d'Audience les charges les plus accablantes. Les cas d'appel sont ridiculement multipliés. On peut en appeler à l'Audience sitôt que l'intérêt du procès dépasse 10 livres (1). Une cause jugée une première fois par l'Audience peut repasser jusqu'à trois fois devant elle (2). Toutes les fois que l'affaire est supérieure à 10.000 maravédis (294 réaux 4 maravédis), elle peut être portée aux Chancelleries de Grenade ou de Valladolid. L'Audience de Séville est juge d'appel de l'Audience des Canaries pour tous les procès criminels entraînant la peine capitale, et pour toutes les affaires civiles d'un intérêt supérieur à 300.000 maravédis (8.823 réaux 12 maravédis) (3). Même lorsque les Chancelleries ont prononcé, les parties peuvent appeler au Conseil

---

(1) *Archives de l'Audience de Barcelone*, Gualsa, A. 1, A. 1. 5.
(2) Pi y Arimon, *Barcelona antigua y moderna*, t. I, p. 605.
(3) *Nov. Rec.* V, v, 4.

de Castille pour tout procès d'un intérêt supérieur à 6,000 doubles quand il s'agit d'une question de possession, ou à 3,000 doubles s'il s'agit d'une question de propriété (1).

Les magistrats sont souvent chargés de commissions particulières. Les membres des chambres criminelles opèrent des descentes de justice, reçoivent des informations, interrogent des témoins. Toutes les semaines, les juges criminels inspectent les prisons. La veille de Noël et la veille de Pâques, il y a visite générale des geôles par tous les magistrats de l'Audience (2). En 1769 Charles III divise les villes où résident les Audiences en quartiers, et met à la tête de chaque quartier un alcalde mayor, ou un auditeur civil, ou un juge criminel sous le nom de juge de quartier (*alcalde de quartel*). Chaque quartier est subdivisé en quatre ou huit sections (*barrios*); chaque section a son juge (*alcalde de barrio*), et c'est l'alcalde du quartier qui s'occupe de les faire élire, c'est lui qui contrôle leur administration et qui juge les contraventions relevées par eux. Il exerce encore le rôle de juge de paix dans les contestations entre maîtres et domestiques; il est souvent chargé d'enquêtes confidentielles, et il cumule toutes ces fonctions avec sa charge de juge criminel à l'Audience (3).

Enfin les juges des Audiences participent au gouvernement des villes et des provinces avec les capitaines généraux et les intendants. Ils nomment les fonctionnaires municipaux et les juges locaux dans toutes les localités de juridiction royale; ils jugent les contestations survenues au sujet de l'élection des régidors; ils confirment les juges nommés par les seigneurs, dans les villes de juridiction seigneuriale. Réunis en corps (*real acuerdo*), ils forment le Conseil consultatif du capitaine général.

Aux Indes, les pouvoirs politiques des Audiences sont encore plus étendus. Elles correspondent directement avec la cour, qui leur confie des missions importantes. Elles assis-

---

(1) De Laborde, *Itin. descrip.* t. V, p. 47. — 83.584 et 42.792 réaux.
(2) *Nov. Rec.* XII, xxxix, 5. 15 déc. 1797.
(3) Id. V, xiii, 1, 13 août 1769.

tent, contrôlent et surveillent le vice-roi. Elles nomment les fonctionnaires du rang le plus élevé. En cas de mort du vice-roi, le doyen des auditeurs en exerce les fonctions jusqu'à l'arrivée du nouveau titulaire (1).

Il était impossible que la justice fût bien rendue par des magistrats occupés à tant de besognes diverses. Ces juges « Maitres-Jacques » ne pouvaient apporter qu'une médiocre attention à toutes les affaires qui passaient par leurs mains ; leur justice était lente, chère et insuffisante ; mais il en était et il en est encore de même dans bien d'autres pays.

Charles III avait eu la pensée d'une réforme assez sérieuse. Il voulait diviser le pays en provinces plus petites et plus égales, et mettre une Audience dans chacune d'elles. Il eût voulu établir dans chaque intendance un tribunal intermédiaire entre les corrégidors et les Audiences ; ce tribunal, composé de l'intendant et de deux assesseurs, aurait jugé les appels de peu d'importance, les menus délits et les recours contentieux en matière militaire, de police ou de finances (2). Toutes ces réformes restèrent à l'état de projet. Elles ne répondaient d'ailleurs qu'imparfaitement aux

---

(1) Les Audiences des Indes avaient une compétence universelle. Voici, d'après les registres de l'Audience de Mexico, quelques-unes des affaires les plus intéressantes qui ressortissaient à ce tribunal :

— Récompenses et pensions — nominations aux emplois civils et militaires — confirmations de titulaires de charges vénales — correspondance avec les vice-rois et les visiteurs — redditions de compte des fonctionnaires — bienfaisance — hospices — collèges — correspondance avec les intendants — nomination d'employés de finances — recettes et dépenses des caisses royales de Mexico — douanes — alcabalas — tributs royaux — exploits et résolutions au sujet des tributs des Indiens — mercure — loterie — poudres et salpêtres — mines — tabacs — cartes à jouer — boissons et boissons prohibées — majorats — confiscations — affaires militaires — ordres royaux, mouvements de troupes, fortifications, armement, approvisionnement, faits de guerre. — Marine : escadres de la Nouvelle-Espagne, ports, commerce de mer, consulats. — Affaires ecclésiastiques : impôts dus par l'Eglise, dimes et prébendes, évêchés vacants, séminaires, correspondance avec les évêques, conciles provinciaux, missions, réforme d'ordres religieux. — Correspondance avec le Conseil de ville (*cabildo*) de Mexico : approvisionnements, police, Université, Académie de San Carlos, hôtel des monnaies, etc., etc. — *Archives des Indes à Séville*, Audiencia de Mexico, Indice II.

(2) Ferrer del Rio, *Hist. del reynado de Carlos III*, t. IV, p. 160.

besoins des justiciables. Il eût fallu séparer nettement les fonctions judiciaires des fonctions administratives ; mais le roi, maître absolu de ses juges, n'eût pas accepté un changement qui les eût rendus indépendants. Il faut avouer que le spectacle de ce qui se passait en France entre le roi et le Parlement n'était pas de nature à encourager le roi d'Espagne à créer des Parlements dans ses États.

V. — Les Corrégidors et Alcaldes mayors.

Les provinces d'Espagne et les royaumes des Indes étaient divisés en districts, ayant chacun à leur tête un juge administrateur appelé corrégidor, nommé par le roi et révocable (1).

Le titre de corrégidor était très ancien en Castille. On le trouve mentionné aux Cortès d'Alcala (1348) et de Valladolid (1385) (2) ; mais l'importance des corrégidors date du règne de Ferdinand et d'Isabelle. Les Rois Catholiques envoyèrent en 1480 des corrégidors dans toutes les villes importantes de leurs royaumes, et en firent les agents immédiats du pouvoir royal (3). Réformée en 1648 et en 1783, l'institution du corrégidorat avait atteint à la fin du dix-huitième siècle tout son développement.

On distinguait deux sortes de corrégidors : ceux de cape et d'épée et ceux de robe.

A l'origine, tous les corrégidors avaient été de cape et d'épée et avaient eu le droit de se choisir eux-mêmes un assesseur gradué en droit (*letrado*). Peu à peu le caractère militaire du corrégidorat s'atténua, à mesure que s'affirmait son caractère civil, et les corrégidors de cape et d'épée ne subsistèrent plus que dans dix-sept villes (4). On garda cependant l'habitude de

---

(1) *Guia de forasteros*, 1804.— On comptait à cette époque 104 *corregimientos* en Espagne.
(2) Antequera, *Hist. de la legislacion*, p. 331.
(3) Mariéjol, *L'Espagne sous Ferdinand et Isabelle*, p. 172.
(4) Caceres, Leon, S. Clemente, Tenerife, Canaria, Hellin, Plasencia, Ronda, Alcalá la Real, Antequera, Cordoba, Ecija, Grenada, Murcia, Salamanca, Truxillo, Jerez de la Frontera. — Escolano, *Pratica del Consejo*, t. I, p. 564.

faire passer à la Chambre de Castille, par l'intermédiaire du Conseil de la Guerre, les demandes d'admission aux fonctions de corrégidor.

Les corrégidors de robe (*de letras* ou *togados*) partageaient avec les capitaines généraux et les intendants le gouvernement de la péninsule (1).

On n'exigea d'abord des corrégidors aucun diplôme. Les candidats au corrégidorat devaient faire preuve de noblesse, et rappeler les services rendus à l'Etat par eux ou leurs ancêtres, soit dans la carrière des armes, soit dans les administrations publiques. On les nommait après enquête « *de vita et moribus* » conduite par l'alcalde du lieu de leur résidence (2).

Charles III institua un examen à l'entrée du corrégidorat. Les candidats durent fournir la preuve de six ans d'études et de quatre ans de pratique, et présenter une dissertation sur un chapitre de l'ordonnance générale des corrégidors. A leur sortie de charge, ils étaient soumis à reddition de comptes (*juicio de residencia*) (3).

La plupart de ces formalités restèrent illusoires, Charles IV les supprima (4) ; la porte n'en fut que plus grande ouverte à l'intrigue et à la faveur. En 1804, il fallut rétablir la reddition de comptes, supprimée en 1799 (5).

(1) *Corrégidorats de début.* — Agreda, Albacete, Alhama, Aranda de Duero, Atienza, Becerril de Campos, Betanzos, Calahorra, Chinchilla, Estepona, Gibraltar, Illescas, Madrigal, Mancha real, Marbella, Merindades de Castilla-la-Vieja, Olmedo, Orense, Ponferrada, Quatro-Villas de la Hoya de Malaga, Requena, Sahagun, Santo Domingo de la Calzada, Sisante y Vara de Rey, Tarrazona y Madrigueros y el Quintanar del Rey, Utiel, Vivero. — *Corrégidorats d'avancement.* Alcaraz, Alfaro, Alpujarras, Baeza, Baza, Bujalance, Carrion, Ciudad Real, Coruña, Guadix, Huete, Iniesta y Villanueva de la Jara, Linares, Logroño, Medina del Campo, Molina de Aragon, Pedroches de Cordoba, Reynosa, Segobia, Soria, Tordesillas, Velez-Malaga, Villena. — *Corrégidorats de fin de carrière :* Andujar, Arevalo, Avila, Carmona, Cuenca, Jaen, Loja, Lorca, Lucena, Guipuzcoa, Vizcaya, Toledo, Toro, Ubeda. — Escolano, *Pratica del Consejo*, t. I, p. 570.
La *Guia de forasteros* de 1804 compte 104 corrégidorats.
(2) Embun, *Notas y Apuntes*, v° *Corregidores*.
(3) *Nov. Rec.* VII, xı, 29 (note 10).
(4) Id. VII, xı, 30. — 7 nov. 1799.
(5) Id. VII, xıı, 17 — 18 déc. 1804.

Les corrégidorats étaient divisés en trois classes (*de entrada, de ascenso, de termino*). Les corrégidors de la première classe touchaient jusqu'à 11.000 réaux, ceux de la seconde classe jusqu'à 22.000 réaux, ceux de la troisième plus de 22.000 réaux. Le plus riche était celui de Tolède qui recevait 29.400 réaux. Mais entre le traitement légal d'un corrégidor et la somme qu'il touchait effectivement il y avait une différence qui pouvait aller à 10 ou 15.000 réaux. Les corrégidors étaient payés sur certains revenus municipaux et touchaient certains droits sur les procès (*poyo o juzgado*) ; si ces droits n'atteignaient pas le chiffre du traitement légal, le roi devait, en principe, fournir le surplus ; or il négligeait souvent de le faire, et, à l'exception de quelques privilégiés, la plupart des corrégidors attendaient pendant de longues années l'effet de la bienveillance royale (1). A partir de 1783, les corrégidors ne furent plus nommés que pour une période de six ans. Ils pouvaient être révoqués par le roi ; mais aucun magistrat n'avait le droit de les décréter d'arrestation sans l'autorisation royale. Au bout de six ans, le corrégidor rendait ses comptes devant un juge nommé par la chambre de gouvernement du Conseil de Castille. Le juge devait établir clairement les résultats de la gestion du corrégidor ; mais il lui était interdit de le présenter comme un bon ou un mauvais magistrat, parce que l'expression de « bon et fidèle serviteur du roi » était devenue une clause de style, que tous les juges réviseurs faisaient figurer dans leurs jugements (2). Aussitôt après l'approbation de son compte, le corrégidor était pourvu d'un nouvel emploi, de même classe, ou d'une classe supérieure, suivant ses mérites. Il pouvait être changé pendant la période de six ans pour laquelle il avait été nommé ; mais il ne pouvait passer d'une classe à l'autre sans compter au moins six ans de grade dans la classe inférieure (3).

Les corrégidors étaient, en général, étrangers au pays

---

(1) Escolano, *Pratica del Consejo*.
(2) *Instruccion de corregidores* (15 mai 1788), § 12.
(3) *Nov. Rec.*, VII, xi, 30.

qu'ils devaient administrer. Il leur était interdit d'y acquérir des biens-fonds, soit directement, soit par l'intermédiaire de tierces personnes (1). Cependant le roi avait cherché à profiter de l'expérience acquise par ses corrégidors, et recommandait de ne pas leur imposer de déplacements inutiles, mais de les maintenir autant que possible dans la région dont ils connaissaient déjà les ressources et les usages.

Les corrégidors avaient le double caractère de gouverneurs politiques et de juges ; mais la force des choses finit par marquer une division entre les fonctions administratives et les fonctions judiciaires des corrégidors des plus grandes villes. Le roi leur adjoignit un ou plusieurs alcaldes mayors qui rendirent en leur nom, et comme leurs lieutenants, la justice civile et criminelle (2). C'était un premier pas dans la voie de la séparation des pouvoirs ; mais la mesure était incomplète, puisque le magistrat judiciaire restait subordonné au fonctionnaire politique, et que les corrégidors de robe restèrent toujours chargés de la justice et de l'administration. On comptait en Espagne, en 1804, cent quatre-vingt-treize alcaldes mayors (3).

Les alcaldes mayors étaient, comme les corrégidors, divisés en trois classes. L'avancement était réglé pour eux comme pour les corrégidors. Quoiqu'ils eussent le même traitement que les corrégidors, ils croyaient avancer en obtenant un corrégidorat (4).

Dans les terres seigneuriales, le roi s'était réservé un droit de contrôle sur la nomination des alcaldes mayors. Les seigneurs ne pouvaient en établir que dans les bourgs de plus de 300 feux ; ils devaient les choisir parmi les avocats des Conseils royaux, des Chancelleries et des Audiences. Il leur était interdit de nommer leurs domestiques à ces emplois.

(1) *Nov. Rec.* VII, xi, 27 (6 mai 1785. — 15 mai 1788).
(2) Antequera, *Hist. de la legislacion*, p. 350. — Pi y Arimon, *Barcelona antigua y moderna*, t. I, p. 181.
(3) *Guia de forasteros*, 1804.
(4) Le corrégidor de Guipuzcoa en 1779 avait été successivement alcalde mayor à Palencia, Salamanque, Teruel et Malaga, puis corrégidor à Orense, Villena, Andujar, Lorca et Arevalo, enfin auditeur à la Chancellerie de Grenade. — *Junta general de Guipuzcoa*, 1779, f° 51.

Ils ne pouvaient dispenser leurs alcaldes de rendre leurs comptes et devaient leur assurer un traitement minimum de 5.500 réaux par an (1).

Il est à peu près impossible de se faire une idée nette des fonctions d'un corrégidor. Saint-Simon dit qu'il répond à notre intendant, à notre commandant militaire, à nos lieutenants civils, criminels et de police, et à notre prévôt des marchands. Le corrégidor est en effet tout cela, mais il est plus encore, c'est un agent universel, un homme à tout faire ; ses forces seules limitent ses pouvoirs. Il est inspecteur royal et doit visiter au moins une fois en six ans les villes et villages de son *partido*, et faire rétablir les bornes déplacées, afin que l'on n'empiète point sur son territoire. Il est le défenseur naturel des droits régaliens à l'encontre des gens d'Eglise ; il veille au maintien des privilèges ecclésiastiques ; mais il empêche les clercs de se faire illégalement exempter d'impôts ; à la mort des évêques, il met les scellés sur leurs effets et recueille leur dépouille. Il a la police générale de sa circonscription, il fait exécuter les lois et pragmatiques royales ; il veille à la sûreté des voyageurs, il réglemente la chasse et la pêche, fait observer les ordonnances relatives au costume des hommes et des femmes ; il lève les milices, il fait conduire à destination les forçats et les galériens. Il est agent de finances ; il veille à la parfaite légalité et à l'égale répartition de l'impôt ; il contrôle les actes des collecteurs, il empêche la sortie de l'or et de l'argent hors d'Espagne, il exécute les décrets de la Chambre des comptes, dénonce les fraudes commises au préjudice de l'administration des tabacs, fait percevoir les droits de *media anata* sur les traitements des fonctionnaires, favorise la vente du papier timbré, touche pour le roi 14 0/0 des revenus municipaux, recueille le produit des amendes, et verse à la fin de l'année tout ce qu'il a encaissé dans la caisse des trésoriers royaux. Comme juge, il connaît en premier ressort des procès criminels avec appel aux Chancelleries et Audiences ; il poursuit le châtiment des « péchés publics ». S'il est corré-

---

(1) *Nov. Rec.*, VII, xi, 32. — 20 juin 1802.

gidor de robe, il juge les procès civils ; s'il est corrégidor de cape et d'épée, ses lieutenants les jugent pour lui. Il est le représentant des intérêts économiques de son district ; il fait remplir les greniers d'abondance, il encourage l'élevage des chevaux, fait observer les ordonnances sur le reboisement des montagnes et l'irrigation des terres. On lui demande chaque année une liste de toutes les condamnations pécuniaires prononcées par les juges de son district ; tous les six mois, il adresse au roi un rapport sur la conduite des autorités ecclésiastiques ; chaque année il dresse un état récapitulatif du rendement des impôts et un rapport statistique sur l'étendue et la valeur des terres cultivées. Toutes les fois qu'un grand ou un titré de Castille vient à mourir dans les limites de son district, il en avertit la cour et l'informe de l'importance de sa succession (1).

Les corrégidors étaient très craints et respectés. Comme insigne de leur pouvoir, ils portaient une baguette blanche et souple (*la vara*), marquée d'une croix à l'une de ses extrémités ; s'ils désignaient quelque personne du bout de leur baguette, elle devait les suivre sous peine de se rendre coupable de rébellion et d'être punie du fouet ou du bannissement, suivant qu'elle était de condition roturière ou noble. La *vara* du magistrat espagnol était plus respectée que les hallebardes et les mousquets des archers de France (2). Il y avait des corrégidors populaires, comme D. José Antonio de Armona, dont la maladie mit tout Madrid en émoi et en prières (3). En général, le peuple les accusait d'avidité. Ils percevaient des droits sur les actes de procédure et sur les jugements : ces sortes d'épices les rendaient suspects aux justiciables. Le roi avait beau leur défendre d'habiter avec les seigneurs et les gens puissants, d'accepter des cadeaux, d'en laisser accepter par leurs femmes ou leurs domestiques : le peuple s'obstinait à les soupçonner, et dans les provinces basques l'impopularité des corrégidors s'affirma plus d'une

---

(1) *Nov. Rec.*, VII, xi, 23. — 1648, 1711, 1719.
(2) Séjournant, *Dictionnaire espagnol-français*, v° Vara.
(3) Ferrer del Rio, *Hist. del reynado de Carlos III°*, t. VI, p. 88.

fois par des mesures législatives prises par les Juntes. En 1754, la province de Guipuzcoa supprima le droit de 10 0/0 que percevait le corrégidor sur les procès, et se chargea de payer son traitement (1). En Biscaye, le corrégidor payait les frais de l'appel quand ses jugements n'étaient pas confirmés par le Grand-Juge de Biscaye, siégeant en la Chancellerie de Valladolid (2).

Aux Indes, l'impopularité des corrégidors était générale parce qu'on avait eu l'imprudence d'en faire des courtiers de commerce. Nommés par les vice-rois pour une période de trois ans s'ils étaient créoles, et de cinq ans s'ils étaient espagnols, ils étaient autorisés à prendre une pacotille d'objets d'usage courant, et à les vendre aux Indiens, moyennant un bénéfice fixé à 33 0/0. La loi leur défendait de renouveler leurs marchandises ; mais, en fait, les corrégidors tenaient boutique pendant toute la durée de leur charge, fixaient arbitrairement le taux de leurs bénéfices, et, non contents de duper leurs naïfs clients, les forçaient souvent à acheter des marchandises avariées ou des bagatelles inutiles, comme des rasoirs, des lunettes et des bas de soie (3).

Les vice-rois reconnaissaient qu'il y avait là un gros abus, mais ne voyaient pas le moyen de le supprimer (4) ; et cependant il eût été bon d'y remédier dans l'intérêt des Indiens et des corrégidors eux-mêmes.

L'Indien, écrasé de dettes, finissait par tomber en servitude légale, et par devenir l'esclave du corrégidor. Pour le protéger, Charles III eut la singulière idée de lui défendre de s'obliger au delà de cinq piastres. Le malheureux ne put plus rien acheter à crédit, et sa condition devint pire. La

---

(1) Marichalar y Manrique, *Hist. de la legislacion*, p. 381.
(2) Artiñano, *El señorio de Vizcaya*, p. 290.
(3) Ferrer del Rio, *Hist. del reynado de Carlos III*, t. III, p. 460. — Antequera, *Hist. de la legislacion*, p. 486. — Lacroix, *Le Pérou*, p. 477.

(4) Azanza était contraire à la prohibition absolue de commercer faite aux corrégidors et subdélégués. Il constatait d'autre part qu'il y avait de grands abus, mais disait que les subdélégués ne pouvaient plus subsister dans l'état où ils étaient réduits, et que ni les intendants, ni le vice-roi ne pouvaient leur venir en aide. — *Archives des Indes à Séville*. Instruction d'Azanza. Est. 88, caja 5. leg. 13.

rapacité et les voleries des corrégidors ont peut-être été une des causes les plus puissantes du soulèvement des colonies espagnoles. « Ces gens-là, disait le général D. Josef del « Valle, permettraient plutôt la défaite et la perte d'une « armée du roi que de lâcher un homme qui leur devrait six « aunes de molleton (1). »

La loi n'était guère moins funeste au magistrat qu'à ses subordonnés. L'Espagnol qui sollicitait un corrégidorat aux Indes savait qu'il allait occuper un poste dangereux, au milieu de populations inconnues et forcément hostiles ; s'il partait, c'est qu'il avait l'espérance de disposer d'un pouvoir exorbitant, et de réaliser, grâce à lui, des profits extraordinaires. Il n'était pas encore entré en fonctions qu'il était déjà corrompu ; la loi était coquine pour tout le monde, et chacun faisait ses affaires, sans inquiéter son voisin. Mais les Indiens pouvaient se lasser, réclamer et se faire entendre, un intendant nouvellement débarqué, un visiteur plus zélé que les autres pouvaient dénoncer les abus, un magistrat pouvait se faire des ennemis, et le vice-roi pouvait faire un exemple et révoquer un corrégidor, ni plus ni moins coupable, mais moins adroit que ses collègues. Et alors commençait pour le fonctionnaire disgracié une lamentable odyssée. Il était renvoyé en Europe avec un rapport accablant. S'il demandait justice, on lui répondait qu'il n'était pas accusé. S'il redemandait sa place, on lui opposait le rapport du vice-roi. S'il était riche, s'il pouvait passer plusieurs années à Madrid et se créer des protecteurs au Conseil des Indes, ses comptes finissaient par être apurés ; il était recommandé à la clémence du roi, et pourvu d'un nouveau poste en Espagne ou aux Indes (2). Mais si la patience lui manquait, si l'argent lui faisait défaut, il mourait avant d'avoir vu commencer son procès. On citait des procès de ce genre qui avaient duré dix-sept ans.

(1) Ferrer del Rio, *op. cit.*, t. III, p. 152.
(2) *Archives des Indes à Séville*. Est. 97, caja 5, leg. 19.
  Id.   Est. 97, caja 5, leg. 16.

CHAPITRE IV.

L'ADMINISTRATION MUNICIPALE.

I. — Histoire du régime municipal.

Le régime municipal n'a peut-être reçu en aucun pays un développement plus considérable que dans l'Espagne du moyen âge. Pressés de remplacer par des colons chrétiens les habitants musulmans des pays conquis, les rois offraient aux nouveaux venus les chartes les plus libérales. On tirerait des *cartas-pueblas* espagnoles un code très complet de l'autonomie communale.

Seules les villes munies d'une charte royale avaient droit à un gouvernement particulier (1).

Les plus importantes portaient le titre de cité (*ciudad*) et étendaient leur juridiction sur un vaste territoire. C'était l'ancienne *civitas* romaine, avec son *pagus* bien délimité, ses bourgs, ses villages, ses hameaux mouvants de la métropole. Les localités moins peuplées étaient appelées villes (*villas*), et souvent leur juridiction était restreinte à leurs murailles. Quelques-unes de ces villes finirent par devenir plus considérables que bien des cités. Valladolid et Madrid n'étaient que des villes, et étaient cependant représentées aux Cortès comme des cités.

La puissance des communes était vue avec jalousie par les nobles et par le roi. Dans un grand nombre de villes, les nobles réussirent à s'infiltrer dans le gouvernement muni-

---

(1) « Villas de por si, y sobre si, con jurisdiccion civil y criminal y mero y misto imperio. » Muñiz de Tejada, *Memoria sobre la organizacion de distritos municipales de la provincia de Guadalajara*, p. 8.

cipal ; ils apportèrent avec eux leur orgueil intraitable, leur inexpérience des affaires, leur dédain des intérêts populaires ; une fois qu'on les eut laissés entrer, il fut impossible de les faire sortir. Troublées par les querelles des factions, les villes finirent par invoquer le secours du roi, qui mit tous les partis d'accord en confisquant la liberté (1).

Le procédé royal fut extrêmement simple. Il consista à morceler le territoire des grandes cités, à émietter la puissance communale, et à supprimer l'élection en rendant perpétuels les offices municipaux. Au lieu des grandes cités libres du moyen âge, on eut des milliers de petites villes impuissantes, gouvernées par des coteries héréditaires.

Cyniquement Charles-Quint formule la théorie de l'expropriation des cités. Après avoir rappelé les grandes dépenses qu'il est obligé de faire, l'empereur déclare qu'il n'y peut suffire et qu'il lui faut trouver de nouveaux revenus. — « Les
« conseils et les habitants de certains bourgs (*lugares*) de ces
« royaumes lui ont remontré que puisque toutes les juridic-
« tions civiles et criminelles de toutes les cités, villes et bourgs
« desdits royaumes appartiennent au susdit seigneur Empe-
« reur et Roi D. Carlos et dépendent de sa royale préémi-
« nence, il peut bien en disposer à sa volonté, exempter et
« séparer les bourgs de la juridiction des cités et villes aux-
« quelles ils appartenaient, et les ériger en villes autonomes
« (*de por si*) en leur donnant un territoire et une juridiction.
« Chacune de ces villes paiera une certaine quantité de mara-
« védis pour subvenir aux susdites dépenses et nécessités (2). »
Charmé d'avoir découvert ce moyen de battre monnaie, Charles-Quint accorda un grand nombre de privilèges (*villazgos*) à des bourgs plus ou moins importants. Malgré les réclamations des Cortès (3), ses successeurs continuèrent son œuvre, et ce fut pendant deux siècles un marchandage incessant entre les villes et le roi. Les villes d'ancienne création

---

(1) Mariéjol, *L'Espagne sous Ferdinand et Isabelle*, p. 306.
(2) 22 oct. 1537. — C. Martinez, *Noticias para la hist. de Baeza*, p. 138.
(3) Les Cortès de 1650 ne votèrent les *millones* qu'à la condition que jamais ni villes, ni bourgs, ni villages ne seraient détachés du chef-lieu de leur juridiction. Muñiz, *Memoria*, p. 8.

offraient de l'argent au roi pour ne rien perdre de l'étendue de leur juridiction. Les villes qui désiraient s'émanciper offraient de payer leur charte d'affranchissement. A chaque changement de règne les privilèges étaient remis en question; il fallait de nouveau financer ; les villes s'obéraient de plus en plus et finissaient par se ruiner.

Tout en vendant des privilèges aux villes, le roi ne cessait pas d'en vendre aux particuliers. Dès 1346 Alphonse XI avait établi à Madrid « douze régidors qui devaient rester en fonctions « aussi longtemps qu'il lui plairait (1) ». Les Rois Catholiques établirent des corrégidors dans toutes les villes, et supprimèrent les élections partout où ils purent ; leurs successeurs vendirent les offices municipaux ; il n'y eut bientôt plus un noble castillan qui ne fût régidor perpétuel d'une ou deux villes (2). Dans beaucoup de villes, les nobles seuls pouvaient remplir les charges municipales : on appelait ces villes *ciudades de estatuto* (3).

La perpétuité des offices entraînait les plus graves inconvénients. Il y avait d'incessantes contestations entre l'autorité royale et les régidors au sujet de la validité de leurs titres. Des offices municipaux tombaient par héritage dans les mains de femmes ou d'enfants. La loi décidait que le mineur serait représenté par un substitut choisi par ses tuteurs ; le mineur âgé de dix-huit ans pouvait siéger en personne ; la femme majeure de vingt-cinq ans choisissait elle-même son représentant (4). Mais il était de règle que personne ne siégeât dans un ayuntamiento sans avoir été agréé par la Chambre de Castille ; la confirmation de la Chambre se faisait attendre ; un corps municipal était rarement au complet (5). Des offices

---

(1) Mariéjol, *L'Espagne sous Ferdinand et Isabelle*, p. 307.

(2) Le marquis de las Amarillas, gouverneur de Barcelone en 1793, s'intitulait : « Régidor perpétuel des cités de Ronda et de Marbella, administrateur « dans la seconde, et alferez-mayor de la ville de Villamartin ». *Diario de Barcelona*, 16 mars 1793.

(3) Embun, *Notas y apuntes*, v° Ciudades de estatuto.

(4) *Nov. Rec.*, VII, vIII, 12. — 18 déc. 1801.

(5) — VII, vI, 10, note 5. — A Almazarron, en 1790, il manquait dix régidors sur dix-huit, la Chambre de Castille refusant de confirmer les titres des autres, pour cause de parenté.

de régidor perpétuel pouvaient être mis sous séquestre et affermés par ordre de justice : c'était une nouvelle source de procès (1). Beaucoup de régidors perpétuels ne résidaient pas dans la ville qu'ils devaient gouverner; ils étaient officiers des armées de terre et de mer, ou fonctionnaires royaux ; le roi leur permettait cependant de participer à tous les profits de leurs charges, comme s'ils eussent été présents (2). Lorsqu'ils assistaient par hasard à une séance de l'ayuntamiento, ils pouvaient y paraître en uniforme et avec leur canne de commandement (3). Il en résultait des jalousies et des rivalités qui venaient encore entraver la bonne expédition des affaires.

Les inconvénients de ce régime étaient parfaitement connus des ministres. Jovellanos ne craignait pas de dire « qu'un « jour viendrait où la nation régulariserait l'élection de ses « députés » ; mais, trop respectueux des droits acquis pour accepter l'idée d'une spoliation violente, il ajoutait qu'on ne pouvait songer à dépouiller les régidors « d'une possession « acquise et conservée en vertu de titres respectables et « reconnus comme légitimes, et qu'ils devaient les garder « aussi longtemps qu'ils ne seraient pas remboursés de leurs « capitaux (4) ». Campomanès se prononçait aussi pour le rachat des offices aliénés (5) ; la pénurie du Trésor rendait le remède inapplicable.

L'hérédité des offices municipaux faisait la règle en Castille ; cependant la règle n'était pas sans exception. Faute de pouvoir retrouver leur titre, certains propriétaires perdaient leur droit. Certains offices n'étaient transmissibles que par renonciation ; si le titulaire mourait sans avoir fait cette renonciation dans les délais légaux, l'office faisait retour à la couronne (6). Les alcaldes n'étaient pas héréditaires comme les régidors ; leur mode de nomination était

(1) *Nov. Rec.*, VII, vi, 10 (1783).
(2) Id. VII, ii, 11 (1775).
(3) Id. VII, ii, 12 et 13 (1797 et 1799).
(4) Jovellanos, *Consulta*, f° 3.
(5) Coxe, *L'Espagne sous les Bourbons*, t. VI, p. 87.
(6) *Nov. Rec.*, VII, viii, 12 (18 déc. 1804).

extrêmement variable. Ils étaient élus par les ayuntamientos, ou nommés par le roi, ou par ses officiers (1), ou dans les terres féodales par les seigneurs justiciers (2), ou dans les terres d'Église par les seigneurs ecclésiastiques (3).

Dans les pays de la couronne d'Aragon, le roi avait profité des troubles de la guerre de succession pour fortifier sa prérogative. Il n'y avait point dans ces pays de régidorats perpétuels ; le roi nommait directement les régidors des grandes villes et ne leur concédait qu'un titre viager ; les localités moins importantes proposaient leurs candidats aux corrégidors, et les Audiences confirmaient les choix faits par ces derniers (4). Elles exerçaient même un droit de contrôle sur la désignation des autorités locales en terres féodales ou ecclésiastiques (5).

Dans les pays fuéristes, les libertés municipales s'étaient maintenues intactes ; les offices n'étaient nulle part héréditaires. En Alava, les communes rurales se gouvernaient directement par l'ensemble de tous ceux de leurs habitants qui réunissaient certaines conditions et que l'on appelait *vecinos* (6). Réunis en Conseil (*Concejo*), les vecinos nommaient un maire (*fiel* ou *regidor*), faisaient les ordonnances, payaient le magister, le médecin et toutes les dépenses publiques. Plusieurs conseils se syndiquaient pour former des sociétés de secours mutuel, ou des assurances contre les dangers qui menacent les troupeaux ; ils avaient des caisses de secours (*arcas de misericordia*) pour fournir du blé de semence aux agriculteurs pauvres. Plusieurs concejos formaient une municipalité (*ayuntamiento*), présidée par un alcalde ordinaire, et composée d'un certain nombre de régidors ; mais les ordon-

---

(1) Larruga, *Memorias politicas y economicas*, t. XXVI, p. 227.
(2) *Nov. Rec.*, VII, iv, 15 (16 déc. 1791).
( ) Id. VII, iv, 16 (13 février 1772).
(4) Id. VII, iv, 13 (28 fév. 1710).
(5) *Archives de l'Audience de Barcelone*, Nombramientos, 1791. — Registro.
(6) Les habitants qui ne réunissaient pas les conditions nécessaires pour jouir de la *vecindad* étaient désignés sous le nom de *moradores*.

nances municipales et le budget devaient être votés par l'ensemble des *vecinos* ou au moins par leurs représentants.

Le mode de nomination des officiers municipaux était extrêmement varié. Ils étaient parfois nommés au suffrage universel; parfois on les tirait au sort, ou bien on proposait trois noms pour chaque place à la Députation de la province, ou bien les magistrats sortants désignaient eux-mêmes leurs successeurs (1). Le procédé le plus employé dans les pays de fuero était l'*insaculacion*. Voici comment il fonctionnait à Vitoria en 1783. Le corps de ville se réunissait le 1er janvier de chaque année à l'église de Saint-Michel Archange et y entendait la messe. Après l'office, le greffier de l'Ayuntamiento remettait à l'alcalde les pièces relatives à la dernière élection et les brûlait séance tenante, puis il écrivait sur six billets les noms de l'alcalde, du procureur syndic, des deux députés habilités et des deux régidors. Les bulletins étaient mis dans une urne d'argent; un jeune enfant (*de tierna edad*) en tirait quatre, et les personnes dont les noms étaient inscrits sur ces quatre bulletins étaient proclamés électeurs. Ils passaient à l'autel, juraient sur l'Evangile de voter en conscience et mettaient quatre bulletins dans l'urne; l'enfant tirait de nouveau : le premier nom sorti était celui du premier alcalde ordinaire. Les électeurs remettaient quatre bulletins dans l'urne et l'enfant tirait un nom; c'était le second Alcalde. Les électeurs remettaient huit bulletins dans l'urne, l'enfant tirait deux noms: c'étaient les deux régidors. Le procureur syndic était tiré au sort sur quatre noms, les deux alcaldes de hermandad sur huit, les dix députés de l'ayuntamiento sur vingt. L'élection terminée, tous les bulletins étaient cachetés et remis au greffier, puis la nouvelle municipalité se rendait en procession à l'hôtel de ville (2). Cette complication, un peu puérile en la forme, avait l'avantage de prévenir les brigues, le nom des élus restant le jouet du hasard jusqu'à la dernière minute. Les fuéristes attachaient la plus grande importance à l'obser-

(1) Bengoa, *El libro de Alava*, p. 257-261.
(2) *Archives municipales de Vitoria*, Registro de actas, 1793.

vation minutieuse de toutes les formalités de l'*insaculacion*.

Ils paraissent avoir moins tenu à garder leurs conseils ruraux, composés de l'universalité des habitants. A la fin du dix-huitième siècle, les députés aux Cortès de Navarre firent observer au vice-roi qu'il y avait souvent des troubles dans les villages ; que l'assemblée générale manquait de respect à l'ayuntamiento ; que la majorité « formée d'ordinaire « par la populace l'emportait et laissait sans effet les déci- « sions des gens les plus instruits ». A ces assemblées générales où figuraient « des gens de la dernière classe », à ces cohues populaires où les gens de bien étaient exposés à recevoir les avanies les plus désagréables, un certain nombre de villes navarraises avaient substitué de véritables conseils de ville formés de vingt régidors (1). Les Cortès de Navarre érigèrent cette coutume en loi générale, et remplacèrent les assemblées démocratiques par un conseil de 20 personnes (*veintena*) dans tous les bourgs de plus de 100 *vecinos* (2).

Ainsi, tandis que les conseils nobles et héréditaires des Castilles étaient attaqués par les économistes et les politiques, qui prônaient le retour aux conseils électifs, les assemblées démocratiques de la Navarre cédaient la place à des conseils électifs. Une sorte de tendance à l'unité semble donc se manifester dans les institutions municipales. Le roi eût désiré l'unification, mais ses vœux restèrent presque sans effet jusqu'à la fin de l'ancien régime.

II. — Les Ayuntamientos.

L'organisation des municipalités présentait en Espagne une incroyable diversité. Il n'y avait pas deux villes un peu considérables qui eussent le même gouvernement. Valladolid avait 33 régidors, Tolède 36 régidors et 54 jurats, Léon

---

(1) Valtierra et Cintruenigo (1724). — Miranda et Arguedas (1713). — Mendigorria, Caparroso, Mañeru (1757). — Urroz (1766). — Villafranca, Milagro, Ujué, Lerin, Sada et Ablitas (1780-81).

(2) *Archives de Navarre*. Quadernos de leyes (1794), p. 151.

un corrégidor, 25 régidors et jurats, Badajoz un gouverneur des armes et 36 régidors et jurats, Mérida un corrégidor et 24 régidors perpétuels. Séville avait 24 régidors et 24 jurats; son ayuntamiento était présidé par l'assistant ou intendant d'Andalousie ; elle avait le duc d'Alcala pour alguacil-major et le duc de Cabrera pour alférez-major. Le chiffre de 24 régidors se retrouve assez fréquemment en Andalousie, et l'on avait même fini par donner aux ayuntamientos le nom de conseils des vingt-quatre (*veintiquatrias*), mais bien souvent le nombre réglementaire était dépassé ; Jérez avait 48 vingt-quatre (*veintiquatros*), Grenade 55 vingt-quatre et 32 jurats (1).

Comme il serait impossible d'étudier à part l'administration de chaque ville espagnole, choisissons un certain nombre de types qui nous donneront au moins une idée des principales variétés qu'offrait le régime municipal.

Prenons d'abord la vieille ville castillane, la ville historique, fière de son passé et de sa gloire, mais ruinée, dépeuplée, sans commerce, sans industrie, ayant plus d'églises et de couvents que de maisons.

Burgos avait environ 8.000 habitants. Son corps de ville, présidé par un intendant corrégidor et par un alcalde-mayor, comprenait trente-sept régidors et un alguazil-mayor. La ville était divisée en huit quartiers (*colaciones*), placés chacun sous le contrôle de deux procureurs qui veillaient à la bonne conduite des habitants et empêchaient « les gens « inconnus, pernicieux ou suspects » de s'introduire dans la cité. Jusqu'en 1781, le Conseil s'assemblait dans une des tours de la porte Sainte-Marie. La salle était ronde, voûtée en moitié d'orange; l'image du Saint-Esprit était sculptée sur la clef de voûte. En face du siège du seigneur corrégidor s'ouvrait dans la muraille un oratoire fermé d'une grille où l'on disait la messe avant chaque séance. Les murs de la salle étaient ornés de peintures représentant Charles-Quint, Philippe II, le Cid, le comte Fernan-Gonzalez, les deux juges de Castille

---

(1) Estrada, *Poblacion general de España, sus reynos y provincias, ciudades, villas y pueblos.* — Madrid, 1768, 2 vol. in-4°.

Nuño Rosaura et Laïn Calvo, la Justice et la Force. Une inscription latine rappelait les régidors au sentiment du devoir : *Concordia parvae res crescunt, discordia maximae dilabuntur. Non intret affectus, non egrediatur secretum.* C'est dans ce lieu austère que s'assemblaient, le lundi et le jeudi de chaque semaine, les nobles régidors de la cité de Burgos. Leur règlement en 152 articles est un modèle de sapience et de minutie. L'ayuntamiento élit chaque année deux inspecteurs des travaux publics (*caballeros obreros mayores*), des alcaldes des vassaux, un officier du sceau, deux archivistes, des administrateurs de Saint-Julien, des directeurs du reboisement (*hacedores de montes*), des examinateurs des offices, des receveurs généraux, des commissaires des tavernes, des commissaires des fabriques de chandelles, du grenier public, des écoles de filles et de garçons, des enfants trouvés, des alcabalas et sisas, des cartes à jouer, des boucheries, des armes, du chapitre de Saint-Nicolas. Il y a encore un visiteur de Pancorbo, des administrateurs des œuvres pies d'Astudillo et de Quintana Dueñas, des inspecteurs des limites, des administrateurs des rentes, des inspecteurs des vassaux, des directeurs du reboisement pour les montagnes du voisinage immédiat de Burgos. Quatre jurés (*fieles*) gardent les poids et mesures de la ville ; deux grands procureurs assistent, au nom de la cité, à toutes les séances de l'ayuntamiento ; deux juges *de hermandad* jugent les causes criminelles ; deux avocats et deux procureurs des pauvres servent de conseils aux détenus indigents. Tous ces fonctionnaires s'ingénient à se créer des fonctions. Ils ont des réunions administratives (*de gobierno*) et des réunions d'affaires (*de abastos*). Quand une décision est prise, les régidors opposants peuvent inscrire tout au long leur protestation sur les registres de la ville. Il y a des lois qui défendent aux bouchers « de donner tout le « bon aux uns et tout le mauvais aux autres, ou plus d'os « au pauvre qu'au riche, au séculier qu'à l'ecclésiastique ». D'autres lois défendent de mettre de l'huile ou du sable dans la graisse, déterminent l'âge du vin qui doit être bu dans la ville, ordonnent aux cabaretiers de ne pas laisser causer leurs clients, ou d'en référer au magistrat s'ils n'ont pu empêcher le mal (1). Jamais la niaiserie ne s'est faite plus solennelle.

Valladolid est un peu moins ruinée que Burgos. Elle se souvient encore qu'elle a été jadis une ville industrielle. Elle a une vingtaine de mille âmes, une Chancellerie, une Université. Le corps de ville aura une physionomie tant soit peu plus moderne. L'hôtel de ville est un bel édifice, bâti sous Philippe II et qui occupe tout un côté de la Plaza-Mayor (2). La salle des séances est un véritable salon ; mais elle n'a point de cheminée ; l'hiver on brûle des sarments dans un brasier (3). Sept régidors se partagent toutes les fonctions et composent toutes les commissions. Travaux publics et pavage, fontaines, propreté, taureaux, cartes à jouer, les sept régidors s'occupent de tout et suffisent à tout. En 1790, D. Manuel de Colmenares est délégué à la poursuite des procès où la ville est intéressée, soit comme demanderesse, soit comme défenderesse (4) ; il est en même temps contrôleur de l'entrée des vins, membre des commissions des finances, de la Fête-Dieu et des logements, administrateur des enfants de la Doctrine chrétienne et de l'hôpital de Saint-Jean-de-Latran, inspecteur des marchands d'orge, des jardiniers, des chapeliers, des charpentiers, des tailleurs et des tisseurs de lin (5). Voilà assurément un homme occupé. Valladolid est une cité cultivée et amie du progrès. Elle a organisé en 1786 une « Junte royale de police pour l'ornement, la propreté et l'éclairage de la ville ». En 1787 elle institue des Juntes de charité dans chaque quartier et dans chaque paroisse (6). Les services financiers sont réunis dans les mains d'un administrateur des domaines, des octrois et des

---

(1) Larruga, *Memorias*, t. XXVI, p. 264. — Quelques villes de Castille sont encore plus mal gouvernées. A Zamora, les régidors se votent des gratifications de 15 et de 22 doublons à l'occasion de l'avènement de Charles III. Leurs malversations finissent par ruiner la ville, qui ferme ses hôpitaux. Sous Ferdinand VII, la grande affaire des régidors de Zamora sera d'obtenir le droit de porter l'uniforme. — Duro, *Historia de Zamora*, t. III, p. 505.
(2) Il est aujourd'hui démoli.
(3) *Autos acordados de Valladolid*, mss. Janvier 1791.
(4) Pour la seule année 1790, l'agent en Cour, chargé de soutenir à Madrid les intérêts de la ville, toucha 1717 réaux.
(5) *Autos acordados de Valladolid*, mss. Années 1791 et 1793.
(6) Anonyme, *Manual historico de Valladolid*, p. 92.

revenus de la cité (*administrador de los propios, arbitrios y facultades de la ciudad*) qui a sous ses ordres les employés de l'octroi (*ministros del resguardo de las puertas*), et les fermiers des domaines de la ville et des taxes municipales (1). En 1791, les magistrats de Valladolid méritent les félicitations du fiscal de Castille pour avoir exécuté sans délai les travaux nécessaires à la prison de la ville (2).

Madrid avait une organisation tout aristocratique (3). Son ayuntamiento, présidé par un corrégidor, se composait en 1804 de trente-quatre régidors, huit députés du commun, un procureur-syndic, un procureur représentant et deux secrétaires. Un certain nombre de régidors étaient propriétaires de leur office et se succédaient de père en fils avec l'agrément du roi (4). D'autres étaient nommés par le roi (5). D'autres étaient députés à l'ayuntamiento par le Collège des cavaliers hidalgos de Madrid (6). Lorsqu'un nouveau régidor était nommé par le roi, la Chambre de Castille avisait le corrégidor d'avoir à procéder à l'examen des titres de noblesse exigés du candidat par les règlements. Il devait s'assurer si le candidat était une personne de bonnes vie et mœurs, s'il présentait l'habileté et la suffisance requises, s'il n'avait dans l'ayuntamiento ni père, ni fils, ni parent au second degré, s'il ne faisait point le commerce de détail, s'il ne tenait point boutique et s'il n'exerçait pas un métier servile (7). L'enquête était conduite par le corrégidor et par une commission per-

(1) *Autos acordados de Valladolid*, mss. 1791.
(2) Id., mss. Janvier 1791.
(3) *Archives de la ville de Madrid*. Registro de actas, 1804, mss. — Estrada donne 40 régidors.
(4) *Real título dado en San Ildefonso a 17 de este mes de Setiembre de 1804, a favor de D. Julian Clemente y Bengoa, para servir un oficio de rexidor de esta villa que le pertenece, en lugar de D. Josef Clemente y Leoz su padre.*
(5) Nomination par le roi de D. Diego del Rio y Burgos comme régidor de Madrid. La Chambre de Castille avertit le corrégidor d'avoir à procéder à l'enquête d'usage.
(6) Benavides, *Ordenes de Caballeria*, t. II, p. LXI.
(7) D. Diégo del Rio y Burgos faillit ne pas être admis parce qu'il fut prouvé que son père tenait un commerce de voitures et de mules; mais on fit observer que le père de D. Diégo n'exerçait pas son commerce par lui-même, et servilement, et qu'un tel commerce ne pouvait faire obstacle à la noblesse.

manente de deux membres. Sur le rapport de la commission, l'ayuntamiento procédait au vote pour l'admission ou le rejet du candidat. L'ayuntamiento vérifiait de même les preuves de noblesse des personnes qui désiraient s'agréger au Collège des Cavaliers hidalgos de Madrid. Les députés du commun, parmi lesquels on comptait en 1804 le marquis d'Aranda, étaient élus par les électeurs des paroisses, les fondés de pouvoir des cinq corporations majeures, et les inspecteurs des corporations mineures.

Les réunions du conseil de ville étaient extrêmement fréquentes : on en peut noter 79 pour la seule année 1804. Le conseil se partageait, pour l'expédition des affaires, en 14 commissions, dont quelques-unes ne laissent pas d'avoir des attributions assez singulières. Passe pour les commissions des *sermons* et du *Corpus*; mais que dire de celles de la *neige* et de la *cire*, et de la *commission des félicitations et condoléances*, dont les membres allaient visiter les régidors malades et donnaient des nouvelles de leur santé à l'ayuntamiento? Le Conseil gérait les finances municipales, veillait à l'approvisionnement de la ville, à la bonne police des marchés, à l'entretien des fontaines, des hôpitaux et des prisons, délivrait des permissions pour bâtir, organisait des fêtes publiques et consacrait la majeure partie de son temps aux procès de la ville, et aux enquêtes sur la noblesse ou la moralité des candidats à toutes les fonctions qui dépendaient de l'autorité municipale, depuis l'alcalde de hermandad de l'éta ble jusqu'aux courtiers en marchandises. Les régidors madrilènes s'intéressaient plus à leurs affaires personnelles qu'à celles de la ville. Les séances de l'ayuntamiento avaient bien de la peine à réunir la moitié des conseillers : les plus assidus étaient les régidors propriétaires qui touchaient un traitement, et tenaient à participer à tous les avantages de leur charge. La ville de Madrid étendait sa juridiction sur les bourgs de Vicalvaro, Fuencarral, Jetafe, Fuenlabrada, Vallecas, Ambroz, Villaverde, Torrejon de le Calzada, Carabanchel et Las Rozas (1). Elle avait le patronage

(1) Jetafe avait une municipalité élue par *insaculacion* et deux alcaldes,

de 32 églises (1). Elle nommait les alcaldes de hermandad et de Mesta, un alguazil-mayor, un alguazil du tribunal de la ville, des secrétaires, des huissiers, des employés de toutes sortes. Il y avait là pour les régidors mille occasions de profit, mille moyens d'acquérir de l'influence, de placer leurs amis, de se pousser eux-mêmes. Le roi laissait libre carrière aux petits intérêts et aux mesquines vanités; mais il avait peu à peu retiré le gouvernement de la ville à l'ayuntamiento ; les vrais administrateurs de Madrid étaient des fonctionnaires royaux, le gouverneur du Conseil de Castille, les juges *de casa y corte* et les alcaldes *de barrio*.

Dans les pays de la couronne d'Aragon, c'était à des agents royaux, à des régidors directement nommés par le roi que devait appartenir l'administration des villes; mais les mœurs avaient été plus fortes que les lois, et les villes aragonaises avaient, comme les castillanes, leurs régidors héréditaires.

L'impériale Saragosse avait perdu en 1707 ses douze jurats nommés par *insaculacion*. Philippe V les avait remplacés par vingt-quatre régidors et ses successeurs n'avaient pas souffert que le nombre en fût diminué. L'ayuntamiento avait un caractère nettement aristocratique et comptait parmi ses membres en 1789 « l'Excellentissime dame Doña « Maria Angela Marin y Gurrea, et Doña Maria Manuela « Ros y Vidal », preuve évidente qu'il y avait des régidorats héréditaires à Saragosse. Les offices municipaux étaient également héréditaires. Doña Maria Manuela Ros y Vidal et Doña Luisa Vidal étaient propriétaires de deux offices de secrétaires de la cité, Casimira Tolosa possédait en propre un office de massier, trois autres femmes possédaient des

---

l'un pour l'état noble, l'autre pour l'état roturier. — Le 26 mai 1632, Philippe IV conféra à la ville de Baeza un privilège en vertu duquel les nobles seuls pouvaient être élus régidors de son ayuntamiento. Il déclare dans l'acte qu'il ne faisait qu'étendre à Baeza une disposition déjà existante dans un grand nombre de villes de Castille. — C. Martinez, *Noticies para la hist. de Baeza*, p 130.

(1) Chaque année on tirait au sort les noms des régidors qui devaient exercer les droits de patronage au nom de la ville. — Certains patronages étaient réservés aux six régidors les plus anciens. Le doyen de l'ayuntamiento en avait sept pour sa part.

offices de lieutenants d'*almutazaf* (vérificateurs des poids et mesures). Toutes les fonctions municipales étaient rétribuées; le corrégidor, président de l'ayuntamiento, touchait 26.968 réaux 16 maravédis; les deux alcaldes-mayors qui l'assistaient recevaient chacun de la ville 4.492 réaux par an, tous les régidors étaient appointés; l'exécuteur des sentences touchait 2.230 réaux, le chapelain 555 réaux et le médecin de la prison 277 réaux 17 maravédis (1). L'ayuntamiento s'occupait presque exclusivement de la question des vivres. Il y avait une junte des approvisionnements, une junte du charbon, une junte du lard salé, des juntes de la viande, des œufs, des grains, de l'huile; on taxait l'eau et les comestibles ; les boulangers ne pouvaient vendre de pain de qualité inférieure sans la permission du conseil de ville (2). En dehors de ses fonctions de père nourricier de la cité, l'ayuntamiento se signalait surtout par son zèle religieux : il contribuait de ses deniers à la fête de l'Ange Gardien, à la fête de saint Roch au couvent de Saint-Augustin, à la procession de saint Michel, à la procession du Vendredi saint ; il entretenait une lampe à la cathédrale en l'honneur de saint Pierre Arbuès (3). Les enfants de la cathédrale et du Pilar venaient chaque année présenter au conseil la tête de saint Dominguito de Val (4). Après les cérémonies religieuses, c'était le théâtre qui occupait le plus les régidors de Saragosse ; il y avait une junte des comédies, et le *Journal de Saragosse* constate que la troupe était nombreuse et le théâtre bien suivi. La ville était, en somme, administrée avec une certaine timidité, mais avec soin et probité. Les particuliers y montraient quelque initiative. A la fin du dix-huitième siècle, la Société Aragonaise des amis du pays organisa un enseignement scientifique d'un caractère entièrement nouveau, et l'autorité municipale lui accorda son appui (5).

(1) Les chiffres, que nous donnons en réaux, étaient calculés en livres aragonaises de 18 réaux 18 maravédis. — *Archives de Saragosse*. Cuentas, 1789.
(2) *Archives de Saragosse*. Registros generales, 1796.
(3) Premier inquisiteur d'Aragon, tué dans la cathédrale en 1485.
(4) *Archives de Saragosse*. Cuentas, 1789.
(5) D. Clemente Herranz y Lain. *Breve reseña de la organizacion del ayun-*

Barcelone avait été, comme Saragosse, dépouillée de ses antiques privilèges par Philippe V. Elle n'avait plus ni viguier, ni bayle, ni conseillers de la cité, ni Conseil des Cent Jurats. Le roi lui avait donné (13 octobre 1718) un gouverneur militaire et 24 régidors, tous à sa nomination. Les magistrats municipaux avaient vu leurs honneurs bien réduits. Au lieu de la longue toge rouge (*gramalla*), ils ne portaient plus qu'une écharpe de cramoisi aux armes de la ville ; à l'église ils n'avaient plus de chaises, mais un simple banc, plus de coussins, mais un mince tapis. On ne les convoquait plus à son de trompe ou de cloche, mais seulement par ministère d'huissier. L'ayuntamiento avait encore droit au titre d'Excellentissime Seigneur ; mais aucun de ses membres n'avait droit à ce titre en particulier (1). Chaque régidor recevait un traitement annuel de 3.022 réaux 2 maravédis ; mais le conseil n'avait plus à s'occuper que de l'administration ; toutes les anciennes attributions judiciaires du viguier et du Conseil des Cent Jurats avaient été transférées au corrégidor et à ses lieutenants (2). L'esprit aristocratique de la Catalogne avait survécu aux libertés de la province. L'ayuntamiento s'était réservé le droit de constater l'hidalguia de ses membres nobles, et tenait énormément à ce privilège, car l'ancienneté de la noblesse réglait les préséances entre conseillers (3). Le nombre des employés municipaux était peut-être

tamiento de esta ciudad y de los titulos y condecoraciones de que goza, mss. Je dois la communication de cet intéressant mémoire à l'obligeance de l'auteur.

(1) Lettre du gouverneur militaire de Barcelone à l'ayuntamiento pour lui notifier sa nomination. —*Excelentisimo señor.* — *Mui señor mio — Participo a V. E. mi arribo a esta ciudad para su noticia, y la del M. Ylustre Ayuntamiento, avisando al mismo tiempo tener hecho el juramento de goternador politico que prescrive el real titulo que acompaña en el Real Acuerdo de esta Audiencia. Dios guarde a V. E. muchos años. Barcelona. 20 de julio 1793.*

Excelentisimo Señor. — *B. L. M. de V. E. su mas atento y seguro servidor.* — *Juan Cambiaso. Archives de Barcelone.* Registro de Actas, 1793.

(2) Pi y Arimon, *Barcelona antigua y moderna*, t. I, p. 181. — *Nov. Rec.* V, IX, 1.

(3) En 1795, le roi créa régidor noble de la cité de Barcelone D. Carlos de Rocabruna y de Taverner, chevalier de Saint-Jacques. D. Josef de Falguera déclara que le nouveau régidor ne passerait pas avant lui. D. Rafael de Llinas appuya D. Josef, à titre de parent, parce que sa femme avait pour

moins considérable à Barcelone qu'à Burgos et à Valladolid, et presque tous remplissaient des charges effectives. Il y avait un caissier des *utensilios* (1), des peseurs de bois et de charbon de la plage de la mer, des peseurs de bois et de charbon de la porte Saint-Antoine, des peseurs adjoints aux vérificateurs des poids et mesures, un peseur de la paille, un garde-magasin des grains (2). Mais le conseil de ville, amoindri et enchaîné, n'était plus le véritable représentant des intérêts de Barcelone ; et quand, à partir de 1768, la liberté du commerce des Indes eut ramené la prospérité dans la grande cité catalane, ce fut au Consulat que se traitèrent les grandes affaires, ce fut là que Barcelone se retrouva tout entière.

Au contraire des pays aragonais, la Navarre et les Vascongades avaient gardé leurs franchises, et les ayuntamientos des plus petites villes veillaient jalousement sur les libertés forales.

Bilbao était dès la fin du dix-huitième siècle la ville la plus importante des Vascongades. Elle était gouvernée par trois alcaldes et douze régidors, six du banc de Saint-Paul, six du banc de Saint-Pierre. Ces régidors étaient élus pour un an et ne recevaient ni traitement ni gratification. Seul le premier alcalde touchait 4.100 réaux pour frais de représentation (3). L'ayuntamiento de Bilbao était un des plus novateurs de l'Espagne. Il défendit avec une extrême résolution les intérêts de la ville en face des Français victorieux, signa un véritable traité avec Moncey et brava plus tard les colères du Prince de la Paix. Les délibérations, souvent très vives, étaient en général inspirées par un véritable esprit politique.

A côté de la grande ville, plaçons les bourgs les plus modestes de la Biscaye et du Guipuzcoa. Nous n'y retrouverons pas sans doute la même hardiesse ; mais nous y verrons le même attachement à la charte communale.

---

nicule une sœur de la mère de celui-ci. D. Carlos de Rocabruna finit par être admis à siéger avant D. Josef ; mais ce dernier protesta immédiatement contre cette décision et exigea que l'affaire fût transmise au Conseil de Castille. — *Archives de Barcelone.* Registro de actas, 1795.

(1) Ce mot sera expliqué au chapitre des Finances.
(2) *Archives de Barcelone* Registro de actas, 1793.
(3) *Archives municipales de Bilbao.* Registre de 1797.

Tolosa est une petite république censitaire. L'alcalde, son lieutenant et les cinq régidors sont élus par six électeurs, choisis parmi les propriétaires ayant au moins 30.000 maravédis en biens-fonds. Il en faut au moins 60.000 pour être éligible. Les membres du conseil de ville ne peuvent être réélus qu'après un certain intervalle. Dans les cas les plus graves, les régidors convoquent l'ayuntamiento général, assemblée de tous les chefs de famille. C'est devant l'ayuntamiento que les conseillers sortants rendent leurs comptes (1).

Renteria est une république oligarchique. Elle a pour premier alcalde en 1790 le seigneur marquis d'Iranda, membre du Conseil Royal des Finances. Un second alcalde et deux grands jurats (*jurados mayores*) composent avec le premier alcalde « le corps de justice et de gouvernement des nobles « cavaliers hidalgos de la noble et loyale ville de Renteria ». Trois régidors représentent au conseil l'élément populaire. La police est confiée à un alguazil, qui est en même temps huissier de l'ayuntamiento et gouverneur de la prison royale. Chaque année, l'ayuntamiento publie une ordonnance générale, une sorte d'édit prétorien, toujours le même, mais qui témoigne du zèle des magistrats pour le bon ordre de la ville. Elle est pavée de briques ; et, pour ne point endommager le pavage, la circulation des voitures est interdite ; le cidre et les grosses provisions sont amenées en traîneau ; il est défendu de laver du linge aux fontaines, de vider du poisson sur les bancs qui les entourent ; celui qui laisse errer un pourceau dans la rue paie quatre réaux d'amende ; le soin de la propreté va si loin qu'il est interdit de fumer sur la place de l'église et devant la mairie. Les cabarets sont fermés le dimanche pendant la grand'messe et chaque soir à huit heures en hiver et à neuf heures en été (2).

Dotée d'une charte communale par le roi Jean Ier (15 sept. 1383), la petite ville de Cestona-Ayzarna vit sous un régime plus démocratique (3). Les élections y sont confiées au

---

(1) Gorosabel, *Bosquejo de las antiguedades de la Villa de Tolosa*, p. 17.
(2) *Archives municipales de Renteria*, 1790. Registro de actas.
(3) *Archives municipales de Cestona*. Liasse I, n° 3.

juge et à son lieutenant, au conseil de ville, au procureur
général des nobles et aux électeurs (*vecinos con voz y voto*).
On compte 17 vecinos présents à l'assemblée électorale du
29 septembre 1741. L'élection a lieu par *insaculacion*. Cestona est gouvernée par un alcalde, un lieutenant d'alcalde,
un lieutenant de vérificateur des poids et mesures et huit
conseillers (*vocales*) : quatre pour Cestona et quatre pour
Ayzarna. La police est confiée à deux gardiens des montagnes
et à deux gardiens des rivières. L'alcalde de l'année précédente reçoit le serment du nouvel alcalde et des nouveaux
élus. L'ayuntamiento fait emmagasiner le vin du pays
(*chacoli*), réglemente la pêche et les droits de pacage, vend des
arbres et s'occupe du reboisement. Il entretient une correspondance active avec la Junte de Guipuzcoa et surveille
jalousement les bourgs voisins. Ayzarna a eu jadis des
velléités séparatistes (1) : on s'en souvient, et quand elle demande un débit d'huile, on le lui refuse, sous prétexte que
depuis un temps immémorial le débit est à Cestona (2). Régil
a la jouissance de certains bois en commun avec Cestona; le
contrôle de l'exploitation est confié aux magistrats des deux
villes (3). Les maîtres de forges de Zumaya ont le droit de
couper du bois sur le territoire de Cestona ; leur droit
est réglé par un compromis en date de 1398, ils en font
prendre copie le 19 septembre 1789 par le notaire royal de
Zumaya (4); chacun tient à ses droits traditionnels, et personne ne veut souffrir le moindre empiétement.

Ces petites communautés rurales avaient, comme les
grandes villes, leur orgueil, leurs prétentions et leurs abus.

Tout le monde ne pouvait être régidor en Guipuzcoa. Les
joueurs de tamboril, les bouchers, les aubergistes, les crieurs
publics étaient inéligibles (5) ; il se trouvait même des gens

---

(1) *Archives de Cestona*. Privilèges. Leg. II, n° 2, 1497.
(2) Id. Registro de actas (1741-42).
(3) Id. Privilèges. Leg. III, n° 10. — Correspondance avec
Régil (1786-88). Leg. III, n° 12. — Visite des bornes de démarcation entre la
communauté de Régil et la ville de Cestona (1793).
(4) Id. Privilèges. Leg. I, n° 6.
(5) *Archives de Guipuzcoa*. Sec. I, neg. 16, leg. 22 (1713), et leg. 33 (1760).

pour demander que l'incapacité fût étendue à leurs descendants (1). Les fils de prêtre ne pouvaient siéger dans un ayuntamiento (2). D'autre part, on élisait parfois des alcaldes qui ne savaient ni lire ni écrire (3). Quelques-uns se montraient si grossiers que le corrégidor devait les mettre aux arrêts (4).

L'administration était presque aussi paperassière dans les petites villes des Vascongades que dans les cités de Castille. L'ayuntamiento d'Orduña voulant nommer une revendeuse de vieux habits (*corredora para la venta de ropa usada*) exige que les prétendantes présentent de bonnes références, soient des femmes de toute confiance et discrétion; celle qui sera nommée devra fournir caution à la ville, moyennant quoi, elle aura le monopole de la vente des guenilles et percevra un droit de deux maravédis par réal (5). En Guipuzcoa, chaque conseil de ville est obligé de remettre chaque année à la junte générale dix *états au vrai* : biens propres de la ville, plantations, état civil, forces disponibles en cas de guerre, versement de 5 0/0 des revenus communaux dans la caisse de la route royale, nombre des notaires existant dans la localité, amendes prononcées dans l'année par les alcaldes, recouvrement des impôts provinciaux, publication des ordres royaux dans la commune (6). Jamais les petits propriétaires assez ignorants qui remplissaient les municipalités ne se seraient tirés de toutes ces difficultés, si chaque ayuntamiento n'avait eu un notaire royal pour secrétaire (7). Presque toujours c'était le secrétaire qui menait tout le Conseil (8).

(1) *Guipuzcaono instruido*, v° Hidalguias.
(2) *Archives de Guipuzcoa*. Sec. I, neg. 16, leg. 35 (1762).
(3) Id. Sec. I, neg. 16, leg. 24 (1718). — Cf. *Guipuzcoano instruido*, v° Alcaldes ordinarios.
(4) *Guipuzcoano instruido*, v° Arrestos (1729).
(5) *Ordenanzas de Orduña*, p. 36.
(6) *Guipuzcoano instruido*, v° Testimonios.
(7) A Tolosa, chaque notaire était secrétaire de l'ayuntamiento à tour de rôle, par rang d'ancienneté. Le secrétaire était appointé à 1200 réaux. — Gorosabel, *Bosquejo historico*, p. 17.
(8) Un régidor de Renteria me disait, au mois de septembre 1890 : « Il y a « chez nous peu d'initiative; celui qui propose une chose nouvelle a peu de

L'esprit processif était très répandu. A Orduña, la liste des procès engagés ou soutenus par la ville devait être affichée dans la salle de l'ayuntamiento, et le procureur négligent était mis à l'amende (1). En 1803, Tolosa était encore en procès avec plusieurs villes qui s'étaient, depuis de longues années, séparées de sa juridiction ; deux fois par an les autorités tolosanes inspectaient les bornes de démarcation du territoire pour empêcher de nouveaux empiétements (2).

Malgré ces défauts, les institutions municipales des pays fuéristes étaient populaires, et c'est à juste titre que les habitants s'en montraient fiers quand ils comparaient le libre gouvernement de leurs moindres bourgs à l'administration des grandes villes castillanes, esclaves d'une coterie de régidors héréditaires.

Le régime municipal des Indes avait été calqué sur celui de la métropole, et avait subi les mêmes vicissitudes.

Au début de la conquête, chaque ville importante avait été pourvue d'un conseil électif (*Cabildo*), et le libéralisme des conquérants avait été si loin que la république de Tlascala, la grande alliée de Cortez, avait obtenu un conseil uniquement composé d'Indiens. Son cacique avait rang d'alférez royal; quatre alcaldes indiens rendaient la justice sous ses ordres ; il était interdit aux blancs de siéger dans le conseil (3).

Peu à peu les cabildos des Indes s'étaient remplis d'offices vénaux, et les régidorats étaient devenus héréditaires (4). On vendait les charges d'alguazils-mayors des

« chances d'être écouté favorablement. On regarde surtout quelle est la per-
« sonne qui parle, on recherche ce qui s'est fait jadis en cas semblable, et l'on
« fait de même. La routine est grande et passe pour sagesse. »

(1) *Ordenanzas de Orduña*, p. 21.
(2) Gorosabel, *Bosquejo historico de Tolosa*, p. 25-49.
(3) Humboldt, *Essai sur la Nouvelle Espagne*, t. II, p. 156.
(4) Le 3 nov. 1581, le roi avait permis aux officiers ministériels des Indes Occidentales de désigner leur successeur, pour une fois seulement, et en payant le tiers de la valeur de leur office. Le 14 décembre 1606, le roi avait rendu ce privilège perpétuel, moyennant le paiement d'un autre tiers de la charge. Il fallait, pour que la renonciation d'un officier fût valable, qu'il survécût au moins vingt jours à sa renonciation et désignât un remplaçant au vice-roi dans le délai maximum de 60 jours. *Archives des Indes à Séville*. Est. 88, caj. 4, leg. 12.

cités, bourgs et villages, les charges de membre des conseils des vingt-quatre (*veintyquatrias*), les régidorats, les titres d'alferez-mayor, les emplois de juré-repeseur (*fiel executor*) dans les marchés publics. Les titulaires des offices pouvaient désigner leurs successeurs au vice-roi ; mais les nouveaux titulaires n'entraient définitivement en fonctions qu'après avoir été agréés par la Chambre des Indes de Madrid. La procédure était si compliquée qu'une affaire de ce genre demandait cinq ou six ans, et pouvait exiger quatre-vingt-quatre actes judiciaires différents (1).

Les cabildos n'avaient, dans les grandes villes, presque aucun pouvoir, surveillés et opprimés par les Audiences et les hauts fonctionnaires royaux. En 1808, lorsque le conseil de Mexico voulut réclamer la mise en liberté du vice-roi Iturrigaray, emprisonné par ordre du Saint-Office, l'Audience lui répondit que ses pouvoirs se bornaient à tenir en respect les *leperos* (lazzaroni) de la capitale (2). Par contre, dans les petites villes éloignées, les régidors héréditaires faisaient souvent peser sur les habitants la tyrannie la plus insupportable. La ville d'Oruro, dans la vice-royauté de Buenos-Ayres, fut pendant dix-huit ans gouvernée arbitrairement par deux frères, D. Juan de Dios et D. Jacinto Rodriguez, « créoles perdus de réputation et dissipateurs, qui mo-
« nopolisaient toutes les charges municipales, se moquaient
« des autorités et ruinaient la ville, riche autrefois de ses
« mines. En 1781, il n'y en avait plus une seule à donner
« des profits, parce que les Européens laborieux, économes,
« et possesseurs de capitaux, ne voulaient plus rien avancer
« aux Rodriguez, ni à ceux de leur parti, criblés de dettes et
« insatiables de débauches comme ils l'étaient » (3).

On crut remédier aux abus en donnant aux cabildos une organisation militaire. Dans les provinces intérieures du Mexique, on essaya de faire du capitaine et des lieutenants de la milice l'alcalde et les régidors à vie de chaque localité ;

---

(1) *Archives des Indes à Séville*, loc. cit.
(2) Chevalier, *Le Mexique*, p. 336.
(3) A. Ferrer del Rio, *Historia de Carlos III°*, t. III, p. 123.

mais cette innovation fut de courte durée : le ridicule en fit justice. Les cabildos américains continuèrent à végéter jusqu'à la fin de la domination espagnole, et l'on ne peut leur en vouloir de leur nullité quand on sait à quelle tyrannie ils furent soumis. L'indépendance des Etats-Unis avait alarmé le gouvernement espagnol, la Révolution française l'affola. La pensée libre fut combattue avec acharnement ; des gens furent mis aux fers pour avoir lu des journaux français (1) ; des négociants français arrêtés au Mexique en 1793 demeurèrent plus de trois ans en prison ; même après la paix de Bâle, les autorités espagnoles ne se résignaient pas à les relâcher (2).

III. — Réformes de Charles III.

Le génie réformateur de Charles III et de ses ministres respecta les institutions municipales, et la raison en est aisée à comprendre. Toute réforme était impossible, puisqu'il eût fallu commencer par rembourser les offices des régidors héréditaires : les ressources du Trésor n'y eussent pas suffi. Dans les pays fuéristes, le roi eût bien voulu supprimer l'élection ou le tirage au sort des municipalités ; mais la moindre atteinte portée aux libertés des villes eût été le signal d'une révolte générale. Le roi ne toucha donc aux ayuntamientos qu'avec une extrême circonspection. Il se borna à fortifier l'autorité des corrégidors et des alcades-mayors, et à rendre quelque influence aux habitants des communes en instituant auprès de chaque ayuntamiento des députés du commun et un syndic représentant (*diputados del comun y sindico personero*) élus par le suffrage à deux degrés.

Ces magistratures nouvelles furent créées par arrêt du Conseil de Castille en date du 5 mai 1766 (3). Tous les con-

---

(1) M. Chevalier, *Le Mexique*, p. 287 et 325.
(2) *Archives des affaires étrangères à Paris*. Espagne, t. 639, f° 156 ; — t. 640, f° 42.
(3) *Nov. Rec.* VII, xviii, 1.

tribuables avaient droit de vote dans l'assemblée primaire. Ils élisaient vingt-quatre électeurs dans les villes qui ne comptaient qu'une seule paroisse, et douze électeurs par paroisse dans les villes plus considérables. Les électeurs élisaient à leur tour les députés du commun et le syndic représentant. Les roturiers étaient éligibles aussi bien que les nobles ; mais on ne pouvait élire ni les régidors, ni leurs parents jusqu'au quatrième degré. Les députés étaient au nombre de quatre dans les villes qui comptaient plus de 2000 vecinos, et de deux seulement dans les villes moins importantes. Ils étaient élus pour deux ans (1). Leur principale fonction consistait à contrôler le service des approvisionnements. Chaque mois, un régidor était délégué au service des poids et mesures (*almotacenea*) ; les députés du commun avaient le droit de désigner l'un d'entre eux pour contrôler les opérations du régidor. Les députés faisaient partie de droit de toutes les commissions d'approvisionnement (2). Si la ville venait à soutenir quelque procès avec les adjudicataires des subsistances, les députés du commun avaient le droit de suivre le procès jusque devant les Audiences et Chancelleries. Des lois postérieures leur donnèrent le droit d'intervenir dans la gestion des finances municipales (3), et leur conférèrent des attributions disciplinaires sur les employés du service des approvisionnements (4).

Le syndic représentant (*personero*) semble avoir fait un peu double emploi avec le procureur-syndic général, chargé de rappeler les assemblées municipales au respect de la loi (5) ; mais dans un grand nombre de localités cette haute fonction était devenue, comme tant d'autres, héréditaire, et le procureur syndic n'exerçait plus les fonctions auxquelles l'appelait la loi. A Orduña, par exemple, il n'était plus que le premier magistrat de la police municipale, il s'occupait de la propreté des rues et des promenades, et mettait à l'amende

(1) *Nov. Rec.* VII, xviii, 4. — (31 janvier 1769.)
(2) Id. VII, xviii, 2. — (26 juin 1766.)
(3) Circulaire du Cónseil du 12 déc. 1767.
(4) Id. du 10 nov. 1769.
(5) Séjournant *Dictionnaire espagnol français*, v° Procurador.

ceux qui endommageaient les arbres (1). Le syndic représentant joua auprès de l'ayuntamiento un rôle bien plus important : il fut une sorte d'avocat de la cité ; il eut le droit d'intervenir dans toutes les délibérations du conseil de ville et de proposer toutes les mesures qu'il jugerait convenables. Il était membre de droit de toutes les commissions d'approvisionnement ; il pouvait être membre du comité de police ; les secrétaires de l'ayuntamiento devaient lui délivrer dans les vingt-quatre heures un certificat sur papier officiel de toutes les réclamations qu'il avait faites (2).

L'institution des députés du commun et du syndic représentant fut assez mal vue des ayuntamientos qu'elle soumettait à un contrôle incessant. La province de Guipuzcoa alla jusqu'à protester contre les ordres du roi, et prétendit y voir un contra-fuéro (3). Le roi passa outre ; mais, trente ans plus tard, les députés et procureurs n'avaient pas encore conquis droit de cité dans tous les corps municipaux. Une délibération de l'ayuntamiento de Bilbao montre combien les régidors étaient vexés de subir les collaborateurs imposés par la loi. Le roi ayant demandé si Bilbao ne devrait pas avoir quatre députés du commun au lieu de deux, les régidors prirent occasion de cette lettre pour étendre le débat, et demander au conseil de se prononcer sur l'augmentation, le maintien ou la suppression des députés du commun et du syndic représentant. Le premier régidor opta pour l'augmentation du nombre des députés ; il osa dire qu'ils avaient rendu de grands services à la ville ; qu'ils avaient fait venir à leurs frais des blés étrangers pendant la famine de 1789 ; qu'ils avaient construit un moulin, des fours, une boulangerie et un grenier public. Le second régidor fut d'un avis tout opposé et demanda la suppression pure et simple de tous ces emplois, « inutiles, disait-il, dans une ville où les régidors se renou- « velaient chaque année ». Les sept autres régidors adoptèrent la même opinion. Sans se laisser déconcerter, le plus ancien

---

(1) *Ordenanzas de Orduña*, p. 31-33.
(2) *Nov. Rec.* VII, xviii, 1 et 2.
(3) *Guipuzcoano instruido*, v° Diputados del comun.

des députés du commun dit qu'il ne s'agissait pas d'une question de droit, mais d'une question de fait, c'est-à-dire de savoir si Bilbao avait ou n'avait pas plus de 2000 vecinos, car si la ville n'avait pas 2000 vecinos, elle n'avait droit qu'à deux députés; si elle dépassait ce chiffre, elle avait droit à quatre. Or il ne pensait pas qu'il se trouvât dans l'ayuntamiento un seul regidor pour soutenir que la ville ne dépassait pas 2000 vecinos; s'il s'en trouvait un seul, il réclamait une enquête. Il demandait donc qu'il ne fût plus parlé de la suppression des députés, et, s'attaquant directement au rapport du régidor D. Antonio Adan, il le déclara « entaché d'erreurs « volontaires, contraire aux ordres du roi, offensant, et ins- « piré par des rancunes sur lesquelles il se réservait de pré- « senter les observations convenables en Conseil de Castille ». Il demanda malignement aux régidors pourquoi on les voyait si souvent, eux qui se disaient si habiles, recourir à des personnes étrangères à l'ayuntamiento. Il leur déclara enfin qu'ils étaient libres de poursuivre jusqu'au Conseil de Castille la suppression des députés et du syndic, mais à la condition que ce fût à leurs frais, et non sur les fonds de la ville. Le député le plus jeune adhéra aux conclusions de son collègue, mais le procureur syndic général abonda dans le sens des régidors, les couvrit de fleurs, les déclara *suficientisimos* et poussa la mauvaise humeur jusqu'à insinuer que l'élection n'était pas le meilleur moyen de donner la magistrature au plus digne. Le syndic représentant appuya au contraire les raisons du député (1).

Cette animosité réciproque des députés et des régidors ne doit point surprendre. Les députés étaient des espèces de tribuns ; c'étaient des magistrats révolutionnaires, dont la seule présence semblait accuser les régidors d'incapacité et de malversation. Le roi avait donné quelque satisfaction au droit d'élection populaire, mais il avait mécontenté tous les ayuntamientos. Il n'y eut ni troubles ni protestations violentes, ce qui prouve combien l'autorité royale était respectée dans l'Espagne du xviii° siècle ; mais les ayuntamientos suscitèrent

(1) *Archives municipales de Bilbao*. Registro de Actas, 1797.

aux nouveaux venus toutes sortes de difficultés, leur firent essuyer mille avanies et semblaient n'attendre que le moment de se débarrasser de leur contrôle. L'étude détaillée du fonctionnement des institutions municipales montrera jusqu'à quel point ce contrôle était indispensable.

IV. — Grands services municipaux.

Il y avait dans chaque ville quatre grands services d'une importance capitale : administration des finances, service des approvisionnements, police, bienfaisance ; voyons comment les municipalités espagnoles entendaient la gestion de ces grands intérêts.

Finances municipales. — Les revenus des villes provenaient de leurs biens-fonds, des offices et emplois dont elles étaient propriétaires, et des redevances qu'elles exigeaient des adjudicataires de leurs différents services. C'étaient là les propres (*propios*) de la ville.

Ces ressources ordinaires devaient suffire à payer les dépenses ordinaires de la cité ; mais toutes les villes n'avaient pas de biens propres, et il y avait souvent à pourvoir à des dépenses extraordinaires : dans ce cas, le Conseil de Castille autorisait les villes à percevoir des impôts spéciaux (*arbitrios*) analogues à nos octrois.

Les comptes de la ville de Valladolid pour les années 1777 et 1795 vont nous permettre de donner une idée d'un grand budget municipal.

Les propres de la ville consistaient en fonds rustiques et urbains, cens, droits, offices, juridiction sur les boulangeries (*vara de la panaderia*), magasins publics et étrangers (*aventureros*). On n'y comptait ni le revenu du poids public (*balanza*) ni le produit des *toros*. Le tout rendait, en 1777, environ 60.000 réaux.

Les arbitrios comprenaient : un droit d'un maravédis par livre de bœuf ou de mouton (28.000 réaux) (1), un droit de 2

---

(1) Pour les porcs, on les taxait au taux ordinaire, s'ils devaient être dépecés comme animaux de boucherie ; on ne leur faisait payer que 4 réaux par

réaux 4 maravédis à 3 réaux 4 maravédis par arrobe de vin (50 à 60.000 réaux) (1), 4 maravédis par pinte de limonade (produit insignifiant), 6 réaux et 1 quartillo par arrobe de sucre (30.000 réaux), 4 maravédis par livre de savon (7.000 réaux), 4 maravédis par livre de poisson (8.800 réaux), un réal par tête de chèvre ou de brebis tuée pour en faire de la charcuterie (4.500 réaux), un huitième de la valeur du miel, comptée à 64 réaux l'arrobe pour la première qualité, et 20 réaux pour la dernière (1.100 réaux), enfin des droits sur l'huile montant à 19.000 réaux.

En dehors des propios et arbitrios, les alcabalas donnaient 30.000 réaux, le courtage 5.500 réaux, les lavoirs 600 réaux, le poids de ville 10.000 réaux, le reliquat du huitième de l'eau-de-vie et le théâtre 18.000 réaux.

Le total brut des revenus de la ville montait donc, en 1777, à 311.608 réaux (2). On pouvait y ajouter une recette de 50.000 réaux, s'il y avait des courses de taureaux. On atteindrait ainsi 361.600 réaux ; mais les registres de la municipalité n'accusent pour cette même année que 346.727 réaux 5 maravédis, parce qu'il fallait faire la part du roi dans certains revenus. Le budget des recettes monta en 1778 à 316.491 réaux, — en 1779 à 347.427 réaux, — en 1780 à 338.839 réaux. La moyenne des années 1780 à 1785 monta à 365.689 réaux. En 1795 les recettes montèrent à 404.329 réaux (3). Valladolid avait donc un revenu d'environ 90 à 100.000 francs pour une population de 20.000 habitants. Si l'on a égard à la différence de la valeur de l'argent à cette époque et à la nôtre, on n'exagérera probablement rien en disant que Valladolid était aussi riche que le serait une ville française de

---

bête s'ils étaient destinés à la charcuterie. Comme il était impossible de vérifier ce que le charcutier en faisait une fois chez lui, la plupart des porcs ne payaient que 4 réaux pour tout droit.

(1) Mais tout n'était pas pour la ville. Les 72 maravédis de cet impôt se répartissaient ainsi : 24 maravédis de *sisas nuevas*, — 8 pour les *quiebras de millones*, — 16 pour les deux compagnies accordées au roi en 1702, — 8 pour le mariage du seigneur D. Carlos II, — 16 de *alhondiga*.

(2) Zelada, *Estado de la bolsa de Valladolid*, p. 337-351.

(3) *Archives municipales de Valladolid.* — *Autos acordados*, 1777-95.

vingt mille âmes qui aurait aujourd'hui un revenu de 300.000 francs (1).

Mais il ne suffit pas pour être riche d'avoir un gros budget; il faut assurer ses ressources et régler ses dépenses ; or les impôts municipaux étaient, en général, très mal choisis, coûtaient fort cher à percevoir, et les dépenses réellement utiles n'absorbaient que la moindre partie des revenus municipaux.

On remarquera qu'il n'existe pas une seule taxe directe dans la longue liste des impôts payés par les habitants de Valladolid. La ville vit de ses rentes et des impôts indirects qu'elle prélève sur les objets de consommation. Les impôts indirects étaient jadis en faveur. Ils frappent l'esprit par leur égalité extérieure et permettent d'atteindre les privilégiés ; mais ce ne sont, au fond, que de mauvais expédients financiers. Leur égalité n'est qu'apparente ; le riche payait sans dommage 2 réaux de droits sur une cruche de vin, et le pauvre mettait à payer cette taxe le salaire d'une demi-journée. Le privilégié n'était que faiblement atteint : bien des fraudes commises par les puissants demeuraient impunies ; les ecclésiastiques ne payaient qu'une partie de l'impôt sur les boissons ; les couvents ne payaient rien. Les impôts portaient sur les objets de consommation courante et de première nécessité et tendaient au renchérissement des denrées. Enfin il y avait si longtemps que le gouvernement et les villes les développaient parallèlement que la répartition de ces taxes entre le trésor royal et les caisses des villes était une opération presque impossible, tant s'était faite inextricable la complication des intérêts.

La perception des impôts était abandonnée à des fermiers. Les baux étaient renouvelés chaque année. L'adjudication

---

(1) De 1637 à 1761 les revenus libres de Baeza ne dépassèrent pas 11.000 réaux. — Cozar Martinez, *Memorias para la historia de Baeza*, p. 474.

Les revenus de Tolosa montaient en 1706 à 44.000 réaux, en 1771 à 72.140 réaux, en 1800 à 107.937 réaux. Gorosabel, *Bosquejo historico de Tolosa*, ap. IV.

En 1789 les recettes municipales de Saragosse montaient à 264.489 réaux. — *Archives municipales de Saragosse*. Registro de actas, 1789.

se faisait en public, au plus offrant et dernier enchérisseur, en présence des membres de la commission des propios. Il était interdit d'affermer une branche du revenu public à un prix inférieur au prix de l'année précédente. Lorsqu'un impôt ne trouvait pas d'adjudicataire, il était perçu directement par la ville. S'il y avait entente frauduleuse entre l'adjudicataire et les membres de la commission des propios, ceux-ci en étaient responsables, et devaient rembourser à la ville quatre fois la valeur des sommes qui lui avaient été soustraites. Ni les membres de la commission des propios, ni les régidors ne pouvaient se porter adjudicataires (1).

Malgré ce luxe de précautions, les fermiers des villes réalisaient de gros bénéfices aux dépens des contribuables, et les ayuntamientos rendaient encore pire la condition des petits consommateurs en permettant aux établissements publics et à certains privilégiés de se libérer de l'impôt moyennant une somme une fois payée. A Valladolid, le collège de Santa-Cruz payait 600 réaux par an pour l'impôt du maravédis sur la livre de viande. Les habitants « d'au delà du pont » s'étaient abonnés, et payaient 1028 réaux pour tous droits. Les propriétaires de la maison « de la chaîne » en étaient quitte pour 65 réaux (2). L'adjudicataire s'indemnisait sur les petites gens.

Les dépenses étaient loin d'être réglées avec sagesse. Une foule énorme d'employés émargeait au budget municipal et absorbait une grande partie des ressources. A Saragosse, le corrégidor touchait 26.968 réaux, chacun des deux alcaldes mayors 4.492 réaux, chacun des régidors 1.250 réaux, chacun des deux secrétaires de la cité 4.170 réaux ; l'avocat de la cité 1.411 réaux, l'agent à Madrid 1.116 réaux; le total des traitements payés par la municipalité de Saragosse atteignait 116.563 réaux, près de la moitié du budget (3). Les vingt-quatre régidors de Barcelone coûtaient à la ville 76.800

---

(1) *Nov. Rec.* VII, xvi, 27 (1793-1804).
(2) *Archives municipales de Valladolid*. Autos acordados, 1793.
(3) *Archives municipales de Saragosse*. Cuentas, 1789.

réaux, le corrégidor 21.953 réaux, les deux alcaldes mayors 8.720 réaux (1). A Vitoria, le procureur général touchait 440 réaux, le receveur de la cité 1.100, l'avocat consultant 150, l'avocat fiscal criminel 440, l'avocat défenseur des accusés 440, l'avocat assesseur 440, le greffier de l'ayuntamiento 2.200, le chirurgien 1.100, chacun des deux médecins 8.800, l'horloger 824, le clairon 1.100, les deux tambours chacun 550, etc... en tout 44.373 réaux de salaires payés par la ville (2).

Dans beaucoup de villes, les régidors ne rougissaient pas de se voter des gratifications, des collations, des régalades de vin et de bonbons aux frais de la communauté (3). A l'occasion de la proclamation de Charles III, chaque régidor de Zamora reçut 15 doublons (900 réaux), l'alferez 30 doublons, les organisateurs de la fête 22 doublons 1/2 ; les huissiers, les portiers, les trompettes de la ville eurent aussi des pourboires (4). A la moindre tâche extraordinaire les employés municipaux demandaient un supplément de solde ; deux lieutenants d'alguazil de Vitoria reçurent 500 réaux en 1793 pour avoir recouvré les taxes dues pour l'éclairage ; le secrétaire réclama 450 réaux pour signification de divers actes judiciaires aux Français domiciliés à Vitoria et expulsés par ordre du roi ; un autre personnage reçut 1.575 réaux pour le même motif (5). Les régidors n'auraient pas été moins avides si un décret royal du 3 août 1768 ne le leur avait expressément défendu.

Les fêtes publiques formaient un des plus gros articles du budget des villes espagnoles. En 1793, Vitoria payait 350 réaux à l'artificier chargé de tirer les pétards à l'occasion de la fête du *Corpus*. Le mémoire de la ville chez le cirier montait à 1.629 réaux (6). A Barcelone la dépense de cire atteignait 19.767 réaux (7). Il était dû en 1796 au chef de la musique

(1) *Archives municipales de Barcelone.* Cuentas, 1793.
(2) *Archives municipales de Vitoria.* Cuentas, 1793.
(3) Larruga, *Memorias*, t. XXVI, p. 231.
(4) Duro, *Hist. de Zamora*, t. III, p. 503.
(5) *Archives municipales de Vitoria.* Cuentas, 1793.
(6) Id. ibid.
(7) *Archives municipales de Barcelone.* Cuentas, 1793.

1,868 réaux pour assistance aux cérémonies publiques (1). La fête du Saint Ange Gardien coûtait 288 réaux à l'ayuntamiento de Saragosse, la fête de saint Roch 324 réaux, le repas offert aux pauvres de l'hôpital le jour de la fête de la Vierge 730 réaux, la procession du Vendredi-Saint 361 réaux. Le service funèbre célébré dans la même ville pour le repos de l'âme de Charles III coûta 1.890 réaux (2).

La manie des procès achevait de ruiner les villes. Chaque cité un peu importante avait un agent d'affaires à Madrid et poursuivait la revendication de ses droits jusqu'au Conseil et à la Chambre de Castille. Les villes étaient en procès avec leurs voisines pour privilèges (3), servitudes (4), empiétements, déplacements de bornes (5), usurpations de juridiction. Elles actionnaient leurs fournisseurs pour inexécution des contrats ou pour reddition de comptes. Elles étaient en querelle avec les évêques (6), avec les chapitres, avec les couvents, avec leurs régidors, avec des particuliers. Soigneusement nourris par les gens de justice, les procès s'éternisaient. Saragosse était condamnée en 1789 à payer les gages de ses professeurs de grammaire pour les années 1761 à 1764 (7). Valladolid réclamait devant sa Chancellerie le droit de disposer des galeries de la Plaza-Mayor les jours de fêtes, aux dépens des propriétaires des maisons. Elle avait un procès en Conseil de Castille contre l'adjudicataire de la fourniture de l'huile, et songeait à en intenter à presque

---

(1) *Archives municipales de Barcelone*. Cuentas, 1795.
(2) *Archives municipales de Saragosse*. Cuentas, 1789.
(3) Les gens de Fontarabie voulaient empêcher ceux d'Irun de pêcher dans la Bidassoa. — *Archives de Guipuzcoa*. Sec. I, neg. xii, leg. 85 (1759); — leg. 85 (1776).
(4) Procès entre Villareal de Urrech et Zumarraga pour la construction d'un pont sur leurs limites réciproques. — *Archives de Guipuzcoa*. Sec. II, neg. vi, leg. 24 (1712).
(5) Visite des bornes-frontières entre Cestona et Regil. — *Privilèges de Cestona*, n° 9 (26 juin 1743).
(6) *Archives de Biscaye*. Autos y pleytos. Registre XXIV, n° 196.
La seigneurie de Biscaye lève les censures portées par l'évêque de Calahorra contre ceux qui danseraient ou joueraient à la *pelota* pendant le jubilé (1749).
(7) *Archives municipales de Saragosse*. Registro de actas, 1789.

tous les autres (1). Saragosse ne dépensait en 1795 que 1481 réaux pour ses procès (2), mais Vitoria entretenait un agent à Valladolid et un agent à Madrid (3).

Charles III essaya de remettre un peu d'ordre dans les finances municipales et organisa un système complet de comptabilité.

Dès 1751, Ferdinand VI avait ordonné aux municipalités de déposer tous les ans à la Chambre de Castille un exemplaire des comptes de l'année écoulée (4), et de verser les reliquats à la caisse de l'intendant de la province (5) ; mais ces lois n'avaient pas été obéies. Par un édit en date du 30 juillet 1760, Charles III établit le Conseil de Castille juge et directeur suprême des finances des villes et organisa auprès de lui une Chambre des comptes municipaux (*Contaduria general de los propios y arbitrios*) (6). Chaque année, au mois de janvier, les comptables devaient transmettre à l'intendant leurs comptes de l'année précédente (7). Dans les petites localités, le compte était dressé par l'alcalde ; dans les villes, par la commission des finances du Conseil (*Junta de propios y arbitrios*) (8). L'intendant avait le droit de faire arrêter les comptables retardataires et de faire examiner leurs comptes à leurs frais par une personne de son choix (9). L'intendant eut d'abord la juridiction contentieuse en première instance, en matière de finances municipales (10), puis ce droit lui fut enlevé et fut transporté aux tribunaux ordinaires (11) ; le contrôle effectif des revenus des villes passa dès lors aux mains des receveurs de province. L'intendant restait nominalement le chef du receveur ; mais celui-ci avait le droit de discuter ses ordres et

---

(1) Zelada, *Estado de la bolsa de Valladolid*, p. 313.
(2) *Archives municipales de Saragosse*. Registro de actas, 1795.
(3) *Archives municipales de Vitoria*. Cuentas, 1793.
(4) Décret royal du 5 juin 1751.
(5) *Nov. Rec.* VII, xvi, 15 (8-11 juillet 1764).
(6) Id. VII, xvi, 12.
(7) Id. VII, xvi, 28 (13 mars 1764). — Ordre du conseil du 16 nov. 1771.
(8) Id. VII, xvi, 13, § 12 (30 juillet 1760).
(9) Id. VII, xvi, 31 (18 août 1769).
(10) Id. VII, xvi, 17 (12 sept. 1771).
(11) Id. VII, xvi, 18 (14 nov. 1773).

d'en appeler au Conseil de Castille si l'intendant persistait ; le seul droit sérieux de l'intendant était d'inspecter les différentes localités de sa juridiction et de s'informer de l'état de leurs finances. Une fois munis des comptes particuliers de chaque municipalité, les receveurs provinciaux rédigeaient, de concert avec l'intendant, un rapport général indiquant sommairement la situation de chaque localité, le bon ou le mauvais état de ses finances, la bonne ou la mauvaise gestion de ses administrateurs. En principe, les reliquats devaient être consacrés au rachat des cens dus par les villes, et au paiement de leurs dettes (1) ; mais l'intendant était maître de proposer au Conseil de Castille tel autre emploi des fonds qui lui semblait opportun. Le Conseil prononçait en dernier ressort sur les rapports qui lui étaient transmis par l'intendant et le receveur de chaque province, et sur les questions contentieuses jugées en première instance par les juges ordinaires (2).

Cette procédure compliquée privait les villes du droit de disposer librement de leurs économies et les soumettait à la surveillance des intendants, des receveurs provinciaux et du Conseil de Castille. Cette surveillance était sévère. Le Conseil réglementa les adjudications et fermages (3), interdit aux villes d'avoir, sans sa permission, des agents d'affaires à Madrid (4), et d'intenter un procès sans avoir obtenu l'avis favorable d'un avocat (5). Il refusa de rembourser les avances faites par des magistrats municipaux dans un procès que la ville aurait perdu (6). C'était le Conseil de Castille qui autorisait la levée des impôts municipaux, qui fixait le salaire des employés, arrêtait le chiffre des dépenses ordinaires et extraordinaires. Malgré tout, les abus allaient leur train, et le roi lui-même en donnait l'exemple : il avait interdit en principe l'aliénation des biens municipaux, mais il la permettait à titre exceptionnel et acceptait un pot-de-vin (*donativo*) sur la vente qu'il

---

(1) *Nov. Rec.* VII, xvi, 23 (23 février 1768 — 18 déc. 1801).
(2) Id.   VII, xvi, 19 (14 juin 1776 — 4 juillet 1786).
(3) Id.   VII, xvi, 23, 24, 25, 26, 27.
(4) Id.   VII, x, 5 (1716-1801).
(5) Arrêt du 18 déc. 1761.
(6) *Nov. Rec.* VII, xviii, 5 (1766-1801).

autorisait (1). En somme, la réforme de Charles III avait eu pour principal effet de remplir les villes d'avocats, de fiscaux et de greffiers (2) ; et le régime de la corde au cou auquel on les avait soumises ne paraissait point leur profiter. « Les muni-
« cipalités, disait Jovellanos, ne peuvent dépenser librement
« un sou de leurs revenus ; les provinces n'ont pas le droit
« d'intervenir dans les travaux publics qui se font sur leur
« territoire ; leurs chemins, leurs ponts, leurs travaux sont
« ordonnés par de mystérieuses instructions, et surveillés
« par des commissaires étrangers et indépendants. Quel sti-
« mulant peut-il rester au zèle des particuliers (3) ? »

On sut avant la fin du dix-huitième siècle où tendait cette intolérable centralisation. Par décret du 29 mai 1792, le roi ordonna aux intendants de recueillir dans leurs caisses toutes les économies des villes, affectées pour huit ans à la caisse de consolidation des *vales* (4).

Approvisionnement. — La question de l'approvisionnement des villes a été de tout temps la grande affaire des conseils municipaux. L'ordre public est directement intéressé à la bonne organisation de ce service, car disette engendre révolte ; mais tandis que dans la plupart des pays on compte aujourd'hui sur l'initiative individuelle pour assurer la fourniture des denrées nécessaires à l'alimentation, l'Espagne avait fait de l'approvisionnement un service municipal ; les villes passaient des adjudications pour le pain, la viande, le vin, le vinaigre et l'huile (5). Ce singulier système avait même paru si bon qu'on l'appliquait aussi à l'eau-de-vie, à la neige, aux éventails commémoratifs de la fête du *Corpus* (6),

---

(1) Gorosabel, *Bosquejo historico de Tolosa*, p. 69.
(2) Larramendi, *Corografia de Guipuzcoa*, p. 166.
(3) Jovellanos, *Informe*, n° 422.
(4) *Nov. Rec.* VII, xvi, 26.
(5) A Sarria on mettait en adjudication les boutiques et les cours appartenant à la ville, les tavernes, la neige, l'eau-de-vie, la boulangerie. — *Diario de Barcelona*, 9 nov. 1802.
A Valladolid il y avait un fermier de l'huile, du savon et du poisson. — *Archives municipales. Autos acordados*, 1791.
(6) *Diario de Barcelona*, 9 nov. 1802. — *Archives municipales de Barcelone. Cuentas*, 1793.

au savon, à la chandelle, au poisson (1). A Madrid on taxait officiellement les oiseaux de basse-cour, le gibier, les amandes, les pois chiches, les lentilles, les piments, les aubergines, les tomates, les cives, les épinards, les poireaux, les noix, les fèves, les haricots, les citrouilles, le safran, les œufs, les fromages à la crème, les pieds de porc, les couennes de lard, le lait, les harengs, les anchois, les sardines, les bonites, les congres, les abricots, les prunes, les poires, le verjus, les cerises, les limons, les citrons, les oranges et les dattes (2).

Pour assurer l'approvisionnement en blé, cinq mille greniers d'abondance (*positos*) avaient été établis par tout le royaume. Tout propriétaire ou fermier dans un certain rayon autour du posito était tenu d'y engranger une certaine quantité de grain. Au bout d'un an, le déposant reprenait son blé ou en touchait le prix, et versait une nouvelle quantité de grain (3). Le prix normal du blé avait été fixé par une ordonnance de 1765 à 32 réaux la fanègue en Cantabrie et dans les Montañas, 35 réaux dans les Asturies, la Galice, l'Andalousie, Murcie et Valence, et 22 réaux dans les autres pays d'Espagne (4). Les rois tinrent toujours la main à la bonne administration des positos. De 1751 à 1781, vingt ordonnances générales parurent à ce sujet. On les codifia en 1781 et trois nouveaux édits vinrent encore s'y ajouter en 1782, 1787 et 1788 (5). Les positos obtinrent de grands privilèges (6); leur comptabilité fut centralisée dans chaque province aux mains du receveur général, et ressortit à la recette générale de Madrid (*contaduria de positos*) qui n'occupait pas moins de cinquante-six employés en 1800 (7).

Les villes trouvaient dans les positos une précieuse réserve pour les années de cherté, et l'on ne peut que louer cette institution, nécessaire dans un temps où le commerce du blé

---

(1) *Archives municipales de Valladolid.* Autos acordados, 1791. — *Id. de Barcelone,* 1793.
(2) *Nov. Rec.* VII, xvii, 17 (2 sept. 1768).
(3) Coxe, *L'Espagne sous les Bourbons,* t. VI, p. 111.
(4) *Nov. Rec.* VII, xix, 11 (11 juillet 1765).
(5) Id. VII, xx, 4 (13 mai — 2 juillet 1792).
(6) Id. VII, xx, 7 (11 février 1804).
(7) Id. VII, xx, 5 (6 octobre 1800).

était entravé par le mauvais état des chemins et par d'absurdes prohibitions.

Mais on ne voulait pas seulement avoir du blé, on voulait aussi avoir du pain. A Tolosa, l'ayuntamiento s'était fait boulanger ; il possédait tous les moulins et tous les fours. Les habitants ne pouvaient apporter leur blé au moulin sans l'avoir fait peser au poids de ville et avoir payé « une blan-« que » par sac. Le domestique qui oubliait de passer au poids de ville payait deux réaux d'amende sur ses gages. Au moulin, il fallait donner au meunier quatre livres de grain par fanègue. Les fours étaient mis en adjudication comme les moulins, et il fallait encore payer pour cuire son pain (1). Même dans les villes où la vente du pain n'était pas monopolisée, le Conseil se réservait le droit de taxer les boulangers (2) et même de leur prescrire les sortes de pain qu'ils devaient fabriquer. Le 15 avril 1793, l'ayuntamiento de Barcelone déclara qu'au lieu de trois espèces de pain (blanc, mitoyen et bis) les boulangers ne fabriqueraient plus qu'une seule espèce, en mélangeant au froment de la farine de maïs, de haricots et d'orge. Le pain devait être vendu 13 deniers la livre. Des débits de pain blanc à 2 sous la livre étaient ouverts pour les malades et les convalescents dans le quartier de Sainte-Marie, à la Place neuve, et dans la rue de l'Hospital, mais il ne pouvait être délivré que sur un certificat de médecin, visé par un délégué de l'ayuntamiento. Les contraventions à l'ordonnance étaient punies d'une amende de 150 réaux (3).

Si l'on se contentait, dans beaucoup de villes, de taxer le pain, presque partout la fourniture de la viande était mise en adjudication ; dans certaines villes même, le système de l'adjudication était étendu à la viande de porc. Le boucher qui offrait la viande au plus bas prix obtenait l'entreprise. A Valladolid, en 1791, un fermier de San-Juan-de-Segovia (*diocèse de Lugo*) offrit de fournir la viande de bœuf au prix de 12 à 13 cuartos la livre (4), et le mouton à 13 ou 14 cuartos.

---

(1) Gorosabel, *Bosquejo historico de Tolosa*, p. 56.
(2) *Nov. Rec.* VII, xvii, 16 (9 août 1768).
(3) *Archives municipales de Barcelone*. Registro de actas, 1793.
(4) Environ 1 real 1|2, ou 0 fr. 37 centimes.

Un fermier d'Aranda offrit le bœuf à 12 cuartos pendant toute l'année et le mouton à 13, mais il ne voulait donner de bétail de Galice que pendant neuf mois de l'année, et sollicita de la ville un prêt hypothécaire de 44.000 réaux. Les régidors acceptèrent les conditions du premier (1). Le bail était conclu pour un an. Lorsque le fermier avait rempli ses engagements à la satisfaction générale, la ville lui accordait une gratification (2). Il arrivait quelquefois que personne ne se présentait pour conclure marché avec la ville; dans ce cas, le précédent adjudicataire restait en fonctions jusqu'à ce qu'il se présentât de nouveaux concurrents. Parfois, les villes essayaient de faire elles-mêmes le commerce. Le 6 avril 1806, la direction des approvisionnements de Madrid annonçait au public qu'elle allait mettre en vente « comme « un négociant particulier » le porc à 26 cuartos, le mouton à 27 et le bœuf à 24 cuartos la livre (3). Rarement les villes trouvaient leur bénéfice à cette opération. Valladolid, ayant en 1790 acheté 1.697 charges de lard salé, n'en put vendre que 1.476; le Conseil de la ville décida que l'expérience ne serait pas continuée (4). De grands abus avaient lieu dans les adjudications. Les régidors favorisaient leurs parents ou leurs amis (5), ou se faisaient régaler par les adjudicataires (6). Il est fort probable que ces abus n'avaient pas tous disparu à la fin du dix-huitième siècle.

L'adjudication une fois faite, la viande se débitait à prix fixe et invariable dans une certain nombre de boutiques installées par la municipalité. Nul autre que l'adjudicataire n'avait le droit de faire ce commerce (7). Les régidors et le corrégidor étaient tenus d'inspecter fréquemment les débits de viande et de tenir la main à l'observation des ordonnances (8).

(1) *Archives municipales de Valladolid*. Autos acordados, 1791.
(2) *Archives municipales de Bilbao*. Registro de actas, 1797.
(3) *Diario de Madrid*, 6 avril 1806.
(4) *Archives municipales de Valladolid*. Autos acordados, 1791.
(5) *Nov. Rec.* VII, xvii, 20 (15 mai 1788).
(6) *Ordenanzas de Orduña*, p. 27.
(7) Gorosabel, *Bosquejo historico de Tolosa*, p. 56.
(8) *Nov. Rec.* VII, xvii, 20 (15 mai 1788).

L'approvisionnement d'une grande ville comme Barcelone exigeait 30,000 agneaux d'Aragon, 26.000 de Castille, 18.000 de Valence et d'Alicante, 10.000 des montagnes, 16.000 béliers, 16,000 brebis, 2.500 bœufs et vaches et 300 veaux, soit 1.278.500 livres de viande, sans compter les têtes, les issues, les pieds et la graisse. La fourniture de la viande déterminait un mouvement de fonds de 10.543,550 réaux. La ville avait un abattoir municipal, administré par un directeur et un majordome, assistés d'un greffier. Un étal de la grande boucherie restait ouvert jusqu'à neuf heures du soir en hiver et jusqu'à dix heures en été. Pour parer à tout événement, on avait toujours six agneaux en réserve dans une maison de la rue d'En Gérait Pellicer (1).

L'approvisionnement de Barcelone souffrit de grandes difficultés pendant la guerre avec la France (1793-95). Dès le 5 décembre 1793 la municipalité était obligée d'élever le prix de la viande ; elle avait fait venir du bétail jusque d'Afrique, beaucoup d'animaux étaient morts pendant la traversée ; les fonds prêtés à la ville par le roi ou les particuliers étaient épuisés ; il fallait donc augmenter les prix. La livre de viande (*libra carnicera*) de 36 onces (1008 grammes) fut portée à 5 réaux 32 maravédis pour l'agneau et le veau, 4 réaux 26 maravédis pour le mouton, et 4 réaux 12 maravédis pour le bœuf (2). En 1795 les prix étaient montés à 7 réaux 32 maravédis, 6 réaux 30 maravédis et 6 réaux 12 maravédis (3). Le prix de la viande à Valladolid était en cette même année de 3 réaux 5 maravédis (4). Le régime du monopole était donc impuissant à empêcher une hausse de plus de moitié sur la viande, sitôt que l'ordre normal venait à être troublé ; cependant l'adjudication de la fourniture de la viande n'a été supprimée dans les villes d'Espagne qu'en 1845 (5).

Comme il y avait un fermier de la viande, il y en avait un du vin. Il achetait à ses risques et périls un vin qu'il était obligé de

---

(1) *Archives municipales de Barcelone*. Registro de actas, 1795.
(2) Id. ibid. 1793.
(3) 0,86 centimes la livre de 500 grammes.
(4) 0,38 centimes la livre de 500 grammes.
(5) Gorosabel, *Bosquejo historico de Tolosa*, p. 56.

revendre aux marchands au détail pour un prix fixé à l'avance. Les revendeurs ou taverniers étaient eux-mêmes soumis à la taxe. Vitoria avait en 1793 un acheteur municipal, des adjudicataires du transport des vins, et 13 débits municipaux (1).

Valladolid nommait un commissaire chargé de s'enquérir du prix des vins dans le pays, et arrêtait la taxe d'après son rapport. La taxe du vin était une source intarissable de difficultés pour les ayuntamientos. En 1791, le fermier de Valladolid remontrait au Conseil que la mauvaise disposition des caves et les chocs que recevait le vin en passant au poids public nuisaient à sa qualité, et ne permettaient plus de le vendre au même prix qu'autrefois. Le malheureux adjudicataire se plaignait de perdre 200 réaux par jour. Sa situation était d'autant plus triste que les propriétaires des environs avaient le droit d'entrer en franchise le vin nécessaire à leur consommation ; ils en introduisaient le plus souvent bien davantage, et en faisaient un commerce clandestin. Les couvents avaient des débits qui faisaient une concurrence ruineuse aux tavernes municipales. Certains ordres cloîtrés obtenaient des laissez-passer conçus en termes très vagues et emmagasinaient des quantités énormes de vin, sur lesquelles les gens du roi ou de la ville perdaient tout droit de contrôle (2). La perception des *millones* soumettait les cabaretiers à une surveillance incessante et tyrannique. La restitution des droits aux ecclésiastiques (*refaccion*) compliquait les écritures d'une étrange façon. Les tracasseries administratives, les taxes arbitraires, les fraudes des intermédiaires, tout concourait à décourager le producteur et le commerçant, et à maintenir le vin à un prix élevé (3). Les économistes déploraient ces traditions funestes. Jovellanos faisait remarquer avec quelle inconséquence on avait décrété la liberté du commerce des grains, tout en laissant la taxe du blé et du pain à la dis-

(1) *Archives municipales de Vitoria*. Registro de actas, 1793.
(2) Zelada, *Estado de la bolsa de Valladolid*, p. 373.
(3) Il coûtait à Valladolid, en 1791, 20 cuartos *l'azumbre* — ou environ 25 centimes le litre. — (L'*azumbre* était le huitième de la *cantara*, mesure de Castille qui contenait 23 livres castillanes ou 11 kilos 250 grammes de liquide. Le *cuarto* valait 4 maravédis 1/4.)

crétion des magistrats municipaux (1). Il blâmait les lois contre les revendeurs et les petits marchands, « taquinés à « l'envi par les autorités municipales, et qui sont cependant « d'aussi utiles intermédiaires entre le producteur et le con- « sommateur que les marchands et les boutiquiers entre le « fabricant et le client (2). » La routine restait plus forte que la raison : les conseils de ville ne pouvaient se résoudre à admettre la liberté du commerce.

Police. — Avec un pareil esprit, on devine ce que pouvait être la police. L'idéal du magistrat était d'introduire dans les cités le même ordre et la même discipline que dans les couvents. On ne peut imaginer jusqu'où allait la minutie des ordonnances, ni la prodigieuse quantité des choses qu'elles défendaient, ni les conditions baroques qu'elles mettaient à ce qui restait permis. Certaines de ces ordonnances sont des chefs-d'œuvre de niaiserie. L'exemple venait de haut : le roi avertissait sérieusement les autorités municipales de réparer les bâtiments qui menaçaient ruine, et de veiller à la reconstruction des vieilles maisons (3).

On ne peut nier qu'il n'y eût beaucoup de progrès à réaliser. Une ordonnance de police rendue à Barcelone en 1802, au moment de l'arrivée de Charles IV, défend de vider les eaux ménagères dans la rue, d'y jeter les eaux de toilette, d'y abandonner les chiens crevés, de monter sur les toits les jours de fête. Elle interdit aux jeunes gens de faire des poussées et des farandoles dans la foule et de tirer des pétards. Si l'on sent le besoin d'interdire toutes ces choses, c'est qu'elles se faisaient ordinairement. Mais la police va plus loin : elle recommande aux habitants de se comporter dans la rue « avec la décence et la modestie convenables » ; elle défend de porter des cannes courtes, ou de grosses cannes, ou des cannes d'une forme extraordinaire ; elle fait retirer les bancs des cabarets pour empêcher les gens de s'asseoir après avoir bu (4).

(1) Jovellanos, *Informe*, n° 228.
(2) Id. ibid. n° 233.
(3) *Nov. Rec.* VII, xxxii, 2 (1749-1788).
(4) *Diario de Barcelona*, 9 août 1802.

On commençait à s'occuper de la propreté et du bon entretien des rues; on les faisait paver, balayer, éclairer pendant la nuit; mais les mesures les plus raisonnables étaient gâtées par une réglementation outrancière et abusive. L'ordonnance sur le balayage, rendue à Pampelune en 1772, compte quarante articles et fut imprimée à 1500 exemplaires pour être distribuée à toutes les communautés religieuses et aux chefs du quartier (*priores de barrio*). Elle prescrit le balayage quotidien de toutes les rues (1), l'arrosage après le coup de balai, la mise en botte des ordures. A certains jours de la semaine, des voitures passent dans les rues pour enlever les fumiers. Il est interdit d'uriner contre les maisons, de laisser vaquer les porcs dans les rues, d'attacher les mules aux grilles des fenêtres, de leur donner à manger dans la rue, de laisser pourrir les chiens crevés dans les cours (2). Ces sages dispositions étaient bien loin d'être observées dans toutes les villes d'Espagne; elles firent de Pampelune, dès la fin du dix-huitième siècle, une des cités les plus propres de la péninsule. On peut trouver seulement que la police pampelunaise dépasse son droit lorsqu'elle défend à un propriétaire de changer sans sa permission la disposition intérieure de sa maison.

Peu de villes espagnoles avaient leurs rues pavées. A Valladolid, on songeait à peine en 1791 à paver les rues les plus fréquentées (3). Là même où l'on empierrait les rues, il ne s'agissait pas d'y mettre des pavés, mais de simples cailloux, des galets posés sur la tranche, affreusement aigus et coupants, à peine liés par du sable, et qui faisaient une aire si cahoteuse et si désagréable qu'une course en ville devenait bien vite un supplice. « On ferait mieux, disait le P. Larramendi, de prendre aux Français leurs pavés que leurs modes. » Mais on copiait les modes françaises, et l'on plantait des galets dans les rues.

---

(1) A Orduña, le balayage n'avait lieu que tous les samedis. — *Ordenanzas*, p. 67.

A Barcelone, pendant le séjour du roi, les rues étaient balayées deux fois la semaine. — *Diario de Barcelona*, 4 sept. 1802.

(2) *Ordenanzas de Pamplona*, 1772.

(3) *Archives municipales de Valladolid*. Autos acordados, 1791.

Le service des eaux était généralement défectueux. Beaucoup de maisons n'avaient que de l'eau de puits ou de citerne. Dues à la munificence de riches particuliers, les fontaines étaient en petit nombre ; l'eau était rare et chère, et de qualité médiocre : de là des épidémies fréquentes, et des incendies désastreux. Il n'y avait guère que les grandes villes qui eussent des pompes ; ces engins coûtaient 9 à 10.000 réaux (1) ; les localités pauvres ne pouvaient se payer un pareil luxe. Dans les petites villes, quand une maison brûlait, tous les habitants de la rue étaient tenus de combattre le feu (2), et si le propriétaire incendié était pauvre, il obtenait la permission de quêter pour rebâtir sa maison. Il se plaignait souvent qu'on vendît les décombres sans le consulter, et qu'il lui fallût recourir au Conseil de Castille pour en toucher le prix (3).

L'éclairage était à peine connu. Des règlements relatifs aux porteurs de torches prouvent que Barcelone était encore fort mal éclairée en 1802 (4). Il en était presque de même à Madrid. A Vitoria, la ville avait mis un impôt sur les propriétés bâties ; on payait 1 réal par maison, et pour les jardins 1 cuartillo par *vara* de mur de clôture sur la rue ; le tout rapportait 7.083 réaux, la ville ajoutait 7.153 réaux et avait placé des lanternes dans les carrefours les plus sombres (5).

Le mouvement philanthropique et scientifique qui marque la fin du dix-huitième siècle amena les municipalités à se préoccuper de la santé publique beaucoup plus sérieusement qu'elles ne l'avaient fait jusqu'alors. La plupart des villes eurent une commission sanitaire (*Junta de sanidad*) présidée dans les capitales de province par le commandant général (6). Beaucoup de localités eurent leurs médecins municipaux, nommés par l'assemblée des citoyens, ou par les autorités municipales (7). Ces médecins recevaient de la ville un trai-

---

(1) *Archives municipales de Valladolid.* Autos acordados 1791.
(2) *Ordenanzas de Orduña*, p. 51.
(3) *Archives municipales de Bilbao.* — Registro de actas, 1797.
(4) *Diario de Barcelona*, 9 août 1802.
(5) *Archives municipales de Vitoria.* Registro de actas, 1793.
(6) *Archives de Guipuzcoa.* Sec. 1º, neg. xix, leg. 15.
(7) *Archives de Navarre.* Quadernos de leyes, 1793, p. 161.

tement fixe et devaient soigner gratuitement les indigents. On exigeait d'eux la production de leur diplôme, avant de les laisser exercer (1). Les villes payaient aussi des chirurgiens barbiers. La petite ville d'Epila en Aragon donnait 310 livres jaquaises (6.782 réaux) à son chirurgien, qui recevait en outre des gratifications des trois couvents de la ville, et devait avoir toujours deux garçons et un apprenti pour raser et saigner les clients (2). Le chirurgien de Bilbao obtint en 1797 une augmentation de 2.200 réaux (3).

Les pharmaciens n'étaient pas fonctionnaires, mais étaient étroitement surveillés par les médecins, les ayuntamientos et les autorités provinciales. En Navarre, tous les apothicaires de la région se réunissaient à Tudela ou à Pampelune pour la fabrication de la « Grande Thériaque d'Andromachus » sous la présidence des confréries médicales des Saints-Côme et Damien. Chaque apothicaire remportait une part de thériaque proportionnée au poids des drogues qu'il avait apportées, et était autorisé à la vendre au prix fixé par les médecins (4). Tous les médicaments étaient taxés ; les apothicaires ne pouvaient en réclamer le prix que sur la production de l'ordonnance du médecin. Ils n'avaient pas le droit, dans les cas graves, de refuser un médicament, faute de paiement préalable (5).

L'hygiène morale des villes paraît avoir été aussi l'objet de la sollicitude des municipalités, à en juger par les nombreuses ordonnances sur les théâtres, les bals publics, les gens de mœurs suspectes (6), les vagabonds et les

(1) *Guipuzcoano instruido*, v° Medicos.
(2) *Diario de Zaragoza*, 1er fév. 1797.
(3) *Archives municipales de Bilbao*. Registro de actas, 1797.
(4) Yanguas y Miranda, *Diccionario de fueros y leyes*, v° Boticarios.
(5) *Archives de Guipuzcoa*. Sec. I, neg. xix, leg. 48 (1778). Procès intenté par l'alcalde d'Azpeitia à l'apothicaire de la même ville.
(6) *Archives de Guipuzcoa*. Sec. III, neg. xiv.
Leg. 27 (1762) — procès intenté à un homme et une femme de Vergara pour leur conduite déréglée.
Leg. 49 (1776) — procès fulminé d'office par l'alcalde de Mutiloa contre Martin Arostégui, homme scandaleux.
Leg. 61 (1783) — procès intenté par l'alcalde de Saint-Sébastien à José Zavalo pour mauvaises mœurs.
Leg. 99 (1787) — procès intenté par l'alcalde d'Oyarzun à Pedro José Olaizola pour rapports illicites avec Maria Antonia Echeveste.

gitanos ; mais elles paraissent avoir eu peu d'effet.
L'institution des veilleurs de nuit (*serenos*) avait plus fait
pour le maintien de l'ordre qu'une vingtaine d'ordonnances
royales. L'idée était venue de Flandre ou d'Angleterre.
Frédéric-Guillaume Ier établit des veilleurs de nuit à Berlin
en 1729. En Espagne, les premiers furent institués à Valence
par D. Joaquin Foix (1), et l'usage s'en répandit peu à peu
dans les principales villes de la Péninsule et des Indes. Les
serenos étaient choisis par la municipalité, et payés par les
propriétaires des rues dont ils avaient la garde. Leur veille
commençait à dix heures du soir et se terminait à six heures
du matin. Munis d'une lanterne et d'un bâton ferré, ils parcouraient les rues, annonçant les heures et les demies, et indiquant le temps qu'il faisait. Ils fermaient les portes laissées
ouvertes par négligence, ils ouvraient la porte aux locataires
attardés, ils remettaient les passants égarés dans le bon chemin ; ils allaient, en cas de besoin pressant, chercher le médecin
ou le prêtre pour les malades, ils arrêtaient les malfaiteurs,
les tapageurs, les vagabonds et les ivrognes. Grâce à leur vigilance, les ruelles des vieilles cités d'Espagne cessèrent d'être
des coupe-gorge, mais l'institution ne progressa que lentement : Saragosse n'avait pas encore de *serenos* en 1796 ; un
homme ayant alors demandé à en faire le service, les régidors
répondirent que la question n'était pas encore suffisamment
étudiée, et engagèrent seulement le régidor rapporteur « à
« continuer à prendre des notes sur cette innovation (2) ».

Bienfaisance. — Les institutions de bienfaisance avaient
toujours été très populaires en Espagne ; mais pendant longtemps elles avaient été abandonnées à l'initiative de l'Eglise
ou des particuliers. A la fin du dix-huitième siècle, l'assistance publique commença à prendre le caractère d'un service
d'Etat, et de grandes sociétés laïques se formèrent dans les
principales villes du royaume.

A Madrid siégeait la *Junte royale et générale de Charité*,

(1) Pi y Arimon, *Barcelona antigua y moderna*, t. I, p. 195.
(2) *Archives municipales de Saragosse*. Registro de actas, 1796.

composée d'un président et de dix-sept membres, parmi lesquels on comptait un membre d'un des soixante-quatre comités de charité de la ville, un membre de la Société économique de Madrid, un membre du Collège de la noblesse et un aide de camp du roi (1).

A côté de la Junte royale fonctionnaient : *la Junte de Charité de Madrid pour le soulagement des pauvres et l'entretien des enfants* (2), *l'Association des dames charitables pour l'assistance des femmes détenues à la galera et dans les prisons de Madrid* (3), *la Confrérie royale de Notre-Dame de l'Espérance, la Royale Confrérie de Notre-Dame du Refuge et de la Pitié* (4), *la Concordia*, société de secours mutuels des artistes de la chapelle royale (5).

Les villes de province avaient aussi leurs juntes de charité. Valence, Saragosse, Palencia et Barcelone en avaient pour les détenus (6). Salamanque, Saragosse et plusieurs autres villes avaient des associations qui fournissaient aux pauvres des repas à bon marché (*juntas de socorro de pobres con comidas economicas*).

Ces sociétés rendaient de grands services. Dans la seule année 1798, la Junte de charité de Madrid secourut 33.670 pauvres, nourrit et vêtit 838 petits garçons et 1.571 petites filles (7). Du 17 mars 1799 au 4 avril 1802, la Junte de charité de Barcelone distribua 4.119.864 rations, et plaça les billets de 41 loteries. Elle sut intéresser toutes les classes de la société. Elle obtint de riches aumônes des droguistes, des confituriers et des semouliers ; un grand négociant donna toutes les épices dont on eut besoin ; la valeur des dons de pain monta à 10.000 réaux (8). A la paix d'Amiens, la Junte avait en caisse un boni de 411.082 réaux et commença la cons-

---

(1) *Guia de forasteros*, 1801.
(2) Canga Arguelles, *Dic. de hac.* v° Junta de Caridad.
(3) Id. ibid. v° *Presos*.
(4) *Guia de forasteros*, 1801.
(5) Saldoni, *Dic. de musicos españoles*, t. I, p. 32.
(6) Pi y Arimon, *Barcelona antigua y moderna*, t. II, p. 333. — *Diario de Barcelona*, 6 nov. 1802.
(7) Canga Arguelles, *Dic. de hac.* v° Junta de caridad.
(8) *Diario de Barcelona*, 6 nov. 1802.

truction d'un hospice pour les pauvres de toute la Catalogne (1). Dans la seule année 1801, la junte de Saragosse avait dépensé 121,534 réaux, employé 321 ouvriers, nourri, vêtu et envoyé à l'école 164 fillettes pauvres (2).

Ce n'étaient pas seulement des vêtements et des aliments que distribuaient les juntes de charité. Elles faisaient bénir des mariages, elles recueillaient les femmes enceintes, elles secouraient les fous, elles envoyaient les convalescents prendre les eaux ou respirer l'air des champs, elles faisaient dire des messes pour les malades, elles payaient les frais d'enterrement des morts (3). Les associations qui s'occupaient des détenus installaient des ateliers dans les prisons, distribuaient un salaire à ceux qui travaillaient et employaient les bénéfices de l'entreprise à adoucir la situation de ces malheureux (4).

On commençait à comprendre que le pauvre, le malade, l'enfant, le vieillard, le criminel même doivent être secourus, et que l'aumône à la porte des églises est un mauvais mode d'assistance ; à la voix des économistes la charité se disciplinait, et n'en devenait que plus efficace.

On chercha aussi à prévenir la misère, en mettant le crédit à la portée des plus pauvres ; on ouvrit dans les grandes villes des maisons de prêt sur gages, des *monts-de-piété*, comme il en existait à Rome. Ces établissements prêtaient sur les bijoux, les matières d'or ou d'argent, les effets mobiliers et les hardes de toute espèce. Pendant six mois et un jour l'emprunteur pouvait retirer l'objet engagé, en remboursant l'argent qui lui avait été prêté. A l'expiration du délai, le gage était vendu publiquement, et le prix de vente remis au propriétaire, déduction faite de la somme qu'il avait déjà touchée. Aucun esprit de spéculation ne devait présider aux opérations des monts-de-piété, qui fonctionnaient aussi comme agences religieuses et comme caisses d'épargne. Le mont-de-

(1) Pi y Arimon, *Barcelona antigua y moderna*, t. II, p. 321.
(2) Canga Arguelles, *Dic. de hac.* v° Junta de Caridad.
(3) *Guia de forasteros*, 1804. — R. hermandad de N. S. de la Esperanza, R. Hermandad de N. S. del Refugio.
(4) Canga Arguelles, *Dic. de hac.* v° Presos.

piété de Madrid faisait dire des messes pour le repos des âmes des pauvres trépassés; celui de Barcelone recevait les dépôts d'argent, et donnait aux déposants un intérêt de 1 0ı0 par an (1). De 1724 à 1803, le mont-de-piété de Madrid prêta ou paya à 741.355 personnes une somme totale de 129.073.331 réaux, soit environ 174 réaux par tête, et fit célébrer 532.335 messes (2).

Les monts-de-piété n'étaient pas sans danger. Le prêt sur gages peut être un encouragement à la paresse, et offre aux voleurs un excellent moyen de se débarrasser des objets volés (3). Ces inconvénients firent imaginer d'autres types de monts-de-piété qui fonctionnèrent sous le patronage du roi, des grands corps de l'Etat ou des sociétés économiques des amis du pays.

Le roi patronna le *mont-de-piété militaire*, le *mont-de-piété des veuves et orphelins des employés des bureaux*, le *mont-de-piété des veuves et orphelins des employés de la loterie royale*, le *mont-de-piété des veuves et pupilles des corrégidors et alcaldes-mayors du territoire des ordres militaires* (4). — C'étaient des associations charitables, dont la caisse était alimentée par des dons volontaires, des retenues sur les traitements, des libéralités du roi; elles accordaient des secours ou servaient des pensions aux veuves et aux enfants des serviteurs de l'Etat.

A l'imitation de ce que faisait le roi, le corps de la noblesse de Madrid avait fondé (15 juin 1783) un *mont-de-piété pour les veuves et orphelines nobles de la capitale* (5).

En Aragon, la Société économique de Saragosse avait eu l'idée de fonder un *mont-de-piété agricole*, destiné à fournir aux laboureurs les frais de premier établissement, ou l'argent nécessaire pour faire leurs semailles. Le mont-de-piété devait assurer du travail aux journaliers, distribuer des instruments aratoires et des animaux de labour. Les prêts étaient gratuits

---

(1) Pi y Arimon, *Barcelona antigua y moderna*, t. II, p. 325.
(2) *Guia de forasteros*, 1804.
(3) Cf. *Cahiers du clergé de Paris intra muros*, 1789. — Art. xxv.
(4) *Guia de forasteros*, 1804.
(5) Benavides, *Ordenes de caballeria*, t. II, p. LXV.

et les emprunteurs avaient deux ans pour se libérer. Les premiers fonds furent souscrits par les membres de la Société ; le roi donna 400.000 réaux. Dans les huit premiers mois de sa création, le mont-de-piété distribua 44.000 réaux entre 110 laboureurs et prêta 62 chevaux (1).

Malheureusement les institutions de prévoyance ne marchent jamais du même pas que la misère, et l'extinction du paupérisme paraît être une chimère aussi vaine que l'égalité absolue entre les hommes. Il faut donc se résigner à courir au plus pressé, et choisir les infortunes les plus lamentables, puisqu'on ne peut espérer les soulager toutes. La charité s'ingénia à élever les enfants abandonnés, à soigner les malades et à recueillir les infirmes et les vieillards. Les enfants furent éduqués à l'*inclusa*, les malades soignés à l'hôpital, les vieillards recueillis à l'hospice.

Malgré la sévérité des ordonnances royales, le nombre des enfants trouvés était considérable. Il y eut, en 1797, plus de douze mille naissances illégitimes en Espagne; en 1803 Madrid compta 1.318 bâtards sur 4.962 naissances (2).

Pendant longtemps l'éducation des enfants trouvés resta à la charge des communes, mais c'était un lourd fardeau pour les villages, et de plus la condition des malheureux enfants était fort triste (3); la tache de leur naissance ne s'effaçait jamais, et ils ne pouvaient, au moins dans certaines provinces, être admis à aucune charge honorifique.

Charles III donna une vive impulsion à l'installation des *inclusas* ou maisons d'enfants trouvés. Il établit des maisons d'accouchement (*salas de maternidad vergonzosa*) (4), et des tours pour recevoir les enfants (*cajas de expositos*). L'excellente institution des tours fut généralisée en 1796; des revenus pris sur la cruzada furent attribués à l'œuvre des enfants abandonnés. Les autorités provinciales reçurent l'ordre de

---

(1) De Laborde, *Itinéraire descriptif*, t. I, p. 465.
(2) *Guia de forasteros*, 1804. — Canga Arguelles, *Dic. de hac.* v° Expositos.
(3) En 1770, la province de Guipuzcoa refusa de se charger de l'entretien de trois enfants restés sans ressources, par suite d'une condamnation à la reclusion prononcée contre leur mère. — *Guipuzcoano instruido*, v° Expositos.
(4) Duro, *Historia de Zamora*, t. III, p. 197.

diriger les enfants recueillis dans le pays sur les *inclusas* les plus rapprochées (1). Salamanque en avait une dès 1774 (2), Vitoria eut la sienne en 1780 (3), Tolosa en 1803, Pampelune en 1804, Saint-Sébastien, Azpeytia, Mondragon eurent les leurs un peu plus tard (4).

Après avoir pourvu aux premiers besoins de l'enfant trouvé, on voulut l'instruire et lui apprendre un état; on se prit de pitié pour les orphelins et les enfants moralement abandonnés. La noblesse de Grenade avait une école d'orphelines nobles (*colegio de niñas huerfanas nobles*) (5); la noblesse de Madrid prit à sa charge le collège royal des enfants abandonnés (*Colegio real de niños desamparados*) et fournit les 10.000 réaux nécessaires pour équilibrer son budget (6). Valladolid avait une école d'orphelines, dirigée par une rectrice (*rectora*) et quelques maîtresses, versées en tout genre de travail, qui donnaient aux élèves une excellente éducation. La même ville possédait une école des enfants de l'Amour de Dieu, fondée en 1613 par la Congrégation valléolitaine de la Visitation de Notre-Dame à Sainte-Elisabeth (7). Le roi essaya même de combattre le préjugé qui faisait des enfants trouvés des sortes de parias. Charles IV accorda dispense des droits de maîtrise à tout ouvrier qui se marierait avec une fille de l'*inclusa* (8).

Avec les progrès de la médecine, l'organisation des hôpitaux reçut de grandes améliorations vers la fin du dix-huitième siècle. En 1795 l'Espagne possédait 2.166 hôpitaux, disposant de 19.413 lits, et servis par 6.136 personnes (9). Madrid avait trois hôpitaux : l'hôpital général pour les hom-

---

(1) *Archives de Guipuzcoa*. — Sec. I, neg. xx, leg. 1, 2, 3, 5, 7, 14.
(2) Duro, *Historia de Zamora*, t. III, p. 197.
(3) Cola, *La ciudad de Vitoria*, p. 66.
(4) Gorosabel, *Bosquejo historico de Tolosa*, p. 349.
(5) Gallardo, *Rentas de la Corona*, t. II, p. 380.
(6) Benavides, *Ordenes de Caballeria*, t. II, p. LXIX. — Canga Arguelles, *Dic. de hac.* v° Desamparados. — Le collège possédait en 1800 un revenu de 223.562 réaux et dépensait 233.000 réaux.
(7) Sangrador, *Hist de Valladolid*, t. I, p. 623.
(8) Décret du 29 nov. 1803.
(9) Canga Arguelles, *Dic. de hac.* v° Hospitales.

mes, l'hôpital de la Passion pour les femmes, l'hôpital de Saint-Jean de Dieu pour les deux sexes. Du 1ᵉʳ déc. 1802 au 30 nov. 1803, ces trois établissements reçurent 35.594 personnes, sur lesquelles 27.990 sortirent guéries, 4.135 moururent et 2.469 restaient hospitalisées au 30 nov. 1803 (1). L'autorité veillait à ce que les ressources des hôpitaux ne fussent pas détournées de leur but. En 1752, les administrateurs de l'hôpital de Saint-Pierre Apôtre et de Sainte-Marie de Barcelone avaient décidé que tout pèlerin qui se présenterait à l'hôpital y serait hébergé pendant un jour et recevrait une livre de pain. En 1778 Charles III défendit de continuer cette pratique qu'il considérait avec raison comme une prodigalité (2).

A côté des hôpitaux destinés aux malades, le dix-huitième siècle vit s'élever des maisons de charité (*casas de misericordia*) qui participaient à la fois de l'hôpital, du refuge, de l'hospice et de la maison de travail forcé. On comptait 101 maisons de ce genre en Espagne en 1797; elles donnaient asile à 11.786 personnes, et employaient 727 serviteurs (3). L'idée à laquelle avaient obéi les promoteurs de ces institutions était en apparence très juste : il s'agissait d'assurer des soins aux malades et aux infirmes, du travail aux adultes valides, et de réprimer la paresse, la mendicité et le vagabondage, trop longtemps encouragés par une aveugle charité. Ce triple but est bien marqué dans un mémoire du capitaine général de Catalogne en date de 1802. Le capitaine général propose au roi d'employer les fonds restant de la junte de charité, formée pendant la dernière guerre, à fonder une *casa de misericordia* « où l'on recueillera les vieillards et les
« infirmes en ne leur demandant que le modeste travail qu'ils
« peuvent accomplir, où l'on enfermera les mendiants et
« les gens robustes qui ne veulent pas travailler, et que
« l'on forcera au travail pour ne les relâcher qu'une fois
« corrigés ; où enfin on mettra les enfants abandonnés par

---

(1) *Guia de ministeros*, 1804.
(2) Pi y Arimon, *Barcelona antigua y moderna*, t. II, p. 317.
(3) Canga Arguelles, *Dic. de hac.* v⁰ Hospicios.

« leurs parents, qui vagabondent actuellement jour et nuit
« dans les rues ; on leur apprendra les principes de la reli-
« gion et de la morale, et on leur enseignera un métier pour
« gagner leur vie » (1). Le côté charitable de ces institutions
leur attirait des donations et le concours bienveillant d'une
foule de personnes. L'hospice de Saragosse, terminé en 1792,
donnait du travail à 700 personnes des deux sexes, qu'il
employait à filer la soie, à carder la laine, à tisser des came-
lots et des soieries (2). Barcelone avait un refuge de filles
repenties (*casa de retiro de arrepentidas*), agrégé à la congrégation de Notre-Dame de l'Espérance et du Salut des
âmes ; les directeurs s'ingéniaient à retirer du vice les mal-
heureuses qui s'adressaient à leur charité : les unes prenaient
le voile, d'autres se réconciliaient avec leurs parents ou leurs
maris ; d'autres se mariaient (3) ; et quoique ces cas de gué-
rison morale fussent assez rares, le peuple avait un grand
respect pour ces œuvres de haute bienfaisance. L'idée de
forcer au travail le mendiant et le vagabond était infiniment
moins populaire ; outre que la brutalité de la contrainte exas-
pérait le plus souvent le paresseux sans le corriger, l'Espagnol voyait dans cette innovation une mesure de police aussi
tyrannique que la presse ou la *quinta*, et sa sympathie allait
à ces bonnes vieilles confréries qui secouraient à domicile les
pauvres malades et les femmes en couches, qui faisaient des
aumônes secrètes aux pauvres honteux « ou aux personnes
« de distinction tombées dans le besoin », et qui faisaient dire
des messes pour arracher les âmes des pauvres gens aux
flammes du purgatoire (4). L'Espagnol répugnait à l'organisation bureaucratique de la charité ; et, en somme, si les
villes d'Espagne étaient médiocrement administrées, mal
pavées et mal éclairées, ennuyeuses et mornes, toutes les
misères, même les plus méritées, y trouvaient aide et com-
passion.

(1) *Diario de Barcelona*, 18 déc. 1802.
(2) De Laborde, *Itinéraire descriptif*, t. I, p. 438.
(3) Pi y Arimón, *Barcelona antigua y moderna*, t. II, p. 321.
(4) Diario de Zaragoza, 1797. — Canga Arguelles, *Dic de Hacienda*. v° Refugio.

CHAPITRE IV.

L'ARMÉE.

L'armée était la gloire des anciennes monarchies. Dans les pays les plus pauvres, le roi montrait avec orgueil des régiments bien disciplinés, commandés par une brillante noblesse. La France et l'Autriche étaient restées, au dix-huitième siècle, des nations militaires ; la Prusse et la Russie étaient devenues des puissances formidables. L'Espagne chercha à se refaire une armée, et y réussit en apparence, sans parvenir cependant à reprendre en Europe le rang que semblait lui mériter le nombre de ses soldats.

La cause première de cette infériorité doit être cherchée dans le défaut d'esprit militaire des princes qui gouvernèrent l'Espagne de 1700 à 1808. Un seul fut soldat, ce fut Philippe V. Il fit preuve d'un réel courage pendant la guerre de succession, et remit les forces nationales sur un pied très respectable ; mais son ardeur guerrière se refroidit de bonne heure. A partir de 1715 il ne reparut plus à la tête de ses troupes. A la paix d'Aix-la-Chapelle (1748), Ferdinand VI rappela ses armées d'Italie. Charles III et Charles IV furent des monarques bourgeois et casaniers. Ni eux, ni aucun prince de leur famille n'eut jamais l'idée de passer une revue, d'avoir des régiments à soi, d'établir un camp, ni de commander en personne. « Pendant tout mon séjour ici, disait « en 1797 un voyageur allemand, je n'ai jamais vu aucun « membre de la famille royale porter l'uniforme (1). »

Charles IV se refusa jusqu'en 1800 à permettre l'établis-

---

(1) *Spanien wie es gegenwärtig ist.* — Gotha, 1797, t. I, p. 591.

sement de camps d'instruction : « Qu'on ne me parle pas de
« ces nouveautés ! » disait-il (1).

Oubliée par le souverain, l'armée n'attirait personne ; les
Espagnols les plus instruits préféraient aux ennuis et aux déboires de la carrière militaire les honneurs ecclésiastiques, les
charges de judicature ou les emplois civils (2). Le paysan avait
en horreur le service militaire, qui l'arrachait à son champ
pour le jeter dans les régiments, pêle-mêle avec des bandits
et des vagabonds.

Les juges les plus favorables disaient que « l'armée espa-
« gnole était restée ce qu'elle était au temps de la guerre
« de Trente Ans : disciplinée, dure aux fatigues, ferme au
« combat, mais lente en ses mouvements, n'avançant qu'avec
« tous ses bagages et ne combattant que derrière les re-
« tranchements (3) ». Les officiers français étaient choqués
de son aspect misérable : « Des habits sales, déchirés, rem-
« plis de taches, des cheveux sans poudre, des cadenettes mal
« faites, des queues inégales, des catogans irréguliers, ôtaient
« aux régiments espagnols tout le charme du coup d'œil (4) ».

Godoy acheva de désorganiser l'armée. Au moment de
partir pour Bayonne avec Ferdinand VII, Escoïquiz voulut
savoir sur quelles forces l'Espagne pouvait compter ; le ministre de la guerre, Olaguer Feliú, lui répondit « qu'il l'igno-
« rait, et qu'aucun de ses employés n'en savait davan-
« tage » (5).

La plus grosse part de responsabilité dans ce triste état
de choses revenait au gouvernement ; mais la nation n'était
pas non plus à l'abri de tout reproche. « Le trait le plus pro-
« noncé du caractère espagnol, dit Jomini, est un penchant
« à l'indépendance, ou, pour mieux m'exprimer, à l'affran-

(1) Morel Fatio, *Études espagnoles*, t. II, p. 39.
Fervel, *Campagne dans les Pyrénées-Or.*, t. I, p. 23. — En 1800 trois camps furent formés : à Mérida (23 bataillons), à Malaga (15 bataillons), à Arès en Galice (27 bataillons). — Barado, *Museo militar*, t. III, p. 555.
(2) Général Foy, *Guerres de la Péninsule*, t. II, p. 222.
(3) Sorel, *La Diplomatie fr. et l'Espagne*, t. I, p. 2 — Tratchewsky, *L'Esp. à l'époque de la Révol.*, p. 48.
(4) Mis de Langle, *Voyage en Espagne*, t. I, p. 151.
(5) Escoïquiz, *Exposé des motifs*, p. 40.

« chissement de tout frein et au vagabondage. Il est aussi
« difficile d'y lever des impôts que de plier les hommes aux
« devoirs de la discipline, si nécessaire dans des troupes de
« ligne (1). » Admirable *guerrillero*, l'Espagnol ressemblera
toujours à ce joli portrait des Catalans, brossé par Vauban :
« Gens un peu pendards, aimant naturellement l'escoupet-
« terie, et se faisant un grand plaisir de chasser à
« l'homme » (2).

Le général qui eût compris le génie national eût réussi à
faire de ces pendards d'excellents soldats. Le général Foy,
qui les avait combattus, les tenait en haute estime. « Ils ne
« sont, disait-il, ni mutins, ni raisonneurs, ni querelleurs ni
« libertins ; ils s'enivrent rarement. Ils ont moins d'intel-
« ligence que les Français, mais ils en ont plus que les Alle-
« mands ou les Anglais. Ils aiment leur patrie, ils en parlent
« avec enthousiasme (3). » Entre les mains des officiers ignorants et brutaux que leur donnait la Cour, l'armée n'était
qu'un grand corps sans âme, une bureaucratie où l'esprit
militaire faisait presque entièrement défaut.

I. — Histoire des institutions militaires au XVIIIe siècle.

A l'avènement de Philippe V, l'effectif total de l'armée
espagnole montait à peine à 20.000 hommes, dont 8.000 tenaient garnison aux Pays-Bas et 6.000 dans le Milanais (4).
Le roi n'avait pour garde qu'une troupe d'artisans de Madrid,
qui reprenaient leur métier sitôt qu'ils n'étaient plus de service au palais (5).

Dès 1701, Philippe commença à reconstituer son armée et
sa garde ; mais jusqu'en 1706 on ne put obtenir aucun résultat, parce qu'on avait commis le soin de faire les levées

---

(1) Jomini, *Histoire des guerres de la Révolution*, t. II, p. 63.
(2) Fervel, *Campagnes*, t. I, p. 179.
(3) Général Foy, *Guerres de la Péninsule*, t. II, p. 219.
(4) Coxe, *L'Espagne sous les Bourbons*, t. I, p. 148.
(5) Id. Ibid. t. I, p. 150 et p. 183. — Instructions de Louis XIV au comte
de Marsin.

aux curés et aux alcaldes, et parce qu'on n'avait pas rendu les officiers responsables de leurs hommes. Les recrues désertaient, emportant habits, armes et argent (1).

En 1706 l'esprit militaire se réveilla subitement. A elle seule, l'Estrémadure leva 12.000 hommes (2). Même après les désastres de 1711, Vendôme trouva encore l'armée sur un pied respectable, et put la réorganiser assez vite pour gagner avec elle les brillantes victoires de Brihuéga et de Villaviciosa. L'Espagne avait fait un immense effort ; elle avait armé 120 bataillons et 103 escadrons. L'artillerie disposait de 300 canons et de 40 mortiers (3).

On doit à Philippe V la réorganisation de la garde royale, qui comprit une compagnie de hallebardiers, une compagnie de gardes du corps, un régiment des gardes espagnoles et un régiment des gardes wallonnes (1ᵉʳ mai 1704) (4). Philippe V ôta aux capitaines l'administration de leurs compagnies, et fit masse du prêt des soldats pour remplacer les vêtements et les armes (*fondo de masa*) et pour l'entretien de l'équipement (*fondo de masita*). Il établit un conseil de guerre dans chaque corps de troupe. Il créa les commissaires et les ordonnateurs des guerres, et les intendants d'armée. Enfin, à côté de l'armée régulière, il ordonna la formation de 33 régiments de milices provinciales (31 janvier 1734) qui constituèrent de sérieuses troupes de réserve (5).

Ferdinand VI eut un règne pacifique ; mais ses ministres ne négligèrent pas absolument l'armée. La Ensenada proposa au roi, en 1751, d'augmenter l'armée de 57 escadrons et de 41 bataillons, pour avoir 100 bataillons et 100 escadrons mobilisables. Vu la répugnance de l'Espagnol pour le service de l'infanterie, il proposait de s'entendre avec l'Angleterre, l'Autriche et les petits princes allemands pour la levée de

---

(1) Coxe, t. I, p. 404. — *Lettre de Tessé à Chamillart.*
(2) Id. t. I, p. 478.
(3) Id. t. III, p. 577.
(4) Conde de Clonard, *Historia de las armas de infanteria y caballeria*, t. V, p. 110.
(5) Antequera, *Historia de la legislacion española*, p. 354. — Barado, *Museo militar.*, t. III, p. 560.

20 bataillons étrangers (1). Le roi ne donna point suite au projet ; mais une réforme générale du système militaire s'élabora lentement sous la direction de D. Sébastien Eslava, ministre de la guerre, du marquis de la Mina, du comte de Revillagigedo, de D. Jayme Masones de Lima, de D. Antonio Manso, et d'autres encore. Après avoir dormi vingt ans dans les cartons du Conseil de la Guerre, ce grand travail d'ensemble fut publié à Madrid en 2 volumes in-quarto, et parut le 22 octobre 1768 sous le titre de : « *Ordonnances* « *de S. M. pour le gouvernement, la discipline, la subordi-* « *nation et le service de ses armées* (2). Charles III compléta l'œuvre de réorganisation militaire par la réforme des milices (3), et du Conseil de la Guerre (4).

Le 27 octobre 1800 Charles IV promulgua une *Ordonnance générale sur le tirage au sort et le recrutement de l'armée*. En 1803, le Prince de la Paix, nommé généralissime, essaya de réorganiser l'armée sur le modèle français. Il augmenta la solde des officiers, et assura le paiement des pensions de retraite; il forma des bataillons d'invalides pour donner asile aux vieux soldats, il autorisa l'engagement volontaire pour un temps déterminé, il adoucit la discipline. Mais il n'eut ni l'esprit de suite, ni la fermeté nécessaires pour imposer sa réforme à la nation. Le tirage au sort resta odieux aux peuples, et l'engagement volontaire ou forcé continua à remplir l'armée du rebut de la population urbaine (5).

II. — Armée régulière.

Législation militaire. — L'armée était placée sous l'autorité supérieure du ministre de la guerre. A partir de 1802, elle fut dans la main du généralissime D. Manuel Godoy. Le royal et suprême Conseil de la guerre était son comité législatif et

(1) Clonard, *Historia de las armas*, t. V, p. 271.
(2) Id. ibid. t. V, p. 288.
(3) *Ordenanza de Milicias* (mai 1767).
(4) *Real cedula* du 4 nov. 1773.
(5) Général Foy, *Guerres de la Péninsule*, t. II, p. 217. — Clonard, *Historia de las armas*, t. VI, p. 80.

son tribunal supérieur. Les capitaines généraux, les auditeurs de guerre, les intendants d'armée et les commandants militaires étaient ses juges de première instance.

Comme l'Eglise et la noblesse, l'armée formait un monde à part, obéissant à sa loi particulière, le Fuéro militaire.

Jouissaient du Fuéro militaire l'officier et le soldat en activité de service, la femme de l'officier ou du soldat, la veuve d'officier, non remariée à un civil (1), l'officier en retraite, employé du roi, ses enfants mâles âgés de moins de seize ans (2), et en général tous ceux qui émargeaient chez les trésoriers militaires (3). Etaient en outre soumis au Fuéro militaire en matière criminelle, les domestiques des officiers, caporaux et soldats aux gardes du corps (4), les miliciens en service, les ouvriers des travaux de fortification ou des fabriques d'armes dirigées par le corps royal de l'artillerie (5).

Le militaire était exempt des charges communales et de l'impôt de cruzada. Il pouvait refuser d'être majordome ou tuteur. Il ne devait le logement qu'au roi et aux gens de sa suite. En voyage, il avait le droit de porter la carabine et les pistolets de guerre. Il avait le droit de tirer au fusil long (6).

Chaque corps avait sa juridiction particulière. La maison du roi, l'artillerie, le corps des ingénieurs, la trésorerie militaire, l'aumônerie avaient leurs juges spéciaux. Les juges militaires eux-mêmes finirent par avoir leur Fuéro particulier (7).

En principe, le militaire était justiciable des tribunaux militaires tant au civil qu'au criminel.

Cependant certaines causes civiles échappaient à la compétence des juges militaires. C'étaient les actions en partage d'hérédité, les actions relatives aux majorats ou à l'inter-

---

(1) *Novisima Recopilacion*, VI, IV, 6.
(2) Id. VI, IV, 20.
(3) Id. VI, IV, 1.
(4) Id. III, XI, 5.
(5) Id. VI, IV, 7. — 31 janvier 1734. — VI, IV (suppl.) 2 et 3.
(6) Id. VI, IV, 5.
(7) Id. III, XI, 4 (17 déc. 1705), et III, XI, 7 (12 mars 1792).
Barado, *Museo militar*. t. III, p. 584.

prétation d'un contrat d'entreprise, les actions réelles et hypothécaires, et tous les procès de pur intérêt privé où le fisc n'était point intéressé (1).

Certains délits étaient également réservés aux juges ordinaires, quelle que fût la condition des accusés. L'exportation à l'étranger de lingots d'or et d'argent, l'introduction en Espagne de monnaies de cuivre étrangères, la contrebande, la résistance formelle à l'autorité, le duel, la fréquentation des tripots, l'usage d'armes prohibées, le faux monnayage, le vol ou le concubinage à Madrid ou dans les résidences royales : tous ces crimes emportaient pour l'accusé la perte du Fuéro militaire (2).

Au contraire la juridiction militaire connaissait, à l'exclusion de toute autre, de certains délits commis par des civils, tels que vols ou incendies dans les casernes, arsenaux et magasins du roi, complicité dans le fait de désertion, insultes aux sentinelles, espionnage, complots et conjurations (3).

Le militaire qui remplissait quelque emploi public était justiciable de ses supérieurs administratifs pour les abus de pouvoir commis par lui dans l'exercice de ses fonctions (4).

En cas de flagrant délit, la justice ordinaire pouvait prendre contre le coupable toutes les mesures nécessaires, sans se préoccuper du Fuéro militaire (5).

Il est aisé d'imaginer à quels conflits donnait naissance une législation aussi compliquée.

La justice disciplinaire était rendue dans chaque régiment par un conseil de guerre (6). La loi pénale était peu sévère. Charles III condamnait les déserteurs à un an de travaux publics et huit ans de service dans les régiments d'Afrique (7). Sous Charles IV, la loi se fit plus rigoureuse. La désertion

---

(1) *Nov. Rec.* IV, 1, 11 (20 janvier 1768). — IV, 1, 12 (2 sept. 1713). — IV, 1, 13 (5 mars 1792) — Id. note 3 (23 juillet 1754).

(2) Id. VI, IV, 5 (26 mars 1718). — VI, IV, 15, 16, 22 et 26. — VI, IV (suppl. 10) déc. 1806.

(3) Id. VI, IV, 16.

(4) Id. VI, IV, 23 (janvier 1801).

(5) Id. VI, IV, 3 (12 juillet 1728).

(6) Laborde, *Itinéraire descriptif*, t. IV, p. 467.

(7) *Real orden* du 12 mai 1779.

simple à l'intérieur fut punie de six ans d'arsenal. Si le déserteur appartenait à une armée en campagne, il recevait 1.200 coups de baguette et faisait dix ans de galères. S'il appartenait à un corps détaché, il recevait 800 coups et faisait huit ans de travaux publics dans un arsenal; s'il désertait devant l'ennemi, il était passible de la potence (1). Dans la pratique, la loi n'était jamais exécutée à la lettre. En 1802, le roi accorda une amnistie à tous les déserteurs simples, et de fortes réductions de peine aux autres (2). En 1806, un déserteur récidiviste est condamné à 800 coups de baguette et à huit ans de service dans les arsenaux; le roi supprime la peine des baguettes, parce que le coupable s'est présenté volontairement à l'autorité. Le soldat deux fois gracié qui déserte une troisième fois est condamné à dix ans de *présidio* (3). La peine de mort était rarement prononcée, et ne pouvait être appliquée que sur un ordre exprès du capitaine-général ou même du roi (4).

Une disposition remarquable du Code militaire refusait d'admettre l'ivresse comme cause d'excuse pour un soldat (5).

Aumônerie. — Le service de l'aumônerie était le plus richement doté et le mieux organisé de l'armée espagnole.

A la tête de la hiérarchie était, depuis 1762, le vicaire général des armées de terre et de mer, patriarche des Indes, grand chapelain de S. M. (6) — Ce prélat résidait à la Cour et était assisté dans ses fonctions par le juge de la chapelle royale (7). Un bref du 11 octobre 1795 lui reconnaissait les prérogatives les plus étendues. Il autorisait les chapelains militaires à administrer les sacrements, à absoudre de tout crime et de toute accusation de schisme ou d'hérésie, à permettre la lecture des livres défendus (8), à célébrer la messe

(1) *Norisima Recopilacion*, XII, ix, 6, 29 août 1791.
(2) *Diario de Barcelona*, 10 oct. 1802.
(3) *Nov. Rec.* XII, ix, 1 et 2 (supp.).
(4) Général Foy, *Guerres de la Péninsule*, t. II, p. 221.
(5) *Nov. Rec.* I, iv, 8. 9 février 1796.
(6) *Nov. Rec*, II, vi, 2.
(7) Antequera, *Historia de la legislacion*, p. 361.
(8) Excepté les œuvres de Charles du Moulin et de Nicolas Machiavel et traités d'astrologie judiciaire.

une heure avant l'aurore, et une heure après midi, sur un autel portatif, en plein air, en présence d'hérétiques ou d'excommuniés; à concéder des indulgences, à porter le viatique aux mourants, en cachette et sans lumière dans les pays infestés d'hérétiques, à quitter l'habit ecclésiastique dans ces mêmes pays, à bénir les églises, chapelles, cimetières et oratoires profanés par les gens de guerre (1).

Chaque régiment, chaque place, chaque vaisseau formait une paroisse militaire et avait son chapelain, nommé par l'autorité militaire supérieure, sur la proposition du ministre de la guerre (2).

Le chapelain recevait un traitement de 8.400 réaux, avait le grade de capitaine, et portait un uniforme : tunique bleue avec boutons de drap bleu et revers de velours noir, veste et culotte noires, rabat noir, bordé de blanc (3). Les prêtres réguliers qui prenaient du service dans les armées pouvaient disposer par testament de ce qu'ils avaient acquis au service (4). Au bout de 15 ou 20 ans de grade, les chapelains avaient droit à une ration ou à une prébende dans les églises de Salamanque, Plasencia, Zamora, Ségovie, Léon, Palencia et Ciudad-Rodrigo; au bout de 25 ans de services, à un canonicat dans les églises de Valence, Cuenca, Tolède, Séville, Carthagène, Jaen, Santiago et Cordoue. Comme le nombre des places à distribuer était bien inférieur à celui des postulants, le roi servait des pensions ou attribuait des bénéfices aux chapelains qu'il ne pouvait pourvoir d'un canonicat (5).

Corps d'officiers. — L'armée espagnole n'avait pas de corps spécial d'état-major. Son instruction n'était pas dirigée en vue de la grande guerre. Les Espagnols ne possédaient d'autres ouvrages théoriques que ceux qu'ils avaient traduits des langues étrangères. Le marquis de Santa-Cruz Marce-

---

(1) *Nov. Rec.* II, vi, 2.
(2) Barado, *Museo militar*, t. III, p. 585.
(3) *Nov. Rec.* VI, xiii, 21 (1798).
(4) *Bref pontifical* du 10 février 1781. — *Real Orden*, du 23 mai 1781.
(5) *Nov. Rec.* I, xx, 10, 30 janvier 1801.

nado, le plus habile de leurs stratégistes, avait publié des *Réflexions militaires et politiques*, et des *Calculs militaires*; il avait, au dire du général Foy, « écrit fort prolixement ce « que l'on devine par l'expérience de la guerre, et n'avait « pas traité ce qu'il faut apprendre » (1).

Au moment d'une entrée en campagne, le service de l'état-major était fait par les officiers généraux désignés par le roi, et par d'autres officiers que l'on tirait des corps de troupe et que rien n'avait préparés à leurs nouvelles fonctions. C'est seulement de 1801 que datent les premières tentatives pour constituer un corps spécial d'état-major. Dans la guerre contre le Portugal, on organisa les différentes sections de ce service et l'on mit à sa tête un chef d'état-major général (2).

A plusieurs reprises, le roi avait essayé d'organiser des écoles militaires pour assurer le recrutement du corps d'officiers. Dans le premier tiers du xviii° siècle, quatre écoles pratiques d'artillerie avaient été établies en Aragon, Estremadure, Andalousie et Galice. En 1751, tous ces établissements furent réduits à deux, les écoles de Barcelone et de Cadiz, qui disparurent à leur tour en 1764, lors de la fondation du collège de Ségovie. Les fils des officiers nobles y entraient avec le titre de cadets, et recevaient pendant quatre ans un enseignement complet portant sur la géométrie, le calcul, la mécanique, la fortification, l'artillerie, le dessin, les langues vivantes, l'escrime, les ordonnances royales et la tactique. Au bout de leurs études, les cadets qui avaient satisfait aux examens étaient nommés sous-lieutenants d'artillerie (3).

Le corps des ingénieurs avait deux écoles, à Barcelone et à Oran (4), et n'en eut plus tard qu'une seule, à Alcala-de-Hénarès (5).

(1) Général Foy, *Guerres de la Péninsule*, t. II, p. 223.
(2) Barado, *Museo militar*, t. III, p. 583.
(3) Id., t. III, p. 566.
(4) Twiss, *Voyage en Espagne*, p. 231. — L'école d'Oran fut transportée à Cadiz après l'évacuation d'Oran par les Espagnols.
(5) Ordonnance du 11 juillet 1803.

L'infanterie avait son école au Puerto de Santa-Maria près de Cadiz, et la cavalerie avait la sienne à Ocaña(1).

Le niveau de l'enseignement militaire ne paraît pas avoir été fort élevé. Le comte de Fernan Nuñez déplorait en 1768 « l'indulgence ridicule » des rapports que présentaient les directeurs des Écoles militaires sur le travail des cadets (2). En 1782, on fit voir au comte d'Artois une manœuvre aux flambeaux à l'École de cavalerie d'Ocaña : « Sur l'un des
« côtés du manège était un orchestre nombreux ; les élèves
« firent toutes leurs évolutions au son des instruments à
« cordes et à vent, comme l'on mène une contredanse. Les
« chevaux galopaient en cadence comme ceux d'Asthley ou
« de Franconi... Le marquis de Ricardos...... qui était réelle-
« ment homme d'esprit, et plein de l'instruction militaire
« la plus élevée, avoua que cette ancienne cavalerie espagnole
« si renommée n'existait plus, mais qu'il était presque impos-
« sible de faire les changements nécessaires dans un pays où
« il était de principe absolu de toujours faire ce que l'on
« avait fait la veille, et absolument comme on l'avait
« fait » (3).

L'École d'artillerie de Ségovie semble avoir été mieux conduite. Sous Charles III, elle comptait parmi ses professeurs Guianini, membre de l'institut de Bologne, auteur d'un traité latin des sections coniques, le Jésuite Eximeno, bon mathématicien, Vimercati, auteur d'un traité d'astronomie, et D. Vicente de los Rios, auteur d'un ouvrage sur les meilleurs artilleurs d'Espagne depuis les Rois Catholiques jusqu'à Charles III. Le comte de Gazola avait porté à 100 le nombre des élèves, créé à Ségovie un cinquième bataillon d'artillerie pour servir à leur instruction, et organisé une école pratique des mines, de pyrotechnie, d'attaque et de défense des places (4).

Les services rendus par le Collège royal de Ségovie le

(1) Ferrel, *Campagnes des Pyr.-Orient.*, t. I, p. 53.
(2) Morel Fatio, *Études espagnoles*, t. II, p. 23.
(3) Duc des Cars, *Mémoires*, t. I, p. 211.
(4) Coxe, *L'Espagne sous les Bourbons*, t. VI, p. 136. — A. Ferrer del Rio, *Historia de Carlos III*, t. IV, p. 490.

firent conserver par Charles IV qui supprima les écoles du Puerto de Santa-Maria et d'Ocaña et ouvrit le 14 janvier 1790 l'Académie militaire de Zamora. Il lui réunit en 1805 les écoles d'ingénieurs de Barcelone et de Cadiz, dont il avait ordonné le transfert à Alcalá de Henarès. Il n'y eut plus désormais qu'une école militaire pour toutes les armes, autres que l'artillerie.

On n'y était admis qu'après deux ans de service; malheureusement les programmes ne furent pas fortifiés, et le temps d'études fut réduit bien au delà de toute limite raisonnable: neuf mois de cours sur l'arithmétique, la géométrie spéculative et pratique, neuf mois sur la fortification, la castramétation, l'artillerie et le dessin. Cette école unique, qui devait assurer le recrutement des officiers d'une armée de 150.000 hommes, comprenait seulement soixante élèves, dont 6 provenaient de la garde royale, 30 de l'infanterie, 16 de la cavalerie et 8 de la milice. Après dix-huit mois de cours et un examen, les élèves ingénieurs passaient à l'Académie des postulants (*Academia de pretendientes*) (1).

Presque au même moment où il fondait sur des bases aussi étroites le haut enseignement militaire, Charles IV établissait à Madrid une Ecole royale d'art vétérinaire (*Real escuela veterinaria*) qui comprenait 60 élèves, dont un tiers passait dans l'armée et les deux tiers dans le civil (2). Il sortait ainsi chaque année des écoles plus d'officiers vétérinaires que d'officiers de cavalerie.

Les écoles militaires étaient loin de suffire aux besoins de l'armée. En théorie, les cadets devaient avoir les deux tiers des brevets d'officier, le dernier tiers étant réservé aux sous-officiers les plus méritants; mais comme un grand nombre de cadets quittaient le service au bout de quelques années, plus de la moitié des postes se trouvait occupée par des officiers de fortune, qui sortaient pour la plupart de la bourgeoisie ou même du peuple. Les anciens règlements qui obligeaient les cadets à faire leurs preuves de noblesse

---

(1) F. Duro, *Historia de Zamora*, t. III, p. 229.
(2) 1791. — L'école fut réorganisée par décret royal du 13 sept. 1800.

étaient tombés en désuétude, ou n'étaient plus appliqués que dans quelques régiments de cavalerie (1).

Le plus haut grade de l'armée était celui de capitaine général. Il était donné soit à la faveur, soit en récompense de longs services. L'armée espagnole comptait en 1801 six capitaines généraux (2). Au-dessous, venaient 100 lieutenants généraux, 153 maréchaux de camp et 274 brigadiers, 5 inspecteurs généraux de l'infanterie, de la cavalerie, de l'artillerie, des ingénieurs et des milices, 10 intendants d'armée en activité de service, 13 payeurs d'armée, 15 commissaires ordonnateurs, 23 trésoriers d'armée et 17 auditeurs de guerre remplissant le rôle de juges assesseurs auprès des capitaines généraux commandants de province (3). Chaque régiment avait un colonel, un lieutenant-colonel, un commandant du troisième bataillon, un major (*sargento-mayor*), 3 adjudants-majors, 12 capitaines, 24 lieutenants et 24 sous-lieutenants (4).

L'avancement était réglé par les inspecteurs des différentes armes qui proposaient au roi les sujets les plus dignes, après avoir fait une enquête sur le courage, l'application, la capacité, la conduite et l'état civil de chaque officier. Il résulte de l'étude de ces notes que l'officier espagnol était en général âgé. On voit des lieutenants de 44 et de 53 ans, des capitaines de 59 et de 64 ans. L'inspecteur tient surtout compte de la conduite privée de l'officier; des mœurs déréglées arrêtent net l'avancement. D. Antonio Raffelin, de Paris, colonel des dragons d'Amérique à La Havane (1782), a les plus beaux états de service; il a assisté à soixante-dix sièges, il est d'une valeur reconnue et d'une application suffisante; il ne manque pas de capacité; mais, quoique marié, il mène grand train et fait des dépenses exagérées; l'inspecteur ne propose pas au roi de lui donner un grade supérieur. D'autre part, on est

---

(1) Général Foy, *Guerres de la Péninsule*, t. II, p. 221.
(2) *Guia de forasteros*, 1801. — Comte de Glimes. — Comte de Colomera (1794). — Comte de Campo-Alange (1795). — Prince de Castelfranco (1795). — Marquis de Branciforte (1799). — D. Ventura Caro (1803).
(3) Rehfues, *L'Espagne en 1803*, t. II, p. 93.
(4) Barado, *Museo militar*, t. III, p. 557.

indulgent pour les mauvaises têtes ; on ne leur donne pas d'avancement, mais on les garde dans les régiments. Un lieutenant de 44 ans s'était vu infliger par son colonel la note zéro pour l'application ; l'inspecteur passe et ajoute : « Il « présente des alternatives d'application et d'inapplication, « et il y a espérance qu'il se déterminera enfin pour la pre- « mière. » Après dix-sept ans de service au régiment du roi, en garnison aux Philippines, D. Vicente Rios est exclu du corps le 1ᵉʳ mai 1771 ; rétabli dans son grade par ordre du roi, le 20 juin 1777, il s'attire de son colonel des notes détestables ; l'inspecteur ajoute : « Je pense comme le colonel « au sujet de cet officier, que j'ai réprimandé et que j'ai pré- « venu d'avoir à être plus appliqué et à changer de con- « duite (1782). » En somme, les officiers les mieux cotés sont les hommes corrects et réguliers, surtout ceux qui ont déjà rempli quelque emploi dans l'administration (1).

Le favoritisme ne manquait pas de s'exercer en dépit des ordonnances. Le comte de Fernan-Nuñez enrageait de voir élever au grade de colonel « un capitaine de très médiocre « capacité, vaniteux, captieux et sans intelligence, qui avait « été chassé de son régiment pour avoir tiré l'épée, et voulu « provoquer et tuer son colonel (2) ». De temps à autre le roi faisait des fournées de généraux : en 1795, il nomme 28 lieutenants généraux, 46 maréchaux de camp et 112 brigadiers. En 1802, il crée 28 lieutenants généraux, 74 maréchaux de camp et 80 brigadiers (3).

Malgré ces scandales et ces prodigalités, l'avancement n'était pas rapide. D. Pedro Adorno y Spinola ne fut colonel qu'après 18 ans de service (4) ; D. Tomas de Morla avait 17 ans de service quand il fut nommé directeur de la fonderie de canons de Séville (5) ; Ricardos avait 23 ans de grade de

---

(1) *Archives des Indes à Séville.* Est, 148. Caja 1. Legajo 10. — Régiment d'infanterie fixe de la Havane (1779). — Compagnies d'infanterie légère de La Havane (1778). — Régiment du Roy aux Iles Philippines (1782). — Escadron de dragons d'Amérique à La Havane (1782).
(2) Morel-Fatio, *Études*, t. II, p. 56.
(3) *Guia de forasteros*, 1804.
(4) Parada, *Hombres ilustres de Jerez*, p. 18.
(5) Id. ibid. p. 29).

lieutenant général quand il fut investi du commandement de l'armée de Roussillon (1).

L'officier espagnol menait une vie sévère et active. « Pres- « que tous les officiers généraux étaient employés, les uns « dans le service des provinces et des places, les autres dans « l'inspection des différentes armes. Les brigadiers avaient « des emplois, ou commandaient même les régiments (2). » La règle générale était : pas de grade sans fonctions, pas de commandement sans résidence.

La situation matérielle eût été passable si le traitement avait été exactement payé. Un sous-lieutenant touchait 4.200 réaux, un capitaine 10.800 ou 12.000 suivant l'ancienneté, un lieutenant-colonel 18.000, un colonel 30.000 réaux (3). Mais le Trésor était souvent en retard, et l'officier sans fortune souffrait cruellement.

La situation morale était moins bonne encore. Partout si monotone et si déprimante, la vie de garnison était pire en Espagne que partout ailleurs ; il n'y avait pas de vie militaire, les officiers ne pouvaient, même entre eux, parler librement des choses de l'armée, les colonels envoyaient des espions jusque dans les cafés (4). Jamais de manœuvres intéressantes, jamais d'exercices d'ensemble. On faisait machinalement son métier, sans entrain, sans désir de progrès. « Les officiers « sortis des écoles étaient, en général, plus instruits et « mieux élevés ; mais les officiers de fortune étaient plus « ponctuels et plus disciplinés ; ils vivaient à l'écart, mé- « prisés par leurs collègues plus riches ou mieux nés (5). »

Services administratifs (cuerpo politico de los ejercitos). — L'organisation des services administratifs avait attiré l'attention des rois ; le génie bureaucratique de Ferdinand VI et de Charles III avait créé de toutes pièces une machine assez compliquée, qui fonctionnait passablement.

(1) Ferrel, *Campagnes dans les Pyrénées-Orientales*, t. I, p. 41.
(2) Général Foy, *Guerres de la Péninsule*, t. II, p. 223.
(3) Barado, *Museo militar*, t. III, p. 527.
(4) Morel-Fatio, *Etudes*, t. II, p. 56.
(5) Barado, *Museo militar*, t. III, p. 537.

A côté de chacun des capitaines généraux, commandants des provinces militaires, était placé un intendant d'armée, qui était le véritable chef de l'administration. L'intendant d'armée avait rang de maréchal de camp, et touchait un traitement annuel de 60.000 réaux. Il était tenu d'habiter dans le voisinage du capitaine général. Au conseil, il siégeait à la première place après le commandant en chef. Il veillait d'une manière générale à l'exécution de la loi et à l'observation des règlements (1). Il nommait les employés des subsistances, établissait des magasins, donnait des instructions pour l'achat, le transport et la distribution des vivres, et contrôlait les jugements rendus par les autorités subalternes, sur les plaintes déposées par les civils contre les militaires (2).

Dans les provinces qui n'avaient point de capitaine général, les fonctions d'intendant d'armée étaient remplies par l'intendant de province, sous le contrôle de l'intendant d'armée du ressort. Comme la réunion dans la même main des pouvoirs civils et militaires nuisait à la rapide expédition des affaires, une distinction plus marquée tendit à s'établir, dans les dernières années du règne de Charles IV, entre les intendants de province et les intendants d'armée ; mais la séparation des pouvoirs ne fut jamais nette ni complète sous l'ancien régime.

Après l'intendant d'armée, le premier personnage du corps administratif était le receveur d'armée (*contador de ejercito*). C'était un officier supérieur, qu'on appelait « Votre Seigneurie », appointé à trente, quarante ou cinquante mille réaux, qui remplaçait l'intendant en cas d'absence, ou d'empêchement du commissaire ordonnateur. Les receveurs d'armée étaient les véritables maîtres du budget de l'armée, de ce budget qui montait en 1799 à 965.893.575 réaux (3), et où le service des vivres atteignait à lui seul une somme de 687.722.377 réaux (4). Les receveurs d'armée fournissaient aux intendants tous les renseignements qui pouvaient leur être utiles,

---

(1) Canga Arguelles, *Dic. de hac.*, v° *Intendentes*.
(2) Barado, *op. cit.*, t. III, p. 576.
(3) Canga Arguelles, *Dic. de hac.*, v° *Ejercito*.
(4) Id. v° *Provisiones de viveres del ejercito*.

conservaient les originaux des ordres du roi, tenaient la comptabilité générale de l'armée, intervenaient comme agents du Trésor dans les adjudications et marchés, donnaient leur avis sur toutes les poursuites intentées aux débiteurs du fisc, et proposaient au choix du roi, par l'intermédiaire des intendants, les sujets qui leur paraissaient les plus propres à servir dans leurs bureaux (1).

Les trésoriers d'armée (*tesoreros de ejercito*) avaient le maniement réel des deniers, réunissaient les fonds nécessaires, effectuaient les paiements sous le contrôle des receveurs. Ils étaient, comme ceux-ci, assimilés aux officiers et portaient l'uniforme (2).

Les fonctions administratives proprement dites étaient remplies par les commissaires ordonnateurs de guerre (*comisarios ordenadores de guerra*) et les commissaires de guerre.

Les commissaires ordonnateurs, directement nommés par le roi, et répartis par l'intendant dans les différents bureaux, avaient la direction générale et l'inspection des divers services. Ils représentaient le contrôle de l'État auprès des chefs de troupes et des entrepreneurs. Dans les commissions des travaux militaires (*juntas de obras*), ils siégeaient immédiatement après les intendants (3).

Les commissaires de guerre étaient les auxiliaires ordinaires des commissaires ordonnateurs. Ils expédiaient les copies des ordres royaux, délivraient aux régiments des certificats de recrutement et de remonte, passaient tous les jours quelques heures à la recette de l'armée (*contaduria*), contrôlaient les dépenses des hôpitaux militaires, assistaient aux adjudications pour fournitures, signaient les certificats de vie des veuves d'anciens militaires pensionnées par le roi. Leur fonction la plus importante était l'inspection mensuelle des corps de troupes et

(1) Canga Arguelles, *Dic. de hac.*, v° *Contador de ejercito*. — On comptait en 1801 treize receveurs d'armée en activité, dix avaient le titre de commissaires ordonnateurs intendants de province honoraires. Il y avait 57 receveurs d'armée honoraires. — *Guia de forasteros*, 1801.

(2) Canga Arguelles, *Dic. de hac.*, v° *Tesoreros de ejercito*. — Il y en avait 9 en exercice en 1801.

(3) Barado, *Museo militar*, t. III, p. 516. — 15 titulaires et 113 honoraires en 1801.

des compagnies d'invalides. La revue se passait tous les mois, du 10 au 15. Le commissaire ordonnateur en désignait le jour, et le commandant de place en désignait le lieu. Chaque régiment était présenté au commissaire par son major. Après la revue, le major et le commissaire rédigeaient en commun leur rapport, qui, dans le délai d'un mois, était transmis au ministre par l'intendant (1).

Telle était l'organisation des services administratifs en temps de paix. En campagne, chaque armée avait un ou plusieurs intendants généraux, un receveur, un trésorier, des commissaires ordonnateurs et un directeur ou pourvoyeur général des vivres (2).

La fourniture des vivres et des ustensiles était mise en adjudication. L'adjudication était annoncée par affiches et par voie de presse (3). Les soumissionnaires pouvaient prendre connaissance du cahier des charges chez le commissaire de guerre ; on leur montrait des spécimens des objets à fournir, et celui qui consentait le rabais le plus considérable obtenait la fourniture.

Le soldat espagnol avait un lit composé de deux bancs et de quatre planches, une paillasse, un matelas contenant 25 livres de laine, un oreiller de 8 livres, deux draps de toile du pays et une bonne couverture (4). Chaque groupe de vingt fantassins ou de quatorze cavaliers avait droit à une table, un coffre, deux bancs, une dame-jeanne, une civière et une lampe. Le roi donnait en outre une lampe d'écurie pour 14 chevaux, et pour tout corps de garde de 4 soldats et un caporal. Tout officier de service avait droit à la grosse lampe appelée *belon*. On accordait 3 onces d'huile pour la lampe de caserne, 3 pour la lampe d'écurie, 5 pour la lampe d'officier. Pendant les mois d'hiver, les corps de garde étaient chauffés. On donnait 40

(1) Canga Arguelles, *Dic. de hac.*, v° *Revistas, Comisarios de guerra*. En 1801, il y avait 62 commissaires de guerre titulaires, 133 honoraires et 2 retraités.

(2) *Ordonnance royale* de 1768.

(3) *Diario de Barcelona*, 16 sept. 1802. — Les *utensilios* comprenaient la fourniture des lits, de la lumière, de l'huile, du bois, du vinaigre et du sel.

(4) « L'Espagne est le seul pays où le soldat couche seul, peut dormir à son aise et se retourner dans son lit. » De Langle, *Voyage en Espagne*, t. II, p. 29.

livres de bois par jour pour les corps de garde de 5 à 15 hommes, 60 livres de 15 à 30 hommes, et 80 livres au-dessus de trente hommes (1).

La nourriture du soldat était très suffisante : une livre 1|2 de pain, 8 onces de viande, 4 onces de lard, autant de morue, de pois chiches et de fèves sèches, un *cuartillo* de vin, une once d'huile, et un sixième de *cuartillo* de vinaigre. Chaque homme avait droit à une demi-once de tabac (2).

Les casernes étaient parfois de vrais châteaux, comme à San-Fernando de Figueras, à la citadelle de Barcelone, au Port-Sainte-Marie, à San-Fernando de Cadiz, à Carthagène. Dans les petites villes, elles étaient plus médiocres; et comme la loi mettait les réparations au compte des municipalités (3), certaines casernes devaient être fort délabrées ; mais il fallait que le soldat fût bien mal logé pour être plus mal que chez lui.

Le soldat en voyage devait être logé chez l'habitant. L'ordonnance du 8 février 1719 lui donnait le droit d'exiger un accueil gracieux, un lit pour deux hommes, le sel, une chaise ou un banc pour s'asseoir, une table pour manger, place au feu et à la chandelle (4). Tout citoyen était, en principe, obligé de loger les militaires. On commençait par répartir les soldats entre les maisons roturières ; faute de place, on les logeait chez les *hidalgos* et les ecclésiastiques, chez les syndics de l'ordre de Saint-François, chez les chevaliers des ordres du roi, et même chez les familiers et les ministres du Saint-Office (5). L'habitant pouvait se racheter de l'obligation de loger le militaire en lui donnant une indemnité fixée par la loi à 2 réaux pour le cavalier et à 12 cuartos pour le fantassin (6). Cette somme était considérée comme insuffisante à la fin du xviii° siècle. Canga Arguelles estime à 4 réaux par

---

(1) Canga Arguelles, *Dic. de hac.*, v° *Utensilios*. Règlement du 27 octobre 1760.
(2) Id. ibid. v° *Viveres*.
(3) *Ordonnance royale* des 20 août et 30 septembre 1772.
(4) Canga Arguelles, *Dic. de hac.*, v° *Alojamiento*. — *Nov. Rec.* III, xi, 4 (1773).
(5) *Nov. Rec.* VI, xix, 10 (1705), 11 (1705), 12 (1731-37).
(6) Id. ibid. VI, xix, 8 (1704).

homme la dépense supportée par l'habitant (1), et voit dans cet impôt indirect, qu'il évalue annuellement à 17.520.000 réaux, une des charges les plus lourdes qui pèsent sur les Espagnols. Aussi n'est-il pas surprenant que les villes aient montré peu de complaisance pour le soldat voyageant par étapes. Au mois de janvier 1793, sept cents hommes du régiment de Tolède arrivent à Vitoria; la municipalité envoie 400 hommes dans le couvent des Pères de Saint-François, loge le reste dans une maison qui lui appartient, dans les salles basses de l'hôtel de la Société Royale vascongade des Amis du pays, et jusque sous le porche de la prison. Seuls les officiers sont logés chez l'habitant. La ville ne se montre pas plus généreuse vis-à-vis des volontaires, qui attendent à Vitoria leur incorporation dans un régiment; au lieu de subvenir à leurs besoins, la ville se contente de leur donner une gratification une fois payée de 450 réaux (2).

En campagne, les services administratifs paraissent avoir médiocrement fonctionné. L'armée de Catalogne fut plusieurs fois arrêtée par la faute de l'intendance; les convois s'égaraient, les soldats manquaient de vivres (3), et même de munitions pendant le combat (4).

Service sanitaire. — D'abord fourni par l'Ordre des Frères hospitaliers de Saint-Jean-de-Dieu, le service sanitaire des armées reçut, en 1704 et en 1720, un commencement d'organisation. En 1739, parut une grande ordonnance sur la matière; mais les abus et les dépenses excessives firent abandonner les hôpitaux en 1748. On ne conserva plus que l'hôpital maritime de Cadiz, et le corps des médecins militaires s'éteignit peu à peu. En 1764, un collège de chirurgie fut fondé à l'hôpital royal de Barcelone, et figura immédiatement dans l'état-major de l'armée. En 1780, un autre collège du

(1) Canga Arguelles, *op. cit.* v° *Alojamiento.*
(2) *Archives municipales de Vitoria*, 1793.
(3) Le pain se paya jusqu'à 10 francs la livre dans le camp de Ricardos. — *Archives de la Guerre à Paris* — Campagnes, 1793. Lettre des Représentants du peuple à la Convention (8 mai).
(4) Marcillac, *Histoire de la guerre entre la France et l'Espagne*, p. iv.

même genre fut créé à Madrid, et en 1787 de nouvelles ordonnances réglementèrent le service chirurgical des armées.

Pendant la guerre contre la France (1793-95), les hôpitaux furent toujours bien pourvus et entretenus. La charité du roi ne recula même pas devant les dépenses de luxe pour assurer le bien-être des blessés et des malades (1). Cependant le besoin d'une réorganisation du corps de santé se fit sentir, et une ordonnance royale de 1795 réorganisa le collège de chirurgie militaire de Barcelone. Un décret du 30 juillet 1805 établit une commission administrative du service sanitaire et constitua le corps des chirurgiens militaires, comprenant 1 chirurgien-major, avec les honneurs de chirurgien de la Chambre, 2 assesseurs titulaires et 2 surnuméraires, 120 chirurgiens auxiliaires en premier et 94 chirurgiens en second. Les collèges de Madrid, Barcelone, Burgos et Santiago devaient assurer le recrutement du corps et renfermer 66 élèves. Le nouveau corps commençait à peine à fonctionner en 1808 (2).

Recrutement et effectifs. — Les armées d'Espagne se recrutaient par enrôlement volontaire (*enganchamiento*), par tirage au sort (*quinta*) et par condamnation (*leva*).

L'enrôlement volontaire était très loin de suffire au recrutement, et ne versait en général dans les régiments que des hommes peu robustes, affaiblis par la faim et la misère. A la fin du xviii° siècle, l'enrôlement volontaire n'était plus en usage que pour les régiments étrangers et pour la maison du roi (3).

Charles III songea à organiser le tirage au sort (*sorteo*), qui ne tarda pas à prendre le nom de *quinta*, parce qu'il était d'usage de prendre un homme sur cinq. C'était le principe du service personnel qui faisait son apparition dans les institutions militaires de l'Espagne ; mais ce principe ne pouvait être appliqué rigoureusement dans un pays aussi pauvre et aussi aristocratique que l'Espagne du xviii° siècle. Le Trésor n'aurait jamais suffi à l'entretien de tous les

(1) Marcillac, *Histoire de la guerre entre la France et l'Espagne*, p. v.
(2) Barado, *Museo militar*, t. III, p. 573.
(3) Sangrador, *Hist. de Valladolid*, t. I. — Morel-Fatio. *Etudes*, t. II, p. 30.

conscrits d'une même année, et les classes aisées de la nation n'auraient pas accepté volontiers le service obligatoire. Le roi fut donc obligé de multiplier les cas d'exemption (1); le poids du service ne retomba que plus lourdement sur la partie la plus pauvre de la population, sur le petit ouvrier des villes et sur le journalier des campagnes.

Le tirage au sort était très impopulaire; les pays fuéristes surtout ne l'acceptèrent pas sans protestation. En 1773, Barcelone faillit se soulever à propos du tirage au sort ordonné le 29 septembre 1772 par le comte de Ricla, ministre de la guerre. Le 17 janvier 1773, la municipalité de Barcelone et les députés des douze districts de Catalogne vinrent déposer aux pieds du roi une protestation contre la mesure édictée par le ministre. Ricla tint bon ; mais les chefs des corporations refusèrent de dresser la liste des gens de métier, âgés de 17 à 36 ans et susceptibles d'être enrôlés. Le capitaine général donna l'ordre à l'ayuntamiento de procéder directement aux opérations du tirage au sort. Les jeunes gens se répandirent dans la ville aux cris de : « Vive « le roi ! pas de quintas ! Nous voulons servir volontaire- « ment ! » A la cathédrale, l'évêque, qui cherchait à calmer la foule, fut interrompu par ce cri : « Seigneur évêque, « faites qu'il n'y ait pas de quintas ! » Un major, D. Agustin Zenzano, coupable d'avoir dit « que l'uniforme du roi irait fort bien aux Catalans », fut houspillé par la foule; des

(1) Etaient exempts : les clercs engagés dans les ordres (*clerigos de misa*), les religieux profès, les tonsurés promus sous-diacres avant vingt-trois ans, les membres et les employés titulaires des tribunaux de l'Inquisition, les gens de justice attachés aux tribunaux et aux municipalités, les alcaldes, les régidors, les syndics âgés de plus de vingt-cinq ans, les maîtres d'école approuvés par le Conseil de Castille, les professeurs licenciés et docteurs, les professeurs des séminaires diocésains, les docteurs en médecine et en chirurgie, les directeurs et sous-directeurs des académies, les médecins, chirurgiens et apothicaires rétribués par les communes, les employés des finances, les courriers de cabinet, les employés dans les fabriques royales, les mines et les hôtels des monnaies, les maîtres tisseurs et teinturiers, les imprimeurs, les fabricants de machines ou d'instruments de mathématiques, les propriétaires cultivant au moins un journal de terre, les éleveurs de chevaux, les ouvriers des arsenaux de la marine, les soutiens de famille, etc., etc. — *Ordonnances royales* du 3 nov. 1770 — du 17 mars 1773 — du 28 avril 1797 — du 17 sept. 1799 — du 27 octobre 1800.

coups de feu retentirent ; il y eut un mort et onze blessés ; sans l'intervention de l'Audience et de l'évêque, l'émotion populaire eût promptement dégénéré en révolte. Le roi ordonna de briser la cloche *Honorata* qui avait sonné le jour de l'émeute ; mais il abandonna toute idée d'établir les quintas en Catalogne (1). La Navarre se défendit avec moins de succès, mais considéra toujours la levée des quintas comme un contrafuero (2). Les Vascongades refusèrent toujours de s'y prêter (3).

Même dans les provinces castillanes, le gouvernement procédait au tirage au sort avec une extrême circonspection. Madrid et sa banlieue étaient exempts (4). Les grandes villes étaient traitées très favorablement : Valladolid fournissait seulement 57 hommes (5). Dans la plupart des localités, les alcaldes négligeaient de dresser la liste des jeunes gens ; dans d'autres, on remplaçait par des déserteurs, des réfractaires ou des vagabonds les jeunes gens du pays qui venaient à tomber au sort. En 1800, le roi se réserva le droit d'autoriser les substitutions de ce genre ; le favoritisme et la connivence des médecins continuèrent à entretenir les abus (6). Il n'y avait, en somme, que les misérables à servir le roi.

La durée du service était, en théorie, de huit ans ; mais après la première année d'instruction, le soldat obtenait aisément un congé de quatre mois chaque année, à l'époque de la récolte.

La levée donnait encore de plus mauvais résultats que la conscription. Tous les ans, ou même plus souvent dans les grandes villes, la police faisait une rafle des vagabonds et des gens sans aveu. Ces malheureux avaient trois jours pour justifier de leurs moyens d'existence. Passé ce délai, ceux qui étaient reconnus propres au service étaient dirigés sur les dépôts de la Corogne, de Zamora, de Cadiz et de

---

(1) Pi y Arimon, *Barcelona antigua y moderna*, t. I, p. 655.
(2) Hermilio de Oloriz, *Defensa de los fueros*, p. 73-83.
(3) Larramendi, *Corografia de Guipuzcoa*, p. 162. — *Guipuzcoano instruido*, v° Quintas. — *Fuero de Vizcaya*, I, II, 5. — Bengoa, *El libro de Alava*, p. 252.
(4) Ordonnance royale du 11 sept. 1773. — *Nov. Rec.* VI, VI, 12.
(5) Sangrador, *Hist. de Valladolid*, t. I.
(6) *Nov. Rec.* VI, VI, 14, § 46. — Barado, *Museo militar*, t. III, p. 537.

Carthagène, et versés pour huit ans dans les régiments ou appliqués au service de la marine (1). Les nobles arrêtés comme vagabonds étaient levés comme les autres pour le service du roi ; mais on leur accordait le titre de soldats d'élite (*soldados distinguidos*) (2). Les gens de levée (*gente de leva*) étaient la plaie de l'armée espagnole, faisaient le scandale du régiment, et mettaient les officiers au supplice. La désertion était endémique dans tous les corps de troupes. De 1797 à 1801 on ne compta pas moins de 16.540 déserteurs (3). Ceux que l'on parvenait à rattraper étaient envoyés aux régiments fixes de Ceuta et de Manille, et dans les postes les plus malsains de l'Amérique (4).

L'effectif de l'armée varia beaucoup suivant les époques. Philippe V eut jusqu'à 67.000 hommes d'infanterie (5) ; Ferdinand VI n'eut plus que 44.688 hommes et 10.200 chevaux (6). La Ensenada, son ministre, aurait voulu avoir 75.000 fantassins et 15.000 cavaliers toujours prêts à entrer en campagne. En 1761, l'armée était forte de 80.000 hommes (7). En 1793, elle comptait 92.723 fantassins et 27.110 cavaliers (8) ; mais on ne put mettre que 50.000 hommes en ligne pour défendre les Pyrénées et envahir la France. En 1808, l'armée présentait un effectif de 109.000 hommes (9).

---

(1) *Nov. Rec.* VI, vi, 12 (11 sept. 1773), et XII, xxxi, 9 (21 déc. 1779) et 12 (11 janv. 1784).
(2) Id. ibid. XII, xxxi, 11 (21 avril 1781).
(3) Barado, *op. cit.* t. III, p. 557.
(4) *Nov. Rec.* XII, xl, 13, 14 et 15, et notes 5 et 6.
(5) Barado, *Museo militar*, t. III, p. 548.
(6) Coxe, *L'Espagne sous les Bourbons*, t. IV, p. 292 (La Ensenada à Ferdinand VI, 1751).
(7) Id. ibid. IV, p. 434 (Comte de Bristol au comte d'Egremont, 6 déc. 1761).
(8) Du Rozoir, *Description de l'Espagne*, p. 20.
(9) Maison du Roi . . . . 10,000 h.
Infanterie de ligne espagnole, sur pied de paix. . . . 35,000 h.
Id.   id.   sur pied de guerre. . . 75,000 h.
Id.   id.   mobilisables. . . . . . 50,000 h.
Infanterie de ligne étrangère. . . . . 17,000 h.
Infanterie légère. . . . . 12,000 h.
Artillerie. . . . . 3,300 h.
Génie. . . . . 1,000 h.
Cavalerie de ligne. . . . . 5,000 h.
Cavalerie légère. . . . . 6,000 h.
Rehfues : *L'Espagne en 1808*, t. II, p. 93.

Maison du Roi. — La garde royale se composait d'une compagnie de hallebardiers (*guardias alabarderos*), de quatre compagnies de gardes du corps à cheval (*guardias de corps*), d'un régiment des gardes d'infanterie espagnole, d'un régiment des gardes d'infanterie wallonne et d'une brigade de carabiniers royaux.

La compagnie des gardes hallebardiers avait été formée en 1707 avec les trois anciennes compagnies de hallebardiers : *la Amarilla, la Lancilla, la Viéja* (1). Elle était commandée par un capitaine, un premier lieutenant, un second lieutenant et un adjudant. Les hallebardiers portaient culotte, habit et manteau bleus, col, gilet, revers et doublure de l'habit rouge incarnat, galon d'argent au col et aux parements de l'habit ; broderie pour les officiers (2). Ils étaient chargés du service intérieur du palais, et montaient la garde à la porte des appartements royaux. La hallebarde était considérée comme l'attribut des gardes royales. Les vice-rois, représentants directs du monarque, avaient des hallebardiers comme le roi (3).

Les gardes du corps formaient le premier corps de cavalerie de l'armée et fournissaient l'escorte ordinaire du roi (4). Ils dataient du 21 juin 1704. Ils étaient divisés en quatre compagnies, reconnaissables à un petit carré de couleur sur le baudrier ; il était rouge pour la compagnie espagnole, violet pour l'américaine, vert pour l'italienne et jaune pour la flamande. L'uniforme était bleu à revers incarnat, comme celui des hallebardiers. Le roi était colonel des gardes ; chaque compagnie avait un capitaine, deux lieutenants, un enseigne et six ou sept exempts (5). Les gardes du corps se recrutaient dans la noblesse, par engagement volontaire (6). Un simple garde était assimilé à un lieutenant, un exempt à un

---

(1) *Nov. Rec.* III, xi, 9 (note 2).
(2) *Guia de forasteros*, 1804.
(3) Id. ibid.
(4) Conde de Clonard. *Historia de las armas de inf. y cab.*, t. V, p. 319.
(5) *Guia de forasteros*, 1804.
(6) *Archives générales de Simancas*, Invent. de Guerra (1826), n° 2,287. Titres de noblesse présentés par différents individus qui demandaient à s'enrôler dans la compagnie italienne.

capitaine. Les capitaines des compagnies étaient tous grands d'Espagne, et avaient rang de lieutenant général (1). Ils exerçaient sur les hommes de leur compagnie les droits de juridiction que leur attribuait le Fuero militaire (2). Les gardes du corps jouissaient de nombreux privilèges : l'un des plus importants leur assurait le logement de préférence à tous autres corps de troupe; les ecclésiastiques eux-mêmes n'étaient pas dispensés de les loger (3). Ces privilèges excitaient la jalousie des autres corps, et l'insolence des gardes les rendait odieux au peuple (4). C'était une véritable garde prétorienne.

Les gardes d'infanterie espagnole et wallonne avaient une tout autre valeur militaire.

Le régiment des gardes wallonnes avait été formé en 1704. Le régiment comprenait 6 bataillons, dont un était toujours de service auprès du roi; un autre tenait garnison à Léganès, aux environs de Madrid ; les quatre derniers résidaient ordinairement en Catalogne (5). En 1803, le régiment fut réorganisé sur un nouveau plan ; il compta 3 bataillons à 7 compagnies, dont une de grenadiers à 100 hommes et 6 de fusiliers à 150 hommes, soit 1000 hommes par bataillon (6). Le colonel et le lieutenant-colonel avaient rang de lieutenants généraux, le major rang de brigadier. L'uniforme était bleu à revers incarnat, avec boutonnières blanches et boutons d'argent (7). D'abord recruté parmi les officiers et les soldats de l'armée des Flandres, le régiment finit par accepter des étrangers, et même des déserteurs de tous pays ; on finit par permettre aux Espagnols d'y entrer (8). L'état-major des gardes wallonnes est « le livre d'or de l'aristocratie belge ».

(1) Morel-Fatio, *Etudes*, t. II, p. 31.
(2) *Nov. Rec.* III, xi, 9. — 15 octobre 1705.
(3) *Nov. Rec.*, III, xi, 8. — 12 mars 1792.
(4) *Archives générales de Simancas*, Invent. de guerra (1826), n° 2,288.
(5) Guillaume, *Histoire des Gardes wallonnes au service de l'Espagne*, p. 174.
(6) Id. ibid, p. 232.
(7) *Guia de forasteros*, 1804.
(8) Général Foy, *Guerres de la Péninsule*, t. II, p. 228. — Morel-Fatio, *Etudes*, t. II, p. 33.

On doit citer parmi les hommes les plus remarquables qui s'illustrèrent au service de l'Espagne Jean-Bonaventure Thierry du Mont, comte de Gages, né à Mons en 1682, général en chef de l'armée espagnole en Italie (1742-46), vice-roi de Navarre (1749-53). Menacé par les Autrichiens en 1744, le comte de Gages se retira avec son armée sur les Etats Napolitains; et cette belle manœuvre lui valut les suffrages de Frédéric, qui disait volontiers qu'il regrettait de n'avoir pas fait une campagne sous ce général (1). Les Wallons firent vaillamment leur devoir sur les champs de bataille. Charles III avait en eux une entière confiance; lors de la révolte de Madrid, il songeait à quitter Aranjuez qu'on disait menacé par l'émeute; on vint lui annoncer l'arrivée des gardes wallonnes. « Qu'on me débotte, dit-il « aussitôt; mes gardes arrivent; je vais me reposer. » Le bataillon avait fait sept lieues d'Espagne (35 kil.) en trois heures pour voler au secours de son souverain (2).

Le régiment des gardes d'infanterie espagnole (1704) présentait la même organisation et n'avait pas une moins belle histoire que les gardes wallonnes (3); mais ses soldats étaient plus accessibles aux excitations révolutionnaires. Le 18 mars 1808, D. Diégo Godoy, frère du favori de Charles IV, et colonel des gardes espagnoles, fut saisi, dépouillé de ses insignes et mis en prison par ses propres soldats: « pernicieux « exemple alors applaudi, dit un historien espagnol, et qui « se renouvela malheureusement depuis, en de plus tristes « circonstances (4). »

La juridiction civile et criminelle des deux régiments d'infanterie de la garde était partagée entre les deux colonels, un assesseur, conseiller de Guerre, un fiscal, un greffier et un alguazil (5). L'appel était porté directement au roi.

Aux gardes du corps et aux gardes espagnoles et wallonnes le roi avait ajouté en 1730 la brigade des carabiniers royaux.

(1) Guillaume, *op. cit.* p. 149.
(2) Id. ibid., p. 173.
(3) Marcillac, *Hist. de la guerre entre la France et l'Espagne*, p. 118.
(4) Toreno, *Historia del levantamiento*, t. I, p. 43.
(5) *Nov. Rec.* III, xi, 10 (15 juillet 1718), 11 (1730) et 12 (2 déc. 1773).

Elle se composait en 1804 de quatre escadrons de grosse cavalerie, et de deux escadrons de cavalerie légère formant la garde particulière du Prince de la Paix (1). C'était une sorte de gendarmerie, chargée de maintenir l'ordre autour de Madrid, d'aider la justice en cas de mutinerie ou d'émeute, et de poursuivre les contrebandiers (2). Les carabiniers royaux se recrutaient dans toute la cavalerie, parmi les vieux soldats et les meilleurs sujets. Les candidats admis dans cette troupe d'élite s'engageaient pour la vie, et renonçaient au mariage (3).

Le corps des carabiniers royaux était le plus beau de l'armée espagnole. « Des chevaux de troupe de la plus grande finesse,
« d'une beauté telle que le moindre eût été pour un prince
« ou un général un superbe cheval ; des hommes grands,
« forts, carrés, des figures nobles et militaires, des mousta-
« ches bien égales, bien cirées, des habits de beau drap bleu
« à parements écarlates, galonnés d'argent, le chapeau éga-
« lement bordé, ainsi que l'équipement en bleu du cheval,
« des officiers pris dans les familles les plus riches et les plus
« distinguées de l'Espagne, richement vêtus et superbement
« montés (4). » Malheureusement l'instruction militaire de ces magnifiques troupes avait été fort négligée. Les carabiniers vivaient disséminés dans des villages assez éloignés les uns des autres, ne faisaient jamais l'exercice, et ne montaient guère à cheval que pour aller à l'abreuvoir. En 1782, le Comte d'Artois passa le régiment en revue à Manzanarès ; il eut la fâcheuse idée de commander quelques mouvements ; le major qui lui présentait les troupes parut « recevoir le coup « de la mort » en l'entendant ordonner la charge et, dès les premiers pas, le désordre se mit dans les rangs. Les carabiniers firent sans doute quelques progrès dans les années qui suivirent, car on les voit figurer avec honneur aux armées de Ricardos et de La Union.

(1) *Guia de forasteros*, 1804.
(2) *Nov. Rec.* III, xi, 15, 15 fév. 1770.
(3) Général Foy, *Guerres de la Péninsule*, t. II, p. 228.
(4) Duc des Cars, *Mémoires*, t. I, p. 43.

Infanterie de ligne. — Dès le début de la guerre de succession, D. Francisco Fernandez de Cordoba fit créer douze nouveaux bataillons (*tercios*) à 600 hommes, distribués en 12 compagnies (1). En 1704 apparurent les régiments de ligne, et le vieux nom de *tercios* fut abandonné. On créa un directeur général de l'infanterie, et on établit à Madrid un magasin général d'équipement et d'armement. En 1707, les régiments reçurent des noms, et on leur distribua des drapeaux. L'enseigne colonelle était blanche avec croix de Saint-André rouge, cantonnée de deux lions et de deux châteaux. En 1711, l'infanterie nationale comprenait 87 régiments (2). A la fin de la guerre, Philippe n'en conserva plus que 37. Il n'y en avait plus que 29 à l'avènement de Charles III. Le roi fit quelques réformes heureuses : il ôta au colonel et au lieutenant-colonel le commandement effectif d'une compagnie ; il leur permit, ainsi qu'au major, de ne plus porter que l'épée et la canne. Les officiers conservèrent jusqu'en 1796 le fusil et l'épée courte. En 1786, deux inspecteurs généraux de l'infanterie furent créés, et le nombre des bataillons fut porté à trois par régiment. Deux de ces bataillons devaient être mobilisés, en cas de guerre, et le troisième devait servir de dépôt. Mais le roi fut mal obéi : il n'y avait encore que quatre régiments à trois bataillons en 1791. A trois reprises, en 1767, en 1775 et en 1780, le roi changea l'uniforme (3).

Les changements ne furent pas moins fréquents sous Charles IV. Un règlement général parut le 2 septembre 1792 : les soldats furent vêtus de vestes grises et coiffés de chapeaux ronds, on leur donna un havre-sac en peau de bique et un poncho, et on leur coupa les cheveux. Après la paix reparurent les uniformes coûteux et incommodes, la poudre et les boucles (4). En 1801, nouveau règlement général et nouvel uniforme.

En 1805 l'infanterie espagnole comprenait 39 régiments

---

(1) Conde de Clonard, *Hist. de la infanteria*, t. VI, p. 122.
(2) Id. ibid. t. V, p. 154.
(3) Id. ibid. t. VI, p. 44-46. — Cf. Barado. *Museo militar*, t. III, p. 542-555.
(4) Id. ibid. t. VI, p. 63.

à trois bataillons (1). Le premier bataillon comptait deux compagnies de grenadiers, et deux de fusiliers ; le deuxième et le troisième bataillon comprenaient quatre compagnies de fusiliers chacun. Le premier bataillon était commandé par le colonel et par le major, le second par le lieutenant-colonel, le troisième par un commandant. Chaque bataillon avait en outre un adjudant, un porte-drapeau gradé, un chirurgien et un armurier ; le tambour-major était attaché au premier bataillon. Chaque compagnie était commandée par un capitaine, deux lieutenants et deux sous-lieutenants, un sergent en premier, quatre sergents en second et seize caporaux. Il y avait trois tambours par compagnie. L'effectif normal de la compagnie était de 60 soldats, ou 84 fusils en comptant les bas-officiers. Le régiment à 12 compagnies disposait donc de 1008 fusils et était commandé par 70 officiers. L'infanterie espagnole tout entière pouvait mettre en ligne 39.312 soldats, et ses cadres comprenaient 2.760 officiers (2).

L'infanterie portait en 1804 l'habit bleu céleste à revers noirs ; deux fleurs de lys brodées sur le col. La doublure de l'habit et les passe-poils incarnat ; sur chaque basque de l'habit une poche, dont l'ouverture était masquée par une patte ornée de boutons dorés ; gilet et culotte blanche, bottes l'hiver et souliers l'été, chapeau sans galon avec plumet incarnat au-

---

(1) 1. Rey (inmemorial del).
2. Reyna, 1537.
3. Principe, 1537.
4. Saboya, 1537.
5. Corona, 1537.
6. Africa, 1559.
7. Zamora, 1580.
8. Soria, 1591.
9. Cordoba, 1650.
10. Guadalajara, 1657.
11. Sevilla, 1657.
12. Granada, 1657.
13. Valencia, 1658.
14. Zaragoza, 1660.
15. España, 1660.

16. Toledo, 1661.
17. Mallorca, 1682.
18. Burgos, 1694.
19. Murcia, 1694.
20. Leon, 1694.
21. Irlanda, 1698.
22. Cantabria, 1703.
23. Asturias, 1703.
24. Fijo de Ceuta, 1703.
25. Navarra, 1705.
26. Hibernia, 1709.
27. Ultonia, 1709.
28. Aragon, 1711.
29. America, 1764.
30. Princesa, 1766.
31. Extremadura, 1766.

32. Malaga, 1791.
33. Jaen, 1793.
34. Ordenes militares, 1793.
35. Voluntarios de Castilla, 1793.
36. Voluntarios de Estado, 1794.
37. Voluntarios de la Corona, 1795.
38. Borbon (ancienne légion d'émigrés français), 1796.
39. Napoles (recrutement mixte espagnol et étranger), 1572.

(2) Barado, *Museo militar*, t. III, p. 555.

dessus de la cocarde (1). Dès 1796 le roi avait prohibé les tenues de fantaisie, les souliers découverts, les pantalons, les mouchoirs bouillonnés autour du cou et les habits d'une coupe insolite et excentrique (2).

L'infanterie espagnole était armée, depuis 1703, du fusil et de la baïonnette. En 1755, la baguette de fer remplaça la baguette de bois. Sous Charles IV, on substitua à la clef à l'espagnole la clef à la française, moins sûre, mais moins sujette à rater à la suite d'un choc ou par l'effet de l'eau (3). Le soldat portait encore une épée-sabre, analogue à notre fameux coupe-chou.

Infanterie suisse. — Pendant longtemps l'Espagne avait eu des régiments étrangers. On en trouve de longues listes dans les papiers du ministère de la guerre conservés à Simancas (4). Il n'en restait plus que deux en 1805 : le régiment de Bourbon, formé d'émigrés français, et celui de Naples, recruté partie en Espagne, partie à l'étranger ; mais ces régiments avaient été assimilés aux régiments de ligne. Les régiments d'Irlanda (1698), d'Hibernia (1709) et d'Ultonia (1709) avaient été, à l'origine, formés de volontaires irlandais, et conservaient encore quelques officiers de cette nation ; mais

---

(1) Conde de Clonard, *Hist. de la infanteria*, t. VI, p. 77. — *Guia de forasteros*, 1804.
(2) *Nov. Rec.* VI, xiii, 22, 1796.
(3) Barado, *Museo militar*, t. III, p. 560.
(4) *Archives générales de Simancas. Inventario de guerra* (1826), f°s 70-75.
Régiments étrangers, avec la date de leur suppression :

1. Amberes, 1731.	13. Gante, 1717.	26. Namur, 1731.
2. Artesia, 1719.	14. Grisones, 1737.	27. La Mar de Naples, 1717.
3. Basilicata, 1714.	15. Gueldres, 1725.	
4. Borgoña, 1732.	16. Italia, 1721.	28. Ostende, 1717.
5. Brujas (Walones de), 1716.	17. Irlanda, 1723.	29. Palerme, 1721.
	18. Haynaut, 1733.	30. Sicilia, 1732.
6. Cambresi, 1718.	19. Hénaut, 1724.	31. Toscana, 1737.
7. Celanda, 1731.	20. Lacomerie, 1733.	32. Vendôme, 1715.
8. Cerdeña, 1718.	21. Limerick, 1731.	33. Waterford, 1731.
9. Carleroi, 1716.	22. Luxembourg, 1724.	34. Wanchop, 1715.
10. Comesfort, 1716.	23. Mac-Aulif, 1716.	35. Venloo, 1717.
11. Corsega, 1731.	24. Messina, 1731.	36. Utrecht, 1728.
12. Courtray ?	25. Mons, 1724.	

les troupes étrangères ne furent jamais populaires en Espagne et ne paraissent pas avoir ajouté beaucoup à la force des armées royales : « Les Wallons, Irlandais, Italiens et volon-
« taires, dit Dalrymple, sont tous déserteurs et vagabonds
« de tous les pays de l'Europe, et la plus méprisable ca-
« naille (1) ».

Les régiments suisses gardèrent au contraire jusqu'à la fin de l'ancien régime leur réputation (2).

Par contrat passé avec un certain nombre de familles, le roi avait assuré le recrutement de ses régiments helvétiques ; mais les officiers seuls étaient suisses, l'immense majorité des soldats était de nationalité allemande. Encore assez nombreux au milieu du dix-huitième siècle, les régiments suisses étaient réduits en 1808 au nombre de six, qui portaient le nom de leurs propriétaires : Schmidt, Rüttimann, Reding, Bedschart, Yann et Courten (3).

Les soldats portaient, comme les fantassins espagnols, la culotte blanche et l'habit bleu ; mais chaque régiment avait sa marque distinctive : Schmidt avait le col havane et les revers incarnat, Rüttimann le col incarnat liséré de bleu, Betschart les revers jaunes, Yann les boutons d'or.

Ces modernes lansquenets faisaient d'assez bonnes troupes. Ils étaient d'ordinaire assez bons enfants ; leur garde montée, ils parcouraient les rues de Madrid, offrant aux ménagères une petite pacotille de mercerie et de parfumerie ; mais, les jours de fête, ils s'enivraient comme des Souabes, et cette ivrognerie les rendait odieux, même au bas peuple ; quand on les entendait venir titubant, chantant, et formant la chaîne dans les rues, les femmes faisaient rentrer leurs enfants et fermaient leurs maisons au cri apeuré de : « Voilà les
« Suisses (4) ! »

(1) Morel-Fatio, *Etudes*, t. II, p. 31.
(2) *Archives de Simancas*, loc. cit.

1. Arreger.	5. Ehrler.	9. San Gall Dunant
2. Bestler.	6. Kruter.	10. Sury.
3. Buch.	7. Niderist.	11. Wirtz.
4. Betschart.	8. Reding.	

(3) *Guia de forasteros*, 1804.
(4) Morel-Fatio, *Etudes*, t. II, p. 32.

Infanterie légère. — Philippe V avait créé en 1735 une sorte de corps franc qu'il appela Fusiliers de montagne (*Fusileros de montaña*) (1). Charles III reprit et développa cette création, et organisa en 1762 deux régiments d'infanterie légère, à un bataillon de six compagnies (2). Le fantassin léger porta la tunique courte, au lieu de l'habit, et au lieu de casaque le caban national catalan (*gaban, gambetu*). Il fut armé d'un pistolet et d'un fusil moins lourd que celui de l'infanterie de ligne (3). Le régiment d'Aragon était cantonné à Jaca ; le régiment de Catalogne, bientôt dédoublé, tenait garnison à la Seo de Urgel, à Cardona, dans une ville de la côte catalane, à Pampelune, à Fontarabie et à Saint-Sébastien (4).

Le 3 juin 1792, un nouveau règlement distribua l'infanterie légère en bataillons indépendants, formés de quatre compagnies à 200 hommes. Chaque bataillon avait un commandant, un major et deux adjudants; chaque compagnie deux capitaines, deux lieutenants, deux sous-lieutenants, deux sergents, deux caporaux et un tambour. Aux trois bataillons déjà existants on en ajouta deux en 1793, deux en 1794 et deux en 1802. Le nombre total fut ainsi porté à douze (5). L'uniforme était très coquet et rappelait celui de nos chasseurs : jaquette verte, garnie de tresse jaune, revers et col rouges, patte rouge sur la poche, gilet et culotte blanche avec jabot et glands verts, guêtres de cuir, alpargatas à lacets verts, ceinture rouge, casque de peau à plume verte.

Cavalerie. — Peu de corps avaient subi autant de transformations que la cavalerie. Pendant la guerre de succes-

---

(1) Conde de Clonard, *Hist. de la inf.* t. V, p. 279.
(2) *Ordonnances royales* du 19 février 1762 et du mois de février 1763.
(3) On fondait 16 balles à la livre pour le fusil de l'infanterie de ligne, et 20 pour le fusil de l'infanterie légère.
(4) Barado, *Museo militar*, t. III, p. 550.
(5)
1. Primero de Aragon, 1762.
2. Primero de Cataluña, 1762.
3. Segundo de Cataluña, 1762.
4. Tarragona, 1792.
5. Gerona, 1792.
6. Segundo de Aragon, 1793.
7. Primero de Barcelona, 1793.
8. Segundo de Barcelona, 1793.
9. Cazadores de Barbastro, 1794.
10. Voluntarios de Valencia, 1794.
11. Campo-Mayor, 1802.
12. Navarra, 1802.

sion, cette arme avait pris une extension extraordinaire. Elle comprenait 46 régiments en 1707, 50 en 1710, 68 en 1713. Dès 1715, le roi procéda à des réductions d'effectif (1) et ne garda que 19 régiments de cavalerie de ligne, 10 de dragons et 2 de hussards. Même ainsi réduite, la cavalerie manquait de chevaux et d'effets de harnachement; les troupes étaient mal vêtues et de médiocre qualité (2).

En 1718, le roi créa 10 nouveaux régiments de dragons, pour en supprimer 7 quatre ans plus tard.

En 1763, Charles III fixa à 12 le nombre des régiments de cavalerie de ligne, et il organisa 14 compagnies de cavalerie légère en Castille, en Estremadure, en Andalousie et en Aragon. En 1766, il les réunit tous en un régiment qui reçut le nom de *voluntarios de España*. A sa mort, la cavalerie comprenait 12 régiments de ligne, 12 régiments de dragons, et 2 régiments de cavalerie légère : *Costa de Granada* et *Voluntarios* (3).

De 1789 à 1794, Charles IV créa 6 nouveaux régiments.

En 1803, les dragons furent supprimés. La cavalerie compta 12 régiments de ligne, 6 de chasseurs à cheval et 6 de hussards.

Le 30 janvier 1805, les dragons furent rétablis (4).

---

(1) *Archives générales de Simancas. Invent. de guerra* (1826), p. 70-75.
Régiments de cavalerie supprimés au XVIII° siècle :

Cavalerie de ligne		Dragons étrangers
1. Batavia?	11. Rosellon, 1725.	1. Belgia.
2. Andalucia, 1775.	12. Sevilla, 1762.	2. Caller, 1721.
3. Aragon, 1775.	*Dragons espagnols*	3. Dublin, 1721.
4. Barcelona, 1762.	1. America, 1765-68.	4. Edimburgo, 1721-59.
5. Castilla, 1775.	2. Cartagena, 1720-22.	5. Francia, 1721-35.
6. Estremadura, 1775.	3. Llerena, 1720.	6. Italia, 1735.
7. Flandes, 1762.	4. Merida, 1721-62.	7. Palma, 1735.
8. Malta, 1762.	5. Oran, 1720-35.	8. Parma, 1737.
9. Milan, 1762.	6. Ribagorza, 1735.	
10. Ordenes, 1762.	7. Jerez, 1720.	

(2) Rodriguez Villa, *Patiño*, p. 28.
(3) Conde de Clonard, *Hist. de la inf. y de la caballeria*, t. V, p. 335.
(4) Le Prince de la Paix confessa ingénûment que « la question n'avait pas été étudiée avec la maturité voulue ». — Clonard, *Hist. de la inf.*, t. VI, p. 301.

Au moment de la guerre de l'indépendance, la cavalerie espagnole possédait 13 régiments de ligne, 4 de cavalerie légère, et 8 de dragons (1). D'après le général Foy, hussards, chasseurs et dragons différaient plus par l'uniforme que par l'armement ou la tactique (2).

Cette manie du changement se manifestait à l'intérieur des régiments comme dans l'ensemble de l'armée. En 1703, la compagnie était de 28 hommes dans les régiments de ligne et de 50 hommes dans les dragons. En 1722, la compagnie est de 29 hommes, en 1763 de 33, en 1789 de 60, en 1793 de 80, en 1794 de 90, en 1803 de 42. Le nombre des escadrons, d'abord fixé à 3 par régiment, est porté à 4 en 1763, remis à 3 en 1787 et reporté à 5 en 1803.

L'uniforme varie à chaque instant et change plusieurs fois sous Charles IV. En 1794 la cavalerie de ligne porte l'habit jaune (3) ; en 1804 elle a l'habit bleu turquin (4). Les chasseurs sont habillés de vert émeraude, les hussards portent le dolman incarnat et la pelisse bleu céleste.

Le règlement de 1803 porte l'effectif d'un régiment de cavalerie à 670 hommes et 540 chevaux (5). La force totale de l'arme eût donc été de 16.080 hommes et de 12.960 chevaux, si les régiments avaient été au complet ; mais il y avait toujours des vides, et la remonte se faisait très difficilement. Le commerce des mulets avait pris en Espagne un tel développement que l'élevage du cheval y avait été presque

---

(1) *Cavalerie de ligne.*
1. Rey, 1538.
2. Reyna, 1703.
3. Principe, 1703.
4. Infante, 1641.
5. Borbon, 1640.
6. Farnesio, 1649.
7. Alcantara, 1656.
8. España, 1659.
9. Algarves, 1701.
10. Calatrava, 1703.
11. Santiago, 1703.
12. Montesa, 1706.

Chasseurs
1. Olivenza, 1735.
2. Voluntarios de España, 1762.

Hussards
1. Maria Luisa, 1793.
2. Españoles, 1795.

Dragons
1. Rey, 1674.
2. Reyna, 1735.
3. Almanza, 1676.
4. Pavia, 1684.
5. Villaviciosa, 1689.
6. Sagunto, 1703.
7. Numancia, 1707.
8. Lusitania, 1709.
9. Jaen.

(2) Général Foy, *Guerres de la Péninsule*, t. II, p. 236.
(3) Barado, *Museo militar*, t. III, p. 564.
(4) *Guia de forasteros*, 1804.
(5) Barado, *Museo militar*, t. III, p. 564.

abandonné, en dépit des ordonnances royales. L'Andalousie et l'Estremadure en nourrissaient encore quelques-uns, mais beaucoup moins qu'au commencement du xviii° siècle ; l'ambassadeur de France Guillemardet ayant demandé pour le gouvernement français la permission d'acheter des chevaux en Espagne, le ministre de la guerre répondit : « qu'il n'y en « avait même pas assez pour assurer la remonte de la cava- « lerie nationale (1) ». Les chevaux andalous, employés sans distinction pour la remonte de toutes les armes, sont beaux, ardents et dociles ; mais le général Foy leur reproche de « n'avoir pas la force nécessaire pour le coup de poitrail « de la grosse cavalerie, et de n'être pas robustes et infati- « gables comme il le faut pour le service de la cavalerie lé- « gère ». On ne se servait que de chevaux entiers, on les prenait trop jeunes, ils étaient délicats, et avec eux, la cavalerie manquait de force et de solidité. « Elle aurait eu besoin d'une « cavalerie plus flegmatique et plus solide pour l'appuyer (2). » C'est, à quatre siècles et demi de distance, ce que disait Froissart des génetaires castillans opposés à la gendarmerie anglaise (3).

Corps royal de l'artillerie. — L'artillerie fut presque aussi souvent remaniée que la cavalerie pendant le cours du xviii° siècle ; mais là du moins tout était à créer, et d'importants résultats furent obtenus.

Dès 1702, Philippe V centralisa tout le service aux mains d'un colonel général de l'artillerie. Le 2 mai 1710, il créa l'état-major d'artillerie et un régiment royal à trois bataillons de 12 compagnies, dont 3 d'artilleurs, 1 de mineurs et 8 de fusiliers (4). On lui doit encore la fondation d'écoles d'artillerie à Oran, Ceuta, Barcelone, l'établissement de fonderies de canons à Barcelone et à Malaga, de poudreries et de fabriques de boulets en Navarre. L'ordonnance du 15 juillet

---

(1) *Archives des affaires étrangères à Paris*, Espagne, t. 657, pièce 123.
(2) Général Foy, *Guerres de la Péninsule*, t. II, p. 235-236.
(3) S. Luce, *Chroniques de Froissart*, t. VII, p. xix.
(4) Barado, *Museo militar*, t. III, p. 565.

1718 détermina officiellement le calibre des différentes bouches à feu (1).

En 1787, l'artillerie et tous ses services auxiliaires furent annexés au ministère de la guerre, et placés en 1756 sous l'autorité d'un directeur général de l'artillerie (2). La direction générale, supprimée en 1761, fut rétablie en 1802.

En 1762, Charles III réalisa un grand progrès en rattachant l'état-major d'artillerie au régiment royal, qui fut placé sous le commandement direct du roi et assimilé aux troupes de sa maison (3). En 1785, le corps de l'artillerie comprenait 46 compagnies, dont 2 compagnies fixes à Ceuta, 1 compagnie provinciale à Saint-Sébastien et 1 compagnie de cadets à Ségovie (4).

L'ordonnance du 22 juin 1802, dont un grand nombre de dispositions sont encore en vigueur aujourd'hui, détermina la composition du corps, réorganisa les services administratifs, régla l'instruction en temps de paix et en campagne, réforma la discipline des arsenaux et fabriques royales et revisa les lois relatives à la juridiction spéciale du corps de l'artillerie.

En 1808, le corps était placé sous la haute direction du Prince de la Paix, généralissime, assisté d'un chef d'état-major, de trois officiers et de quatre secrétaires.

La Junte suprême de l'artillerie comprenait deux conseillers militaires, deux conseillers de finances et un secrétaire. Elle contrôlait la gestion des comités provinciaux.

Le commissariat de l'artillerie (*Cuerpo de cuenta y razon de artilleria*) était dirigé par un commissaire ordonnateur, chef de service, et dans chaque département par un commissaire de guerre d'artillerie, ayant sous ses ordres directs les payeurs et les gardes-magasins.

Chaque département avait, en outre, un tribunal, présidé par le sous-inspecteur, et composé d'un assesseur, d'un fiscal

---

(1) Coxe, *L'Espagne sous les Bourbons*, t. III, p. 579.
(2) Barado, *Museo militar*, t. III, p. 568.
(3) Id. ibid.
(4) Id. ibid., t. III, p. 565.

et d'un greffier. Tous ceux qui jouissaient du for de l'artillerie, en étaient justiciables en première instance, avec appel au tribunal spécial du corps siégeant à Madrid (*juzgado privativo del R. cuerpo de artilleria*).

L'arme avait cinq dépôts installés à Barcelone, Carthagène, Séville, La Corogne et Ségovie. A la tête de chaque dépôt (*departamento*) étaient un sous-inspecteur et un chef d'école, ayant rang de brigadier, pour le contrôle des services et l'instruction théorique et pratique. A Ségovie, ils dirigeaient l'école des cadets. De Barcelone relevaient les places de San Fernando de Figueras, de Majorque et de Minorque, et les fabriques de poudre de Murcie. Le sous-inspecteur de Carthagène étendait son autorité sur les places de Carthagène, Saragosse et Alicante; celui de Séville sur les places de Badajoz et de Malaga, les camps de San Roque et de Ceuta et la fonderie de canons de Séville. Le dépôt de La Corogne avait dans sa dépendance les places de Pampelune, Saint-Sébastien, Santander et Ciudad-Rodrigo, la manufacture d'armes blanches de Tolède, la fabrique de fusils de Placencia, les fabriques de munitions d'Eugui et d'Orbaiceta (1).

De 1802 à 1806, il y eut cinq régiments d'artillerie à 12 compagnies, plus 3 compagnies fixes à Ceuta et Majorque, 5 compagnies d'ouvriers et 4 d'invalides.

En 1806, le Prince de la Paix réduisit le nombre des régiments à quatre, et les divisa en deux bataillons à cinq compagnies, dont une d'artillerie à cheval. L'arme comprit 40 compagnies, dont 8 montées. Le corps entier comptait 9.400 hommes et 675 officiers (2), et pouvait mettre en batterie 240 pièces de canon (3).

Les artilleurs portaient le pantalon et la casaque bleu turquin; la casaque était courte, à revers noirs et boutons dorés; le gilet, les parements, le collet et les passe-poils incarnat. Le collet était orné d'une grenade brodée à chaque coin. Les officiers portaient la casaque longue et pouvaient

---

(1) *Guia de forasteros*, 1804.
(2) Rehfues, *L'Espagne en 1808*, t. II, p. 93.
(3) Barado, *Museo militar*, t. III, p. 565.

prendre, même en service, le gilet et le pantalon blancs.

Le matériel avait profité des perfectionnements réalisés au xviii° siècle dans l'armée française. A l'ancien système Vallière avait succédé en France le système Gribeauval, qui distinguait les pièces de campagne, de siège, de place et de côte. Les canons de campagne ne comprenaient plus que trois calibres : le 4, le 8, et le 12 ; les pièces bien forées, les projectiles bien calibrés, les affûts plus maniables avaient augmenté dans de grandes proportions la puissance de l'artillerie. L'Espagne adopta en 1792 le système Gribeauval, suivi en France depuis 1765 (1).

Les pièces espagnoles se faisaient remarquer par le « bien venu » de la fonte. La découverte des mines de cuivre de Rio-Tinto permit de fabriquer à très bon marché. Les écrivains espagnols prétendent que sur 7.000 pièces essayées à la manufacture de Séville, pas une ne fut refusée, et que l'on finit par ne plus essayer qu'une seule pièce par coulée (2).

Sans ajouter une foi absolue à une assertion aussi extraordinaire, on peut affirmer que l'artillerie espagnole disposait d'un matériel de bonne qualité. Les représentants du peuple en mission à l'armée des Pyrénées orientales écrivaient le 27 juin 1793, que l'armée espagnole disposait « d'une artillerie « excellente et formidable (3) ».

Le corps de l'artillerie montrait plus d'initiative et d'invention que les autres armes. Dès la guerre de succession, les Espagnols avaient des canons en fer forgé. En 1753 ils eurent des artilleurs à cheval, en 1780 une artillerie légère (4). En 1783, D. Francisco Xavier Rovira, commissaire général de l'artillerie, inventa des obusiers longs pour tirer des projectiles explosibles sous des trajectoires tendues, et le succès des nouvelles pièces fut assez grand pour que l'on ait songé

---

(1) Barado, t. III, p. 571.
(2) Id. t. III, p. 567.
(3) *Archives de la guerre à Paris*, Campagnes, 1793. Armée des Pyrénées-Orientales.
(4) Général Foy, *Guerres de la Péninsule*, t. II, p. 237.

à en placer à bord des vaisseaux (1). Mais ce perfectionnement, qui eût assuré aux flottes d'Espagne une supériorité décisive, ne fut pas réalisé.

Les manœuvres avaient suivi les progrès du matériel. Elles avaient été simplifiées en 1777 par le lieutenant général D. José Autran et le maréchal de camp D. José Vallejo. De nouvelles instructions parurent en 1792, et comme il y avait encore certaines manœuvres qui différaient de régiment à régiment, suivant les idées particulières de chaque colonel, D. José de Urrutia publia son traité des exercices facultatifs (*coleccion de ejercicios facultativos*) qui ne tarda pas à faire autorité (2).

Génie. — Le corps des ingénieurs militaires ne commença à vivre de sa vie propre qu'en 1702; l'ordonnance de Flandres sépara les ingénieurs des artilleurs, et nomma un ingénieur général. Ce ne fut toutefois qu'en 1711 que le corps reçut une organisation sérieuse sur les plans de l'ingénieur flamand D. Jorge Prosper Verboom (3). Dès ce moment les progrès furent constants. Le 4 juillet 1718 parut une instruction royale sur la construction des cartes. En 1724 on créa des ingénieurs directeurs en chef. En 1728, le génie comptait déjà 128 officiers, avait son bureau central à Madrid et onze directions provinciales (4). Rattaché à l'artillerie en 1756, le génie en fut de nouveau séparé en 1758. En 1768, le nombre des officiers-ingénieurs fut fixé à 150; des règles furent établies pour le recrutement et l'avancement. En 1774, le génie fut divisé en quatre sections : 1° travaux militaires de place et de campagne, et service géographique; 2° édifices civils et chemins; 3° hydraulique; 4° enseignement. . . directeur général était à cette époque D. Pedro Lacuce, auteur d'un ouvrage estimé sur la fortification et l'attaque des pla-

---

(1) Barado, *Museo militar*, t. III, p. 572.
(2) Id. ibid., p. 567.
(3) Varela y Limia, *Resumen historico del arma de los ingenieros*.
(4) Andalousie — Estremadure — Castille et Asturies — Galice — Navarre et Vascongades — Aragon — Valence — Murcie — Grenade et Présides — place de Longron — Catalogne — Majorque et Ibiza.

ces (1). Sabatini était chargé de la direction des constructions civiles et des chemins. En 1797, tous les services furent de nouveau centralisés et confiés à l'ingénieur général D. José de Urrutia. Enfin l'organisation du corps fut complétée par la création d'un régiment de sapeurs-pontonniers (5 sept. 1802) et par une longue ordonnance du 11 juillet 1803 qui établissait une école spéciale à Alcala de Hénarès, fixait le nombre des ingénieurs militaires à 196, et réglait le détail du service (2).

Le directeur général du génie présidait à Madrid la Junte supérieure de l'arme, composée de trois membres et d'un secrétaire.

Chaque capitale de province avait une Junte provinciale, présidée par le capitaine général, et un tribunal qui rendait la justice à tous ceux qui jouissaient du *fuero de ingenieros*; on appelait des décisions de ce tribunal à la Junte supérieure de Madrid.

Le corps royal des ingénieurs avait en outre sous sa direction les écoles militaires de Zamora et d'Alcala de Hénarès, et la Junte consultative de défense des Indes, créée en 1768.

A côté du corps royal des ingénieurs fonctionnait le corps royal des ingénieurs cosmographes d'État, chargé du service des cartes. Il comprenait en 1804 un directeur, un vice-directeur, 6 professeurs, 4 substituts et 12 aspirants (3).

Le régiment des sapeurs-mineurs-pontonniers était composé de deux bataillons à cinq compagnies, et présentait un effectif de 1.275 hommes.

L'uniforme de ce corps d'élite était pittoresque et magnifique. Les soldats portaient la casaque et le pantalon bleu turquin, la demi-botte de drap noir, le casque avec crête de peau d'ours et plumet incarnat, le tablier de cuir souple et

---

(1) *Principios de forlificacion que contienen las definiciones de los terminos principales de las obras de plaza y de campaña, con una idea de la conducta regularmente observada en el ataque de las fortalezas.*

(2) 1 chef d'état major — 8 directeurs sous-inspecteurs (dont 3 généraux et 5 brigadiers) — 12 colonels — 15 lieutenants-colonels — 15 majors de brigade — 40 capitaines en premier — 12 capitaines en second — 40 lieutenants et 54 sous-lieutenants.

(3) *Guia de forasteros*, 1804.

la capote à capuchon. Les officiers du génie portaient l'habit à revers de velours noir, ornés de sept boutons d'argent ; un château d'argent était brodé sur le collet ; le chapeau à plumet incarnat était galonné d'argent, et le sabre avait la poignée d'argent. Les officiers d'état-major avaient la casaque verte, doublée de rouge, avec collet, parements et revers de velours violet brodé d'or, un château d'or sur le collet, boutons plats et dorés avec l'inscription : Etat-major du génie.

On louait beaucoup la brillante instruction et le bon esprit du corps des ingénieurs, mais la pratique de la guerre lui faisait défaut, et la théorie, empruntée tout entière aux livres français, manquait d'originalité (1).

III. — Les milices provinciales.

Les rois d'Espagne avaient songé de bonne heure à organiser à côté de l'armée régulière une armée de seconde ligne, mobilisable en cas de guerre, et capable de concourir efficacement à la défense du territoire. Leurs efforts n'avaient pas été stériles ; l'armée espagnole possédait de sérieuses réserves, bien disciplinées, et animées du meilleur esprit.

Les milices des pays fuéristes. — En vertu des fuéros, le tirage au sort ne s'appliquait ni à la Navarre, ni aux Vascongades. Le roi avait le droit de garnison à Fontarabie, à Saint-Sébastien et à Pampelune ; mais l'entretien de ces places et de ces troupes restait à sa charge. Les Vascongades ne pouvaient être traversées par les troupes royales sans l'assentiment des députés généraux. Le roi devait rembourser aux provinces tous les frais dont elles lui avaient fait l'avance pour le transport des bagages, et le prix des denrées fournies au soldat par l'habitant (2). En Guipuzcoa, des commissaires de la Junte provinciale (*comisarios de transitos*) accompagnaient les troupes pendant tout leur parcours

---

(1) Général Foy, *Guerres de la Péninsule*, t. II, p. 240.
(2) *Guipuzcoano instruido*, v° *Bagages*.

à travers la province, préparaient leurs cantonnements, de concert avec les alcaldes et les chefs militaires (1).

Cependant l'immunité militaire des pays de fuéro n'était pas absolue. La *quinta* avait fini par s'introduire en Navarre, malgré les protestations des Cortès qui la regardèrent toujours comme un *contrafuéro* (2). Pampelune donnait annuellement au roi 60.000 réaux pour l'entretien de ses remparts (3); le Guipuzcoa et la Biscaye armaient leurs batteries de côtes et devaient le service de mer; l'Inscription maritime y fut établie en 1751, à peu près dans les mêmes conditions qu'en Castille (4).

En cas de guerre, le roi appelait tous les habitants à la défense du pays. Les milices fuéristes ont toujours largement fait leur devoir dans tous les cas où elles ont été convoquées.

Pendant les campagnes de 1793 à 1795, la Navarre équipa et arma à ses frais près de 20.000 hommes. On fit partir les célibataires et les veufs sans enfants. On parla même de décréter la levée en masse, qui eût donné 20.000 hommes de plus. Les habitants des bourgs et villages occupés par l'ennemi abandonnaient leurs maisons pour venir se joindre aux troupes navarraises contre l'envahisseur. La province dépensa sur ses réserves 150.000 pesos pour vêtir et armer ses troupes. Les dons patriotiques affluèrent. Les églises donnèrent une partie de leur argenterie. Lorsque l'ennemi menaça directement Pampelune, la députation de Navarre demanda au général en chef de placer les bataillons navarrais au poste le plus menacé (5).

La province de Guipuzcoa se vantait d'être exempte du service militaire en vertu de la coutume immémoriale, du fuéro, et « de l'originaire noblesse de sang de ses naturels ». Elle formait une « République militaire, toujours prête à dé-
« fendre son territoire contre les ennemis de la couronne (6) ».

(1) *Juntas de Guipuzcoa*, 1779, p. 101.
(2) Oloriz, *Defensa de los fueros*, p. 76.
(3) Yanguas, *Diccionario de los fueros y leyes*, v° *Tabernas reales*.
(4) *Ordre royal* du 12 août 1802.
(5) *Archives de Navarre. Quadernos de leyes* (1793-95), p. 323.
(6) *Guipuzcoano instruido*, v° *Quintas*.

C'était à la fois un pays réfractaire à tout service militaire, et un pays très belliqueux. « Les gens de Guipuzcoa, dit le « P. Larramendi, n'aiment pas à servir comme simples sol- « dats dans les armées de Sa Majesté. Quand on leur parle « de les enrôler dans un régiment, ils se croient morts; mais « ils aiment à se battre entre eux, ils s'enrôlent volontiers « lorsqu'il s'agit de défendre la province contre les Français, « et ils servent de bon gré comme cadets et comme officiers « dans l'armée du roi (1). »

La défense de la province était bien entendue. Chaque hôtel de ville renfermait un petit arsenal où l'on voyait des fusils, des baïonnettes, des poires à poudre et des cartouchières, à côté des piques, des mousquets et des armures du temps passé (2). Les petits ports de la côte étaient fortifiés et armés de canons, dont les pêcheurs connaissaient la manœuvre. La province armait aussi des corsaires; les marins guipuzcoans aimaient ce genre de service et cette vie d'aventures.

En cas de guerre, la députation convoquait une junte extraordinaire, qui élisait un colonel-général, et une députation de guerre, composée de tous les députés de la province, du secrétaire, et du corrégidor. La députation de guerre édictait souverainement les mesures nécessaires. Le colonel-général commandait les milices de la province, et s'entendait avec les généraux du roi, qui communiquaient avec lui « par « voie d'avis et non par voie d'ordre ». Le colonel-général nommait des majors, ayant servi dans les armées du roi ; les communes élisaient les capitaines de leurs contingents. Tout Guipuzcoan pouvait être levé pour le service depuis 18 ans jusqu'à 60 ans. « C'était chose incroyable, dit le « P. Larramendi, que la rapidité avec laquelle toutes ces mi- « lices s'armaient et arrivaient au rendez-vous général à Her- « nani, avec leurs chefs, bannières, fifres et tambours. Ces « levées pouvaient paraître tumultuaires à des généraux de « troupes réglées; mais l'histoire des services rendus par les

---

(1) Larramendi, *Corografia de Guipuzcoa*, p. 162.
(2) Id. ibid., p. 80.

« milices de la province est là pour leur répondre (1). »
En 1779, au moment de la guerre d'Amérique, un véritable enthousiasme s'empara de la province. Les gens des côtes s'exercèrent au maniement du fusil et du canon « pour bien « recevoir les Anglais ». Les villes d'Orio, Zumaya, Zarauz et Guetaria montèrent leurs batteries. Deva et Fontarabie firent remettre leurs armes en état. Saint-Sébastien offrit à Sa Majesté quatorze compagnies de 50 hommes et 500.000 réaux (2).

En 1792, le roi fit procéder de nouveau à l'enrôlement des milices guipuzcoanes. La province arma 4.600 hommes en 1793 (3).

La seigneurie de Biscaye avait construit à ses frais le long de la côte vingt-trois batteries, garnies de canons de divers calibres, et pourvues d'une garnison convenable (4). En temps de guerre, la députation de Biscaye, faisant fonctions de capitaine général de la seigneurie, appelait tous les Biscayens au service. Le service était gratuit quand les milices ne dépassaient pas l'*arbre Malato*, sur le territoire de Lujaondo; quand on dépassait l'arbre pour aller jusqu'aux ports, le roi devait deux mois de solde; au delà des ports, le roi devait trois mois (5).

La Biscaye fit un effort vraiment prodigieux pendant les campagnes de 1793 à 1795 (6). Dès 1793, elle demanda au roi 10.000 fusils avec baïonnettes et cartouches (7). En 1795, quand le comte de Colomera, chassé d'Hernani et de Tolosa, fut obligé de se retirer sur Pampelune, Moncey trouva devant lui le brave Crespo, qui lui disputa le terrain pied à pied depuis la Deva jusqu'à Bilbao et lui livra huit combats importants

(1) Larramendi, *op. cit.*, p. 99.
(2) *Guipuzcoano instruido*, v° *Guerras*.
(3) *Archives de Guipuzcoa*. Sec. III, neg. 4, leg. 74 et 75 (1791-93).
Cf. Duque de Mandas, *La separacion de Guipuzcoa y la paz de Basilea*, Madrid, 1893, in-8°.
(4) *Escudo de la mas constante fe y leallad*, p. 153.
(5) *Fuero de Vizcaya*, I, 5.
(6) Jomini ne craint pas de dire que la campagne, bien commencée par Moncey, était encore douteuse lorsque la paix de Bâle vint la terminer. *Histoire des guerres de la Révolution*. Paris, 1842, 4 vol. in-8°, t. II, p. 231.
(7) *Juntas generales de Vizcaya*, 1793, p. 13.

depuis le mois de mars jusqu'au mois de juillet 1795 (1).

L'Alava était placé en temps de guerre sous le commandement de son député général, qui présidait à l'enrôlement des soldats de la province et nommait les officiers des troupes alavaises (2). L'Alava prit une part glorieuse à la défense de la Biscaye en 1795.

Les fuéristes vantent avec orgueil les services rendus au roi par leurs milices nationales; sans contester le brillant courage des milices vascongades, on peut croire que ces gardes nationales seraient, surtout de nos jours, impuissantes à arrêter la marche de troupes régulières et bien commandées, et l'on comprend aisément que les militaires espagnols aient toujours réclamé la suppression du régime exceptionnel sous lequel ont vécu si longtemps la Navarre et les Vascongades.

Les milices provinciales de Castille. — Dans les pays castillans, l'organisation des réserves avait été poursuivie avec constance et succès.

L'ordonnance du 31 janvier 1734 décréta la formation de 33 régiments de milice, à un seul bataillon de 700 hommes. Les miliciens étaient choisis par les soins du capitaine général ou de l'intendant, et des corrégidors, parmi les hommes les plus aptes et les moins occupés, autant que possible parmi les célibataires. En cas de décès d'un milicien, les alcaldes lui nommaient un remplaçant avec l'approbation du capitaine de la compagnie (3). Le roi payait les majors, les officiers, les sergents, les caporaux et les tambours des régiments de milice (4). Tous les trois mois, le régiment se réunissait au chef-lieu militaire de sa circonscription. Les hommes étaient passés en revue et exercés au maniement

---

(1) Marcillac, *Histoire de la guerre entre la France et l'Espagne* (1793-95), p. 96-101.

(2) Bengoa, *El libro de Alava*, p. 252.

(3) Nov. Rec., VI, vi, 4 — 31 janvier 1734. — Ordonnance supplétoire du 28 févr. 1736.

(4) Id. ibid. VI, iv, 10 — 25 oct. 1743.

des armes (1). Vingt-huit régiments seulement furent organisés en 1734 (2).

Le 18 novembre 1766, le nombre des régiments de milice fut porté à quarante-deux. Un impôt de 2 réaux par fanègue de sel fut consacré à leur entretien (3). La population castillane était divisée en cinq classes pour le recrutement de la milice : 1° célibataires et veufs sans enfants ; 2° hommes mariés avant dix-huit ans contrairement à la loi ; 3° hommes mariés sans enfants, journaliers ou petits cultivateurs ; 4° hommes mariés sans enfants, exerçant un métier manuel, ou possédant au moins un journal de terre ; 5° hommes mariés avec enfants (4). Le tirage au sort se faisait par les soins des greffiers des ayuntamientos. Madrid, sa banlieue, les places frontières étaient exempts du service de la milice. La noblesse, le clergé et la bourgeoisie bénéficiaient de nombreux cas d'exemption (5). Par contre, les miliciens jouissaient de quelques privilèges importants. On les devait traiter avec bienveillance dans la répartition des impôts. Ils jouissaient du fuero militaire pour leurs testaments et successions. Après huit ans de service, un officier pouvait préten-

(1) Barado, *Museo militar*, t. III, p. 543.

(2) Jaen. Badajoz. Sevilla. Burgos. Lugo. Granada. Leon. Oviedo. Cordoba. Murcia.
Truxillo. Xerez. Ecija. Ciudad-Rodrigo. Logroño. Siguenza. Toro. Soria. Laredo.
Orense. Santiago. Pontevedra. Tuy. Betanzos. Malaga. Guadix. Ronda. Bujalance.

Guia de forasteros, 1801.

(3) *Nov. Rec.*, VI, vi, 5 — 18 nov. 1766. — Voici les noms des 14 nouveaux régiments :

1. Cuenca.
2. Salamanca.
3. Alcazar de San Juan.
4. Chinchilla.
5. Lorca.
6. Valladolid.
7. Mondoñedo.
8. Toledo.
9. Ciudad Real.
10. Avila.
11. Placencia.
12. Segovia.
13. Monterey.
14. Compostela.

(4) *Nov. Rec.*, VI, vi, 8, 1767.
(5) Id. VI, vi, 11 (22 juin 1773) et VI, vi, 7 (mai 1767).

dre à entrer dans les ordres militaires, et était exempté de la taxe de *montado y galeras*. Au bout de dix ans de service, le milicien congédié était exempté pour cinq ans de la contribution appelée service ordinaire et extraordinaire. S'il consentait à servir huit ans de plus, il obtenait à sa libération le brevet de soldat d'élite (*soldado distinguido*) (1).

Le commandement des régiments de milice était confié à un homme considérable de la région, qui portait le titre de colonel. Le major était un officier supérieur l'armée royale (2).

Chaque régiment de milice comprenait deux compagnies d'élite, une de chasseurs et une de grenadiers. En cas de guerre, tous les grenadiers et tous les chasseurs de la milice formaient quatre divisions de marche à deux bataillons, dites divisions provinciales de grenadiers, et portant les noms de Castille-Vieille, Castille-Nouvelle, Andalousie et Galice (3).

L'uniforme de la milice était le même que celui de l'infanterie, sauf un ornement incarnat sur le collet, les parements et les revers.

Une ordonnance royale du 19 juillet 1802 simplifia les opérations du tirage au sort, fixa à 720 hommes l'effectif des combattants de chaque régiment, et décida qu'en cas de guerre, il serait procédé, par voie de tirage au sort, à la formation d'une réserve, égale à la moitié au moins de l'effectif du régiment (4).

Ainsi organisées, les milices castillanes rendirent de réels services dans les campagnes contre la République française, et le général Foy n'hésite pas à considérer les divisions provinciales de grenadiers « comme des troupes d'élite, préféra- « bles même aux régiments de la maison du roi » (5).

En plus des milices provinciales, Charles III avait organisé de 1760 à 1768 cent trente-trois compagnies de milices urbaines

---

(1) *Nov. Rec.* VI, IV, 12 (30 mai 1767).
(2) Général Foy, *Guerres de la Péninsule*, t. II, p. 231.
(3) *Guia de Forasteros*, 1804. — Fervel, t. I, p. 24.
(4) *Nov. Rec.*, VI, VI, 10.
(5) Général Foy, *Guerres de la Péninsule*, t. II, p. 232.

réparties entre les places les plus exposées de la frontière. Ces compagnies avaient l'uniforme ; mais elles ne touchaient point de solde, et elles étaient uniquement destinées à renforcer, ou à remplacer au besoin, la garnison régulière des places fortes (1).

Un certain nombre de corps détachés, appelés compagnies fixes (2), concouraient avec les milices urbaines à la défense des présides et des points les plus exposés du littoral. Les Espagnols avaient même songé à créer à Ceuta un corps de cavalerie indigène (*caballeria de Moros Mogataces*), vêtue à la mauresque. Quelques-unes de ces troupes, comme la Compagnie légère de fusiliers d'Aragon et la Compagnie légère de Castille-Nouvelle, constituaient une sorte de gendarmerie. Cette dernière compagnie, créée en 1792, comptait 100 hommes de pied et 30 chevaux, et poursuivait les contrebandiers et les malfaiteurs qui infestaient les environs de Madrid et des résidences royales.

Les pays de la couronne d'Aragon n'étaient pas soumis au service de la milice, mais fournissaient les compagnies d'infanterie légère dont il a été parlé plus haut (p. 247).

Compagnies d'invalides. — On peut rattacher aux milices les compagnies d'invalides créées par Philippe V et ses suc-

---

(1) Milices urbaines :

20 compagnies à Cadiz (1762).
9 id. au Puerto de Sta-Maria (1762).
13 id. au camp de St-Roch (1762).
9 id. à Carthagène (1762).
5 id. à Ceuta (1762).
11 id. à Badajoz (1762).

8 compagnies à Alburquerque (1762).
16 id. à Alcantara (1762).
7 id. à Valencia de Alcantara (1766).
12 id. à La Corogne (1766).
6 id. à Ciudad-Rodrigo (1768).
4 id. à Tarifa (1760).

(2) Escopeteros de Getares de infanteria (1703).
Compania fixa de infanteria de la pla a de Rosas.
Compania suelta de fusileros (en Aragon).
Compania fixa de caballeria de lanzas en Ceuta.
Caballeria de Moros mogataces (1734).
Companias fixas de infanteria en Melilla, Peñon y Alhucemas.
11 Companias de infanteria fixa de la Cuesta de Granada (1762-1799).
Escopeteros de Andalucia.
Compania suelta de Castilla-la-Nueva (1792).

Guia de forasteros, 1801.

cesseurs, pour assurer l'existence des vétérans mis à la réforme.

Philippe V dut songer aux vieux soldats de ses armées ; mais il n'imita pas le faste de son aïeul : l'Espagne n'eut pas d'Hôtel royal des invalides. Le roi pensa avec raison qu'un grand nombre de soldats réformés pouvaient encore rendre service à l'État, et qu'il y aurait pour eux plus d'honneur à mener une vie à demi active qu'à languir dans l'ennui d'une sorte de couvent militaire. Il divisa les vétérans en deux classes : invalides utiles et invalides impotents, et il en forma des compagnies, des bataillons, des régiments (1732). Plus tard, on ne laissa subsister que les compagnies. Il y avait en 1804 quarante-quatre compagnies d'invalides utiles et vingt-six compagnies d'invalides impotents (1). Ils portaient l'uniforme, recevaient une petite allocation du roi et grossissaient leurs revenus en exerçant de petites industries (2). Ils contribuaient dans la mesure de leurs forces au service des places et à la garde des châteaux royaux. Jusqu'en 1804 les 4 compagnies d'invalides de Madrid firent la police de la ville ; mais on les remplaça cette même année par des hommes plus ingambes, et on les répartit entre les dépôts de Toro et de Lugo (3).

Milices coloniales. — Pendant longtemps l'Espagne n'avait point paru se mettre en peine de protéger ses immenses colonies ; mais les pertes qu'elle avait subies au cours du xvii° siècle, les progrès des colonies anglaises d'Amérique, le développement des colonies espagnoles elles-mêmes avaient fini par attirer l'attention du Conseil des Indes. Charles III s'était parfaitement rendu compte que la perte des Indes serait le dernier coup porté à la puissance de l'Espagne ; il essaya de mettre ses domaines d'Amérique en état de défense.

(1) *Guia de forasteros*, 1804.
(2) En 1797, un sergent de la compagnie d'invalides de Motril raccommodait les chaussures de ses camarades, et faisait même quelques paires de souliers pour les gens de la ville. Le roi l'exempta de droits sur les raccommodages, mais le mit à la taxe pour le neuf. Gallardo, *Rentas de la Corona*, t. II, p. 371.
(3) Barado, *Museo militar*, t. III, p. 586.

L'entreprise était colossale, et semblera irréalisable si l'on songe aux faibles ressources dont le roi disposait. Charles III comprit qu'il fallait cette fois laisser de côté le vieux préjugé castillan, et faire appel aux indigènes, sans distinction de race, ni même de couleur. Il se proposa de garder les Indes avec une armée européenne aussi peu nombreuse que possible, qui servirait de cadre aux milices créoles. Ce plan était habile ; mais il eût fallu intéresser les Américains au maintien de la domination espagnole ; au contraire, le gouvernement de la Péninsule leur demanda leur argent et leur sang, et persista à leur refuser toute concession ; cette étroite et égoïste politique le conduisit à sa ruine, et les milices indiennes formèrent souvent le premier noyau des armées de l'indépendance.

En 1804, les Indes espagnoles comptaient une population de 14 ou 15 millions d'habitants, dispersés sur un territoire de près de douze millions de kilomètres carrés. L'Espagne n'y entretenait que 25.000 hommes de troupes réglées. Les milices, plus ou moins complètement organisées, présentaient — sur le papier — un effectif de 127.000 hommes (1).

On avait cherché à calquer l'armée coloniale sur celle de la métropole ; mais les autorités militaires avaient dû se plier aux exigences locales et les armées américaines offraient la plus pittoresque variété.

Au point de vue militaire, la Nouvelle-Espagne se divisait en trois régions : Mexique propre, provinces intérieures

---

(1) Puerto-Rico et Florides, 1,500 h. de troupes réglées, et 2,100 h. de milice.

Cuba,	2,000 h.	»	3,700 h.	»
Nouvelle-Espagne,	7,200 h.	»	20,800 h.	»
Yucatan,	900 h.	»	2,600 h.	»
Guatémala,	1,000 h.	»	4,100 h.	»
Nouvelle-Grenade,	2,000 h.	»	9,000 h.	»
Caracas,	1,500 h.	»	9,000 h.	»
Pérou,	2,600 h.	»	13,800 h.	»
Chili,	1,550 h.	»	4,500 h.	»
Buenos-Ayres,	3,000 h.	»	17,000 h.	»
Philippines,	1,500 h.	»	11,000 h.	»
Total	24,750 h.		127,900 h.	

Rehfues, *L'Espagne en 1808*, t. II, p. 102 et suiv.

soumises à l'autorité du vice-roi, provinces intérieures gouvernées par deux commandants généraux.

Dans le Mexique proprement dit, étaient cantonnées les troupes les plus nombreuses. Le vice-roi avait sa compagnie de 25 hallebardiers (1568), portant l'uniforme bleu à revers incarnat, boutons et broderies d'argent. Quatre régiments d'infanterie, présentant un effectif total de 3,916 hommes, formaient le gros de l'armée (1). Cinq compagnies détachées renforçaient les garnisons de la Vera-Cruz et d'Acapulco et gardaient les présidios (2). La cavalerie comptait deux régiments de dragons à 4 escadrons, et une compagnie de dragons au presidio del Carmen (3). L'artillerie formait trois compagnies d'un effectif total de 375 hommes. Le corps des ingénieurs était représenté par 8 officiers.

Dans les provinces intérieures, administrées directement par le vice-roi, 380 soldats tenaient garnison dans six presidios de Californie et du Nouveau-Léon, et trois compagnies volantes gardaient la colonie du Nouveau-Santander (4).

Enfin les deux commandants généraux des provinces intérieures non soumises au vice-roi avaient sous leurs ordres 3,099 hommes de troupes réglées (5).

Les milices provinciales de la Nouvelle-Espagne avaient été organisées en 1788. Dans le Mexique proprement dit, l'infanterie créole comprenait 7 régiments, à deux bataillons

---

(1) Fixo de infanteria de la Corona (1710).
Fixo de Nueva-España (1788).
(2) Batallon de la Vera-Cruz (1793), 502 h.
Voluntarios de Cataluña (1762), 160 h.
Compania de Acapulco (1773), 77 h.
(3) Dragones de España (1764), 161 h.
Id. de Mexico (1765), 161 h.

Fixo de infanteria de Mexico (1788).
Fixo de Puebla (1789).
Compania del presidio de la isla del Carmen (1773), 100 h.
Compania del presidio de San Blas (1788), 105 h.

Dragones del presidio del Carmen (1773), 13 h.

(4) *Ancienne et Nouvelle Californie* : A Loreto (1720), 47 h. — A S. Carlos de Monterey (1770), 64 h. — A San Diégo (1770), 59 h. — A San Francisco (1776), 38 h. — Au Canal de Santa-Barbara (1780), 65 h. — *Royaume de Nouveau Léon :* A S. Juan Bautista de la Punta de Lampazos (1781), 100 h. — *Colonie du Nouveau Santander*, trois compagnies volantes (1783), 225 h.
(5) Humboldt, *Essai sur la Nouvelle-Espagne*, t. IV, p. 259.

et 825 hommes, sur le pied de paix, 1350 hommes sur le pied de guerre ; 3 bataillons, à 112 et 675 hommes, et 2 compagnies de gens de couleur à la Vera-Cruz (238 h.) (1). La cavalerie comptait 8 régiments de dragons à 4 escadrons, 361 hommes sur pied de paix et 617 sur pied de guerre (2), et 6 escadrons de lanciers de la Vera-Cruz, à 64 hommes chacun.

Un certain nombre de corps fixes avaient été répartis à l'intérieur du royaume. Le corps de cavalerie de Sierra-Gorda, formé en 1740 et régularisé en 1792, comprenait 4 compagnies de 60 hommes. Les officiers seuls portaient l'uniforme ; les hommes avaient le costume du pays avec la cocarde au chapeau et un écu aux armes du roi sur la manche. De 1780 à 1792 on établit 9 compagnies de ce genre à San Luis de Colotlan et 6 autres au Nouveau-Santander. L'effectif total des corps fixes montait à 1320 hommes.

En 1793, on forma dans les villes de la côte des compagnies fixes de blancs et de mulâtres libres, servant à pied ou à cheval, et répartis en dix divisions sur le littoral du nord et du sud (3). Ces corps étaient soutenus par 7 compagnies de cavaliers volontaires espagnols.

(1) Régiments de Mexico (1788) Régiments de Valladolid
— Tlaxcala Bataillons de Guanajuato
— Puebla — Oajaca
— Cordoba-Orizaba y Jalapa — Guadalajara
— Toluca Compagnies de gens de couleur à
— Celaya La Vera-Cruz

(2) Régiments de Santiago de Queretaro (1788) Régiments de San Carlos
— — La Reyna
— Principe — N² Galicia
— Puebla — Mechoacan
— San Luis Escadrons de lanciers de la Vera-Cruz.

(3) 1re division du Nord.— 4 compagnies d'infanterie et lanciers, 400 hommes.
2e id. 7 id. 670 h.
3e id. 7 id. 760 h.
4e id. 5 id. 500 h.
A Tabasco, 9 compagnies mixtes d'infanterie et lanciers et une de cavalerie de volontaires espagnols 910 h.
1re division du Sud : 8 comp. mixtes et 1 comp. volont. espagnols, 680 h.
2e id. 11 id. 2 id. 1140 h.
3e id. 3 id. id. 300 h.
4e id. 9 id. 2 id. 1030 h.
5e id. 4 id. 1 id. 400 h.

Les milices provinciales des provinces intérieures comptaient 48 compagnies, fortes de 2.587 hommes, chargées de contenir les Indiens indépendants et de défendre la frontière.

Enfin le Mexique avait, comme l'Espagne, ses milices urbaines d'infanterie et de cavalerie. Mexico possédait depuis 1693 le régiment d'infanterie du commerce de Mexico, et depuis 1787 un escadron de cavalerie à trois compagnies. Puebla avait aussi son bataillon du commerce de Puebla (1).

Deux compagnies d'invalides, formées en 1774, assuraient une retraite aux vétérans de l'armée mexicaine.

L'ensemble de tous ces corps constituait une force de 28.541 hommes, dont 12.405 d'infanterie, 9.356 de cavalerie et 6.780 de troupes mixtes, infanterie et cavalerie mélangées. Avec les 9.927 hommes de l'armée régulière, le Mexique pouvait disposer, en cas de guerre, de 38.468 hommes, dont près de 16.000 servaient à cheval (2).

Les autres colonies avaient une organisation analogue, et comptaient toutes des troupes régulières (*tropas veteranas*), des milices disciplinées, et des milices urbaines. L'ensemble de l'armée des Indes, abstraction faite du Mexique, ne comprenait pas moins de 70 corps de troupe soldée, et de 155 corps de milice. Le développement des milices péruviennes était surtout remarquable. Le Pérou présentait à lui seul 62 corps de milice, dont 36 de cavalerie. Le vice-roi de la Plata pouvait disposer de 14 régiments et de 3 escadrons de cavalerie de milice, formant un effectif de 10.997 hommes (3).

Assurément l'armée des Indes était loin d'avoir une puissance comparable à sa force apparente; il y avait du trompe-l'œil, et les difficultés du contrôle laissaient bien souvent la négligence des chefs impunie. Au Mexique même, où l'administration offrait la marche la plus régulière, le service laissait beaucoup à désirer. Bucaréli écrivait, le 26 novembre 1772, que l'inspecteur militaire se déclarait satisfait des troupes et des

---

(1) Régiment du commerce de Mexico (1693), 702 h.
    Escadron du commerce de Mexico (1787), 129 h.
    Bataillon du commerce de Puebla (1739), 228 h.
(2) Humboldt, *Essai sur la Nouvelle-Espagne*, t. IV, p. 257.
(3) *Guia de forasteros*, 1804.

milices de la Vera Cruz. « Je ne suis pas de son avis, ajoutait-
« il, parce que je n'aime pas les apparences, et il me déplaît
« que le roi fasse des dépenses pour des corps qui ne pourront
« lui être d'aucune utilité à l'occasion (1). » Quatre ans plus
tard (1776), le chevalier de Croix, commandant la Nouvelle-
Biscaye, se plaignait du peu de sécurité de la frontière. Les
Indiens avaient depuis cinq ans détruit 116 domaines ; 2.000
hommes de troupes mal entretenues ne suffisaient pas à la
garde du pays, et il fallait au plus vite envoyer un renfort de
1.000 hommes, si l'on voulait protéger efficacement les colons (2).
La même année, l'inspecteur Cañaveral trouvait le château
d'Acapulco ruiné. Il y avait bien 12 ou 11 bons canons, mais
seulement 5 affûts en état de servir ; pas un artilleur n'avait
fait l'exercice du canon, et ne savait pointer ; la troupe n'avait
pas un fusil en état de tirer (3). En 1777 un autre inspecteur,
D. Pasqual Cisneros, constatait le peu de subordination du
colonel des mulâtres de Puebla et de ses capitaines envers
les officiers des troupes soldées ; il traitait le colonel « de
« brutal et de fourbe (4) ». Cependant les milices se formaient
peu à peu. Cisneros avait vu manœuvrer le régiment d'infanterie provinciale blanche de Tlascala et Puebla, commandé
par le marquis de Guardiola. Les soldats avaient fait devant
lui l'exercice à feu, s'étaient formés en carré et en colonnes
d'assaut, avaient battu en retraite par échelons ; et l'inspecteur s'était montré très satisfait de la tenue des troupes et de
leur instruction (5).

Les Espagnols affectaient de ne pas prendre les milices des
Indes au sérieux. Ils raillaient volontiers les colonels-mar-
chands de la milice mexicaine, qui se montraient en uniforme
dans leur boutique (6). Ils se moquaient des miliciens du

---

(1) *Archives des Indes à Séville*, Est. 116, Caja 4, leg. 1 — Lettre de Bucaréli à son frère le 26 nov. 1772.
(2) Id. ibid. Lettre du chevalier de Croix au V. R. Bucaréli, 27 sept. 1777.
(3) Id. ibid. Lettre de D. Francisco Antonio Cañaveral au V. R. Bucaréli,
11 déc. 1776.
(4) Id. ibid. — Lettre de D. Pasqual Cisneros au V. R. Bucaréli, 1ᵉʳ nov.
1777.
(5) Id. ibid.
(6) Humboldt, *Essai sur la Nouvelle-Espagne*, t. IV, p. 264.

Pérou qui faisaient l'exercice avec des mousquets de bois (1). Ils tournaient en ridicule les volontaires mulâtres ou métis, les lanciers de la Vera-Cruz en veste de toile blanche, les dragons d'Andahuaylas et de Quispicanchi, les *blandengues* (mignards) de Buenos-Ayres et de Montevideo. Malgré ces plaisanteries faciles, l'armement des Indes reste un des faits les plus importants de l'histoire d'Amérique. C'est en jouant au soldat que les jeunes nations, comme les jeunes hommes, s'imprègnent de l'esprit militaire. A peine organisées, les milices américaines accomplirent des exploits qui eussent paru impossibles aux meilleures troupes d'Espagne. Au moment de la révolte de l'Inca Tupac-Amaru (1780), le vice-roi de Buenos-Ayres traversa tout le continent avec des troupes rassemblées à la hâte, et, après une marche rapide de quinze cents lieues en pays presque désert, réussit à joindre les armées espagnoles du Pérou. La même année, le major D. Cayetano Ansoategui dirigea une campagne contre les établissements anglais du Honduras, et fit jusqu'à 32 lieues en trois jours avec une petite troupe de 450 hommes, à travers des bois que les Anglais jugeaient impénétrables (2). D. Bernardo de Galvez, gouverneur de la Louisiane, reconquit en deux ans, avec moins de 1500 hommes de toutes races, Bâton-Rouge, Port-Natchez, Mobile et Pensacola, où il s'empara de 153 pièces de canon, et fit 1400 prisonniers, parmi lesquels l'amiral Chester et le général Campbell (3). A l'exception d'une attaque sur la Havane en 1762, toutes les tentatives des Anglais contre les colonies espagnoles échouèrent misérablement. Ils perdirent près de 20.000 hommes en Amérique, dans les campagnes de 1740 et 1741. Buenos-Ayres leur opposa en 1806 une vigoureuse résistance. Quand l'heure de l'indépendance eut sonné, l'insurrection trouva des forces organisées et prêtes à agir dans toutes les parties de l'Empire espagnol, et, pour n'avoir point

---

(1) Humboldt, *Essai sur la Nouvelle-Espagne*, t. IV, p. 273.
(2) Antonio Ferrer del Rio. — *Historia del reynado de Carlos III*, t. III, p. 319.
(3) Id. ibid. t. III, p. 307.

su faire aimer leur domination, les rois d'Espagne perdirent les Indes, par l'effet même des mesures qu'ils avaient prises pour les conserver.

IV. — Les places fortes.

L'Espagne du xviiie siècle était encore couverte de forteresses; mais la plupart avaient perdu toute utilité, comme les places d'Ocaña, Infantes, Cieza, Martos et Mérida, appartenant à l'Ordre de Saint-Jacques et conservées seulement par respect pour la tradition. Beaucoup d'autres n'étaient que des constructions sans valeur militaire, comme le château de Pancorbo, l'Aljaféria de Saragosse, et le château de Bellver en Majorque. D'autres n'étaient que des défenses accessoires d'une place plus importante : Pampelune avait son gouverneur, et la citadelle de Pampelune avait le sien. En défalquant les non-valeurs, on peut ramener à une trentaine les 140 places fortes énumérées par l'almanach officiel (*Guia de forasteros*).

Du côté de la France, les Pyrénées faisaient à l'Espagne un rempart presque infranchissable. Les seules routes praticables s'ouvraient aux deux extrémités de la chaîne. L'Espagne n'avait pour ainsi dire pas de places fortes dans la zone pyrénéenne. La petite place de Saint-Sébastien, le mauvais fort de Sainte-Isabelle des Passages, ne pouvaient empêcher l'invasion du Guipuzcoa ; les places de Puygcerda, de la Seo de Urgel et de Roses n'opposaient pas d'obstacles plus sérieux à l'invasion de la Catalogne. Quelques villes, jadis très fortes, défendaient les principales vallées qui descendent vers l'Ebre. C'étaient Jaca sur l'Aragon, Monzon sur le Cinca, Lérida sur le Sègre. Les deux dernières, occupant de très fortes positions sur la route de Saragosse à Barcelone, avaient encore conservé une certaine importance ; mais Jaca, loin de toute voie importante, était, pour ainsi dire, sans objet. Le réduit de la défense espagnole du côté de l'ouest était la place de Pampelune, fortifiée jadis par Philippe II. Charles III avait fait réparer les remparts avec soin. Une belle citadelle pentagonale, construite d'après le premier système de Vauban, en gardait les abords au midi, et pouvait abriter une garnison de 1200 hommes. Mais l'importance de Pampelune comme place de guerre avait bien diminué depuis le temps des Rois Catholiques et de Charles-Quint. Lorsqu'il s'agissait d'empêcher le roi de Navarre de recouvrer la partie espagnole de son royaume, il était logique d'en fortifier la capitale. Au xviii° siècle, le point important était de barrer la route de Madrid à l'envahisseur, et Pampelune était située trop loin de cette route pour la surveiller efficacement. Moncey réussit à la tourner en 1795. La grande bataille qui chassa les Français d'Espagne en 1813 se livra, non à Pampelune, mais à Vitoria.

Du côté de la Catalogne, la grande place forte était Barcelone. L'esprit révolutionnaire des Catalans avait déterminé les rois de la maison de Bourbon à conserver dans le pays une foule de places sans valeur (1); mais, en cas de guerre extérieure, Barcelone était la grande place d'armes de Catalogne.

Elle était défendue en avant par les forteresses de Figueras et de Girone.

Le château de San-Fernando de Figueras, bâti sous Ferdinand VI, était considéré comme le chef-d'œuvre de l'architecture militaire. Ses casemates, ses fossés, ses contrescarpes étaient creusés dans le roc; elle renfermait d'immenses magasins à l'épreuve de la bombe, des logements pour 6.000 hommes, des écuries pour 500 chevaux (2). Mais la place n'intercepte aucun passage et n'appuie aucune ligne naturelle de défense. Les remparts sont dominés du côté de l'ouest par les hauteurs voisines; les ondulations du sol en avant des glacis en facilitent l'approche, et les marais d'Ampurias envoient jusque-là leurs miasmes pestilentiels. C'est un monument d'ostentation nationale qui a coûté à l'Espagne, en pure perte, 14 millions de francs (3).

Bâtie sur une éminence, la cité de Girone a gardé ses mu-

---

(1) Salou, Balaguer, Cardona, Berga, Puygcerda, Seo de Urgel, Castel-Leon, Hostalrich, Vich, Cervera, Villafrancha del Panades, Manresa, Talarn.
(2) Général Foy, *Guerres de la Péninsule*, t. II, p. 239.
(3) Fervel, *Campagne des Pyrénées orientales*, t. II, p. 216.

railles flanquées de tours; sur une colline voisine on a construit le château bastionné du Montjuich, et les deux hauteurs sont réunies par un front bastionné qui enserre la ville basse, ou Mercadal. Tout cet ensemble forme une très forte position qui arrêta les Français pendant plusieurs mois en 1809 (1).

Barcelone était considérée comme tellement forte par Napoléon qu'il recommanda à Gouvion Saint-Cyr de tout faire pour la conserver, attendu qu'il faudrait 80.000 hommes pour la reprendre si on avait le malheur de la perdre.

La place avait été mise en un formidable état de défense après le siège de 1714. Entourée d'une enceinte continue, protégée du côté du port par la muraille de mer et le fort des Atarazanas, Barcelone était dominée et contenue par le fort du Montjuich, et défendue contre l'ennemi du dehors par une immense citadelle.

Haut de 175 mètres, et coupé à pic sur la mer, le Montjuich tenait la ville et le port sous son canon. La forteresse, commencée en 1706 et terminée à la fin du XVIIIe siècle par le comte Roncali, avait été pourvue de magnifiques citernes et passait pour inexpugnable (2).

Un ordre royal du 1er juin 1715 décida la construction de la citadelle sur l'emplacement de 1800 maisons et de plusieurs couvents. Les travaux furent menés avec une activité incroyable. Le général Verboom fit défendre aux maçons, sous peine de mort, de travailler ailleurs qu'à la citadelle. Le 30 octobre, les habitants furent réquisitionnés et employés aux travaux, avec un salaire dérisoire de 2 réaux 22 maravédis (0 fr. 63 centimes par jour) (3). Construite en forme de pentagone régulier, la citadelle occupait une superficie de 35.000 mètres carrés. Des casernes monumentales, des magasins, une église en faisaient comme une petite ville militaire à côté de la grande cité commerçante et rebelle.

Le roi s'était engagé à rebâtir sur un autre emplacement

---

(1) Mars-nov. 1809, *Mémoires du roi Joseph*, t. VII, p. 27. — Général Foy, *Guerres de la Péninsule*, t. IV, p. 155.

(2) Pi y Arimon, *Barcelona antigua y moderna*, t. I, p. 313.

(3) Id. id. t. I, p. 349.

les maisons qu'il avait fait démolir. Vers le milieu du dix-huitième siècle, le faubourg populaire de Barceloneta étendait jusqu'à la mer ses longues rues étroites et ses pauvres maisons uniformes; mais l'esprit séditieux des Barcelonais inquiétant toujours les autorités espagnoles, on bâtit le fort San-Carlos pour couper toute communication entre Barceloneta et la campagne. Le Fuerte Pio, élevé sur l'emplacement d'un couvent de religieux Minimes, complétait ce formidable ensemble de défenses qui faisaient de Barcelone la première place de guerre de l'Espagne (1).

Du côté du Portugal nombreuses étaient les forteresses (2); mais l'union intime des maisons royales de Portugal et d'Espagne avait fait négliger les défenses de cette frontière, qui ne comptait guère d'autres places sérieuses que Ciudad-Rodrigo, le Fort de la Concepcion et Badajoz (3).

Ciudad-Rodrigo, qui soutint glorieusement pendant quarante jours tous les efforts du maréchal Ney (1ᵉʳ juin-10 juillet 1810), était surtout forte par sa situation. « Les murailles, « hautes de 30 à 40 pieds, mais mal flanquées par de petites « tours carrées, n'avaient d'autre défense extérieure qu'une « fausse braye, dominée par une hauteur à très petite dis-« tance. » On trouva dans la place 120 pièces de tout calibre et beaucoup de munitions (4).

Le Fort de la Concepcion, isolé sur une haute montagne entre Alméida et Ciudad-Rodrigo, était, comme le château de

---

(1) Pi y Arimon, *Barcelona antigua y moderna*, t. I, p. 359.
(2) En *Castille-Vieille* : Zamora, Ciudad-Rodrigo, Salamanque, La Puebla de Sanabria, Fort de la Conception, San Felices, Fermosilla, San Carlos de la Cerda. — *En Galice* : Tuy, châteaux de San Felipe, de la Palma, de San Martin, places de Bayona et Salvatierra, forts de Santa Cruz de la Guardia et de Goyan, place de Monterey et fort de Marin. — *En Estremadure* : place de Badajoz, fort de San Cristoval, places d'Olivenza, Alcantara, Alburquerque, Valencia de Alcantara, Merida, Llerena, Villanueva de la Serena, Xerez de los Caballeros, Gata. — *En Andalousie* : Ayamonte, San Lucar de Guadiana, Castillo de la Puebla de Guzman, castillo de Paymogo. — *Guia de forasteros*, 1804. — *Atlas de Lerouge*, Paris, 1763, in-f°.
(3) Zamora, chef-lieu militaire de la Castille-Vieille, fut emportée d'assaut par le général Darricau le 10 janvier 1809, avec une perte de dix hommes. *Mémoires du roi Joseph*, t. V, p. 331.
(4) Sprangzi, *Souvenirs*, pp. 129 et 166.

Figuères, un monument de l'ostentation nationale. Il eût été facile d'obtenir à beaucoup moins de frais le résultat qu'on avait cherché à atteindre en le construisant. Néanmoins sa forte position, la régularité et le luxe de ses fortifications en faisaient une barrière qui, au dire d'un officier de l'état-major de Ney, eût arrêté l'armée française pendant vingt jours au moins, si les Anglais ne l'avaient fait en partie sauter en se retirant (1).

Badajoz était la plus forte place espagnole sur la frontière portugaise. Avec ses imposantes murailles, ses forts San-Cristobal et Pardaleros, son château, sa cathédrale-forteresse dont les voûtes sont à l'épreuve de la bombe, elle pouvait offrir une grande résistance à l'ennemi ; et les efforts de Soult, de Beresford et de Wellington pour s'en emparer disent assez quelle était son importance militaire. Les autres places d'Estremadure : Olivenza, Alburquerque, Valencia de Alcantara et Campo-Mayor n'étaient que des « bicoques » sans valeur (2).

La défense des côtes, si importante pour une nation qui se piquait d'avoir une marine, avait été comprise avec intelligence. Les principaux points de défense avaient été bien choisis et fortement armés. L'Espagne n'a à peu près rien à craindre d'un débarquement. La zone littorale est, en effet, presque partout fort étroite ; une armée étrangère jetée sur une plage espagnole aurait presque aussitôt à s'engager dans les montagnes et s'y heurterait aux plus grandes difficultés. Il suffit donc de mettre à l'abri des entreprises de l'ennemi les grands ports de la Péninsule qui pourraient lui servir de places d'armes et de bases d'opérations.

Sur la Méditerranée, Barcelone, Tarragone, Carthagène et Alicante avaient été reconstruites ou agrandies.

Barcelone a été étudiée plus haut ; Tarragone, située sur une haute colline en pente vers la mer, se divise en ville haute et ville basse ; la partie haute était protégée par une vieille enceinte dont quelques parties remontent à l'époque romaine ; mais les forts Olivo, Francoli, San-Carlos et Royal

(1) Sprangzi, Souvenirs, p. 168.
(2) Mémoires du roi Joseph, t. VII, p. 396.

la mettaient à même de soutenir un long siège. En 1811, Suchet y trouva 460 pièces de canon (1).

Tortose, bâtie sur la rive gauche de l'Ebre, possède une belle enceinte de 4.000 mètres de développement, et une petite citadelle, le château de San-Juan, où 300 hommes peuvent tenir garnison. La place était armée de 177 bouches à feu (2). Le cours de l'Ebre en amont de Tortose était surveillé par le fort de Mequinenza, dressé sur un rocher presque inaccessible de 600 pieds d'élévation, au confluent de l'Ebre et du Sègre, et armé de 45 pièces de canon.

Valence avait joué un rôle important dans la guerre de succession; cependant Philippe V ne songea point à l'embastiller comme Barcelone. Valence n'avait pas de Montjuich à la dominer, et son port du Grao n'était qu'une plage peu fréquentée. On lui laissa son enceinte mauresque, et en 1812 les mauvaises petites places de Peniscola, Oropesa et Murviédro arrêtèrent Suchet plus longtemps que Valence (3).

Alicante passait pour la place la plus forte du royaume de Valence. Elle avait une enceinte continue et une citadelle inexpugnable, le fort de Santa-Barbara, construit sur une montagne isolée de 280 mètres d'altitude. Le château de Santa-Pola tenait la rade sous le feu de ses canons.

Carthagène était le grand port de la marine royale sur la Méditerranée. Profonde de deux kilomètres et défendue par de puissants massifs, la rade communiquait avec la mer par une passe de sept cents mètres de largeur, balayée par les feux croisés de l'enceinte bastionnée de la ville, et par ceux du château *del Cabezo de los Moros*. Même après Trafalgar, les Anglais n'essayèrent pas de poursuivre dans la rade de Carthagène les débris de la flotte espagnole

Un grand nombre de places fortes existaient encore aux Baléares. La plus importante était Palma, capitale de l'île de Majorque, défendue par une enceinte bastionnée et quelques redoutes. Le gouvernement espagnol n'avait pas jugé à propos de conserver les fortifications de Port-Mahon; les derniers

(1) *Mémoires du roi Joseph*, t. VII, p. 118.
(2) Id. t. VII, p. 161.
(3) Id. t. VII, p. 421.

vestiges du fort Saint-Philippe furent détruits en 1805 (1).

Les présides d'Afrique : Oran, Alhucemas, El Peñon de Velez et Melilla, étaient des places assez médiocres ; mais Ceuta avait 3.000 hommes de garnison et 200 pièces de canon sur ses remparts. C'était un lieu de déportation et un bagne ; c'était un exil très redouté des officiers (2), mais c'était la sentinelle espagnole du détroit, comme Gibraltar en était la sentinelle anglaise.

Pour mieux surveiller les Anglais, le roi d'Espagne, impuissant à les chasser, avait tenté de les murer dans leur conquête. A 1.500 mètres de Gibraltar, une ligne bastionnée, appuyée sur les deux forts de San-Felipe et de Santa-Barbara, marquait la frontière espagnole, et derrière la ligne, le camp de San-Roque, gardé par 10.000 hommes, maintenait la place anglaise en état de siège permanent (3). Les Anglais avaient plusieurs fois demandé la démolition des forteresses espagnoles ; le roi avait répondu « qu'il aimerait mieux « voir tomber sur lui tout l'univers que d'y consentir ». En 1808, les Espagnols eux-mêmes détruisirent leurs remparts, et les Anglais n'en ont jamais permis la reconstruction.

La côte atlantique comprise entre le détroit et la frontière portugaise ne comptait qu'une grande place de guerre, Cadiz ; mais tous les points de l'admirable rade avaient été fortifiés avec soin. Bâtie sur un plateau rocheux, Cadiz n'est rattachée à la terre que par un isthme de huit kilomètres de longueur, n'ayant guère à certains endroits que la largeur d'une grande route. Défendue au sud par le fort Santa-Catalina qui pouvait recevoir une garnison de 800 hommes, la place était flanquée du côté de la Méditerranée par le fort Saint-Sébastien qui tenait l'isthme sous son canon. L'entrée de l'arrière-baie était barrée par les forts de Puntales et du Trocadéro.

(1) De Laborde, *Itinéraire descriptif*, t. III, p. 176.
(2) Le prince de Salm, envoyé en 1772 en garnison à Ceuta, s'échappait quelquefois à Cadiz. Le ministre de la guerre, comte de Ricla, lui ordonna de rejoindre immédiatement son poste, « si important à l'honneur des armes ». Morel-Fatio, *Etudes espagnoles*, t. II, p. 97.
(3) Général Foy, *Guerres de la Péninsule*, t. III, p. 209.

L'arsenal de la Carraca se trouvait ainsi mis à l'abri de toute tentative de bombardement (1).

Entre le Miño et la Bidassoa s'élevaient une multitude de fortins sans valeur et les deux grandes places du Ferrol et de la Corogne.

Les petites places étaient, dès cette époque, absolument inutiles.

Le 22 octobre 1702, les Anglais forcèrent l'entrée de la ria de Vigo et brûlèrent les galions qui y étaient ancrés. En 1805, cinquante Anglais mis à terre par la frégate *La Gloire* détruisirent le petit fort de Muros en Galice et deux corsaires qui avaient cru trouver asile sous son canon (2). Obligé de concentrer ses ressources sur les points les plus importants, le gouvernement laissait les petites places presque à l'abandon (3).

La Corogne est exposée aux attaques de terre, n'étant protégée de ce côté que par les vieilles murailles de la ville haute; mais, du côté de la mer, son port est gardé par les châteaux de San Antonio, de San Diégo et de Dormideras. Toutefois la défense restait incomplète, puisqu'au mois de janvier 1809 le maréchal Soult put installer une batterie sur une hauteur qui dominait le port et jeter des boulets jusque sur les navires anglais (4).

La place du Ferrol est admirablement située à six kilomètres de la mer ouverte, avec laquelle elle communique par un goulet très étroit, hérissé de forts et de batteries, et défendu par les trois grands ouvrages de San Felipe, San Martin et La Palma. Il s'en faut de beaucoup cependant que la rade soit entourée de la « muraille d'argent » que Pitt eût voulu lui donner. Ferdinand VI et Charles III, qui ont fondé Le Ferrol, n'ont pas eu le temps de terminer leur œuvre, et

---

(1) Attaquée en 1796 par Nelson, la place de Cadix subit un bombardemen de sept jours; mais les Anglais ne purent forcer l'entrée de la baie, ni détruire l'escadre mouillée dans la rade, et la ténacité de Mazarredo triompha de l'énergie de Nelson.
(2) Archives de la Marine à Paris, *Campagnes*, 1805, t. 229, f° 129 et 133.
(3) Id. ibid. t. 231, f° 71.
(4) *Mémoires du roi Joseph*, t. V, p. 255.

elle n'a pas été continuée. Quand l'amiral Warren se présenta en vue du château de San Felipe, le 25 août 1800, le château n'avait ni artillerie, ni garnison, ni approvisionnements ; et sans la tempête qui força les Anglais à se rembarquer, le Ferrol était pris. Soult s'en empara en 1809 après six jours de siège, et y trouva 1500 pièces de canon, dont une faible partie, bien montée, eût suffi à l'arrêter pendant longtemps (1).

Malgré tout ce qui pouvait manquer à la bonne organisation de la défense des places, peu de guerres comptèrent un plus grand nombre de sièges fameux que la guerre de la Péninsule ; et si quelques grandes places fortes n'opposèrent pas à l'ennemi la résistance sur laquelle on croyait pouvoir compter, d'autres villes, à peine murées, se distinguèrent par leur héroïsme et leur ténacité. Le système général de défense de l'Espagne était très bien conçu ; les travaux exécutés au cours du xviii° siècle furent immenses, et la nation leur dut en partie son salut au jour du danger.

La défense des Indes n'avait pas non plus été négligée. Cent dix-huit places avaient reçu une organisation militaire. Toutes n'étaient pas d'importantes citadelles. Il y avait des villes régulièrement fortifiées, comme La Havane, La Vera-Cruz, ou Carthagène ; des châteaux comme ceux d'Acapulco et de San Carlos de Perote au Mexique, du Callao et de Chiloé au Pérou ; des présidios servant de bagnes ou de forteresses ; des blockhaus entourés de palissades le long de l'Orénoque et du Paraguay, en Californie et dans les Andes chiliennes. L'aspect misérable de quelques-uns de ces postes militaires frappait d'étonnement les voyageurs français ou anglais qui les visitaient ; mais si l'on songe à la difficulté des communications, aux frais énormes des transports, à la barbarie des populations au milieu desquelles vivaient les garnisons espagnoles, on ne pourra s'empêcher d'admirer l'activité des vice-rois, et l'énergique ténacité des missionnaires et des soldats.

La défense de Carthagène contre l'amiral Chalonner Ogle

(1) *Mémoires du roi Joseph*, t. V, p. 256.

en 1741 est assurément une belle page. L'amiral anglais parut devant la place le 13 mai avec 9.000 hommes de troupes de débarquement. Les Espagnols n'avaient que dix coups à tirer par pièce de canon. Chalonner Ogle ne se crut cependant pas assez fort et retourna à la Jamaïque. Il reparut le 20 mars 1741 avec 14.500 hommes. Carthagène, mise en état de défense, était commandée par le capitaine général de Santa-Fé, et par le commandant des galions D. Blas de Lezo, qui disposaient de 1.500 soldats, de 600 miliciens et de deux compagnies de nègres et de mulâtres, en tout 2.500 hommes. Les Anglais s'emparèrent des forts Boca-Chica, Santa-Cruz, San-José et Manzanilla, et de neuf redoutes moins importantes. Ils forcèrent les Espagnols à brûler les vaisseaux qu'ils avaient dans le port ; mais, après un assaut terrible donné au corps de la place, ils se retirèrent le 28 mars en faisant sauter les forts dont ils s'étaient emparés, et en brûlant six de leurs navires (1).

Si les Anglais réussirent à s'emparer de La Havane en 1762, la place n'en soutint pas moins pendant vingt-neuf jours le feu de l'ennemi ; et son gouverneur D. Juan de Prado fut disgracié comme n'ayant point fait tout son devoir. Dès 1765 les remparts de La Havane étaient reconstruits, et pendant la guerre de l'indépendance américaine les Anglais ne se hasardèrent pas à l'attaquer.

V. — Les fabriques d'armes.

A la fin du XVIIIe siècle, l'Espagne tirait de ses propres manufactures les armes et engins de guerre dont elle avait besoin. Tous les établissements militaires avaient été remaniés et agrandis, le roi n'avait rien épargné pour y introduire les méthodes les plus nouvelles et les procédés les plus perfectionnés.

Deux grandes fonderies de canons étaient installées à Barcelone et à Séville. Un Suisse appelé Maritz apprit aux

---

(1) Barado, *Museo militar*, t. III, p. 414. — Dessales, *Hist. gén. des Antilles*, p. 439, d'après Clérambault, *Mélanges*, vol. 753, p. 649, mss de la Bib. nat.

Espagnols à couler les pièces d'un seul jet et à les forer (1). On eut d'abord quelques insuccès parce qu'on se servait de cuivre du Mexique mal affiné; mais bientôt une meilleure préparation et l'emploi des cuivres de Rio-Tinto donnèrent d'excellents résultats. La fonderie royale de Séville pouvait livrer tous les ans deux à trois cents pièces de canon (2).

Lierganes et La Cavada avaient des fonderies de canons de fonte.

Les boulets et les bombes étaient fabriqués à Sarguadelas et près d'Oviédo, à Trubia dans les Asturies, à Eugui et à Orbaiceta en Navarre. Cette dernière fabrique, incendiée par les Français, en 1795, fut rétablie de 1800 à 1804 (3).

Les fusils se fabriquaient à Séville (1757), à Igualada et à Ripoll en Catalogne, à Tolosa, Placencia, El Goïbar, Eibar et Ermua en Guipuzcoa, à portée des aciéries de Mondragon (4). En 1794, les établissements de Placencia furent abandonnés parce qu'ils étaient trop exposés aux attaques des Français. Les ouvriers s'installèrent à Oviedo, à Grado et à Mieres. Ils étaient divisés en trois corporations qui fabriquaient séparément les canons de fusil (*cañoneros*), les platines (*llaveros*) et les baïonnettes (*bayoneteros*) (5).

Les lames de Tolède se vendaient encore couramment 5 à 6 guinées en 1773 (6). Charles III établit à Tolède une manufacture d'armes blanches (1777), dont les produits sont encore aujourd'hui très estimés.

Enfin des raffineries de salpêtre existaient à Loja, Séville, Grenade, Almeria et Murcie, des poudreries à Murcie, Grenade, Alcazar de San-Juan, Manresa et Villafeliche (7). La fa-

---

(1) Coxe, *L'Espagne sous les Bourbons*, t. IV, p. 137. — *Nouveau voyage en Espagne*, t. I, p. 39 40.
(2) Barado, *Museo militar*, t. III, p. 567.
(3) De Laborde, *Itinéraire descriptif*, t. I, p. 300. — Du Rozoir, *Description de l'Espagne*, p. 130.
(4) *Archives de Guipuzcoa*, sec. II, negoc. xxi, leg. 54 (1751), leg. 55 (1742), leg. 58 (1749), leg. 59 (1751), leg. 69 (1759), leg. 74 (1773), leg. 80 (1778).
(5) Barado, *Museo militar*, t. III, p. 567.
(6) Twiss, *Voyage en Espagne*, p. 213.
(7) De Laborde, *Itinéraire descriptif*, t. IV, p. 432.

brique de Manresa, reconstruite en 1789 après un incendie, comprenait quatre grands ateliers, un magasin et un laboratoire d'essai et de perfectionnement (1). A partir de 1802, les fabriques de poudre passèrent sous le contrôle de l'artillerie, qui centralisa tout le service de l'armement.

Il existait à cette époque cinq grands arsenaux : à Madrid, Saragosse, Barcelone, Séville et La Corogne. Le fort des Atarazanas à Barcelone renfermait 40.000 fusils.

Telle était l'armée que Charles IV laissa à l'Espagne. Si elle n'opposa point tout d'abord une résistance plus efficace aux troupes de Napoléon, il ne faut pas oublier qu'avant d'avoir tiré un seul coup de fusil l'empereur avait amené ses armées à Madrid et tenait Pampelune et Barcelone. L'armée se leva comme un seul homme contre l'envahisseur, ne se laissa décourager par aucun revers et, à défaut de science profonde et d'expérience de la guerre, elle fournit à l'insurrection ses premiers chefs et ses premiers cadres.

(1) Mas y Casas, *Ensayos historicos sobre Manresa*.

CHAPITRE VI

LA MARINE.

I. — Histoire de la marine espagnole au XVIIIe siècle.

La marine espagnole était tombée, à la fin du xvii$_e$ siècle, dans la plus effrayante décadence. Quelques vaisseaux armés pour le service des Indes, quelques galions, six galères à Carthagène, sept à Gênes, 690 marins pour équiper la flotte, voilà tout ce qui restait en 1700 de la puissance navale de l'Espagne (1).

On ne fit rien pour la marine pendant la guerre de succession, mais les traités d'Utrecht étaient à peine signés que Philippe V commença à s'en occuper. Pour réduire Barcelone, Orry acheta 21 vaisseaux à la France et à Gênes, 300 canons, 40 mortiers, un million de livres de poudre, 300.000 boulets et 30.000 bombes (2).

L'entrée d'Albéroni aux affaires fut le signal de la renaissance de la marine espagnole. Le cardinal fonda un collège de marine à Cadiz, édicta des règlements pour le recrutement des équipages, établit des chantiers en Galice et en Catalogne, lança quatorze vaisseaux, et en laissa un pareil nombre en construction (3). Il trouva dans D. Joseph Patiño le lieutenant le plus actif et le plus intelligent. Patiño avait fait ses preuves comme intendant de Catalogne ; nommé au mois de janvier 1717 intendant général de la marine, il trouva le

---

(1) Salazar, *Juicio critico sobre la marina militar*, I, p. 356.
(2) Baudrillart, *Philippe V et la Cour de France*, p. 577.
(3) Coxe, *L'Espagne sous les Bourbons*, II, p. 488. — Rodriguez Villa, *Patiño*. p. 23.

port de Cadiz dans le plus complet abandon; les navires pourrissaient en rade, et l'arsenal n'avait pas une chaudronnée de goudron pour les radouber. Trois mois après son arrivée, les navires destinés au commerce de Buenos-Ayres, de la Havane et de la Vera-Cruz étaient en mer, l'escadre du Levant était prête à partir, et l'Ecole des gardes-marines déjà organisée. Dans les premiers jours de juin, l'escadre de Cadiz appareillait, Patiño volait à Barcelone où il équipait en quinze jours le *Principe de Asturias*, et à la fin de juillet, sur les instances répétées d'Albéroni (1), l'escadre, forte de treize vaisseaux, mettait à la voile pour la Sardaigne (2).

Un an plus tard (1er juillet 1718), l'Espagne envoyait à la conquête de la Sicile 22 vaisseaux de ligne, 3 navires marchands armés en guerre, 4 galères, 1 galiote, 2 balandres et 300 bâtiments de transport montés par trente mille hommes (3).

Quatre vaisseaux seulement échappèrent au désastre de Milazzo (11 août 1718); les vents dispersèrent une escadre de six vaisseaux destinée à envahir l'Angleterre; Berwick acheva l'œuvre des Anglais et de la tempête, brûla six vaisseaux sur les chantiers des Passages (avril 1719) et trois autres à Santoña (août) (4). Tout était à recommencer.

Patiño ne se découragea pas. Quatorze mois après ces brûleries, une escadre sortait de Cadiz et jetait six mille hommes sur la côte d'Afrique pour débloquer Ceuta (5).

En 1728, l'Espagne avait vingt-quatre vaisseaux dans les mers des Indes, et vingt-quatre autres étaient prêts à mettre à la voile (6).

En 1732, 12 vaisseaux, 2 frégates, 2 galiotes à rames, 12 grandes barques et 106 bâtiments de transport sortaient d'Alicante pour aller reconquérir Oran (7).

(1) « Pour Dieu! ne perdez pas de temps! » (*Lettre d'Albéroni à Patiño*, 16 juillet 1717.)
(2) Rodriguez Villa, *Patiño*, p. 23-32.
(3) Coxe, *L'Espagne sous les Bourbons*, II, p, 117.
(4) H. Martin, *Histoire de France*, XV, p. 97-99.
(5) Coxe, *op. cit.* III, p. 5.
(6) Id. ibid. III, p. 283.
(7) Id. ibid. III, p. 309.

En 1735, le marquis d'Antin trouvait vingt vaisseaux à l'ancre dans la baie de Cadiz (1). La marine espagnole comptait dès lors 34 vaisseaux de 60 à 114 canons, 9 frégates et 16 autres bâtiments (2). Ce qui valait mieux encore, le goût des aventures se réveillait dans la nation. Lors de la rupture avec l'Angleterre en 1740, l'Espagne avait armé des corsaires, et à la fin de 1742 elle avait enlevé aux Anglais 447 bâtiments, représentant une valeur de 30.750 000 livres (3).

D. Zenon de Somodevilla, marquis de la Ensenada, et ministre de la marine de 1743 à 1754, imprima à tous les services une nouvelle activité. L'inscription maritime (*matricula de mar*) assura le recrutement régulier des équipages ; l'ordonnance de 1748 donna à la marine son premier code ; les arsenaux de Carthagène, de la Carraca et du Ferrol furent construits ou agrandis, le nombre des vaisseaux fut porté à 49 et le ministre avait dessein de le porter à 60. L'Espagne mit en mer jusqu'à trois escadres à la fois : l'une croisait dans la Méditerranée, la seconde devant Cadiz; la troisième, forte de 20 vaisseaux, au large du cap Saint-Vincent. L'Angleterre s'alarma, et demanda des explications au cabinet de Madrid (4).

La disgrâce de la Ensenada amena un ralentissement marqué dans les progrès de la marine. En 1758 on ne comptait plus que 44 vaisseaux, 19 frégates et 22 autres bâtiments (5); mais dès 1761 la liste de la flotte était remontée au chiffre de 49 vaisseaux et 22 frégates propres au service. L'inscription maritime donnait 50.000 marins, dont 26.000 immédiatement disponibles (6).

L'intervention de l'Espagne dans la guerre de Sept Ans lui fut onéreuse. Après la paix de Paris, la flotte se trouva réduite à 37 vaisseaux et 30 frégates ; mais le mouvement as-

---

(1) Archives du ministère de la Marine à Paris, *Campagnes*, 1735.
(2) Rodriguez Villa, *Patiño*, p. 187, Etat général de la marine espagnole, 22 avril 1737.
(3) Coxe, *L'Espagne sous les Bourbons*, III, p. 414.
(4) *Juegos florales de Valladolid*, 1883, p. 469. Sesma, *Memoria*, p. 8.
(5) Coxe, o p. cit. t. IV, p. 332.
(6) Id. t. IV, p. 133, Comte de Bristol au comte d'Egremont, 6 déc. 1761.

censionnel reprit presque aussitôt. Le roi a 51 vaisseaux et 28 frégates en 1770, 64 vaisseaux et 26 frégates en 1774, 67 vaisseaux et 32 frégates en 1778 (1).

D. Pedro Castejon organisa le corps des ingénieurs, institua les juntes des départements maritimes et arma en 1779 jusqu'à 63 vaisseaux (2). La marine espagnole ne fut pas toujours heureuse au cours de la guerre de l'indépendance américaine. D. Juan de Langara perdit cinq vaisseaux au combat du 16 janvier 1780; mais les colonies furent protégées, la mer resta libre, et les marins français qui firent campagne avec les marins espagnols rendent pleine justice à leur courage et à leur générosité.

La marine se développa encore sous le ministre Valdes (1783-1795). Charles III donna en 1787 l'ordre de préparer l'armement de 50 vaisseaux; en 1790 le marquis del Socorro mit en mer une belle escadre de 34 vaisseaux. Pendant la guerre contre la Convention, l'Espagne arma jusqu'à 56 vaisseaux (3), et les particuliers firent la course avec succès (4).

Malheureusement il y avait disproportion entre les ressources de l'Espagne et le développement que prenait sa marine de guerre. L'Espagne manquait d'argent et de matelots, et « l'expérience la plus consommée, la valeur person-
« nelle la plus brillante chez un petit nombre d'hommes
« héroïques, mais isolés, ne pouvaient rien pour régler la
« marche d'une machine mal montée... Si l'on payait les
« traitements, il ne restait plus d'argent pour le matériel,
« et réciproquement; on avait des musiciens sans instru-
« ments, ou des instruments sans musiciens (5). » Faute de comprendre cette vérité, le gouvernement compromettait sa marine par les efforts mêmes qu'il faisait pour l'accroître. La liste de la flotte présentait en 1798 un effectif total de 304 bâtiments, parmi lesquels on comptait 76 vaisseaux et 51

---

(1) Coxe, *L'Espagne sous les Bourbons*, VI, p. 141.
(2) Sesma, *Memoria sobre la armada*, p. 10.
(3) Id. ibid. p 33.
(4) Archives du Consulat de Cadiz, *Notables*, 83.
(5) Salazar, *Juicio critico*, I, p. 82, p. 119, p. 397; II, p. 265. — Ferret, *Exposicion historica*, p. 116.

frégates ; mais quelques uns de ces navires comptaient quarante ou cinquante ans de mer : il eût fallu 110.000 hommes pour équiper cette flotte, et un budget annuel de 365 millions de réaux pour l'entretenir (1). Aussi des symptômes fâcheux d'épuisement se révélaient ; dès 1795 les arsenaux étaient vides, et la plupart des vaisseaux hors d'état d'appareiller (2).

De 1796 à 1802, l'Espagne et la France soutinrent sur mer une lutte inégale contre l'Angleterre. D. Josef de Cordova perdit quatre vaisseaux au combat du cap Saint-Vincent (14 février 1797) (3). Apodaca fut réduit à en brûler quatre autres devant l'île de la Trinité (4). Deux frégates à l'ancre dans le port de Barcelone furent enlevées par les Anglais qui s'étaient présentés sous pavillon suédois (5). Mazarredo fut bloqué à Brest avec quinze vaisseaux. Cadiz était bloqué ; trois frégates sortirent de la baie pour escorter un convoi ; rencontrées par l'ennemi à trente lieues au large, deux furent prises et le convoi fut dispersé (1800) (6). Après l'affaire d'Algésiras, les Espagnols perdirent encore deux de leurs plus beaux vaisseaux dans un combat de nuit (1801).

Le découragement semble alors s'emparer de tous les esprits, personne ne croit plus au succès, ni en France, ni en Espagne. Mazarredo propose au premier consul de sortir de Brest avec les 15 vaisseaux espagnols et 14 vaisseaux français, de rallier les 5 vaisseaux qui sont au Ferrol, les 4 vaisseaux qui sont à Cadiz, et de barrer le détroit de Gibraltar aux Anglais. A ce plan Bonaparte en oppose un autre ; 31 vaisseaux français se joindront aux 15 vaisseaux de Mazarredo, et tous iront croiser dans les eaux de Malte. Charles IV approuve pour la forme le projet de Bonaparte ; mais au fond personne ne se soucie de tenter l'aventure. Le roi craint de perdre sa dernière escadre, et le premier consul ne veut

(1) Manini, *Hist. de la marina real*, II, p. 788. — Barado, *Museo militar*, III, p. 626.
(2) De Sybel, *L'Europe pendant la Révolution française*, IV, p. 212.
(3) Barado, *Museo militar*, III, p. 470
(4) Paquis et Dochez, *Histoire d'Espagne*, II, p. 509.
(5) Reynald, *Histoire de l'Espagne depuis la mort de Charles III*, p. 10.
(6) Archives du ministère des affaires étrangères à Paris, *Espagne*, t. 658, pièce 199. Lettre de l'ambassadeur Alquier au ministre, 1er floréal an VIII.

pas laisser sortir de Brest l'escadre de Mazarredo, gage précieux de la fidélité de l'Espagne (1). Godoy finit par vendre six vaisseaux à la France, pour obtenir la permission de ramener les neuf autres en Espagne (2).

La paix d'Amiens (mars 1802) ne fut qu'une trêve. Dès le 13 mai 1803 la guerre éclatait de nouveau entre la France et l'Angleterre. L'Espagne espéra d'abord rester neutre, mais Pitt voulait faire de la Péninsule sa base d'opérations contre la France et Napoléon voulait l'appui des flottes d'Espagne. Les Anglais donnèrent les premiers le signal des hostilités en attaquant quatre frégates espagnoles qui revenaient des Indes (1er octobre 1804), et après deux mois d'hésitation, Charles IV déclara lui-même la guerre à la Grande-Bretagne (11 décembre).

L'Espagne était alors dans la plus lamentable situation, et cependant, sous l'impulsion d'une patriotique colère, la marine espagnole fit un dernier et gigantesque effort. Carthagène arma 8 vaisseaux et 2 frégates ; Cadiz 13 vaisseaux, Le Ferrol 9 (3), soit 30 vaisseaux portant 2.420 pièces de canon. Mais la valeur réelle de cette formidable mobilisation était loin d'être en proportion du nombre des vaisseaux ; l'armement était défectueux, les vivres étaient insuffisants, les équipages mal entraînés ; ni Villeneuve, ni Gravina ne croyaient la victoire possible. Le combat du Ferrol coûta deux vaisseaux à l'escadre espagnole, dix autres furent pris ou coulés à Trafalgar.

(1) Archives du ministère des affaires étrangères, Espagne, t. 658, p. 102, 4 germinal an VIII.
(2) Traité de Saint-Ildefonse, 1er oct. 1800. — Ferrer de Couto, El combate de Trafalgar, p. 73.
(3) A Carthagène: Reyna-Luisa, 112 canons. — Real-Carlos, 112. — S. Francisco-de-Paula, 74. — S. Joaquin, 74. — Asia, 74. — S. Ramon, 64. — Guerrero, 80. — S. Pablo, 80. — Proserpina, 44. — Vigilante, 18. — A Cadiz : Escadre sortie de Cadiz avec Gravina : Terrible, 74 canons. — Argonauta, 80. — España, 64. — America, 64. — Firme, 74. — S. Rafael, 80. — Magdalena, 34. Escadre de réserve dans la baie. — Rayo, 110 c. — Santa Ana, 120. — S. Justo, 74 — S. Leandro, 64. — Sma Trinidad, 130. — Bahama, 74 — Au Ferrol : Principe-de-Asturias, 120 canons. — Neptuno, 80. — Montañes, 76. — S. Francisco-de-Asis, 74. — S. Juan Nepomuceno, 74. — Monarca, 74. — S. Agustin, 74. — S. Ildefonso, 74. — Archives du ministère de la marine à Paris, Campagnes, 1805, t. 233, f° 136.

Même après ce désastre, l'Espagne ne restait pas sans ressources. Les marins espagnols avaient sauvé l'honneur de leur pavillon, et les ports d'Espagne abritaient encore en 1806 42 vaisseaux, 30 frégates et 146 bâtiments de rang inférieur (1) ; mais depuis huit ans on n'avait lancé ni un vaisseau, ni une frégate. Il n'y avait que deux vaisseaux en chantier ; encore y étaient-ils depuis si longtemps qu'on ne les jugeait pas susceptibles d'achèvement. Douze vaisseaux seulement étaient armés : six à Cadiz, et six à Carthagène, mais ceux de Cadiz n'avaient ni vivres, ni équipages ; ceux de Carthagène n'avaient que trois mois de vivres et auraient eu besoin d'un carénage complet avant de pouvoir naviguer (2). C'en était fait une fois encore de la marine d'Espagne.

C'est que nul service n'exige plus d'incessante attention que celui de la marine de guerre. Là, rien ne s'improvise, la hâte peut tout compromettre, l'incurie peut tout perdre ; les besoins sont immenses et sans cesse renaissants ; sans argent et sans équipages, un État peut avoir beaucoup de vaisseaux et beaucoup d'employés ; il n'a pas de marine au vrai sens du mot, et il court au-devant d'irréparables désastres. « La marine espagnole, dit Salazar, a été nombreuse
« sans être forte, dispendieuse sans être utile; et comme elle
« manquait de base, nous l'avons vue d'un moment à l'autre
« tomber et disparaître et se dissiper comme une fu-
« mée (3). »

II. — Le personnel administratif.

Législation. — Jusqu'en 1718 la marine fut régie par l'ordonnance de la Chambre de commerce de Séville de 1567, et quelques autres lois maritimes dispersées dans les diverses collections juridiques de l'immense législation espagnole (4). L'ordonnance de 1718 fut le premier code de la marine.

(1) Sesma, *Memoria sobre la marina*, appendice. Tableau I.
(2) Thiers, *Histoire de l'Empire*, t. VIII, p. 267.
(3) Salazar, *Juicio critico*, I, p. 82.
(4) Ferret, *Exposicion historica*, p. 71.

Réformée en 1772 et refondue en 1793, elle fut tirée à 6.000 exemplaires et distribuée à tous les chefs de service (1). En 1799 fut publiée une ordonnance économique de la flotte, qui fut abolie le 18 avril 1802, après trois ans de luttes intestines pour ne pas l'observer. L'ordonnance sur le reboisement (*ordenanza de montes*) resta également lettre morte. L'ordonnance sur le régime des *presidios* fut longtemps annoncée et ne parut jamais (2).

Ministère de la marine. — Le ministère de la marine fut organisé pour la première fois le 30 nov. 1714 sous le nom de ministère de la marine et des Indes. En 1787, Charles III enleva à la marine les affaires des Indes. En 1790, les affaires maritimes des Indes furent rendues à la marine. Le 15 déc. 1798 la gestion administrative, contentieuse et financière fut enlevée à la marine et donnée aux finances ; le 18 avril 1802, tout fut remis sur l'ancien pied (3).

Le chef suprême de la marine portait le titre d'amiral de Castille ; mais cette haute dignité ne fut conférée que deux fois de 1700 à 1808, et les titulaires n'eurent presque aucune influence sur le développement de la marine. Le premier qui en fut revêtu fut l'infant D. Philippe, fils de Philippe V (1737-1748). L'amiral touchait 6.000 réaux par mois sur les fonds de la croisade, tirait 100.000 piastres par an de la Nouvelle-Espagne et du Pérou, 2.000 des Philippines et 15.000 des Canaries. Différents droits (*derechos de almirantazgo*) étaient également perçus à son profit sur les marchandises importées d'Amérique ou exportées d'Espagne (4). L'amiral présidait un conseil d'amirauté, composé d'officiers généraux de la marine ; la Ensenada en fut un instant commissaire (5). Quoique le conseil d'amirauté manquât d'indépendance, il ne laissa pas de rendre des services ; on lui doit l'agrandissement du port de Carthagène, l'établissement des

(1) *Ordenanzas generales de la Armada naval.*
(2) Salazar, *Juicio critico sobre la marina militar*, II, p. 103.
(3) *Nov. Rec.*, III, vi, 19, 18 avril 1802.
(4) Coxe, *L'Espagne sous les Bourbons*, III, p. 508.
(5) *Juegos florales de Valladolid*, 18, p. 451.

invalides et de l'inscription maritime, et la grande ordonnance de marine de 1748 (1). Lorsque l'infant D. Philippe devint duc de Parme (1748), Ferdinand VI supprima la charge d'amiral, et en appliqua les revenus à l'amortissement de la dette (2). Il supprima du même coup le conseil d'amirauté qui était un rouage utile et peu dispendieux. Le 7 février 1807, Charles IV décerna le titre d'amiral à D. Manuel Godoy, déjà généralissime depuis 1802. Godoy eut à peine le temps de jouir de ses nouveaux honneurs, et ne signala son passage à la marine par aucune réforme durable.

Les différents services du ministère étaient loin de présenter la même complication qu'aujourd'hui. La difficulté des communications laissait une large initiative aux capitaines généraux des ports. En 1806, le personnel du ministère ne comprenait que vingt-sept personnes : le ministre, 12 employés, 3 archivistes, le généralissime, le directeur général de la flotte, l'adjudant général, major-général intérimaire, 3 adjudants secrétaires de la direction générale, deux adjudants de la majorité générale, 1 assesseur de la direction générale, 1 fiscal, 1 greffier (3). Le ministre était en principe omnipotent, et résolvait despotiquement toutes les questions ; mais en réalité le véritable chef de la marine était le capitaine général directeur de la flotte. Ce haut fonctionnaire avait le contrôle de tous les services administratifs, la direction de tous les corps militaires, l'inspection de toutes les écoles navales. Il dressait le tableau d'avancement et la liste d'embarquement. Il recevait les communications des officiers, présidait un comité technique, appelé junte de direction, et devait proposer au ministre toutes les réformes qui lui paraissaient nécessaires pour le bien du service (4). Il préparait ainsi toute la besogne du ministre, qui jouait

---

(1) Salazar, *Juicio critico*, I, p. 38.
(2) *Décret royal du 30 oct. 1748.*
(3) *Estado general de la Armada*, 1806. — La première tentative d'organisation générale des services du ministère date de 1823. — Salazar, *op. cit.*, II, p. 96.
(4) *Ordenanzas generales de la Armada*. Tratado II, tit. II.

le rôle d'intermédiaire officiel entre le corps de la marine et le roi, et qui rendait exécutoires les mesures proposées par le directeur de la flotte. L'exécution de ces mesures dépendait d'ailleurs des juntes et des capitaines généraux de département (1).

Départements maritimes. — Les côtes d'Espagne formaient trois départements de marine, subdivisés en vingt-deux provinces (2). Carthagène, Cadiz, Le Ferrol, capitales de ces départements, étaient à la fois des ports, des arsenaux, des places fortes et des centres administratifs.

La répartition des pouvoirs entre les différents chefs de service avait donné lieu à de longues querelles entre les officiers de vaisseau et le corps de la plume (*cuerpo politico o ministerial de la armada, plumistas*). Jusqu'en 1772 les intendants et commissaires de marine eurent une autorité absolue sur toute la partie matérielle et financière. L'ordonnance de 1748 avait établi une correspondance parfaite entre les deux corps, militaire et administratif, et avait mis la plume sur le même rang que l'épée (3) ; mais les officiers supportaient impatiemment le contrôle des administrateurs, et prétendaient les réduire au rôle de simples comptables. Faute de connaissances techniques, disaient-ils, les commissaires s'acquittaient mal de leurs fonctions, les approvisionnements ne se faisaient pas en temps opportun, les armements étaient lents, les vaisseaux mal aménagés, et parfois même mal construits, car l'influence des *plumistas* s'étendait jusque sur la construction (4). Le corps de la plume était accusé d'indolence, de faux zèle et même de corruption (5). Deux officiers puissants, D. Josef Navarro et D. Joaquin de Aguirre,

---

(1) Salazar, *Juicio critico*, II, p. 96.
(2) *Département de Carthagène.* — 10 provinces : Carthagène, Alicante, Valence, Tortose, Tarragone, Barcelone, Mataro, Palamos, Majorque, Ibiza.
Département de Cadiz. — 4 provinces : Cadiz, S. Lucar, Ayamonte, Séville.
Département du Ferrol. — 8 provinces : Saint-Sébastien, Bilbao, Santander, Gijon, Vivero, Pontevedra, Coruña, Ferrol.
(3) Salazar, *Juicio critico*, I, p. 177.
(4) Sesma, *Memoria sobre la marina*, p. 9.
(5) Ferret, *Exposicion historica*, p. 128.

se firent auprès du roi les interprètes de ces doléances, et Charles III finit par leur donner gain de cause (1776). La surveillance de la construction et de l'armement fut dévolue à un militaire, l'inspecteur général de la marine. Tous les employés de finances des départements furent mis sous les ordres d'un militaire, le sous-inspecteur de département, et pour comble d'absurdité, le sous-inspecteur fut rendu indépendant de ses chefs naturels, le directeur général de la flotte et le capitaine général de département. L'établissement des juntes départementales acheva de transformer les officiers supérieurs de la flotte en administrateurs et en économes des finances royales (1).

Ainsi humilié, le corps de la plume cessa de se recruter parmi les gens instruits et bien élevés, « et se remplit, dit « Salazar, de laquais et de marmitons (2) ». Les militaires ne cessèrent pas pour cela de les persécuter ; on vit des intendants insultés grossièrement, des commissaires suspendus de leur emploi et impliqués dans des procès criminels par ceux-là même dont ils avaient dénoncé les malversations (3). Un officier de vaisseau put lancer une accusation contre un chef du corps de la plume, l'incarcérer, instruire son procès, commettre dans l'instruction toutes les irrégularités et toutes les violences qu'il voulut ; le malheureux *plumista* mourut en prison, « et dans l'immense montagne de papiers et de « mémoires qui composaient son dossier, à peine trouvait-on « quelques fautes légères à lui reprocher (4) ».

Juntes de département. — Le gouvernement d'un département maritime appartenait en premier lieu à un comité appelé junte de département. La junte, présidée par le capitaine général, comprenait cinq ou six membres, tous mili-

(1) Salazar, *Juicio critico*, I, p. 431. — Le même antagonisme existait en France à la même époque entre les officiers de vaisseau et ceux de plume. Sous Berryer, les commissaires eurent le-dessus et faillirent commander les vaisseaux. Le maréchal de Castries remit chacun à sa place : les officiers au commandement et les commissaires à leurs comptes.
(2) Salazar, *Juicio critico*, I, p. 461.
(3) Id. ibid. I, p. 477.
(4) Id. ibid. II, p. 112.

taires, à l'exception de l'intendant (1). Elle tenait de fréquentes sessions (2) ; elle avait la haute main sur l'administration, la comptabilité et les travaux de l'arsenal, examinait les états fournis par les receveurs, ordonnait les achats et préparait le budget du port, qui devenait définitif après avoir été visé par le roi. En temps de guerre, la junte s'érigeait en tribunal des prises (3). Composées d'hommes compétents et responsables, les juntes de département auraient constitué un puissant instrument de contrôle, mais les militaires qui venaient y délibérer ne se sentaient pas responsables, et manquaient des connaissances nécessaires pour prendre des décisions réfléchies. Les juntes étaient, en somme, des corps administratifs composés d'un administrateur et de six militaires. « C'était, dit Salazar, comme si on assemblait six médecins « et un théologien pour décider d'un cas de conscience » (4). Les gens d'épée pouvaient s'applaudir d'avoir remporté un triomphe aussi complet sur le corps de la plume, mais le service s'en trouvait entièrement désorganisé.

A l'émiettement de la responsabilité correspondait l'émiettement du commandement. Un arsenal n'avait pas moins de six chefs supérieurs : le capitaine général, le commandant général, le sous-inspecteur des magasins, l'ingénieur en chef, le commandant d'artillerie et l'intendant (5). Dans les provinces et les districts, la guerre de la plume et de l'épée recommençait entre le commandant ou l'adjudant de marine, et les commissaires et receveurs de province.

Justice. — Le capitaine général était l'autorité suprême du département. Il était à la fois administrateur, chef militaire

---

(1) *Estado general de la Armada*, 1803. — A Cadix : le capitaine général, président. — Un lieutenant-général, le commandant général, le major général, l'ingénieur-directeur, l'intendant, un secrétaire. — Au Ferrol : le capitaine général, président. — Deux lieutenants généraux, un chef d'escadre, le commandant général, le major général, l'ingénieur directeur, l'intendant, un secrétaire.
(2) Cinquante séances au Ferrol, en 1816. — *Anales de la marina*, 1816, p. 10.
(3) Salazar, *Juicio critico*, I, p. 91.
(4) Salazar, *op. cit.*, II, p. 90.
(5) Id. ibid. II, p. 78.

et juge d'appel pour tous ceux qui jouissaient du *fuero de marina*. Ses attributions judiciaires étaient extrêmement étendues et particulièrement intéressantes.

Tout marin ou assimilé était justiciable des tribunaux de marine, qui se montraient extrêmement jaloux de leurs droits. Le juge ordinaire qui avait arrêté un marin était obligé de le relaxer à la justice maritime à la première réquisition. Aucun privilège ne pouvait prévaloir contre le fuero de la marine. Quelques soldats de la garde espagnole ayant commis un délit dans un arsenal, un conflit s'éleva entre le colonel des gardes et le commandant de marine ; et quoique les gardes ne fussent point soumis au fuero de la marine, comme le délit avait été commis dans un arsenal de la marine, le juge maritime resta saisi du débat (1).

Les tribunaux maritimes comportaient trois degrés de juridiction.

Il n'y avait pas de tribunal de district. Les adjudants de marine commandant les districts ne pouvaient prendre que des mesures provisoires, et ne remplissaient que les fonctions de juges d'instruction.

Le tribunal maritime de première instance était présidé par le commandant de province, assisté d'un auditeur de marine gradué en droit, et nommé par le roi, sur la proposition du capitaine général commandant le département, du commandant général et du généralissime. Un greffier était attaché à chaque tribunal maritime de province. Il était recommandé aux juges maritimes de procéder économiquement, et, autant que possible, par voie de procédure verbale. Dans les cas où la procédure par écrit était exigée par la loi, le juge devait convoquer les parties, et faire tous ses efforts pour les amener à accepter un compromis.

Le capitaine général, assisté d'un auditeur, d'un fiscal, d'un agent fiscal et d'un greffier (2), était à la fois juge de première instance et d'appel. Les parties avaient le droit de

---

(1) Résolution royale du 17 nov. 1793. — Il en est de même en France où tout délit commis dans l'intérieur d'un arsenal relève du tribunal maritime.
(2) *Estado general de la Armada*, 1802.

porter directement leur cause devant son tribunal, et il était toujours maître de se saisir de toutes les affaires qui lui paraissaient devoir être jugées par lui. Aucune sentence capitale ne pouvait être mise à exécution sans avoir été confirmée par lui en premier appel.

Les causes jugées en première instance ou en premier appel par le capitaine général pouvaient encore être portées en dernier ressort devant le royal et suprême Conseil de la guerre. Le recours était de droit quand il s'agissait d'une condamnation capitale (1).

Les individus jouissant du fuéro de la marine et résidant à Madrid, ou dans un rayon de vingt lieues autour de la ville, étaient justiciables du directeur général de la flotte, assisté d'un assesseur, d'un greffier, d'un fiscal et d'un alguazil. L'appel des décisions de ce tribunal n'était point porté au Conseil de la guerre; il était porté directement devant le roi, qui nommait de nouveaux juges pour reviser le procès conjointement avec les premiers. Le tribunal du directeur de la flotte avait été ainsi mis sur le même pied que ceux du major des gardes du corps, et des colonels des gardes espagnole et wallonne (2).

Les questions relatives à la validité des prises étaient jugées par les Juntes de département.

Les commandants, capitaines et chefs d'escadre étaient juges à leur bord, et responsables, devant le ministre, de l'usage qu'ils avaient fait de leur autorité.

La justice maritime avait un triple caractère : elle était administrative, civile et criminelle.

La juridiction administrative des tribunaux maritimes était extrêmement étendue. Les juges de marine avaient une compétence exclusive pour toutes les affaires relatives à la pêche, à la navigation, à la course, aux relâches des navires étrangers dans les ports d'Espagne et des Indes (3), aux naufrages, à l'entretien des ports, balises, phares et feux, à la cons-

---

(1) *Nov. Rec.*, VI, vii, 3, 12 août 1802.
(2) Id. VI, vii, 14, 28 nov. 1803.
(3) Le 21 déc. 1777, l'ambassadeur d'Angleterre s'étant plaint que les corsaires américains trouvaient tout secours dans les ports de Galice, pouvaient y

truction des môles, aux fabriques d'armes, de cordages, de voiles et de goudron, à la conservation des forêts (1). Dans les provinces basques, les naufrages étaient de la compétence des consulats de Bilbao et de Saint-Sébastien (2).

Au civil, les juges de marine étaient compétents pour juger tous les procès des individus soumis à l'inscription maritime, sauf les questions de majorat et les actions en partage d'hérédité. La plupart des causes civiles introduites devant les tribunaux maritimes étaient relatives aux testaments des gens de mer, ou de leurs veuves non remariées. La veuve d'un marin qui épousait un civil perdait le bénéfice du fuéro de la marine.

La juridiction criminelle s'appliquait à tous les crimes et délits commis par les marins et assimilés, et même aux infractions commises par des personnes étrangères à la marine dans l'intérieur des arsenaux.

La discipline des arsenaux était à la fois indulgente et tracassière. Les peines consistaient dans l'internement temporaire de l'ouvrier délinquant dans l'arsenal, dans le retranchement de tout ou partie de la solde, dans le travail avec les fers aux pieds. Les délits plus graves étaient punis de coups de baguettes, de prison, de bagne (*presidio*); la peine capitale était rarement prononcée. Des ouvriers rencontrés hors de l'arsenal un jour de travail étaient mis en demi-solde pour quinze jours (3); un cordier coupable d'avoir battu son contre-maître lui payait le prix des quinze journées pendant lesquelles il n'avait pu travailler (4); deux matelots espagnols qui avaient injurié un marin français et lui avaient

---

vendre leurs prises, et en usaient comme des ports de leur propre nation, ce fut le commissaire de marine de La Corogne qui fut chargé par le ministre de faire une enquête à ce sujet. — *Archives générales centrales d'Alcala de Hénarès. Estado. Leg. 557.*

(1) *Nov. Rec.* VI, vii, 9, 12 août 1802, et VII, xxiv, 28, 1802-1803. — Les fabricants de goudron et leurs ouvriers jouissaient du fuéro de la marine. *Cédule royale du 4 mai 1796.*

(2) *Ordonnance du 12 août 1802.* — Art. 21. Tit. xi.

(3) *Archivo de yngenieros de la Carraca.* — *Castigos de individuos de maestranza,* 17 mai 1806.

(4) Id. ibid. 2 août 1799.

jeté des pierres expiaient par quinze jours d'arrêts dans l'arsenal leurs voies de fait et leurs discours incongrus (*el estilo descompuesto de sus palabras*) (1). Mais les ouvriers, et les officiers même étaient surveillés, même en dehors de l'arsenal, par une police secrète (*partida disfrazada*) qui signalait impitoyablement tout manque de tenue aux autorités. Un lieutenant de vaisseau, coupable d'avoir fait des observations déplacées au cours d'une distribution de cigares par l'administrateur de Cadiz, était mis aux arrêts dans une des balandres de l'arsenal (2). Des ouvriers de marine ayant causé du scandale au théâtre étaient dénoncés au capitaine général (3).

La discipline à bord était plus sévère, et devait l'être, vu le mauvais recrutement des équipages; cependant elle n'était point draconienne, et les déserteurs eux-mêmes n'étaient punis que de deux ans de travaux publics dans les arsenaux, ou même étaient simplement rembarqués pour une ou deux campagnes (4).

Les causes les plus graves qu'avaient à juger les tribunaux maritimes étaient les procès intentés aux officiers qui avaient perdu leur bâtiment soit dans une tempête, soit dans un combat. Dans ce dernier cas, l'honneur du corps était en jeu; les influences politiques ne laissaient pas de nuire à la bonne administration de la justice. — Après la bataille du cap Saint-Vincent (14 février 1797), le roi donna l'ordre d'instruire le procès de Cordova, de Moreno, de Cardenas et d'autres officiers qui avaient pris part au combat. Le conseil de guerre, chargé de les juger, était présidé par D. Antonio Valdes, capitaine général du département de Cadiz. Les accusés furent mis aux arrêts et même au secret, dans les forts de la baie ou à San-Carlos. Le 2 mars 1798, les fiscaux rendirent une sentence déchargeant de tout blâme le lieutenant général Moreno et le chef d'escadre Cardenas. Le 3 juillet 1799,

---

(1) *Archivo de Yngenieros de la Carraca*, 27 mars 1806.
(2) Id. Ibid 11 oct. 1798.
(3) Ibid. 10 avril 1799.
(4) Ibid. 14 sept. 1797, *Archives du consulat de Cadix. Notables*, 83 — 18 juillet 1799.

le roi n'ayant encore pris aucune décision contraire, Valdes prit sur lui d'autoriser les deux officiers à toucher l'arriéré de leur solde depuis le jour de leur débarquement. Les autres accusés furent jugés plus tard encore. Les lenteurs de procédure et les souffrances des accusés paraissent avoir excité l'indignation des jeunes officiers de vaisseau chargés de la défense. D. Ramon Smith, lieutenant de frégate, et avocat des capitaines du *San-Genaro* et de l'*Atlante*, est réprimandé sévèrement par Valdes pour avoir eu la langue trop vive dans son plaidoyer ; il est averti qu'en vertu « de « l'addition à l'article 31, f° 274, de la première partie des « Ordonnances générales de la marine », il mériterait d'être châtié, et que les observations qu'il reçoit sont l'effet « d'une « excessive bienveillance ». Le capitaine de frégate chargé de la défense du commandant du *Firme* reçoit également un blâme pour la vivacité de son langage (1). Telle qu'elle nous apparaît dans ce procès, la justice maritime laisse beaucoup à désirer. Les capitaines généraux n'avaient ni le temps, ni les connaissances voulues pour faire de vrais magistrats. Sous l'empire de l'indignation causée par un désastre, de braves officiers étaient jetés en prison; plus le procès traînait en longueur, plus les dossiers grossissaient, moins il était facile de dégager les responsabilités. Un jour venait, où le juge lui-même sentait le besoin de mettre un terme à la situation intolérable des accusés, et l'affaire, commencée avec tant de bruit, se terminait par des ordonnances de non-lieu que le roi mettait des mois à confirmer.

Comptabilité. — La comptabilité appartenait au corps de la plume. Chaque département maritime d'Espagne, et hors d'Espagne, le port de la Havane (2), avait une recette générale (*contaduria de departamento*). Chaque arsenal avait ses bureaux de comptabilité. Chaque province maritime avait sa recette particulière (*contaduria de provincia*) (3). Chaque

(1) *Archives de San Carlos*, Justicia, 19 juillet 1799.
(2) *Guia de Forasteros*, 1804.
(3) Il y en avait aussi à Montevideo, au Callao, à Carthagène des Indes et à S. Blas de Californie.

vaisseau avait son trésorier (*contador de navio*) (1). La recette générale de Cadiz était la plus importante et étendait son contrôle sur tous les emplois de finance de la marine. Elle comprenait 1 intendant président, 1 contrôleur (*veedor*), 1 receveur principal, 2 trésoriers, 1 commissaire ordonnateur, 13 commissaires de guerre, 34 employés de première classe, 39 de seconde, 24 de troisième, 22 de quatrième, et 29 de cinquième classe, en tout 167 personnes (2). Les titres de commissaire de guerre, commissaire ordonnateur, intendant, indiquaient le rang du fonctionnaire dans la hiérarchie, et ne correspondaient pas à des fonctions déterminées. Des employés de seconde et de première classe pouvaient être receveurs de province ; un commissaire de guerre pouvait être membre de la commission des chanvres d'Aragon et de Navarre ; un commissaire ordonnateur gradué et un intendant gradué pouvaient alterner dans les fonctions de trésorier du département de Cadiz (3).

La comptabilité maritime comprenait quatre chapitres : troupes et corps d'état-major des départements ; — arsenaux ; — vaisseaux ; — provinces et commissions.

Le premier chapitre était relativement simple, quoique la solde fût presque toujours en retard, et que les gratifications, les suppléments pour la table, les avances faites aux officiers et aux matelots vinssent compliquer les calculs (4).

La comptabilité des arsenaux était un véritable labyrinthe. Chaque arsenal avait six sortes de bureaux : magasin général ; — magasins de dépôt pour tous les agrès, et ustensiles attachés à tel ou tel vaisseau ; — magasins du matériel réformé ; — commissariat des chantiers de construction ; — commissariat de dépôt ; — contrôle du magasin général (5). — Les comptes de tous ces services particuliers se rendaient à la recette générale du département. La comptabilité des approvisionnements n'exigeait pas moins de 19 registres

---

(1) Salazar, *Juicio critico*, t. II, p. 12.
(2) *Estado general de la armada*, 1803.
(3) *Archives générales d'Alcala de Hénarès*, Tesorerias de Marina Leg. 8 et 55.
(4) Id. Ibid. Leg. 8.
(5) Salazar, *Juicio critico*, t. II, p. 72.

pour être tenue régulièrement (1). La comptabilité des vivres était plus compliquée encore : elle ne comportait pas moins de 141 formulaires, et le receveur devait l'établir sur 41 carnets différents (2).

A bord de chaque navire était un trésorier, chargé du service financier, sous le contrôle d'un officier de détail (3). Au départ, le trésorier recevait trois listes closes et scellées : l'une comprenait les noms des officiers et des matelots de l'équipage, la seconde ceux des soldats, la troisième ceux des artilleurs. Quand le vaisseau arrivait dans un port espagnol où commandait un subdélégué de la marine, le trésorier du bord lui remettait les listes, et y ajoutait l'indication de tous les changements qui avaient pu se produire dans l'effectif. Le subdélégué passait une revue générale de l'équipage et de la garnison du vaisseau, en consignait le résultat sur les listes, et les remettait, toujours closes et scellées, au trésorier. Au bout d'une campagne de sept ou huit ans, comme on en faisait alors, on devine ce que pouvait être le compte du bord. Quand 50 ou 60 bâtiments désarmaient à la fois, la vérification de tous ces comptes devenait impossible. On nommait alors une commission d'officiers généraux « qui apurait les comp-
« tes et tranchait les difficultés comme à coups de sabre » (4).

La gestion financière des provinces maritimes et des établissements dépendant de la marine était infiniment plus facile ; on regardait les recettes de province comme des postes de début, et certaines commissions étaient données à de vieux fonctionnaires en retraite.

Le trésorier général d'un département avait à réunir tous ces comptes particuliers de province, de vaisseau, d'arsenal, et formait le compte général des recettes et des dépenses du département.

Les recettes provenaient d'un grand nombre de sources

(1) Salazar, *Juicio critico*, t. II, p. 50.
(2) Id. t. II, p. 56. — La comptabilité de nos arsenaux modernes est plus compliquée encore ; mais cela ne prouve pas que celle des ports espagnols du dix-huitième siècle ne le fût pas trop.
(3) Id. t. II, p. 61.
(4) Id., t. II, p. 20.

diverses. En 1805, l'arsenal du Ferrol reçut 15,000 réaux, que l'archevêque de Saint-Jacques devait à la Caisse de consolidation des *Vales* royaux. Le commissaire de la même Caisse à Orense donna 130,000 réaux, celui d'Oviédo 100,000, l'administrateur des postes à Oviédo 23,638 réaux, le Chapitre de la sainte église d'Oviédo 40,000 réaux, l'administrateur de *Cruzada* à Santiago 97,000 réaux. La plupart de ces virements entraînaient des délais et des écritures interminables. Les 15,000 réaux de l'archevêque de Saint-Jacques passèrent par huit mains avant d'arriver au receveur de Vigo qui en fit emploi (1). On comptait encore parmi les recettes le loyer des boutiques et cantines établies à l'intérieur des arsenaux, le produit de la vente des objets réformés; le vieux fer se vendait 35 réaux le quintal, la toile à voiles 2 réaux la vara; on avait un beaupré et un mât de frégate pour 680 réaux (2).

A Cadiz en 1803, le compte des dépenses comprenait 23 chapitres (3). Le trésorier de marine Don Juan Caamaño

(1) *Archives d'Alcala de Hénarès, Tresoreria de marina*, 1805, leg. 55.
(2) Id. ibid., 1803, leg. 8.
(3) Compte présenté par D. Juan Caamaño, commissaire ordonnateur gradué et trésorier de marine du département de Cadiz (1805).

1. État major du département.	5,801,247	17
2. Gardes-marines.	714,213	25 2/3
3. Infanterie de marine et invalides.	5,501,385	13 1/2
4. Artillerie de marine.	1,695,149	9 1/2
5. Corps des ingénieurs.	158,092	12
6. Corps de la plume.	1,858,235	13
7. Aumônerie.	271,320	12
8. Hôpitaux.	4,359,780	27
9. Corps des pilotes.	716,629	11
10. Retraités.	2,519,193	4
11. Gratifications aux receveurs de bâtiments désarmés	700	
12. Personnel maritime de l'arsenal.	3,018,032	6 1/2
13. Surveillants de nuit de l'arsenal.	236,658	17
14. Salaire des contre-maîtres de l'arsenal.	816,507	1/3
15. Délégations des marins.	618,986	28
16. Marins embarqués et état-major des escadres.	42,423,661	3 1/2
17. Achats de matériel.	7,599,330	11 5/12
18. Travaux du port.	4,667,311	18 1/12
19. Salaire des ouvriers de l'arsenal.	8,819,207	33 2/3
20. Affrétements d'embarcations pour services divers.	436,534	24
21. Aux ouvriers de la nouvelle ville de S. Carlos.	214,142	7
22. Gratifications accordées par le roi sur le tiers de la valeur des prises.	411,146	11 1/4
23. Reliquat des sommes déposées entre les mains du trésorier.	11,181,239	2 1/12
Total.	104,192,938	1 1/2

terminait son rapport par une formule de serment : « Cette
« relation, écrite sur six feuilles de papier timbré du timbre
« nº 4, est certaine et véridique, sauf erreur d'addition ou
« d'écriture qui disparaîtra dès qu'elle sera signalée. Je le
« jure à Dieu et sur ce signe de ✠, et je donne cette relation
« comme certaine et véridique, sous peine de l'amende au
« triple, selon le style et l'ordonnance du Conseil et de la
« *Contaduria* de Sa Majesté (1). »

Le compte du trésorier était remis à la recette générale du département. Le contrôleur du département revisait le compte et le remettait à l'intendant, qui l'adressait à la *Contaduria Mayor de Madrid*. Au bout de douze ou quinze mois, la *Contaduria* rendait son jugement. Le trésorier sollicitait du roi une décharge définitive, et le roi, en l'accordant, mettait fin à cette procédure dont la durée normale atteignait presque deux années (2).

Si l'on en croit Salazar, cette lenteur n'était même pas une garantie d'exactitude. Les bureaux, dit-il, étaient remplis de gens ineptes qui avaient dû leur place à l'intrigue. Ces malheureux employés n'avaient aucune espérance d'avancement. Leur maigre solde leur était payée le plus souvent avec des retards de deux à trois ans; la législation était prolixe, obscure et parfois contradictoire, et il n'existait aucun ouvrage bien fait où le comptable pût apprendre son métier (3).

Le gaspillage était énorme dans la marine, et les résultats utiles étaient loin de répondre aux dépenses de l'État. De 1786 à 1806, l'Espagne a dépensé pour sa marine 3.907.006.111 réaux et n'a cependant jamais su mettre en mer une escadre convenablement équipée (4). « L'administration de la marine,
« disait l'ambassadeur de France Guillemardet, est tellement
« vicieuse que les fonds suffisants pour entretenir la marine
« espagnole dans l'état le plus brillant et le plus respectable,

---

(1) *Archives d'Alcala de Hénarès. Tesoreria de marina,* Leg. 8, Budgets du département de Cadiz en 1803 et 1804.
(2) Id. ibid. — La Cour des comptes de France procède plus lentement encore, mais les services sont aujourd'hui plus nombreux et plus compliqués.
(3) Salazar, *Juicio critico,* t. II, p. 10.
(4) Sesma, *Memoria sobre los diferentes estados de la armada.* Apendice.

« s'écoulent rapidement par les canaux de l'intrigue et des
« dilapidations sans arriver à leur destination. »

Corps des ingénieurs. — Le corps des ingénieurs de la
marine avait été créé par ordonnance royale du 10 octobre
1770, et organisé définitivement par les ordonnances de 1772
et 1776 (1). Il comprenait un ingénieur général résidant à
Madrid, 4 ingénieurs directeurs, 6 ingénieurs en chef, 10
ingénieurs en second, 14 ordinaires, 20 extraordinaires, 25
adjoints, soit en tout 80 personnes touchant 1.080.000 réaux
par an (2).

C'était, au dire des Espagnols, un corps unique en Europe (3); au contraire, s'il faut en croire Salazar, le corps
des ingénieurs de marine aurait été bien loin de mériter une
aussi brillante réputation. L'ordonnance de 1770 avait décrété
la création d'une école préparatoire (*Academia*), et dressé un
plan d'études; mais l'école n'avait pas été ouverte, et les
ingénieurs ne présentaient aucune garantie spéciale de capacité. Avec une légère teinture des mathématiques, un officier
de terre, ou des régiments fixes de Ceuta et d'Oran, ou même
de la milice, se transformait aisément en ingénieur de la
marine ; un contre-maître, toujours à ses côtés, lui donnait
les conseils de l'expérience. Ainsi recruté, le corps n'avait
qu'une existence apparente; les hommes qui le composaient
n'avaient de l'ingénieur que l'habit et parfois le pédantisme,
et comme ils n'avaient pas reçu de culture spéciale, et se trouvaient également impropres à toutes les besognes, on leur
faisait commander des vaisseaux à la mer, ou on les envoyait
dans les provinces intérieures surveiller la culture du chanvre,
tout aussi bien qu'on les employait à dresser des plans ou à
diriger la construction des vaisseaux (4).

Ce portrait peu flatteur a été sans doute dessiné d'après
nature par Salazar; mais si le corps des ingénieurs resta

---

(1) Ferrer de Couto, *Historia del combate de Trafalgar*, p. 41.
(2) Salazar, *Juicio critico*, t. I, p. 395.
(3) Cavanilles, *Observations sur l'article Espagne de la Nouvelle Encyclopédie*, p. 18.
(4) Salazar, *Juicio critico*, t. I, p. 399.

médiocre, quelques hommes distingués réussirent cependant à le pousser dans la voie du progrès, et l'habileté professionnelle des ouvriers suffit à conserver à la construction espagnole son antique réputation.

Au temps du plus grand développement de la marine, les trois arsenaux de Carthagène, de Cadiz et du Ferrol occupèrent environ 11.000 ouvriers. La ruine des finances et la fièvre jaune avaient bien diminué ce nombre au commencement du dix-neuvième siècle. En 1805, Cadiz ne comptait plus que 1964 ouvriers proprement dits, 1068 forçats et 176 cordiers (1). Des troupes de marine, commandées par des contremaîtres (2) et des gardiens, veillaient au maintien de l'ordre dans l'arsenal. Des rondes de nuit empêchaient les vols et donnaient l'alarme en cas d'incendie.

III. — Le personnel combattant et les corps auxiliaires.

La matricule de mer (3). — Quand Philippe V voulut relever la marine espagnole, il s'aperçut qu'on trouvait en

---

(1) Charpentiers. 636
Calfats. 426
Menuisiers. 40
Scieurs de long. 11
Tourneurs, poulieurs, tonneliers, lanterniers et plombiers. 19
Serruriers. 13
Ouvriers forgerons. 93
Armuriers. 37
Maçons. 112
Voiliers. 62
Pompiers. 29
Fondeurs en cuivre. 9
Ouvriers pour les intruments nautiques. 18
Ouvriers pour les réparations de gréement. 16
Compagnons et apprentis. 510

Estado general de la Armada (1805).

(2) Ce titre est spécial à l'Espagne. La garnison de l'arsenal de Cadiz était commandée par un contremaître (*contramaestre*) ayant le grade de lieutenant de vaisseau. Les contremaîtres étaient cependant des officiers mariniers et non des officiers de marine.

(3) Tous les détails historiques que nous donnons sur la matricule de mer sont extraits d'un manuscrit, conservé à la Bibliothèque de l'Académie de l'Histoire de Madrid, sous la rubrique *Varios de Historia*, E. 175, et intitulé : *Apuntamientos sobre la matricula de marineria* (Madrid, 8 de Junio de 1796).

Espagne tout ce qui était nécessaire à la flotte : bois, fer, plomb, chanvre, huile, blé et vin ; mais on ne savait où trouver des marins. Le roi demanda comment il se faisait qu'en un royaume si riche, avec des domaines coloniaux enviés de toutes les nations, il n'y eût pas un corps de gens de mer, et il reconnut que le métier de mer manquait de protection. A peine revenus de leurs longs voyages, les mariniers se voyaient poursuivis par les recruteurs de l'armée et de la milice ; ils payaient les mêmes impôts que ceux qui ne naviguaient pas ; bien loin d'avoir dans les ports d'Espagne une situation privilégiée, les navires espagnols qui se livraient à la pêche et au commerce étaient surchargés de droits, et les étrangers, bien protégés par leurs consuls et par les traités, s'étaient mis en possession du long cours, du cabotage, et même de la pêche. Quant à la navigation des Indes, la seule qui formât de bons marins, la plupart de ceux qui s'y livraient se vouaient au commerce de terre dès qu'ils avaient amassé quelque argent.

Dès 1726, Patiño envoya des commissaires dans tous les ports pour prendre des informations et préparer l'établissement de l'inscription maritime ou matricule de mer. Le 18 octobre 1737 parut la première ordonnance royale au sujet de la matricule de mer, et le 1ᵉʳ novembre suivant le seigneur infant D. Philippe, Grand Amiral, publia une instruction générale explicative de l'ordonnance du 18 octobre. La matricule de mer était fondée.

Les autorités locales, qui perdaient leurs droits de juridiction sur les gens de mer, réussirent à leur persuader que la nouvelle loi les opprimait ; les Basques refusèrent obstinément de se laisser immatriculer. A force de patience et d'énergie, le roi et l'infant finirent par faire comprendre aux gens de mer que la loi nouvelle les érigeait en corporation, leur donnait des chefs autorisés pour les défendre et les protéger, leur assurait le monopole de la pêche et de la navigation, et ne les astreignait au service du roi qu'à leur tour et avec un intervalle de repos entre chaque campagne.

Les marins goûtèrent assez ce langage, et l'institution parut fondée. Mais si elle fonctionnait passablement en temps de paix, elle ne marchait en temps de guerre qu'à force de violences et d'illégalités. Le roi crut remédier au mal en promulguant de nouvelles ordonnances, de plus en plus compliquées. L'ordonnance du 1ᵉʳ janvier 1751 compta déjà 200 articles. De 1751 à 1793 on publia plus de 300 décrets et édits au sujet de la matricule de mer. La législation devenait incompréhensible ; le roi chargea l'intendant du département de Cadiz, Gutierrez de Rubalcava, de réformer entièrement la matière. Gutierrez travailla quatre ans, rédigea 893 articles et formulaires, et mourut à la peine, sans avoir terminé son œuvre. Le 18 août 1795, le roi lui donna comme continuateur l'intendant D. Juan Antonio Enriquez, qui reprit l'étude de la question par le commencement et voulut lire, avant de se décider, tout ce que les Anglais et les Français avaient écrit sur ce sujet. Au moment où il allait conclure, le roi le nomma intendant du port de Carthagène, et la législation sur la matricule de mer resta ce qu'elle était, un véritable chaos. En 1803 seulement, on s'occupa de remanier l'organisation administrative de la matricule de mer. Elle occupait jadis 1 commissaire et 2 employés dans chacune des provinces maritimes de l'Espagne, soit en tout 87 personnes. On y employa désormais 3 officiers généraux, 6 brigadiers, 41 capitaines de vaisseau et de frégate, et 126 subalternes de tout rang, en tout 176 personnes. La dépense fut quadruplée, et le service n'en marcha pas mieux (1).

Quiconque pêchait, naviguait ou s'occupait des choses de mer était soumis à la matricule. Les registres de la marine étaient en outre ouverts à tout homme honorable, âgé d'au moins 18 ans, ou de 45 ans au plus, qui demandait à être inscrit (2). En vertu d'un ordre royal du 13 mai 1786, les inscrits devaient porter sur le bras gauche un écusson de drap écarlate avec une ancre en laine brodée dessus, et plus ou moins ornée, suivant qu'il s'agissait d'un simple inscrit ou d'un vétéran (*matriculado distinguido*).

---

(1) Salazar, *Juicio critico*, t. I, p. 370.
(2) *Nov. Rec.* VI, VII, 4. — 12 août 1802.

Les inscrits étaient dispensés des logements militaires, de la corvée (*bagages*), des tutelles, et des charges municipales. Ils étaient soumis aux mêmes impôts que le reste des citoyens ; mais leurs chefs hiérarchiques pouvaient contrôler la répartition de leurs tailles et faire rabattre les cotes exagérées (1). Le monopole de la pêche leur était réservé en mer et à l'embouchure des fleuves. Seuls les inscrits étaient autorisés à naviguer au cabotage et au long cours.

L'ensemble des inscrits formait le corps des *tercios navales*. Le département de Cadiz en comptait trois, celui du Ferrol trois, celui de Carthagène quatre (2). Le total des inscrits atteignait le chiffre de 68.741 en 1798, et on comptait encore 52.874 inscrits en 1804. Chaque *tercio* était considéré comme un régiment de milices navales, chaque *partido* comme un bataillon, chaque *trozo* comme une compagnie ; le *tercio* était commandé par un commandant principal, le *partido* par le commandant de province, le *trozo* par l'adjudant de district (3).

Pour égaliser, autant que possible, le service entre les inscrits, chaque *tercio* se divisait en deux brigades de campagne, et chaque brigade en trois divisions. Tous les *trozos*

(1) *Nov. Rec.* VI, vii, 8. — 12 août 1802.
(2) *Département de Cadiz*:
Tercio de Malaga (provinces et districts de Malaga, Almeria et Motril).
Tercio de Cadiz (provinces et districts de Cadiz, Algésiras et Canaries).
Tercio de Séville (provinces et districts de Séville, S. Lucar et Ayamonte).

Département du Ferrol :
Tercio de Pontevedra (province et district de Pontevedra).
Tercio du Ferrol (provinces et districts du Ferrol et de La Coruña).
Tercio de Santander (provinces et districts de Santander, Vivero, Gijon, Bilbao et Saint-Sébastien).

Département de Carthagène :
Tercio de Barcelone (provinces et districts de Barcelone, Palamos, Mataro et Tarragone).
Tercio de Valence (provinces et districts de Valence et Tortose).
Tercio de Carthagène (provinces et districts de Carthagène, Alicante et Vera).
Tercio de Majorque (provinces et districts de Majorque, Iviça et Mahon).
Guia de forasteros, 1804.

(3) *Nov. Rec.* VI, vii, 5, 12 août 1802.

de chiffre impair faisaient partie de la première brigade, ceux de chiffre pair faisaient partie de la seconde. Chaque année, une des deux brigades devait le service, tandis que l'autre en restait dispensée, et il y avait dans chaque brigade alternance entre les trois divisions. Chaque année, au 1er janvier, le capitaine général de chaque département fixait le nombre des marins appelés au service, et chargeait le commandant de chaque tercio de communiquer ses ordres aux commandants de partido, qui convoquaient les appelés (1).

Les provinces basques (Guipuzcoa et Biscaye) jouissaient pour la marine, comme pour tout le reste, d'un régime d'exception, et n'étaient pas en principe soumises à la matricule de mer ; mais comme ces provinces fournissaient justement les meilleurs marins de toute l'Espagne, le roi n'avait eu garde de se priver de leurs services, et l'exemption dont elles jouissaient était beaucoup plus apparente que réelle. Les privilèges des Basques étaient limités à la mer qui baignait leurs côtes. Dans cette mer territoriale, les Basques, montés sur leurs propres bateaux, pouvaient pêcher et naviguer sans que l'administration royale eût rien à y voir ; mais la marine reprenait tous ses droits sitôt que les embarcations basques sortaient de la mer territoriale, ou que les patrons basques recevaient à leur bord des matelots étrangers aux Vascongades, ou des déserteurs de la flotte. L'ordonnance du 12 août 1802 vint régulariser le service de mer dans les Vascongades et préciser tous les points douteux. Tout en maintenant les privilèges des provinces dans les limites de la mer territoriale, le roi réussit à organiser une véritable inscription maritime à Saint-Sébastien et à Bilbao. Chaque année, au mois de novembre, les députations provinciales de Guipuzcoa et de Biscaye durent adresser aux commandants militaires de ces deux villes un état général de tous les gens de mer de la province, avec indication des absents et des invalides. Ces états étaient transmis par les commandants militaires au commandant général du Ferrol. En cas d'appel, les dé-

(1) Nov. Rec. VI, vii, 6 (même date).

putations de Guipuzcoa et de Biscaye désignaient elles-mêmes les marins destinés à servir sur les vaisseaux du roi, et les remettaient aux mains des commandants militaires qui les faisaient diriger sur le Ferrol. Du jour où le marin basque entrait au service, il était soumis à la juridiction maritime, absolument comme un inscrit ordinaire (1). Réduit à ces proportions, le privilège des Vascongades ne contrariait en rien le service de la flotte. La province de Guipuzcoa fournit à elle seule 500 marins en 1793, donna de nouvelles recrues en 1794 et en 1799, arma six chaloupes canonnières en 1805 et donna encore 60 marins en 1807 (2).

Le roi voyait si peu d'inconvénients à maintenir ces vieux privilèges qu'il conserva même l'ancienne constitution des gens de mer de Castro-Urdiales dans la province de Santander. Dans ce petit port, la matricule de mer était tenue par l'alcalde de la corporation des marins (*gremio de mareantes*), et non par l'adjudant de district, et les marins n'étaient justiciables des tribunaux de marine que pour faits se rapportant à l'exercice de leur profession (3).

Tel était le régime légal de l'inscription maritime. Pourquoi donc, tout étant en apparence si bien réglé, le service fonctionnait-il si mal?

La première raison en était l'antipathie profonde des Espagnols pour le service de mer. La matricule de mer les assujettissait à l'appel de 15 à 60 ans. Ils voyaient là, avec raison, un insupportable esclavage (4).

Si, du moins, les ordonnances avaient été exécutées à la lettre. Mais en temps de guerre on n'observait plus les alternances entre les divisions des *tercios* de marine, on ne renvoyait point les hommes à l'expiration de leur temps, on les gardait jusqu'à cinq ans au service, et quand ils revenaient au pays, ils se trouvaient parfois compris dans la première levée de gens de mer ordonnée par le roi (5).

(1) *Nov. Rec.* VI, VII, 12.
(2) *Archives de Guipuzcoa*, Seccion II, negociado XI, legajos 100-108.
(3) *Nov. Rec.* VI, VII, 13.
(4) Salazar, *Juicio critico*, t. I, p. 342.
(5) Ferret, *Exposicion historica*, p. 80.

Au service, le matelot était médiocrement nourri, mal payé, et maltraité. Les marins espagnols se plaignaient d'être traités à bord, « non avec la douceur et le décorum « dus à des pères de famille, habitués à commander dans « leurs maisons, mais avec la même rigueur et dureté que « les gars condamnés au service de mer en punition de leurs « méfaits (1) ». En 1765, le marquis de la Victoire ayant fait décider que la peine des coups serait appliquée aux déserteurs, cette peine barbare suffit à dégoûter un grand nombre de marins qui passèrent en France ou en Portugal ; et, pour éviter un exode des gens de mer, le roi dut promulguer une amnistie (2).

Les agents de l'inscription maritime achevaient, par leurs caprices, leurs injustices et leurs exactions, de décourager les marins. Ces petits employés « qui ne touchaient qu'une solde « insuffisante et qui n'avaient pas fait vœu de pauvreté », recevaient de l'argent pour permettre aux non-inscrits de naviguer, ou pour les mettre sous le nom de gens morts qu'on ressuscitait en leur faveur ; les inscrits qui naviguaient au commerce étaient portés comme morts ; les fils d'inscrits riches étaient déclarés impropres au service (3). Le matelot qui savait s'y prendre et régaler à propos l'adjudant de district, n'allait jamais faire croisière dans la Méditerranée, mais se faisait envoyer aux Indes (4), et une fois là, y restait, avec la connivence secrète des autorités locales (5). Les mariniers pauvres étaient traités avec une rigueur inexorable. Un inspecteur de la province de Catalogne, D. Manuel Zaldive, obligeait les pêcheurs à acheter leurs filets à S. Feliu de Guixols, et condamnait à huit jours de prison tout marin coupable de s'être adressé directement à l'autorité, quand même son recours eût été bien accueilli (6).

Enfin, dernier et intolérable abus, le marin qui obtenait

---

(1) Ferret, *Exposicion historica*.
(2) *Apuntamientos sobre la matricula de marineria*
(3) Ferret, *Exposicion historica*, p. 110.
(4) Salazar, *Juicio critico*, t. I, p. 317.
(5) Ferret, *op. cit.*, p. 89.
(6) Ferret, *op. cit.*, p. 94.

son congé devait quelquefois traverser toute l'Espagne à pied, et ne recevait aucun secours de route. On voyait sur les chemins, des malheureux affamés et demi-nus, réduits à demander l'aumône, après avoir pendant de longs mois servi sur les vaisseaux du roi (1).

Les équipages. — Avec de pareilles pratiques il n'y a pas lieu de s'étonner que les Espagnols aient montré peu de goût pour le service. L'appel régulier des classes n'étant pas suffisant pour assurer le recrutement des équipages, le roi était obligé de recourir à l'odieux moyen de la presse toutes les fois qu'il avait à armer une escadre ; les vagabonds les plus robustes étaient saisis par la police et embarqués de force. Suivant l'énergique expression de Churruca, « le « trop-plein des bagnes se vidait par les écoutilles des vais- « seaux (2) ».

Pour transformer en véritables matelots ces pêcheurs arrachés à leur village et ces bandits enlevés au bagne, il eût fallu, avant tout, des maîtres rompus au métier, et la marine espagnole ne se procurait pas plus facilement des sous-officiers que des matelots.

Le matelot qui prenait goût au service se présentait à l'examen qu'il fallait subir pour passer *guardian* ou *contramaestre*. Il s'agissait, comme dans tous les examens espagnols, de réciter une sorte de catéchisme : le candidat devait savoir sa théorie, on ne lui demandait pas s'il savait l'appliquer. Pendant longtemps les maîtres furent désignés sous le sobriquet d'officiers du sifflet (*oficiales del pito*), parce qu'ils se servaient d'un sifflet pour commander les manœuvres ; on voulut les relever en leur donnant le costume de l'officier, mais ils conservèrent le sifflet et ils formèrent un corps singulier, qui ne savait trop ce qu'il était et qu'on ne savait comment traiter. En 1807, Godoy voulut trancher la question en instituant le corps des officiers mariniers ou officiers de manœuvres

---

(1) Larramendi, *Corografia de Guipuzcoa*, p. 162. Cf. Loir. *La marine royale en 1789*, p. 122 et 136.
(2) Barado, *Museo militar*, t. III, p. 627.

(*oficiales de marineria o de maniobras*); il changea les données du problème et n'en avança point la solution. Les maîtres de la marine manquaient d'autorité vis-à-vis du matelot, et manquaient aussi de l'ascendant qu'une expérience consommée des choses de la mer eût pu leur donner. Ils embarquaient rarement, et se rouillaient dans les ports à faire des patrouilles et à commander des postes de garde (1).

Le roi eût été en droit de se montrer exigeant, s'il avait pourvu largement aux besoins du matelot, s'il l'avait bien payé, bien vêtu et bien nourri ; mais aucune de ces conditions n'était remplie.

La paie du matelot était relativement élevée. L'artilleur de mer touchait 90 à 150 réaux par mois, le matelot 70, le novice 45 (2). Les ordonnances de 1748 et 1753 donnaient au marin blessé dans un combat une pension égale aux deux tiers de sa paie. En 1803, le roi porta la pension au chiffre total de la paie, et y ajouta une ration d'une valeur de 5 réaux par jour, si bien que la pension de retraite d'un artilleur d'élite atteignait 300 réaux par mois, somme égale à la solde de retraite d'un lieutenant de vaisseau. Les pensions en argent étaient reversibles sur la tête de la femme, des enfants ou des parents nécessiteux du marin décédé, si bien que la veuve d'un artilleur d'élite touchait 1800 réaux par an, soit 300 réaux de plus que la veuve d'un enseigne de frégate (3). Mais le roi promettait beaucoup plus qu'il ne donnait ; au début de la campagne de 1805, la paie était en retard de deux ans, et un matelot guipuzcoan disait avec raison : « Que le « roi paye, s'il veut avoir des marins » (4).

La tenue des marins espagnols était déplorable. La marine n'avait pas d'uniforme, ou du moins n'en avait que dans des cas exceptionnels. Lorsque le vaisseau *le Phénix* se rendit à Naples en 1759 pour ramener Charles III en Espagne, l'équi-

---

(1) Salazar, *Juicio critico*, t. I, p. 295.
(2) Barado, *Museo militar*, t. III, p. 627.
(3) Salazar, *Juicio critico*, t. I, p 358.
(4) Larramendi, *Corografia de Guipuzcoa*, p. 162. Cf. *Archives du ministère de la Marine à Paris*, Campagnes, 1805, t. 229, f° 63. Lettre de l'amiral Gourdon au ministre, 10 pluviôse an XIII.

page fut uniformément vêtu de bleu aux frais de Sa Majesté ;
les pilotes, les contre-maîtres et autres officiers mariniers
furent habillés de drap fin avec un large galon d'or (1). En
temps ordinaire, les vaisseaux espagnols « semblaient remplis
« de pâtres et de mendiants (2) ». Les matelots n'emportaient
au service que leurs plus mauvaises hardes, et étaient bien vite
en guenilles. Le roi leur donnait bien une prime d'engagement : un mois de solde en temps de paix, trois mois en
temps de guerre, et jusqu'à trois onces d'or (960 réaux) en
1798 (3) ; mais la prime n'était pas payée ou était dépensée
au cabaret.

La nourriture eût été suffisante sans la pénurie du Trésor
et la rapacité des commis aux vivres. Tous les huit jours le
matelot avait droit à 7 livres 14 onces de biscuit, 10 *quartil-
los* 1|2 de vin, 1 livre 2 onces de lard, 6 onces de viande salée,
1 livre 14 onces de julienne fine (*menestra*), ou 2 livres 13
onces d'ordinaire, une demi-once d'huile, 5 onces de fromage,
10 livres 1|2 de bois (4). Mais l'approvisionnement des
vaisseaux était en général insuffisant. En août 1805, l'escadre
du Ferrol mit à la voile avec trois mois de vivres, embarqués
depuis le mois d'avril, et qui n'auraient pu suffire à une
longue croisière dans la Manche (5). L'eau était rare et
détestable. En 1779, à bord de la frégate *Santa-Catalina*
retenue depuis quinze jours au large de Cadix par les
vents contraires, la ration fut réduite à un gobelet et demi par
homme (6). En 1809, on buvait à bord du *Principe Real* « une
« eau tellement corrompue qu'elle était blanche comme
« du petit-lait, et fumait quand on la versait, tellement
« elle était échauffée. Elle était aigre et croupie, et des

---

(1) *Bibliothèque de l'Académie de l'Histoire. Varios de Historia*, E. 175,
p. 238.

(2) *Archives du ministère de la marine à Paris*, Campagnes, 1805, t. 229. —
Lettre de Villeneuve au ministre, 21 sept. 1805.

(3) *Nov. Rec.* VI, vii, 6. — *Ferret, Exposicion historica*, p. 128.

(4) Gallardo, *Rentas de la corona*, t. II, p. 301.

(5) *Archives du ministère de la marine à Paris*, Campagnes, 1805, t. 229,
f°* 112 et 130.

(6) Id. 1779, t. 154, f° 103.

« milliers de vers se trouvaient dans chaque tonneau (1). »

Nelson ne pouvait comprendre qu'un matelot anglais se laissât séduire par les promesses d'un recruteur espagnol « et abandonnât une solde d'un shelling par jour, des provi- « sions abondantes et de premier choix, pour aller chercher « une mauvaise paie de deux pence par jour, du pain noir, des « fèves bonnes à donner aux chevaux et de l'huile puante » (2).

Les témoignages des nationaux et des étrangers sont presque unanimes à nous représenter sous le jour le plus fâcheux les équipages des vaisseaux espagnols.

En mars 1742, un officier français au service d'Espagne, M. de Lage de Cueilly, était en rade d'Ajaccio avec son vaisseau le *San Isidro*. Le vaisseau était dans un état pitoyable ; « et l'équipage disait hautement qu'il aimerait mieux se « joindre aux rebelles de Corse que de se remettre en mer « dans un vaisseau qui ne pouvait que couler au premier « mauvais temps ». De Lage prétendait au contraire rejoindre à Toulon l'escadre de D. José Navarro. Il fit venir à bord des charpentiers et des calfats, et commença à radouber le *San Isidro*; mais la désertion fit de tels vides dans l'équipage que de Lage dut renoncer à gagner Toulon. Il embarqua sur un vaisseau français ce qui lui restait de soldats et de matelots, et resta seul à bord de son bâtiment (3).

Le 30 décembre 1743, 1068 hommes de troupes de marine quittèrent Barcelone pour se rendre à Toulon par voie de terre. La colonne arriva le 5 février 1744, réduite à 500 hommes. Tout le reste avait déserté (4).

Dans un mémoire adressé en 1751 à Ferdinand VI par la Ensenada, le ministère est obligé d'avouer que la langueur du commerce de la mer, la ruine de la pêche, les misères du service paralysent le recrutement des équipages (5).

---

(1) P. Gilles, *Mémoires d'un conscrit de 1808*, p. 189. — La question de l'eau était la même pour toutes les anciennes marines ; mais il y avait des commandants prévoyants et il y en avait de négligents.
(2) Jurien de la Gravière, *Guerres maritimes*, t. II, 94.
(3) *Archives du ministère de la marine à Paris*, Campagnes, 1742.
(4) Id. 1744, f° 54.
(5) Coxe, *L'Espagne sous les Bourbons*, t. IV, p. 300.

Ce fut au moment de la guerre de l'indépendance américaine que la marine espagnole atteignit son apogée. En 1779, l'Espagne put mettre en mer une escadre de 32 vaisseaux et de 10 frégates portant 21.140 hommes d'équipage, qui vint croiser dans la Manche avec les 28 vaisseaux et les 2 frégates du comte d'Orvilliers. Du 22 juillet au 4 septembre, l'armée combinée croisa dans la Manche et réduisit la flotte anglaise à se cacher au fond de ses ports. Le journal de l'amiral français, parfois assez amer à l'égard des officiers espagnols, ne parle pas des équipages. Les vaisseaux espagnols, qui étaient restés en mer six semaines de moins que les nôtres, eurent beaucoup moins le scorbut (1). Tandis que notre escadre comptait 12.000 malades au retour à Brest, l'escadre espagnole n'en avait que 3.000 (2). L'escadre espagnole paraît avoir été bien pourvue ; d'Orvilliers se plaint des avaries continuelles de ses vaisseaux et des secours qu'il est obligé de demander à ses alliés. Le 11 août, l'amiral espagnol, M. de Gaston, fournit de l'eau à dix-neuf bâtiments français qui en manquaient (3).

Au cours de la guerre, les Espagnols n'essuyèrent qu'une seule défaite, et furent vaincus dans les conditions les plus honorables. Le 16 janvier 1780, D. Juan de Langara fut attaqué au large du cap Spartel par une escadre anglaise de 21 vaisseaux. Il n'avait sous ses ordres que 9 vaisseaux et 2 frégates, et il ne se trouvait qu'à trois lieues de l'ennemi lorsque la brume lui permit de le reconnaître. Il perdit cinq vaisseaux ; mais deux autres navires, le *S. Eugenio* et le *S. Julian*, qui avaient été pris par les Anglais, furent reconquis par leurs équipages et ramenés à Cadiz (4). Ce fait prouve l'excellent esprit qui animait alors les marins espagnols.

Plusieurs expéditions avantageuses et bien conduites signa-

---

(1) E. Chevalier, *Histoire de la marine française pendant la guerre de l'indépendance américaine*, liv. V, pass.
(2) *Archives du ministère de la marine à Paris*, Campagnes, 1779, t. 155. f° 37.
(3) Id. t. 155, f° 13.
(4) A. Ferrer del Rio, *Historia de Carlos III*, p. 291.

lèrent les dernières années de la guerre ; et si l'on peut noter une grande indécision dans les mouvements des grandes escadres espagnoles, la faute en est plutôt imputable au commandement qu'aux équipages, qui paraissent avoir été bien entraînés, et avoir réellement profité des leçons reçues au cours de la guerre.

Les dix ans de paix qui suivirent le traité de Versailles (1783-93) furent funestes à la marine. Il n'était point d'usage alors d'entretenir en temps de paix des escadres d'évolution, et quand les Espagnols reprirent la mer en 1793, leur éducation nautique était presque à recommencer. Nelson prit dans cette campagne la plus triste idée des matelots espagnols. « On prétend, disait-il en 1796, que l'Espagne a consenti à « fournir à la République française 14 vaisseaux de ligne « prêts à prendre la mer. Je suppose qu'il s'agit de vaisseaux « sans équipages, car les prendre avec un pareil personnel « serait pour la République le plus sûr moyen d'en être « promptement débarrassée. Dans le cas où ce traité (le « traité d'Aranjuez) amènerait la guerre entre nous et les « Espagnols, je suis sûr que l'affaire de leur flotte sera bien- « tôt faite si elle ne vaut pas mieux que celle qu'ils possé- « daient quand ils étaient nos alliés (1). »

Jervis pensait comme Nelson, car il n'hésita pas, le 14 février 1797, à attaquer avec 15 vaisseaux les 25 vaisseaux de D. Josef de Cordova, et lui en prit quatre (2). L'état de l'escadre de D. Josef était vraiment lamentable : « Il y avait à peine « 60 ou 80 matelots par vaisseau. Le reste des équipages se « composait d'hommes entièrement étrangers à la naviga- « tion, recrutés depuis quelques mois dans la campagne ou « dans les prisons, et qui, de l'aveu même des historiens « anglais, lorsqu'on voulait les faire monter dans le gréement, « tombaient à genoux, frappés d'une terreur panique, et s'é- « criaient qu'ils aimeraient mieux être immolés sur place « que de s'exposer à une mort certaine, en essayant d'accom-

(1) Jurien de la Gravière, *Guerres maritimes*, t. I, p. 134.
(2) *San José*, 112 canons. — *San Nicolas*, 80. — *San Isidro*, 70. — *Salvador del mundo*, 112.

« plir un exercice aussi périlleux. A bord d'un des vaisseaux
« capturés par les Anglais on trouva quatre ou cinq canons,
« du côté où ce vaisseau avait combattu, qui n'avaient point
« été détapés. Que pouvaient le courage, le dévouement
« des officiers, leur habileté même, contre de pareilles
« chances (1) ? »

Le désordre ne fit que croître de 1797 à 1805. Lorsque Gravina voulut équiper six vaisseaux à Cadiz, il ne trouva plus de matelots sur la côte andalouse, ravagée par la fièvre jaune, et fut forcé de recourir à la presse, qui ne lui donna, suivant l'aveu de Beurnonville, « qu'une racaille épouvantable » (2).

D. Antonio Escaño, chef d'état-major général de l'armée espagnole en 1805, a parfaitement vu les défauts des équipages, et sa déposition doit être citée en entier comme aussi modérée que concluante. « Les équipages espagnols, dit-il,
« abstraction faite de la garnison et des soldats d'artillerie,
« comprenaient alors trois classes d'hommes : les hommes de
« l'inscription maritime, les engagés volontaires, les hommes
« provenant de la réquisition (presse) ou des *presidios*. Les
« inscrits étaient des hommes d'excellente conduite, mais
« presque tous pêcheurs et n'ayant jamais navigué sur des
« bâtiments à voiles carrées. Parmi les engagés volontaires on
« trouvait quelques bons marins. En général, c'étaient des
« gens sans feu ni lieu, difficiles à plier à la discipline, dé-
« pourvus de cet amour du service et de cet enthousiasme
« qui sont le propre des corps organisés. La plupart des
« hommes provenant de la réquisition étaient plutôt nuisibles
« qu'utiles. Faute de sergents et de caporaux auxquels ils
« eussent l'habitude d'obéir, ils n'offraient point une masse
« disciplinée comme la troupe. Ils s'exemptaient, autant qu'ils
« le pouvaient, de tout travail, et particulièrement de la
« manœuvre des voiles, car bien peu d'entre eux pouvaient
« monter dans le gréement sans courir le risque de se laisser
« choir. Les inscrits et le peu de bons matelots que renfer-

(1) Jurien de la Gravière, *op. cit.*, t. I, p. 161.
(2) Id. t. II, p. 108.

« mait chaque équipage se perdaient au milieu de cette foule
« avec laquelle ils étaient confondus. La classe des officiers
« mariniers était aussi fort défectueuse. Le peu d'occasions
« de naviguer qu'avaient eues les vaisseaux espagnols, et la
« répugnance qu'éprouvaient beaucoup de bons marins à
« resserrer ainsi les liens qui les attachaient au service,
« avaient depuis quelques années considérablement abaissé
« le niveau de cette classe si précieuse et si nécessaire (1). »

L'amiral français de Gourdon portait à la même époque un jugement presque identique sur les équipages des vaisseaux armés au Ferrol. « M. de Grandallana, écrivait-il au minis-
« tre, paraît avoir une grande confiance dans ses équipages,
« qu'il fait exercer continuellement ; mais je ne suis pas tout
« à fait de son avis à cet égard, et je crois qu'il cherche à
« dissimuler ou qu'il se dissimule leur faiblesse. De l'aveu
« de tous les capitaines, les équipages, à peu près numérique-
« ment complets, n'ont qu'une quantité très disproportionnée
« de véritables marins, et le reste est composé de pêcheurs
« qui n'ont jamais navigué, donnent beaucoup de peine pour
« les instruire, et demandent du temps. Il est bien facile de
« voir, par les exercices dont nous sommes témoins, combien
« ils ont encore à acquérir, et il serait bien à désirer pour
« eux qu'ils n'eussent d'affaire qu'après un certain temps de
« mer. Je doute qu'à présent on puisse en attendre de la vi-
« vacité et de la précision dans les mouvements, et une
« grande promptitude et justesse dans le service de l'artille-
« rie. Je le répète, ce sont, quant à présent, de très médiocres
« équipages (2). »

Et cependant ces matelots espagnols, si mal recrutés, si novices, si mal nourris et si malheureux, se battaient aussi bravement que les Anglais les jours de bataille, plus bravement même, car ils n'avaient qu'un bien faible espoir de vaincre. Gourdon, très peu confiant dans leur expérience de la mer, rend justice au bon esprit qui les anime (3). Après le

---

(1) Jurien de la Gravière, *Guerres maritimes*, t. II, p 109. — Observations du lieutenant général Escaño sur le combat de Trafalgar (17 déc. 1805).
(2) *Archives du ministère de la marine à Paris*, Campagnes, 1805, t. 229, f° 117.
(3) Id. ibid.

combat du Ferrol, les officiers et les matelots français exaltent le courage des Espagnols (1). Après l'épouvantable journée de Trafalgar, les marins du *Santa Ana* se révoltent contre l'équipage anglais et reprennent leur navire. Le *Rayo* et le *San-Francisco*, mouillés devant Rota, remettent à la voile au milieu de la tempête pour arracher aux Anglais quelques-uns des trophées de leur victoire (2). Tel est l'héroïsme déployé par tous qu'un officier français, embarqué à bord du *Bucentaure*, et présent à l'action, regarde le combat de Trafalgar comme celui qui fait le plus d'honneur à la marine française et espagnole (3).

Officiers de vaisseau. — Le recrutement de l'état-major de la marine avait de bonne heure préoccupé le gouvernement. Dès 1717 le roi créait à Cadiz, sous le nom de compagnie des gardes-marines, une véritable école navale. En 1776, le nombre des compagnies fut porté à trois, deux nouvelles écoles furent installées à Carthagène et au Ferrol. Chaque compagnie se composait d'un capitaine, un lieutenant, un enseigne, deux adjudants, quatre brigadiers, quatre sous-brigadiers et 92 cadets. Les gardes-marines suivaient les cours d'une académie de marine où on leur enseignait les mathématiques, la physique, la théorie et la pratique de l'artillerie, la construction des vaisseaux, la manœuvre, la fortification et le dessin, l'escrime, la danse et les langues anglaise et française (4).

Le programme était assez bien conçu ; mais le préjugé aristocratique empêcha l'institution de porter tous ses fruits.

Il n'y avait pas d'examen d'entrée à l'école. Pour entrer aux gardes-marines il fallait justifier d'une bonne constitution, être âgé de 16 ans au moins ou de 18 ans au plus, faire preuve de noblesse en ligne paternelle et maternelle, et être

---

(1) Arch. du min. de la marine à Paris, Campagnes, 1805, t. 230, f° 229, et t. 233, f° 119.
(2) Marliani, *El combate de Trafalgar*, p. 293.
(3) Rapport du major général de l'armée française, M. Contamine.
(4. Twiss, *Voyage en Espagne*, p. 357.

nommé par le roi. On ne demandait aux candidats que de savoir lire et écrire (1).

Les académies de marine comptèrent au dix-huitième siècle quelques maîtres distingués, comme D. Juan José Navarro, auteur d'une *Tactique navale* et d'un traité intitulé : *Le Capitaine de vaisseau instruit dans les sciences et obligations de son état* (2). D. Jorge Juan perfectionna l'enseignement de l'académie de Cadiz, organisa dans sa propre maison une « assemblée littéraire amicale » qui se réunissait tous les jeudis et où il lut une dizaine de mémoires intéressants, entre autres le *Traité de navigation à l'usage des gentilshommes gardes-marines*. Son *Traité de mécanique appliquée à la construction et à la manœuvre des vaisseaux* fut traduit en français en 1786 (3). D. Cosme Damian de Churruca enseigna pendant plusieurs années (1783-87) à l'école du Ferrol, publia de belles *Cartes sphériques* qui furent adoptées par la marine française, et un *Traité de pointage* qui était encore suivi en 1850 dans la marine espagnole (4). D. José Mazarredo écrivit des *Rudiments de tactique*, inventa un système de signaux, et a laissé un *Mémoire inédit sur la construction des navires* (5).

Mais on entrait fort jeune aux gardes-marines : l'âge moyen était quinze ou seize ans. Galiano était garde-marine à onze ans (6). La durée des études était d'un an en moyenne, dix-huit mois au plus. Le roi avait décidé l'armement de frégates d'instruction attachées aux écoles navales ; mais cette excellente mesure ne subsista pas longtemps. « On embar« quait les gardes-marines sur des navires quelconques, où « ils n'apprenaient rien. » Il n'y avait pas plus d'examen de sortie qu'il n'y avait d'examen d'entrée. Les gardes-marines, promus officiers, restaient le plus souvent à terre, faute de vaisseaux où les employer ; on les mettait

---

(1) *Estado general de la Armada* (1805).
(2) Barado, *Museo militar*, t. III, p. 636.
(3) Id. t. III, p. 635.
(4) Id. t. III, p. 505.
(5) Id. t. III, p. 507.
(6) Id. t. III, p. 515.

aux travaux hydrauliques, aux magasins, aux conseils de guerre ; le jeu, le café, la comédie occupaient leurs loisirs; quand ils reprenaient la mer, ils avaient à peu près oublié ce qu'ils avaient appris, et comme ils étaient officiers, ils n'apprenaient plus rien. L'officier travailleur se perfectionnait ; le paresseux restait dans les ports et avançait à son tour, tout comme s'il eût navigué (1). En 1793 D. Antonio Valdès réalisa d'importants progrès. Des méthodes scientifiques remplacèrent la routine dans l'enseignement. Dans chaque académie navale un cours supérieur fut institué pour les élèves les plus distingués ; les spécialités furent encouragées; les jeunes officiers durent faire une campagne d'instruction, des escadres d'évolutions furent formées, et sans la pénurie du Trésor, l'heureux effet de ces intelligentes mesures n'eût pas tardé à se faire sentir (2). Mais le corps des officiers commençait à s'instruire, précisément au moment où la marine tombait en décadence.

Au sortir de l'académie, le jeune garde-marine commençait à gravir les dix échelons de la hiérarchie maritime, qui menaient, plus ou moins rapidement, suivant la chance ou la faveur, du grade d'enseigne de frégate au grade de capitaine général. Beaucoup d'officiers restaient enlisés dans les grades inférieurs trop nombreux (3) ; et quand ils arrivaient enfin capitaines de frégate, ils se voyaient embarqués sur un bâtiment en qualité de troisièmes commandants, « sans avoir « autre chose à faire qu'à attendre que le commandant « mourût ».

Le grand mal de la marine espagnole est qu'on n'y navigue pas. Les embarquements sont rares ; on pourrit dans les ports, ou on végète à terre. Les ambitieux s'irritent, les gens pratiques tâchent à se faire envoyer aux Indes, et « se nichent » dans quelque port des Antilles, où ils restent le plus longtemps possible ; ils font de bons mariages, montent

---

(1) Salazar, *Juicio critico*, t. I, p. 196.
(2) Sesma, *Memoria... sobre la armada*, p. 26.
(3) Enseigne de frégate — enseigne de vaisseau — lieutenant de frégate — lieutenant de vaisseau.

de petites usines à sucre, et oublient peu à peu qu'ils sont marins pour ne plus songer qu'à leur négoce (1).

Cet esprit mercantile, qu'on est tout surpris de rencontrer chez des officiers de marine, c'est le roi lui-même qui l'a fait naître et qui en a favorisé le développement. Jusqu'en 1787 le roi accordait aux officiers des licences (*anchetas, generalas*) pour trafiquer, et souvent les vaisseaux de guerre se trouvaient transformés en navires marchands, au grand dommage de la discipline (2). Quand le roi voulut couper court à un abus aussi criant, il lui fut aisé de déclarer tout négoce interdit aux officiers, sous peine de confiscation des marchandises et de suppression d'emploi; mais il lui fut impossible de se faire obéir: l'habitude était prise, les officiers continuèrent à commercer et eurent toujours pour excuse l'insuffisance et l'irrégularité de leur solde (3). Il fallait arriver au grade de capitaine de frégate pour avoir une solde de 1000 réaux par mois; et bien souvent la solde ne se touchait que plusieurs mois, quelquefois plusieurs années, après l'échéance.

On n'était vraiment bien payé qu'en campagne. On obtenait alors, sous le nom d'indemnité de table, des suppléments qui pouvaient aller pour un simple enseigne à 690 réaux par mois et qui atteignaient 3000 réaux pour un capitaine de vaisseau. Les officiers généraux avaient double solde et l'indemnité de table; un capitaine général de département pouvait se faire 360.000 réaux par an, un commandant de marine détaché aux Indes touchait jusqu'à 516.000 réaux (4).

Le service à la mer étant seul avantageux, les officiers étaient vraiment excusables de chercher à obtenir un tour

---

(1) « Se aplicaban a trapichar a estilo del pais, con no gran delicadeza en los medios de hacer dinero, olvidandose enteramente de su caracter, de su profesion y de sus obligaciones. » Salazar, *Juicio critico*, t. I, p. 219.

(2) Salazar, *Juicio critico*, t. I, p. 276.

(3) L'ordonnance de 1787 fixait ainsi la solde : enseigne de frégate 250 réaux par mois — enseigne de vaisseau 300 — lieutenant de frégate 400 — lieutenant de vaisseau 550 — capitaine de frégate 1000 — capitaine de vaisseau 1500 — brigadier 2.000 — chef d'escadre 2.500 — lieutenant général 3.750 — capitaine général 10.000. — Salazar, *op. cit.* t. I, p. 459, *Archives d'Alcala de Hénarès*. — Tesorerias de marina, 1805, leg. 55.

(4) Salazar, *op. cit.* t. I, p.269.

d'embarquement, ou, à tout le moins, un grade ; et le rôle immense laissé en Espagne à l'intrigue et à la faveur n'était pas fait pour leur inspirer des idées plus sérieuses et plus hautes.

Tous les deux ou trois ans le ministère décrétait un avancement général. Quiconque était bien appuyé avançait. Les bureaux de Madrid distribuaient les faveurs « à la grosse » et savaient si peu ce qu'ils faisaient qu'il leur arriva de donner de l'avancement à des officiers morts depuis longtemps.

Une défaite était le prétexte d'une promotion extraordinaire. Le roi voulait montrer qu'il savait honorer le mérite, abstraction faite du succès. C'était une pensée généreuse ; mais il ne fallait pas l'exagérer. Il était ridicule de récompenser un capitaine parce qu'il avait été pris par l'ennemi, ou parce que, commandant un bon voilier, il avait réussi à lui échapper. Tout était prétexte à avancement : tel obtenait un grade pour avoir fait un voyage dans une cour étrangère, tel autre « pour s'être fait inscrire aux cours supérieurs d'une acadé- « mie de marine (1) ». On avait tellement prodigué les médailles, les écharpes, les écussons brodés sur la manche, que toutes ces distinctions avaient perdu tout prestige et toute valeur.

Après 1805, le mal devint incurable. L'Espagne n'avait plus dix vaisseaux à la mer, et jamais le corps d'officiers de la marine n'avait été plus nombreux. En 1810 la marine comptait encore 2 capitaines généraux, 31 chefs d'escadre, 42 brigadiers, 117 capitaines de vaisseau, 152 capitaines de frégate et 1197 officiers subalternes, touchant annuellement 7.500.000 réaux (2).

Infanterie de marine. — La difficulté du recrutement des marins avait fait confier le service de la mousqueterie à bord à une troupe réglée, moins chère et soumise à une discipline plus sévère que les matelots (3).

(1) Salazar, *Juicio critico*, t. I, p. 231.
(2) Id. t. I, p. 232.
(3) Id. t. I, p. 331.

L'infanterie de marine formait en 1805 un corps de 12.096 hommes divisé en 12 bataillons et 72 compagnies. Une compagnie suffisait pour la garnison d'un vaisseau de premier rang, une section de compagnie pour les bâtiments de moindre importance (1).

La compagnie de marine se composait de 122 fusiliers, 16 grenadiers et 3 tambours, commandés par 9 sergents et 2 caporaux de grenadiers (2).

Tous les officiers commandant l'infanterie de marine, à terre ou à bord, étaient officiers de vaisseau. Une compagnie était commandée par deux capitaines, lieutenants de vaisseau et de frégate, et par deux lieutenants, enseignes de vaisseau et de frégate. Dans chaque département, les bataillons de marine étaient placés sous le commandement d'un capitaine de vaisseau, commandant principal, et d'un lieutenant de vaisseau faisant fonctions de major (*sargento mayor*).

Là était le vice capital de l'institution. L'officier de marine avait pour les fusiliers des bataillons de marine un profond dédain : il se considérait comme sacrifié lorsqu'il avait à commander la compagnie d'infanterie du bord, et ne voulait s'intéresser ni à l'instruction, ni au bien-être de ses soldats. C'était la mode ; on ne s'occupait pas des bataillons de marine. Les sergents étaient donc les maîtres absolus et profitaient de l'autorité discrétionnaire qu'on leur abandonnait pour faire fortune aux dépens du soldat, criblé de dettes, nu, déchaussé, et même désarmé. Salazar dit avoir vu des sentinelles monter la garde avec un fusil sans chien, et compare l'aspect des bataillons de marine à celui des bandes de loqueteux qui assiégeaient les portes des couvents (3).

Artillerie de marine. — Les mêmes raisons qui avaient fait confier le service de la mousqueterie à un corps spécial, avaient déterminé la création d'un corps particulier pour le service de l'artillerie.

(1) Sesma, *Memoria sobre la armada*, p. 27.
(2) Estado general de la Armada (1805). — Cf. *Guia de forasteros*, 1804.
(3) Salazar, *Juicio critico*, t. I, p. 319.

Le corps royal de l'artillerie de marine comptait un effectif de 3080 hommes, répartis en 20 brigades, commandées chacune par quatre officiers de vaisseau. Le corps était placé sous le commandement nominal d'un commissaire général de l'artillerie, et de trois commissaires provinciaux, résidant dans les trois grands ports. Le commissaire provincial de Cadiz avait le commandement en second de tout le corps (1).

Les artilleurs des brigades n'auraient pas suffi pour assurer à eux seuls le service de l'artillerie ; on leur adjoignait un certain nombre de matelots, dits artilleurs de mer, qui n'avaient guère d'artilleurs que le nom, et ces deux sortes de canonniers étaient commandés par des officiers de vaisseau qui n'avaient, en général, qu'une connaissance très superficielle de l'artillerie.

Les artilleurs des brigades étaient exercés à terre à la manœuvre des pièces, au pointage et au tir ; ils ne tiraient jamais que sur un but fixe, et le pointage était à chaque coup minutieusement vérifié. Cette instruction n'en pouvait faire que de médiocres pointeurs ; tels qu'ils étaient, ils représentaient les chefs de pièces des vaisseaux espagnols, qui n'en comptaient pas toujours un par canon. On peut juger par là comment était servie l'artillerie à bord de ces vaisseaux :
« Qu'on se figure, dit Salazar, ce que doit être la batterie d'un
« vaisseau : 28, 30 et jusqu'à 32 canons du plus gros calibre
« tirant à la fois des deux bords dans un entrepont étroit, et à
« moitié noyé, et l'on comprendra facilement quelles doivent
« être la vigilance, l'activité, le sang-froid et l'habileté né-
« cessaires pour éviter le désordre et la confusion au milieu
« de cette foule d'hommes entassés dans la fumée, le bruit,
« les ravages de l'ennemi, les cris et l'agitation que toutes ces
« choses ne peuvent manquer de produire dans l'âme des
« combattants. » C'était précisément ce sang-froid, fruit de l'expérience, qui manquait aux artilleurs espagnols ; ils gaspillaient les munitions, se trompaient de calibre, mettaient

(1) *Estado general de la Armada*, 1803. — Cf. Loir, *La marine royale en 1789*, p. 119.

double charge, au risque de faire éclater les canons, ne visaient pas, tiraient pour tirer et faisaient, en somme, plus de bruit que de mal (1).

Corps des pilotes. — Pendant longtemps les pilotes avaient été à bord les seules personnes capables de conduire le vaisseau : aussi les commandants les avaient-ils tout d'abord choyés, les avaient-ils admis dans la chambre du vaisseau et à leur table. Puis les officiers s'étaient instruits : « on n'avait « plus parlé que géométrie et astronomie », et on s'était mis à dédaigner les pilotes, ainsi que les officiers qui n'avaient que la pratique de la mer et qu'on appelait officiers de chasse et de brasse (*de caza y braza*) (2). D. Antonio Valdès voulut relever le corps des pilotes et en confia l'inspection générale à D. Francisco Javier de Winthuysen, qui organisa les deux collèges de San Telmo à Séville et de Malaga (3). La trigonométrie et la géométrie y étaient enseignées d'après le traité de Gabriel Fernandez et la nautique d'après les principes de D. Jorge Juan. On apprenait aux élèves à prendre les longitudes et les latitudes en mer par différentes observations du soleil, et par la position de la lune par rapport aux autres astres. Ils devaient savoir dessiner, lever des plans et dresser des cartes marines. Le roi encouragea les principales villes maritimes à établir des écoles de navigation et de pilotage ; il chercha à unifier les programmes et à développer l'enseignement ; mais un bon maître de mathématiques coûtait 4.950 réaux par an et les villes riches comme Bilbao pouvaient seules entretenir plusieurs professeurs auprès de leur école (4).

La direction générale des travaux hydrographiques, siégeant à Madrid, centralisait les renseignements fournis par les navigateurs et les officiers de la flotte, et construisait les cartes et plans nécessaires à la navigation (5).

(1) Salazar, *Juicio critico*, t. I, p. 330.
(2) Id. t. I, p. 281.
(3) Sesma, *Memoria sobre... la armada*, p. 30.
(4) *Archives de Guipuzcoa à Tolosa*, Sec. II, neg. xii, leg. 106.
(5) Id. leg. 129.

Le corps des pilotes comprenait environ 500 hommes, distribués en cinq catégories : pilotes de haut bord, de première et de seconde classe, pilotes pratiques des côtes, et pilotes attachés aux ports.

Les pilotes portaient le pantalon bleu et l'habit bleu à revers incarnat avec boutons d'or, ornés d'une ancre, et boutonnières galonnées d'or. L'avancement se donnait à l'ancienneté entre les pilotes de troisième et de seconde classe ; ceux de la première classe avaient rang d'officier, ainsi que les trente-trois capitaines de port des principales villes maritimes de l'Espagne (1).

Le service du pilotage fut complété au commencement du dix-neuvième siècle par l'organisation de trente-trois postes de vigies auprès des ports d'Espagne, et de huit postes dans les Indes. Ces vigies devaient signaler aux autorités maritimes tous les mouvements des navires entrant et sortant des ports : c'est l'origine du service sémaphorique (2).

Service de santé. — Le service sanitaire était peut-être le mieux organisé de tous. Le collège royal de médecine et de chirurgie de Cadiz donnait d'excellents résultats. Organisé en 1748, il comptait 78 élèves en 1798. Chaque port avait un hôpital royal où un certain nombre de médecins de 1re et de 2e classe soignaient les malades et formaient des élèves. Les chirurgiens étaient encore distincts des médecins, et beaucoup plus nombreux. On en comptait 127 sur les 227 personnes qui composaient le corps médical.

Nos marins eurent plus d'une fois à se louer des bons soins dont ils furent entourés dans les hôpitaux espagnols. La Touche Tréville, obligé en 1779 de débarquer au Ferrol les malades de la *Couronne* et du *Saint-Esprit*, rend hommage au zèle des autorités espagnoles et au dévouement des soldats et des matelots. « M. le marquis de Saint-Vincent, com-
« mandant général du port, avait tout prévu, et pourvu à
« tout. Les habitants et les soldats à l'envi ont transporté

---

(1) *Guia de forasteros*, 1801.
(2) Reblues, *L'Espagne en 1808*, t. II, p. 13.

« nos malades à l'hôpital ; on avait préparé à l'avance des
« logements vastes et commodes. En deux heures tous nos
« gens ont été installés dans les lits préparés pour les rece-
« voir, nos mousses ont été portés sur les épaules, un autre
« détachement s'est chargé des sacs qui ont été mis à l'instant
« sous clef. Il est difficile d'être accueilli avec plus de charité
« et d'aménité (1). »

Aumônerie. — Le service religieux de la marine relevait du vicaire général de la flotte et de ses trois lieutenants résidant au Ferrol, à Cadix et à Carthagène. Chaque vaisseau, chaque hôpital, chaque corps de troupe était considéré comme une paroisse et avait son chapelain (2).

Avant de mettre à la voile, toute escadre recevait une image de la Vierge qui était installée en grande pompe à bord du vaisseau-amiral (3). Le jour du combat, on suspendait une longue croix de bois au-dessous du pavillon (4). Le chapelain célébrait la messe, récitait les prières du matin et du soir devant l'équipage et le bénissait au moment du combat. La dévotion espagnole s'exaltait encore en face de la mer et du danger, et portait les marins à mille actions qui paraissaient superstitieuses aux étrangers (5); mais si l'on réfléchit à la profonde misère des matelots, on s'étonnera moins de les voir chercher quelque consolation dans ces sentiments religieux qui sont la vie de toute âme espagnole.

IV. — Le commandement.

On n'aurait qu'une idée incomplète de la valeur réelle du corps des officiers, si par delà les institutions on ne

---

(1) *Archives du ministère de la marine à Paris*, Campagnes, 1779, t. 154, f° 295.
(2) *Guia de forasteros*, 1804.
(3) *Archives du ministère de la marine à Paris*, Campagnes, 1735.
(4) Jurien de la Gravière, *Guerres maritimes*, t. II, p. 200.
(5) « Il fallait voir bénir les boulets et les canons ; il fallait voir les yeux, les lèvres de tous les soldats fixés, collés du matin au soir sur des madones, sur des rosaires et sur des croix ; il fallait entendre réciter tous les jours à bord matines, laudes, primes, tierce et vêpres ! » — De Langle, *Voyage en Espagne*, t. II, p. 87.

recherchait quel parti en ont tiré les hommes, si on ne s'arrêtait pas un instant devant quelques grandes figures de marins.

La marine d'Espagne a compté au dix-huitième siècle un certain nombre d'officiers de vrai savoir et de grande valeur, dont les talents et le courage ont fait des héros populaires.

D. Antonio de Gastañeta (1656-1727) navigua dès l'âge de douze ans, et fut nommé en 1702 surintendant général des chantiers de Zornoza, où il construisit un vaisseau de 74 et six de 60. Il fut pendant longtemps le premier ingénieur naval de l'Espagne, jeta les bases du système de recrutement de la marine, commanda bravement l'escadre espagnole à la désastreuse bataille du cap Passaro, et à l'âge de soixante-dix ans mit le comble à sa renommée par une brillante expédition à Cuba (1).

D. Blas de Lezo, né aux Passages en 1687, perdit la jambe gauche à la bataille de Velez-Malaga (1704), et se signala comme hardi corsaire pendant la guerre de succession. Le vaisseau de ligne le *Stanhope*, et douze navires anglais, dont le moindre portait 20 canons, furent amarinés par lui. Carthagène des Indes, assiégée par les Anglais en 1737 et 1741, trouva en lui un vaillant défenseur (2).

D. Jorge Juan y Santacilia, né en 1712 à Novelda, province d'Alicante, fit preuve de telles dispositions pour les mathématiques que ses camarades et ses maîtres de l'académie de Carthagène l'avaient surnommé Euclide. Sa vie est celle d'un savant. On le voit tour à tour adjoint par ordre du roi à l'expédition scientifique de Bouguer, La Condamine et Godin, commandant des gardes-marines de Cadiz, envoyé

---

(1) Manini, *Historia de la marina real española*, t. II, p. 626. — Barado, *Museo militar*, t. III, p. 634. — On a de D. Antonio Gastañeta: *Norte de naregacion hallado por el cuadrante de reduccion* (1692). — *Proporciones mas esenciales para la fabrica de navios y fragatas de guerra* (1720). — Un ordre royal du 13 mai 1721 prescrivit l'observation des règles posées par le vieux marin. — *Cuadrante geometrico universal para la conversion esferica a lo plano, aplicado al arte de navegar* (1693). — *Reglamento para organizar la recluta de la marineria* (1717).

(2) Barado, *Museo militar*, t. III, p. 633.

en mission à Londres pour étudier le mode de construction des vaisseaux anglais, directeur de l'observatoire astronomique de Cadiz. Auteur de nombreux ouvrages, et jouissant d'une grande notoriété à l'étranger, D. Jorge Juan est l'un des savants les plus distingués de l'Espagne au dix-huitième siècle (1). Mort à Madrid le 21 juillet 1773, il fut enterré au couvent de San-Martin; l'église fut démolie pendant l'occupation française; mais les restes de l'illustre marin furent exhumés et transportés à l'Ayuntamiento avec les honneurs dus à un capitaine général (2).

D. Antonio de Ulloa (1716-1795) fut le compagnon de D. Jorge Juan dans le voyage du Pérou, et fut comme lui un savant distingué. Il fit connaitre en Espagne l'électricité et le magnétisme, les applications du microscope solaire, les propriétés du platine. Il fit faire de grands progrès à la lithographie, à l'horlogerie, à la chirurgie, enseigna l'art de construire des cartes marines, fonda à Madrid le premier cabinet d'histoire naturelle et le premier laboratoire métallurgique qu'on ait vus en Espagne, et adressa à Ferdinand VI, de concert avec D. Jorge Juan, un mémoire sur l'état des Indes espagnoles. Townsend, qui visita D. Antonio à Cadiz, nous le montre dans son salon, « encombré de sièges, de « tables, de malles, de caisses, de livres et de papiers. On y « voyait une presse à côté d'un lit, des outils de charpentier, « des instruments de mathématiques, des armes, des ta-« bleaux, des fossiles, des minéraux, des médailles, des anti-« quités américaines, et jusqu'à une curieuse momie des îles « Canaries (3). » C'est bien là le pittoresque désordre où

(1) On a de lui : *Observaciones astronomicas y fisicas en los reinos de Peru, de las cuales se deduce la magnitud de la tierra, y que se aplica a la navegacion. — Disertacion historico-geografica sobre el meridiano de demarcacion entre los dominios de España y Portugal, y los parajes por donde pasa en la America meridional. —Compendio de navegacion para el uso de los caballeros guardias marinas. — Examen maritimo teorico practico, o tratado de mecanica aplicado a la construccion, conocimiento y manejo de los navios y demas embarcaciones.* Cet ouvrage fut traduit en français en 1786; l'auteur de la traduction reçut les félicitations de M. de Sartines et une récompense de l'Amirauté anglaise. — Barado, op. cit., t. III, p. 635.

(2) Mesonero Romanos, *El antiguo Madrid*, t. I, p. 245.

(3) Barado, *Museo militar*, t. III, p. 639.

devait se plaire un savant du dix-huitième siècle, passionné pour toutes les sciences, épris du progrès, désireux de tout savoir, mais plus capable peut-être de comprendre que d'inventer (1).

Malgré sa défaite au cap Santa Maria (1780), D. Juan de Langara mérite d'être cité parmi les marins les plus distingués de l'Espagne pour sa courageuse conduite à Toulon, où il entra avec 17 vaisseaux espagnols, en même temps que l'amiral Hood. Il refusa de reconnaître Toulon « comme port « virtuellement anglais »; mouilla ses vaisseaux de façon à pouvoir au besoin canonner les vaisseaux anglais, et déclara que, « dans son opinion, la ruine de la marine française ne « pouvait être que préjudiciable à l'Espagne (2) ». Lorsque la flotte anglo-espagnole quitta Toulon, ce fut encore D. Juan de Langara qui couvrit la retraite, et favorisa l'embarquement des habitants les plus compromis. Quand il se retira, il ne laissait à terre ni un malade, ni un blessé (3).

D. Federico Gravina (1756-1805), qui passait pour fils naturel de Charles III, ne fut pas un marin de génie, mais fut au moins un irréprochable officier. Il prit part à toutes les guerres navales soutenues par l'Espagne de 1775 à 1805, commanda les troupes de débarquement au siège de Toulon, protégea la retraite des troupes espagnoles assiégées dans Collioure et dans Port-Vendres, prolongea la défense de Roses, et réussit à sauver presque toute la garnison. Aussi modeste que vaillant, il demanda en 1797 à servir en sous-ordre sous D. José Mazarredo, alors qu'on lui offrait le commandement de l'escadre de l'Océan. Reçu avec la plus grande

---

(1) On a de lui : *Relacion historica del viaje a la America meridional, para medir algunos grados del meridiano terrestre. — Noticias americanas. Entretenimiento fisico historico sobre la America meridional, la septentrional y la oriental: Comparacion general de los territorios, climas y producciones de las tres especies vegetal, animal y mineral, con relacion particular de las petrificaciones de cuerpos marinos. — De los Indios naturales de aquellos paises, sus costumbres y usos. — De las antiguedades. — Discursos sobre la lengua y sobre el modo con que pasaron sus primeros pobladores. — La marina y las fuerzas navales de la Europa y del Africa.*

(2) Jurien de la Gravière, *Guerres maritimes*, t. I, p. 56.

(3) Thiers, *Histoire de la Révolution*, t. VI, p. 56.

distinction à Portsmouth en 1792, il fut accueilli avec courtoisie par Napoléon en 1804, et se dévoua avec enthousiasme à la réalisation des plans de l'empereur. Le malheureux Villeneuve eut en lui un véritable ami, et en parle avec la plus grande estime dans toutes ses dépêches au ministre (1). Blessé mortellement à Trafalgar, Gravina mourut à Cadiz le 6 mars 1806, laissant la réputation d'un officier sans reproche et d'un homme d'une rare élévation morale (2).

D. José Mazarredo passait pour le Duguay-Trouin de l'Espagne (3). Il avait inventé un système complet de signaux et fut major général de l'escadre de Cordova en 1779. Il défendit héroïquement Cadiz contre Nelson en 1797. Obligé, par ordre de Charles IV, de suivre l'amiral Bruix à Brest au mois d'août 1799, il comprit combien sa situation était délicate, et mit tout en œuvre pour obtenir le retour de son escadre en Espagne, sans éveiller la jalousie des Français, dont il était presque aussi bien le prisonnier que l'hôte. Il se montra fort habile diplomate, se vantant devant le Directoire « de son attachement personnel à la grande nation française (4) », proposant un peu plus tard au premier consul une expédition contre les Anglais (5). Malgré ses efforts, le traité d'Aranjuez ne rendit la liberté à l'escadre espagnole que moyennant l'abandon de six vaisseaux. Mazarredo se retira en Biscaye, où il contribua en 1805 à apaiser la révolte connue sous le nom de *la Zamacolada*. En 1808 Napoléon l'appela à Bayonne et en fit le ministre de la marine du roi Joseph.

D. Cayetano Valdès avait fait un beau voyage d'observation dans le détroit de Juan de Fuca ; il sauva le *Santisima Tri-*

(1) *Archives du ministère de la marine*, Campagnes, 1805, t. 230, f° 248.
(2) Barado, *Museo militar*, t. III, p. 509. — Cf. *Archives générales centrales d'Alcala de Hénarès*. Estado, 3559. Mémoire anonyme sur la vie de D. Federico Gravina, composé par un ami de l'amiral et communiqué par lui au prêtre chargé de prononcer son oraison funèbre.
(3) *Archives des affaires étrangères à Paris*, Espagne, t. 638, f° 61. (Lettre du cit. Labène, premier secrétaire de légation à Madrid, 4 brumaire an IV.)
(4) Id. t. 657, p. 60 (11 oct. 1799).
(5) Id. t. 658, p. 76 (Alquier au ministre, 1er germinal an VIII).

nidad au combat du 14 février 1797 et commanda glorieusement le *Neptuno* à Trafalgar (1).

D. Dionisio Alcala Galiano fut le compagnon de Valdès dans son voyage en Californie, releva astronomiquement en 1802 la position de toutes les îles de l'Archipel, et reçut deux blessures à Trafalgar, sur le pont de son vaisseau le *Bahama*. Les Espagnols voyaient en lui le modèle du marin « comme subalterne, comme chef, comme vaillant et comme « savant (2) ».

D. Ignacio Maria Alava avait sauvé Manille, menacée par les Anglais. La belle défense du *Santa Ana* à Trafalgar lui valut le titre de Grand-Croix de Charles III. Nommé chef d'escadre le 9 avril 1806, il mit son pavillon à bord du *Principe de Asturias* et trouva moyen d'armer une escadre de huit vaisseaux pour la défense de Cadiz. Membre du Conseil de l'amirauté (27 février 1807), il prit encore une part des plus honorables à la guerre de l'indépendance et mourut comblé d'honneurs le 26 mai 1817 (3).

Enfin toutes ces gloires pâlissent devant le héros le plus populaire de la marine espagnole, devant D. Cosme Damian de Churruca. Né à Motrico le 27 septembre 1761, Churruca entra aux gardes-marines le 15 juin 1776 et se distingua au siège de Gibraltar en dirigeant le sauvetage des matelots embarqués à bord des prâmes de M. d'Arçon. Après la paix de Versailles, il professa pendant plusieurs années à l'académie navale du Ferrol. D. Antonio de Cordova, chargé d'une mission scientifique dans le détroit de Magellan, le demanda comme aide de camp, et Churruca rédigea avec D. Ciriaco Ceballos un travail complet sur la topographie du détroit. A peine remis du scorbut, Churruca reprend la route des Indes avec Mazarredo, et rapporte de cette campagne de vingt-huit mois des mémoires qui lui méritent l'estime de tous les hommes compétents. En 1797 Mazarredo, nommé au commandement de l'escadre de l'Océan, le prend pour major-général.

(1) Barado, *Museo militar*, t. III, p. 513.
(2) Id. ibid. t. III, p. 515.
(3) Id. ibid., t. III, p. 511.

En 1798, il est nommé commandant du *Conquistador*; il le trouve dans un état lamentable et en fait bientôt un vaisseau modèle. En 1799 il suit Mazarredo à Brest, où il étonne les ingénieurs français par l'étendue de ses connaissances mathématiques. Dans un voyage à Paris, il est reçu avec estime par le premier consul, qui lui fait remettre un exemplaire de sa carte sphérique des Antilles, adoptée par le ministre de la marine en France. De retour en Espagne, il collabore au *Dictionnaire de la marine* de D. Antonio Escaño, rédige un traité de pointage et obtient dans l'escadre de Gravina le commandement du vaisseau de 74 canons le *S. Juan Nepomuceno*. A Trafalgar, aucun officier des trois nations engagées n'a montré plus de sang-froid, ni plus de bravoure.

Perez Galdos nous a tracé un fin portrait du noble marin, et l'on peut se faire, grâce à lui, une idée nette de l'officier le plus distingué de la marine de Charles IV. — « C'était, dit« il, un homme d'un visage gracieux et affable, avec une telle
« expression de mélancolie qu'on ne pouvait le voir sans se
« sentir irrésistiblement porté à l'aimer. Il ne portait point
« perruque et ses abondants cheveux blonds n'avaient jamais
« été martyrisés par les fers du perruquier pour prendre la
« forme d'ailes de pigeon ; ils étaient négligemment réunis
« en un large catogan, et inondés de poudre, avec moins
« d'art que n'en exigeait la préciosité particulière à l'époque.
« Ses yeux étaient grands et bleus, son nez très fin, de forme
« parfaite, quoiqu'un peu long, ce qui, loin de l'enlaidir,
« semblait rendre plus noble encore sa physionomie expres-
« sive. Son menton rasé avec soin, et légèrement pointu,
« augmentait encore l'aspect mélancolique de son visage ovale
« qui marquait plutôt la délicatesse que l'énergie. Cette noble
« physionomie était encore rehaussée par une urbanité de
« manières, et par une gravité courtoise dont rien ne peut
« donner l'idée. On l'eût pris plutôt pour un homme d'étude
« que pour un homme de guerre, et son front, qui abritait
« les plus hautes et les plus délicates pensées, ne paraissait
« pas fait pour les horreurs d'une bataille. Son corps débile
« renfermait sans doute une âme bien rare, car il semblait

« destiné à succomber au premier choc, et cependant cet
« homme avait autant de courage que d'intelligence (1). »

On pourrait ajouter beaucoup d'autres noms à cette liste de vaillants et savants hommes. Nous avons choisi les meilleurs.

Ces quelques notes aideront à comprendre à quel remarquable degré d'instruction était parvenue l'élite des officiers de la marine royale. Comment se fait-il qu'avec de pareils chefs la marine espagnole n'ait pas remporté une seule victoire incontestée sur une flotte européenne ?

Les raisons de cette infériorité sont nombreuses et intéressantes.

Il faut remarquer tout d'abord que la marine espagnole n'atteignit vraiment un développement redoutable que sous Charles III, et qu'alors seulement on se préoccupa de perfectionner le plan d'études des académies navales (1776). La marine de Charles III était donc en réalité une jeune marine. Elle était pourvue d'un bon matériel; le fonctionnement à peu près normal des ordonnances royales lui assurait des équipages passables; mais les officiers formés sous les règnes précédents n'avaient ni la science ni la résolution nécessaires pour exécuter les manœuvres hardies qui leur auraient donné la victoire. Pendant toute la guerre de l'indépendance américaine, le commandement de la principale escadre espagnole fut confié à un octogénaire, D. Luis de Cordova, qui compromit plus d'une fois le succès par son entêtement et son irrésolution (2). Il ne sut empêcher d'entrer à Gibraltar ni

---

(1) Perez Galdos, *Episodios nacionales*. — *Trafalgar*, t. I, p. 64.
On conserve au palais de la Députation de Guipuzcoa un portrait de D. Cosme Damian de Churruca, qui est le vivant commentaire de cette jolie page.
Pendant son séjour à Paris en 1802, Gournier dessina le portrait de Churruca, et son dessin fut gravé par Chrétien, inventeur du physionotrace, rue Honoré, vis-à-vis l'Oratoire, nos 45 et 133, à Paris. — Je dois un exemplaire de ce charmant portrait à la gracieuseté de D. Evaristo de Churruca, petit-neveu du grand marin, et ingénieur en chef des travaux du port de Bilbao.

(2) « J'ai l'honneur de vous envoyer la dernière lettre de M. de Cordova, « par laquelle vous verrez qu'il est inutile de résister plus longtemps aux « opinions très fausses, mais gravées depuis plus de 80 ans dans la tête de ce « respectable officier. » — Du Pavillon au ministre, 6 août 1779. — *Archives du ministère de la marine à Paris*, Campagnes, 1779, t. 151, f° 313.

Rodney (1) en décembre 1780, ni Darby en mars 1781 (2), ni Howe en octobre 1782 (3). Dans la même guerre, D. Antonio de Arcé, commandant l'escadre du Ferrol, refusa de se joindre à d'Orvilliers, malgré les vives instances du baron de Lahage, qui le pressait de sortir du port. Charles III le destitua en disant : « M. d'Arcé n'a agi comme il l'a fait que par irré-
« solution ou mauvaise volonté, et dans ces deux cas il ne
« mérite plus ma confiance et n'est pas fait pour commander
« une escadre (4). » D'Orvilliers se plaignait de l'inexpérience des Espagnols, de la lenteur et de l'incertitude de leurs manœuvres, de leur répugnance à se tenir en ordre serré (5).
« Je suis persuadé de leur valeur et de leur bonne volonté,
« disait-il; mais ce que je vois de leurs manœuvres me con-
« firme plus que jamais qu'ils sont fort éloignés d'être bons
« officiers de mer (6). »

Plus tard les marins formés par la guerre d'Amérique, et instruits dans les académies navales réformées, se montrèrent incontestablement supérieurs aux marins de l'âge précédent; cependant, malgré ces progrès et malgré le savoir de quel-

(1) D. Antonio Ferrer del Rio cite à ce sujet une lettre d'une personne qui devait être, dit-il, ennemie de Cordova : « Le matin du jour où sortirent les
« Anglais, après les signaux répétés qui avaient annoncé leur départ, un
« officier dépêché par Barcelo, commandant l'escadre légère espagnole, arriva
« à Cadix avec un message pour D. Luis de Cordova qui se trouvait à l'hôpi-
« tal Saint-François, avalant (littéralement *encaquant*) des messes, et enfilant
« des chapelets. L'officier dut attendre trois quarts d'heure, et quand il eut
« fait sa commission, D. Luis lui dit avec son calme angélique : Allons, c'est
« bien, patience ; c'est Dieu qui le veut ainsi, les Anglais ont de la chance
« aujourd'hui, nous en aurons une autre fois. » — Ferrer del Rio, *Historia de Carlos III*°, t. III, p. 302, note 1.

(2) « Soit qu'il eût des ordres secrets de son gouvernement, soit qu'à l'a-
« vance il considérât sa défaite comme certaine, s'il tentait de se mesurer
« avec les Anglais, il ramena son armée au port » E. Chevalier, *Histoire de la marine française*, p. 266.

(3) L'auteur du *Museo militar* attribue l'échec de Cordova aux nuages, aux vents et à la mer (t. III, p. 453). — Coxe (t. V, p. 294) et Chevalier (p. 353) accusent formellement Cordova d'impéritie. — Cavanilles (p. 20) fait une victoire d'une canonnade de cinq heures qui coûta aux Anglais 68 tués et 263 blessés.

(4) *Archives du ministère de la marine à Paris*, Campagnes, 1779, t. 155, f° 58. — M. de Montmorin à d'Orvilliers, 4 juillet 1779.

(5) Id. ibid., f° 75. — D'Orvilliers au ministre, 3 août 1779.

(6) Id. ibid., f° 53. 12 juillet 1779.

ques hommes d'élite, la masse des officiers resta moins instruite qu'en France et en Angleterre, et les meilleurs s'en plaignaient amèrement. « On navigue, disait Mazarrédo, avec
« une telle négligence, avec si peu d'idée de chercher son
« poste et de s'y tenir, avec un tel manque de décision pour
« aller au but par le chemin le plus sûr et le plus court, que
« cela paraît bien aux signaux répétés qu'on est obligé de
« faire pour avertir les commandants d'activer leurs man-
« œuvres, de garder leurs distances, de songer à une foule
« d'autres choses qu'en vérité on ne devrait pas avoir besoin
« de leur rappeler. Il devrait suffire d'indiquer une forma-
« tion ou la simple réunion, pour que chacun se mît en de-
« voir de faire de lui-même ce qu'il faut pour exécuter l'ordre
« donné (1). » — « Savons-nous, disait Escaño, nous amar-
« rer et nous démarrer dans un port sans le secours d'une
« barque, et quelquefois sans déranger tout le monde, parce
« que nous ne pensons qu'à notre bateau ?... Savons-nous
« faire un simple virement de bord, vent devant, tous à la
« fois, comme font nos ennemis ? Savons-nous arriver au
« mouillage toutes voiles dehors, jeter l'ancre, nous amarrer
« et ferler en un instant ? Savons-nous nous maintenir à la
« cape, naviguer par mauvais temps, jeter l'ancre, jouer avec
« la mer, tromper les évolutions de l'ennemi, que nous na-
« viguions par escadres, par divisions ou même sur des
« bateaux isolés (2) ? »

Villeneuve, peu inventif lui-même, constatait tristement, à la veille de Trafalgar, que la tactique espagnole était tout aussi surannée que la tactique française d'alors (3).

Si les manœuvres laissaient tant à désirer, c'est que la marine n'était, comme l'armée, qu'une grande bureaucratie. Elle avait un corps et pas d'âme. Ajoutons qu'au moment où les officiers sérieux commençaient à arriver aux grades importants, les ressources du pays venaient à se tarir, et le

---

(1) *Archivo de S. Carlos*, lettre de Mazarredo (29 juillet 1799).
(2) Escaño, *Ideas sobre un plan de reformas de la marina*. Cité par Salazar, t. I, p. XXII.
(3) De Langle, *Voyage en Espagne*, t. II, p. 87. — Jurien de la Gravière, *Guerres maritimes*.

recrutement des équipages ne se faisait plus. L'Espagne eut sous Charles III des matelots sans état-major, et sous Charles IV un état-major sans matelots.

Le canonnage n'était pas meilleur que la manœuvre. Tandis que les Anglais visaient « en plein bois », les Espagnols, comme les Français, tiraient « à démâter », et le plus grand nombre des boulets passait sur la tête de l'ennemi sans lui causer de sérieux dommages. A Trafalgar, le *Victory* essuya pendant quarante minutes le feu de 200 canons sans perdre plus de 50 hommes (1). Tandis que les canonniers de Collingwood tiraient trois coups de canon en trois minutes et demie, les artilleurs français et espagnols employaient presque le même temps à tirer un seul coup.

Un défaut plus grave encore que l'inexpérience et la lenteur était la négligence ordinaire dans le détail du service, le *descuido* national. Jervis exigeait qu'il fût fait mention sur le journal de bord du lavage de la batterie et de l'étendage des hamacs. Nelson se plaignait à l'Amirauté d'avoir reçu pour ses hommes des chemises de laine « trop courtes d'un demi-pied » (2). Les officiers espagnols trouvaient de pareils détails indignes de l'attention d'un chef, et en venaient à négliger les précautions les plus élémentaires. Quand D. José de Cordova fut attaqué par Jervis le 14 février 1797, sa flotte était coupée en deux tronçons, et six de ses vaisseaux, tombés sous le vent, ne purent jamais rejoindre le gros de l'escadre (3). Solano, parti de Cadiz le 28 avril 1780 avec douze vaisseaux, 2 frégates et 107 bâtiments de transport, arriva le 9 juin à la Martinique dans un dénuement complet; son escadre ne dut son salut qu'à l'escadre française de Guichen, et il ne put rien entreprendre contre les Anglais (4). Deux mois de mer ne l'auraient pas réduit à cet état si ses vaisseaux avaient été bien pourvus au départ, et sagement administrés pendant le voyage. Ce mépris du détail est peut-

---

(1) Jurien de la Gravière, *Guerres maritimes*, t. II, p. 201.
(2) Id. t. I, p. 106.
(3) Id. t. I, p. 152.
(4) E. Chevalier, *Hist. de la marine française pendant la guerre de l'indépendance américaine*, p. 192.

être le trait le plus caractéristique de l'officier espagnol, et c'est bien là ce qui a rendu la marine d'Espagne incapable de lutter avec avantage contre la marine britannique.

V. — Les Ports.

La marine espagnole avait centralisé ses ressources dans les trois grands ports de Carthagène, Cadiz et Le Ferrol. Elle avait encore des chantiers de construction et de radoub aux Passages, à Serroza de Albia, à Guarnizo, à la Havane, et des postes à Montevideo, Callao, Carthagène des Indes, Porto-Cabello, La Vera-Cruz, San Blas et Manille (1).

Les ports militaires de l'Espagne nous sont déjà connus comme places fortes; il nous reste à les étudier comme ports et comme arsenaux.

Carthagène. — Profonde d'un mille marin (1852 m.), la baie de Carthagène s'ouvre sur la mer par un goulet de 650 mètres de largeur, dominé par des collines de 230 et 280 mètres d'altitude. Les plus grands navires peuvent mouiller dans la baie par 8 à 10 mètres de fond (2).

L'arsenal actuel date du XVIII° siècle. Il a été établi sur un plan grandiose et parfaitement conçu. « Tous les arsenaux et « chantiers y sont rassemblés dans un étroit espace, et pour « ainsi dire sous une clef (3). » Dès 1741, La Bruyère de Court y trouvait un mouillage pour treize vaisseaux et tous les bois nécessaires pour remâter son vaisseau *le Saint-Esprit* (4). En 1788, le port de Carthagène, à peu près complètement organisé, possédait des fosses aux bois, un hangar d'aérage pour les bois, des chaudières pour goudronner, une salle des gabarits, des forges, deux cales de construction ouvrant sur le bassin, deux bassins de carénage avec pompes à feu pour les épuiser, un magasin général des mâtures, un

---

(1) *Estado general de la Armada*, 1805.
(2) D. Vicente Tofiño de S. Miguel, *Atlas maritimo de España*.
(3) Bourgoing, *Nouveau Voyage en Espagne*, t. II, p 122.
(4) *Archives du ministère de la marine à Paris*, Campagnes, 1741.

atelier pour travailler les mâtures, une machine à mâter, une corderie, un atelier pour la confection des voiles, un magasin général, des magasins de vivres, et des magasins spéciaux pour chaque navire désarmé (1). On se vantait à Carthagène de pouvoir armer un vaisseau de guerre en trois jours (2). En 1795, les approvisionnements du port étaient encore considérables (3). En 1799, une escadre complètement démâtée fut en quarante jours remise en état de reprendre la mer (4). Il s'en fallait de beaucoup que la situation du port fût aussi favorable en 1805 ; cependant Carthagène arma encore avec rapidité une escadre de huit vaisseaux. En 1808, la ruine était à peu près complète ; la darse se remplissait de sable et d'immondices, les deux cales sèches étaient hors de service. Pour radouber dans l'une d'elles, *le San Pedro de Alcantara*, il avait fallu brûler dans la pompe à feu le bois de plusieurs navires.

Il n'y avait plus ni chanvre, ni bois, ni métaux dans les magasins. Les ouvriers avaient succombé ou avaient déserté. Il n'en restait plus que 700 sur 5.000 que l'arsenal employait au temps de Charles III (5).

Cadiz. — Cadiz avait toujours été un des grands ports de l'Espagne ; mais ses établissements militaires ne datent que du ministère de La Ensenada. Il voulut faire de Cadiz un grand port de ravitaillement, un centre de réunion des escadres et le point de départ des expéditions de mer.

Jugeant la position du Puerto de Santa Maria trop peu sûre, le ministre reporta l'arsenal à la Carraca, au fond de l'arrière-baie de Cadiz qui, profonde de cinq kilomètres, communique avec la mer entre Puntales et Matagorda par un goulet de

(1) Tofiño de S. Miguel. *Atlas maritimo de España.*
(2) Anonyme, *Nouveau Voyage en Espagne*, t. I, p. 112.
(3) On y trouvait : 2.156 pièces de mâture — 930 mâtereaux — 279 espares — 6.072 quintaux de cordages — 312.710 varas de toile à voile — Sesma, *Memoria sobre la armada*, p. 39.
(4) Barado, *Museo militar*, t. III, p. 507.
(5) Thiers, *Histoire du Consulat et de l'Empire*, t. VIII, p. 269. — Rapport de l'ingénieur Muñoz à Napoléon (1808).

1200 mètres de largeur, et offre un excellent mouillage à l'abri de toutes les entreprises de l'ennemi (1).

La Carraca occupe sur la rive orientale du canal de Santi Petri un espace de 100 hectares, isolé par des fossés profonds. Malgré l'inconsistance du terrain, les ingénieurs D. Julian Sanchez Bort et D. Tomas Muñoz creusèrent des cales de radoub et des fosses aux bois; aménagèrent un parc d'artillerie et douze chantiers de construction, élevèrent un bagne, une corderie, une salle d'armes, un immense hangar à trois nefs pour la conservation des pièces de mâture, un four à réverbère, deux magasins généraux, des magasins particuliers pouvant suffire à l'armement de quarante vaisseaux. En 1791, une belle église vint donner à l'arsenal un certain caractère monumental. En 1796 fut construite la « porte de Terre », somptueuse entrée du premier arsenal de la Péninsule (2).

L'arsenal occupait, à la fin du XVIIIe siècle, 5.518 ouvriers (3), et était encore en 1795 abondamment pourvu (4).

Sur la rive occidentale de Santi Petri, à demi-lieue de l'arsenal, Charles III commença la construction de la ville neuve de San-Carlos, qui devait renfermer les hôtels du capitaine général et de l'intendant, la recette principale et la trésorerie de marine, l'académie des gardes-marines, l'académie des pilotes, l'hôpital royal, une splendide chapelle, et les casernes des bataillons de marine. Ce plan grandiose n'a pas été suivi jusqu'au bout : l'église attend encore ses voûtes et forme un *campo santo* à ciel ouvert qu'une ingénieuse piété a dédié aux marins illustres de l'Espagne (5); mais ce qui a été exécuté permet de comprendre ce qu'eût été dans son ensemble cette ville officielle, faite de bureaux, de casernes et de palais.

(1) Tofiño de S. Miguel, *Atlas maritimo de España*.
(2) Sesma, *Memoria sobre la armada*, p. 11. — Luis Perez Fernandez y José Berrocal Garrido, *Estado del arsenal de la Carraca*, Cadiz, 1891.
(3) De Laborde, *Itinéraire*, t. II, p. 80. — Twiss, *Voyage en Espagne*, p. 336.
(4) On y trouvait 3.561 pièces de mâture — 337 mâtereaux — 11.862 espares — 19.320 quintaux de cordages et 923.412 varas de toile à voile — Sesma, *Memoria sobre la armada*, p. 39.
(5) J. A. Berrocal, *El panteon de marinos ilustres*, Cadiz, 1890.

A moins d'un kilomètre de San-Carlos, la charmante ville de La Isla de Léon (1) allongeait pendant une demi-lieue ses rues droites, bordées de petites maisons à terrasses, joyeusement badigeonnées de blanc pur ou de jaune clair. On eût dit une ville des Indes; les marins qui l'habitaient semblaient l'avoir rapportée des Antilles. Elle avait les magasins à poudre de l'armée et de la marine, le magasin des subsistances, le dépôt des ancres, le lazaret, l'aiguade, l'école des gardes-marines. L'infanterie et l'artillerie de marine y tenaient garnison; elle était pleine d'officiers de vaisseau, d'employés de la marine royale, d'ouvriers du port, de soldats et de matelots.

Sur la colline qui la domine au nord s'élevait l'observatoire astronomique. Dirigé tour à tour par D. Jorge Juan, D. Vicente Tofiño et D. José Valera, c'était le plus bel établissement scientifique de l'Espagne (2).

La Carraca, San Carlos, La Isla, l'observatoire astronomique formaient un magnifique ensemble, et faisaient de la baie de Cadiz un des plus grands et des plus beaux ports militaires du monde.

On pouvait cependant reprocher au port de Cadiz l'extrême cherté des vivres, qui en rendait le séjour très onéreux aux escadres (3). L'eau potable faisait complètement défaut. Pendant longtemps les vaisseaux du roi vinrent s'approvisionner d'eau au Puerto de Santa Maria, où on la leur vendait (4). L'eau des citernes et des puits de La Isla est trouble, désagréable et malsaine. L'entrée de la baie était difficile (5). La baie avait des passages dangereux que les pêcheurs ne traversaient pas sans réciter une prière (6). La baie et l'arsenal communiquaient par d'étroits chenaux, creusés en

---

(1) Cette ville a reçu en 1814 le nom de San Fernando.
(2) Sesma, *Memoria sobre la armada*, p. 24.
(3) « J'ay fait tout de mon mieux pour épargner les intérêts du roy; cependant, comme tout est fort cher ici, il ne laissera pas d'en coûter. » — D'Antin au ministre, 20 déc. 1735. — *Archives du ministère de la marine à Paris*, Campagnes, 1735.
(4) Id. ibid. Lettre du 10 oct. 1735.
(5) En 1799, l'amiral Bruix mit trois jours pour sortir de Cadiz. — Jurien de la Gravière, *Guerres maritimes*, t. II, p. 177.
(6) Twiss, *Voyage en Espagne*, p. 354.

terrain meuble et toujours prêts à s'envaser. En 1807, un vaisseau, deux frégates, une corvette, trois gabarres, deux transports et quantité d'autres embarcations pourrissaient dans ces canaux et coupaient presque tout accès à la mer. Même avant le désastre de Trafalgar, l'arsenal de Cadiz, dépeuplé par la fièvre jaune, était tombé dans la plus triste décadence. Un de ses magasins généraux incendié en 1798 n'avait pas été reconstruit (1). Gravina, il est vrai, put encore en 1805 mettre rapidement à la mer une escadre de six vaisseaux et d'une frégate ; mais Villeneuve se plaignait amèrement du misérable état de cette escadre, et ne comprenait pas qu'on pût prendre la mer « avec des vaisseaux ainsi « équipés et aussi mauvais par eux-mêmes (2) ». Les dernières ressources de l'arsenal furent épuisées pour équiper cinq nouveaux vaisseaux, qui se joignirent à Villeneuve, et pour ravitailler la flotte combinée. Après Trafalgar, l'arsenal était affreusement vide, et l'amiral Gourdon ne se faisait aucune illusion sur la possibilité de remettre promptement en mer les six vaisseaux français et les sept espagnols encore à flot dans la baie. « Nous ne devons, écrivait-il au minis-
« tre, compter que sur de bien faibles secours de la part des
« Espagnols qui ont peu de moyens et, de plus, à réparer
« leurs bâtiments maltraités (3). »

Le Ferrol. — Situé au fond d'une baie de six kilomètres de profondeur, entouré de hautes collines rocheuses, et défendu par l'étroitesse de son goulet, rétréci en certains endroits jusqu'à six cents mètres, le Ferrol mérite l'admiration qu'il inspirait à William Pitt. « Si l'Angleterre avait un pareil « port, disait-il, elle devrait l'entourer d'une muraille d'ar- « gent. » L'arsenal du Ferrol est l'œuvre de Ferdinand VI et de Charles III. Dans un espace d'environ 130 hectares, les ingénieurs ont disposé autour d'un immense bassin les ate-

---

(1) Thiers, *Histoire du Consulat et de l'Empire*, t. VIII, p. 268.
(2) *Archives du ministère de la marine à Paris*, Campagnes, 1805, t. 230, f° 252 : Villeneuve au ministre, 19 thermidor an XIII.
(3) Id. ibid. t. 229, f° 172. — Gourdon au ministre, 3 brumaire an XIII.

liers, les magasins, les fonderies. La fabrique de toiles à voile était une des plus importantes d'Espagne. Les chantiers, séparés de l'arsenal, s'ouvraient en éventail sur la petite anse de la Caranza. Un magnifique hôpital pouvant recevoir jusqu'à 5.000 malades complétait cet ensemble grandiose (1). Cependant les Espagnols, habitués au beau ciel de Carthagène et de Cadiz, reprochaient au Ferrol l'humidité de son climat, et les difficultés de la navigation dans le goulet leur eussent fait préférer Vigo, moins bien situé au point de vue militaire.

Au temps de Charles III, le Ferrol fut visité par plusieurs marins français, qui tous rendent justice à l'excellente installation de tous les services. M. de L. Biochaye, commandant le vaisseau le *Saint-Michel*, déclarait au ministre « qu'il « avait trouvé dans le port toutes les ressources qui lui « étaient nécessaires, avec la plus grande affabilité, tant de « la part des commandants espagnols que de la part des « autres officiers » (2). M. de Chérisey, commandant le vaisseau le *Scipion*, ne crut pouvoir moins faire, pour reconnaître « les honnêtetés et les prévenances qu'il avait éprou- « vées de la part de tout le monde », que de donner à la société ferrolane un bal à « bord de son navire ». Les invités arrivèrent à quatre heures du soir ; on dansa jusqu'à une heure du matin, on but au roi très chrétien et au roi catholique, et l'aimable commandant « renonce à peindre au « ministre l'enthousiasme que les deux nations ont témoigné « dans cette circonstance » (3).

En 1805 le Ferrol présentait un aspect bien différent. L'Espagne, rejetée malgré elle dans la guerre contre l'Angleterre, essayait d'armer ses flottes et de suppléer, à force

---

(1) De Laborde, *Itinéraire*, t. II, p. 206. — Du Rozoir, *Description de l'Espagne*, p. 133. — Tofiño de S. Miguel, *Atlas maritimo*.
(2) *Archives du ministère de la marine à Paris*, Campagnes, 1779, t. 154, f° 80.
(3) Id. ibid. t. 154, f° 94. — En 1795, les magasins du port du Ferrol renfermaient : 1.383 pièces de mâture — 1.264 mâtereaux — 9.000 quintaux de cordages et 207.825 varas de toile à voile. — Sesma, *Memoria sobre la armada*, p. 39.

d'héroïsme, à tout ce qui lui manquait. La correspondance de l'amiral Gourdon, enfermé au Ferrol avec cinq vaisseaux français, nous permet de suivre, jour par jour, et pendant plusieurs mois, les efforts désespérés des marins espagnols contre d'insurmontables difficultés (1).

Le 30 janvier 1805, deux vaisseaux espagnols, le *San Agustin* et le *Monarca*, sont en rade ; mais seul le *San Agustin* a son équipage au complet, et ils n'ont de vivres ni l'un ni l'autre.

On espère mettre bientôt en rade le *Neptuno* et le *San Fulgencio* ; mais on n'a pas de vivres pour mettre à bord.

On voudrait armer encore le *Principe de Asturias*, le *San Francisco* et le *San Juan Nepomuceno* ; mais Gourdon pense que leur armement sera extrêmement long « parce que, si le « ministère donne des ordres, les ordres ne sont pas tout : il « faut de l'argent et du blé, qu'avec de l'argent même on ne « se procure que bien difficilement ».

Le 8 février, le *Neptuno* et le *San Agustin* n'ont pas encore leurs équipages au complet ; le *Principe de Asturias* n'a que 150 hommes à bord.

Pressé par l'ambassadeur de France, Godoy envoie au Ferrol un des marins les plus actifs de l'Espagne, M. de Grandallana. La seule nouvelle de son arrivée détermine dans le port un redoublement d'activité.

On met en rade le *Neptuno* et le *San Fulgencio* ; on annonce la mise en rade du *Principe* qui embarque son artillerie ; on travaille « avec une activité surprenante » à doubler le *San Juan*. Mais ces résultats sont bien plus apparents que réels ; le *Principe* a ses canons, mais n'a pas une seule caisse à eau ; les autres vaisseaux sont très loin d'être prêts à appareiller, « et il faudra plus de temps et d'ouvriers pour les terminer « en rade que si on les avait laissés au bassin ».

Le 13 mars, M. de Grandallana est arrivé. Le *San Juan* et

---

(1) Il ne faut pas croire que les arsenaux de la marine française fussent alors en meilleur état. Le préfet maritime de Lorient se plaignait de n'avoir ni matériel ni personnel. Les équipages désertaient. Il fallait recourir à la presse. On envoyait se faire radouber en Espagne les vaisseaux qu'on ne pouvait réparer en France.

le *San Francisco* sont en rade, mais ils n'ont pas leur lest, et ne sont qu'à moitié armés, rien du gréement n'est en place, ils sont là « pour la forme » ; les matelots arrivent lentement, les vivres sont toujours rares.

Le 15 mai, M. de Grandallana se déclare prêt à sortir avec six vaisseaux et deux frégates.

Au moment de mettre à la voile, on s'aperçoit que les Espagnols n'ont pas encore la liste des signaux en usage dans l'escadre française ; on en fait venir dix exemplaires de Bayonne, et on les fait traduire en espagnol.

De nouveaux ordres d'armement arrivent à l'arsenal. M. de Grandallana fait armer quatre nouveaux bâtiments : *Montañes, San Telmo, San Julian, San Idefonso* Il fait changer l'artillerie du *San Agustin* et du *Monarca*; le *Montañes* est doublé en sept heures. On sent que le commandement a passé en des mains énergiques et habiles ; cependant M. de Grandallana se fait les plus grandes illusions, il avoue n'avoir à bord que 40 jours de vin et que 90 jours de légumes, et il ajoute aussitôt : « Avec ce que j'ai à bord à présent, « nous pourrions courir l'Europe et *ire* à l'Amérique ». Il croit que l'escadre franco-espagnole peut forcer le blocus de Calder, et « qu'il ne lui manque rien pour cela » (1).

Si, à force d'énergie et d'argent, l'escadre espagnole a fini par s'organiser tant bien que mal, Gourdon met six mois à obtenir ce qui lui est nécessaire pour le radoubage du *Redoutable*. Il ne trouve ni bois pour les bordages, ni merrain pour ses pièces à eau, ni cuivre pour le doublage, ni goudron. Dès le 2 janvier 1805, il adresse les demandes les plus pressantes aux autorités maritimes, et le *Redoutable* n'est prêt à appareiller qu'au commencement de juillet.

Tous ces faits mettent en lumière la pénurie du Trésor et les vices de l'administration. On avait longtemps vécu sur l'acquis; on avait pris à même les magasins, sans rien remplacer, on avait négligé les réparations les plus urgentes, on n'avait payé ni officiers, ni matelots, ni fournisseurs, et au jour de la déclaration de guerre, on trouvait des magasins vides.

(1) *Archives du ministère de la marine à Paris*, Campagnes, 1805, t. 229.

des vaisseaux pourris, des officiers mécontents et pas de matelots. « On serait tenté de croire, disait Gourdon, qu'on a « profité de la paix pour épuiser les dernières ressources de « la marine. »

VI. — Le matériel flottant.

L'Espagne possédait à la fin du xviiie siècle 76 vaisseaux, 51 frégates, 9 corvettes, 10 chébecs, 17 hourques, 38 brigantins, 6 paquebots, 7 balandres, 9 goélettes, 4 galères, 2 galiotes, 5 tartanes, 12 *barcos remontados*, 57 canonnières (*lanchas de fuerza*) et 3 pataches (1).

Quelques-uns de ces types sont trop connus pour qu'il soit utile de les décrire ; d'autres sont assez oubliés pour mériter une mention sommaire.

On appelait chébecs des bâtiments légers à deux mâts, portant voiles carrées et latines, le mât de misaine un peu incliné sur l'avant. Destinés à poursuivre les pirates barbaresques, ils portaient de 14 à 34 pièces de canon, et pouvaient au besoin être transformés en corvettes (2).

Les hourques, armées de six pièces de canon, étaient de massifs navires de transport, imités des lourds bâtiments ronds qui naviguent sur les canaux de la Hollande. Les hourques portaient deux mâts à pible, en arrière du milieu de leur longueur (3).

Les brigantins ou bricks étaient de petits vaisseaux à deux mâts portant voiles carrées, et armés d'une batterie barbette de 8 à 18 canons.

Les paquebots, parfois assez grands, et armés de 8 à 18 canons, portaient les dépêches aux escadres en mer.

Les balandres, armées de 8 à 14 canons, servaient au transport des munitions et des vivres.

Les goélettes n'avaient de voiles carrées qu'au mât de

---

(1) Manini, *Historia de la marina real española*, t. II, p. 788.
(2) *Archives du ministère de la marine à Paris*, Campagnes, 1805, fo 283.
(3) Ch. Romme, *Dictionnaire de la marine française*, Paris, 1792.

misaine; elles portaient de 8 à 10 canons et servaient surtout à faire la police de la mer territoriale.

Les galères, un moment supprimées, et rétablies en 1749, portaient trois canons à l'avant et naviguaient à la voile et à la rame. A une époque où les calmes immobilisaient les navires, les galères étaient d'utiles bâtiments de course; mais la difficulté de les manœuvrer par gros temps, le tir défectueux de leur artillerie les firent peu à peu tomber en désuétude; la dernière galère fut construite en 1794.

Les galiotes différaient des galères par leur échantillon plus fort, et marchaient, comme elles, à la voile et à la rame.

Les tartanes et les bateaux montés (*barcos remontados*) étaient de grosses barques pontées, à deux mâts et armées de deux pièces de canon.

Les chaloupes de guerre comprenaient 2 canonnières, armées de deux canons, 21 grosses chaloupes, armées de neuf canons et d'un mortier, 22 bombardes, armées de onze canons et d'un mortier, et 9 obusières armées de huit canons et d'un obusier.

Le Prince de la Paix avait la plus grande confiance dans l efficacité de ces bâtiments de flottille. « Il y a, disait-il, « dans les principaux ports de la Péninsule, et spécialement « dans celui d Algésiras, des escadres de bâtiments légers qui « peuvent tout à la fois défendre les côtes, et causer à « l'ennemi de grands dommages, surtout dans la traversée « du détroit de Gibraltar (1). »

Godoy se trompait. A une époque où les navires portaient de 64 à 130 pièces de canon, des chaloupes munies d'une dizaine de pièces ne pouvaient s'attaquer à ces colosses; on ne voit pas que les canonnières d'alors aient jamais réussi à inquiéter l'ennemi, et les galères elles-mêmes, malgré leur précieuse mobilité, ne figurent dans aucune action importante.

D'un tout autre intérêt eussent été, si l'on avait su s'en

---

(1) *Archives du ministère de la marine à Paris*, Campagnes, 1803, t. 233, f° 61. Godoy au ministre de la marine. 10 mai 1803.

servir, les batteries cuirassées inventées par d'Arçon pour le bombardement de Gibraltar.

Ces batteries ont été incendiées le jour même où elles ont commencé à tirer; l'incendie a coûté la vie à 2.000 hommes, et le comte d'Artois a jugé l'affaire d'un seul mot : « Il n'y « a que ma batterie de cuisine qui se soit distinguée à Gibral-« tar ». Les contemporains ont vu dans l'incendie des prames de M. d'Arçon un de ces échecs retentissants qui attendent souvent les inventeurs mis en demeure de réaliser leurs inventions. Les écrivains espagnols ont répété ce qu'ils ont lu dans les relations du temps, et il est demeuré acquis que l'invention n'était point mûre. Cependant un marin français qui est en même temps un consciencieux historien, le capitaine de vaisseau E. Chevalier, a repris la question et l'a traitée avec autant de compétence que de saine raison. Elle vaut la peine qu'on s'y arrête, car on se trouve là en présence de la tentative la plus originale qui ait été faite au xviii° siècle pour révolutionner la guerre navale.

Le colonel du génie d'Arçon proposa de faire bombarder Gibraltar du côté de la mer, et à courte distance, par des batteries flottantes incombustibles. Ces prames devaient être protégées du côté de l'ennemi par de puissants bordages de cinq pieds d'épaisseur recouverts de cuirs frais. Au milieu de la muraille était ménagé un espace rempli de sable, isolant le bordage extérieur du bordage intérieur; des tuyaux circulant dans l'épaisseur de la muraille devaient maintenir le sable constamment humide. Le pont était couvert d'un toit incliné en forte charpente et d'un lit de vieux cordages. Une ou deux rangées de pièces de 26 armaient les batteries flottantes.

La construction fut décidée en février 1782, sur l'ordre exprès du roi; mais les instructions nécessaires pour la mise en chantier ne furent données qu'à la fin de mai. En trois mois, on mit en œuvre 200.000 pieds cubes de bois, et dans les premiers jours de septembre les batteries se trouvèrent à peu près terminées.

Un premier essai de l'arrosage continu ne donna pas de résultats satisfaisants. Soit que le calfatage intérieur eût été mal fait, ou qu'il existât quelque défaut de construction, l'eau filtrait à l'intérieur des bâtiments, et les commandants craignaient que leurs poudres fussent mouillées. D'Arçon demanda à exécuter quelques améliorations, le duc de Crillon lui répondit dédaigneusement : « Vous avez un amour de « père pour vos batteries, et vous ne songez qu'à leur con- « servation; si les ennemis voulaient s'en emparer, je les « brûlerais à leur barbe (1) ». Crillon déclara que les batteries seraient immédiatement mises en action. Il les plaça sous le commandement du brigadier Moreno, en le prévenant brutalement qu'il serait révoqué s'il n'obéissait pas à ses ordres. Il envoya ainsi au feu des bâtiments qui n'étaient point terminés, il leur donna pour commandant un officier dont ses paroles avaient fait un mécontent, et, pour comble de négligence, il oublia de prévenir l'escadre de l'attaque qu'il méditait.

Dans ces conditions déplorables, les dix batteries ouvrirent le feu à 600 toises le 13 septembre 1782, à 10 heures du matin. Jusqu'à trois heures du soir, les batteries tirèrent sans discontinuer. A ce moment la *Tallapiedra*, qui avait reçu un boulet rouge dans sa coque, ralentit son tir, mais elle ne le cessa entièrement qu'à cinq heures. Le prince de Nassau, qui la commandait, demanda des secours pour faire remorquer la batterie en arrière de la ligne d'embossage. Il ne reçut aucune aide, et cependant l'incendie progressait bien lentement, car ce fut seulement vers minuit qu'on perdit tout espoir de sauver la *Tallapiedra*. D'Arçon alla demander des secours à l'amiral, qui le renvoya au général. Crillon était absent, mais avait déjà donné l'ordre d'incendier toutes les batteries. Pendant l'embarquement des équipages, les Anglais firent sortir deux chaloupes canonnières : la confusion devint inexprimable. Deux batteries sautèrent dans la nuit, et les huit autres le lendemain.

« Après cet exposé, dit M. Chevalier, il ne peut rester « aucun doute sur la valeur militaire des batteries flottantes, « nous ne disons pas telles qu'elles auraient pu être, si les

---

(1) Coxe, *L'Espagne sous les Bourbons*, t. V, p. 286.

« plans du colonel avaient reçu une complète exécution,
« mais telles qu'elles étaient le 13 septembre. La situation
« des dix batteries à cinq heures du soir permet de se deman-
« der si, entre des mains intelligentes, elles ne seraient pas
« parvenues après une ou plusieurs attaques à réduire Gi-
« braltar. Les annales militaires offrent peu d'exemples d'une
« opération de cette importance conduite avec autant de légè-
« reté. Nous n'avons aucune raison d'accuser le duc de Cril-
« lon d'avoir préparé l'échec des batteries ; mais il est par-
« faitement certain que si telle avait été son intention, il
« n'aurait pas agi autrement. Dans tous les cas, on est en
« droit de dire que dans une entreprise demandant de l'étude,
« de la méthode, du savoir, le duc de Crillon ne montra que
« de l'impatience et de l'irréflexion (1). »

Les batteries flottantes ayant disparu, victimes des préjugés militaires plus encore que des boulets de l'ennemi, les
véritables éléments de combat de la flotte espagnole restèrent, comme dans les autres flottes européennes, les vaisseaux et les frégates. Encore doit-on observer que les frégates
prenaient rarement part à une bataille, et que les vaisseaux
de 64 canons eux-mêmes étaient considérés comme trop
faibles. Dans les combats, les frégates restaient en arrière de
la ligne et servaient à porter les ordres de l'amiral, ou à
remorquer les vaisseaux trop maltraités par l'ennemi. Leur
fonction principale, ainsi que celle des corvettes, était d'escorter les convois.

La marine espagnole comptait des vaisseaux de huit gran-
deurs différentes, armés de 130, 112, 96, 80, 74, 64, 60 et 54
canons, et des frégates de quatre rangs, portant 42, 40, 34 et
26 pièces.

Les bois de construction ne manquaient ni en Espagne, ni
aux Indes. A la Havane on construisait en acajou, en cèdre,
en chêne dur ; en Espagne en chêne, en pin et en hêtre ; mais
la législation forestière était absurde, et on remarquait plai-
samment que les oliviers, les orangers, dont le roi ne s'occupait pas, prospéraient parfaitement, tandis que les arbres

---

(1) E. Chevalier, *La marine française*, p. 337-347.

forestiers qu'il avait pris sous sa protection spéciale tendaient de plus en plus à disparaître. Tout propriétaire de bois était placé sous le contrôle des inspecteurs de la marine, et perdait le droit de disposer de son terrain. Chaque année, au mois de décembre, il devait fournir au commandant et au subdélégué de marine de son district un compte exact des arbres coupés, des arbres bons à couper et des arbres replantés. La marine payait les arbres à la pièce, sans faire de différence entre les gros et les petits, taxant parfois à 14 ou 18 réaux des arbres qui en valaient 200 sur pied ; elle obligeait les propriétaires à aller chercher l'argent à plus de vingt-cinq lieues, au prix de toutes sortes d'ennuis et de fatigues. Si le propriétaire refusait de replanter son terrain, l'administration l'y contraignait, et il se trouva un commissaire de marine pour dire : « C'est à coups de fouet que je leur ferai « replanter et conserver leurs bois » (1). Les arbres une fois abattus étaient transportés jusqu'à la côte, soit par les cours d'eau flottables comme le Cinca, le Gallégo et l'Aragon, soit par terre, à grands renforts de bœufs. Le prix en était ainsi fort augmenté (2). En Amérique, la marine taillait en pleine forêt vierge. Les arbres marqués dans les seules forêts de l'Orénoque auraient suffi, dit Humboldt, à occuper pendant dix ans tous les chantiers de l'Europe (3). Pour mettre un peu d'ordre dans le chaos des ordonnances, le roi confia à une commission le soin de codifier la législation forestière ; quand le rapport fut prêt, la commission le fit porter au ministère, où il fut presque aussitôt égaré ; on ne le retrouva jamais. En mars 1803 le roi publia une ordonnance complète sur la matière et la fit imprimer à milliers d'exemplaires ; mais jamais l'édition préparée ne fut mise en vente. Au mois de février 1805, on en revint purement et simplement aux ordonnances antérieures (4).

(1) Salazar, *Juicio critico*, t. II, p. 162. — Sesma, *Memoria sobre la armada*, p. 19.
(2) Coxe, *L'Espagne sous les Bourbons*, t. III, p. 581. — Ferret, *Exposicion historica*.
(3) Humboldt, *Essai sur la Nouvelle-Espagne*, t. IV, p. 56.
(4) Salazar, op. cit., t. II, p. 166.

La construction était d'autant plus chère que le port était plus éloigné des contrées boisées. Un vaisseau de 74 avec toutes ses pièces fixes, pompes, escaliers intérieurs, lampes, bâtons de poupe et timon, peint à l'ordonnance, et non doublé, coûtait 2.612.365 réaux au Ferrol, 2.625.000 réaux à Cadiz et 3.471.096 réaux à Carthagène. Le prix moyen de la mâture complète était de 200.082 réaux. Une frégate de 34 à 36 canons coûtait 1.054.698 réaux au Ferrol, 1.069.698 réaux à Cadiz et 1.409.972 réaux à Carthagène (1).

Le doublage augmentait sensiblement les prix. L'Espagne ne possédait que deux fabriques de cuivre laminé : à Algésiras et à Jubia (2). On comptait, pour le doublage d'un vaisseau de 74 canons, 1.455 plaques de cuivre d'une demi-ligne d'épaisseur, pesant 25.407 livres castillanes, 3.700 livres de chevilles en cuivre, 12.000 livres de suif et 90 fanègues de chaux en poudre. Le prix montait à 212.000 réaux au Ferrol et à 214.000 réaux à Cadiz. Le doublage d'une frégate revenait à 150.000 réaux.

La construction espagnole était plus chère que la française, ce qui provenait de la rareté des bois et des difficultés des transports (3).

L'architecture navale fut pendant longtemps une routine (4). Les anciens constructeurs ne faisaient pas de plan. Après avoir placé la quille sur le chantier, ils élevaient le maître couple, plus deux autres couples plus petits (*aletas*) à l'avant et à l'arrière, et en les rejoignant avec quatre règles horizontales ils obtenaient la mesure approximative et suffisante de tous les autres couples (5). Gaztañeta, le plus habile ingénieur espagnol du règne de Philippe V, ne procédait pas autrement. C'était un esprit curieux et observateur. Il remarqua que les navires auraient une plus grande

---

(1) Barado, *Museo militar*, t. III, p. 621.
(2) Sesma, *Memoria sobre la armada*, p. 20.
(3) En France, la coque d'un vaisseau de 74 coûtait 494.015 livres. — Loir, *La marine française en 1789*.
(4) Cf. *L'art. de bastir les vaisseaux, tiré des meilleurs auteurs hollandois*. Amsterdam. II vol. in-4°, 1719.
(5) D. Jorge Juan, *Examen critico-practico*, t. II, p. 17.

vitesse, si l'on augmentait discrètement leur tirant d'eau sur l'avant, et si l'on rapprochait de ce point leur centre de gravité. Il n'en fallut pas davantage à cette époque pour l'illustrer ; l'Amirauté hollandaise fit traduire ses ouvrages et donna ordre à ses ingénieurs de relever les mesures des vaisseaux construits par lui (1).

Cependant les mathématiciens finirent par s'occuper de la question. En 1746 Bouguer publia son *Traité du navire, de sa construction et de ses mouvements;* Euler donna en 1749 sa *Scientia navalis, seu tractatus de construendis ac dirigendis navibus.*

En 1750 D. Jorge Juan fut envoyé en Angleterre pour y étudier les méthodes suivies par les constructeurs anglais. Il les mit à la mode à son retour et formula quelques bons principes. Opposé à la construction de vaisseaux gigantesques, il pensait que le service de l'artillerie devait être la règle du constructeur. Il recommandait de ne pas donner au vaisseau une longueur supérieure à quatre fois le maître bau ; le navire devait être plus large de la proue que de la poupe ; plus il se rapprochait de la forme ronde, plus il était ferme et stable. En 1771 D. Jorge Juan publia les résultats de ses études dans un ouvrage intitulé : *Examen maritime, théorique et pratique, ou traité de mécanique, appliqué à la construction et à la manœuvre des vaisseaux.* Ce livre fut accueilli avec applaudissement par les Espagnols ; on alla jusqu'à appeler l'auteur : « le Neptune espagnol, l'Eole régulateur des vents, « le dieu de la marine » (2). Mais avec Charles III la France était redevenue à la mode à la Cour de Madrid : le roi d'Espagne demanda un ingénieur à Choiseul, qui lui envoya M. Gautier, dont les travaux inaugurèrent une troisième époque dans l'histoire de l'architecture navale de l'Espagne.

Avant D. Jorge Juan les Espagnols « construisaient des « vaisseaux prodigieusement lourds, mais forts comme des

---

(1) Fernandez Duro, *Almanaque maritimo publicado por la Ilustracion española y americana,* 1881. — Manini, *Historia de la marina real,* t. II, p. 626.

(2) Ferrel, *Exposicion historica,* p. 76.

« châteaux, et terribles dans le combat, que les Anglais crai-
« gnaient et fuyaient presque toujours (1) ». A la bataille de
Toulon, en 1744, le *Real Felipe* put soutenir le feu de plusieurs
vaisseaux anglais, grâce à la force de ses deux premières
batteries, impénétrables aux boulets (2). A ce type ancien
appartenait encore à la fin du dix-huitième siècle l'admirable
vaisseau le *Santisima Trinidad*. « C'était, dit Perez Galdos,
« un vaisseau à quatre ponts. Les plus grands du monde n'en
« avaient que trois. Ce colosse, construit en 1769 à la Havane
« avec les plus beaux bois de Cuba, comptait en 1805
« trente-six ans d'honorables services. Il avait 220 pieds de
« long de la poupe à la proue, 58 pieds de large et 28 pieds
« de creux de la quille au premier pont, dimensions extraor-
« dinaires, que n'avait alors aucun vaisseau. (3) Sa puissante
« membrure était une véritable forêt et soutenait quatre ponts.
« Ses côtés formaient de robustes murailles de bois. On y
« avait ouvert en le construisant 116 sabords, et lors de sa
« refonte et de son agrandissement en 1796, on en ouvrit 130.
« Armé de nouveau en 1805, il portait 140 bouches à feu,
« canons ou caronades. L'intérieur était une merveille d'a-
« ménagement, soit que l'on considérât les batteries pour
« l'artillerie, les postes de l'équipage, les soutes aux vivres
« ou les chambres des officiers, les cuisines, l'infirmerie ou
« les autres services. Je restai stupéfait en parcourant les
« galeries et les dédales de cet Escorial des mers. Les
« chambres de poupe étaient un petit palais, à l'intérieur,
« et formaient par dehors une sorte de château fantastique.
« Les balcons, les pavillons, les angles de la poupe, sem-
« blables aux tourelles d'un château ogival, étaient comme
« de grandes cages ouvertes sur la mer, et d'où la vue pou-
« vait embrasser les trois quarts de l'horizon (4) ».

La flotte espagnole comptait encore en 1798 douze vaisseaux de plus de 100 canons, qui, avec une artillerie

(1) Anonyme, *Nouveau Voyage*, t. II, p. 233.
(2) *Archives du ministère de la marine à Paris*, Campagnes, 1711, f° 54.
(3) Un vaisseau français de 120 canons avait 63 mètres de long et 16 de large. — Loir, *La marine royale en 1789*, p. 202.
(4) Perez Galdos, *Episodios nacionales. Trafalgar*, t. I, p. 72.

bien servie, eussent constitué l'escadre la plus redoutable (1).

La construction, dite anglaise, avait renoncé aux colosses et visé surtout à obtenir des vaisseaux rapides; mais elle avait donné de grands mécomptes. Au système anglais appartenaient dix-sept vaisseaux de 74, construits de 1751 à 1768, entre le retour d'Angleterre de D. Jorge Juan et l'arrivée de Gautier en Espagne (2). Sept de ces bâtiments comptaient en 1798 quarante-quatre ou quarante-cinq ans de mer, ce qui fait honneur à leur solidité; mais leurs qualités nautiques étaient loin d'être aussi remarquables que leur longévité. Huit de ces mêmes vaisseaux (*Santa Ysabel, San Isidro, Serio, Atlante, Gallardo, San Pascual, Velasco, Vencedor*) faisaient partie de l'escadre de D. Luis de Cordova en 1779. Tous les marins français sont unanimes à déplorer leur lenteur. « Ces vaisseaux vont tous si mal, dit le chef
« d'escadre Beausset, qu'ils ne sauraient joindre aucun autre
« vaisseau de guerre, ou lui échapper. Ainsi, ils ne peuvent
« rien prendre, et ne sauraient éviter d'être pris... Tout vais-
« seau espagnol vu est un vaisseau joint (3) ». Le 12 juillet 1782 vingt-sept vaisseaux espagnols et cinq français rencontrèrent vingt-deux vaisseaux anglais qui prirent aussitôt le large, et que la flotte combinée ne put atteindre. Lamotte-Piquet écrivit au ministre : « Quelle journée, Monseigneur,

---

(1) *Santisima Trinidad*, 130 canons (1769).
Concepcion, 112 (1779).
Santa Ana, 112 (1784).
Conde de Regla, 112 (1786).
Real Carlos, 115 (1787).
San José, 112 (1783)

Mejicano, 112 (1786).
Salvador, 112 (1787).
San Hermenegildo, 112 (1789).
Reina Luisa, 112 (1791).
Principe de Asturias, 112 (1793).
Real Familia, 112 (1796).

(2) *Santa Ysabel*, Carthagène, 1767.
San Isidro, Ferrol, 1768.
San Juan Nepomuceno, Guarnizo, 1766.
Serio, Guarnizo, 1754.
San Agustin, Guarnizo, 1768.
Atlante, Carthagène, 1754.
Firme, Cadiz, 1754.
Gallardo, Ferrol, 1754.
Glorioso, Ferrol, 1755.

Guerrero, Ferrol, 1755.
San Genaro, Carthagène, 1765.
San Lorenzo, Guarnizo, 1769.
San Pascual, Guarnizo, 1766.
Terrible, Carthagène, 1754.
Triunfante, Ferrol, 1756.
Velasco, Carthagène, 1764.
Vencedor, Ferrol, 1755.

(3) E. Chevalier, *La marine française*, p. 183.

« nous avons manquée par la pesanteur des vaisseaux espa-
« gnols (1) ! »

Le système de Gautier surprit et alarma les marins espagnols; quelques-uns s'en déclarèrent partisans, mais la plupart s'en tenaient au système anglais. On disait que les *Gautierinos* ne pourraient tenir la mer, même par les calmes d'été, sans courir le risque de sombrer; on critiquait le peu d'élévation de leur batterie basse au-dessus de l'eau; l'embarquement sur un de ces vaisseaux était considéré comme une témérité, que devaient précéder quelques dispositions chrétiennes pour se mettre bien avec le Ciel. Ce fut ainsi que l'on accueillit successivement l'*Angel*, le *San Joaquin*, le *San Pablo* et même le *San Miguel*, quoique ce dernier fût venu heureusement de la Havane. Mais, pendant la guerre d'Amérique, on remarqua que ce même *San Miguel* était le meilleur vaisseau des escadres espagnoles, et à partir de ce moment les *Gautierinos* furent en faveur (2).

La guerre d'Amérique apprit aux Espagnols à réaliser quelques progrès de détail; on disposa plus avantageusement les bastingages, on coupa mieux les voiles, on doubla les navires en cuivre; mais, d'autre part, on diminua l'échantillon des vaisseaux et l'on fit des bâtiments trop légers qui avaient sans cesse besoin de réparations. La mâture et l'artillerie laissèrent toujours beaucoup à désirer.

Les mâtures espagnoles étaient trop hautes. On avait cru qu'en augmentant démesurément la surface des voiles on augmenterait la vitesse, et l'on ne réfléchissait pas qu'on augmentait aussi le poids de la mâture et des agrès, qu'on rendait la manœuvre plus compliquée et les chances de rupture plus grandes. Tandis qu'un navire anglais de 120 canons se contentait d'une voilure de 64.283 pieds carrés, un navire espagnol de même rang développait 72.290 pieds carrés de toile. Les pièces du grand mât espagnol mises bout à bout donnaient une hauteur totale de 289 pieds, tandis que le grand

---

(1) E. Chevalier, *La marine française*, p. 331.
(2) Salazar, *Juicio critico*, t. I, p. 47.

mât anglais en mesurait seulement 274 (1). Ces mâts gigantesques étaient le plus souvent en mauvais sapin d'Irati ou d'Eril, sujet à éclater parce qu'il avait la fibre grosse et peu de résine ; il eût fallu employer le pin de Russie ou l'arbre-Marie (pitchpin ?) d'Amérique; mais on reculait devant la dépense (2). Le grément était trop faible et mal entendu ; les Anglais donnaient au mât de misaine autant de haubans qu'au grand mât, les Espagnols lui en donnaient moins ; leur beaupré n'avait pas assez de cordages ; rien n'était coincé ni raidi.

Les voiles étaient en général de qualité médiocre, parce que le roi était obligé d'acheter les produits bons ou mauvais des deux fabriques de Grenade et d'Estepa que la marine marchande ne suffisait pas à achalander (3). La moindre tempête faisait venir en bas ces mâtures mal assurées. Au mois d'août 1799, Mazarrédo quitta Cadiz avec dix-sept navires pour se rendre à Carthagène. Un coup de vent lui démâta onze vaisseaux ; l'escadre anglaise de l'amiral Keith qui eut à subir le même ouragan put continuer sa croisière sans avoir éprouvé d'avaries graves (4). Les agrès des vaisseaux espagnols étaient si mal tenus que dans un combat leur mâture tombait comme par enchantement aux premières bordées (5).

Comme on avait cru augmenter la vitesse en exagérant la hauteur des mâts, on crut aussi augmenter la force des vaisseaux en les surchargeant de canons. Un vaisseau de 74 portait 82 pièces, un vaisseau de 84 en avait 96 (6).

Les fonderies royales de la Cavada et de Lierganes, réorganisées par Valdès, étaient parvenues à livrer d'excellentes pièces (7). La marine espagnole employait même de grosses pièces en fer forgé qui faisaient prévoir les canons en acier.

(1) Salazar, *Juicio critico*, t. II, p. 504, et p. 130.
(2) Sesma, *Memoria sobre la armada*, p. 19.
(3) Id. ibid., p. 18.
(4) Jurien de la Gravière, *Guerres maritimes*, t. I, p. 287.
(5) Rapport du contre-amiral Dumanoir Le Pelley, lu dans les séances du Conseil d'enquête des 17 et 18 oct. 1809.
(6) Salazar, *Juicio critico*, t. II, p. 504.
(7) Ferrer de Couto, *Combate de Trafalgar*, p. 40.

Les pièces étaient de six calibres : de 36, de 24, de 18, de 12, de 8 et de 4. Ces nombres exprimaient le poids en livres du projectile. Le canon de 24 employait une charge de 8 livres de poudre, et pointé à 45 degrés envoyait son boulet à 4,500 mètres. A bord des vaisseaux, il eût été impossible de tirer sous un angle aussi considérable ; les ponts n'auraient point résisté au contre-coup du tir ; la portée du canon ne dépassait guère 3,000 mètres (1).

On appelait obusiers des pièces courtes en fonte ou en bronze, qui lançaient des projectiles explosibles; leur calibre se comptait par pouces, ils avaient 24, 30, 36 et 48 pouces de diamètre extérieur.

On poursuivait dès cette époque l'idée de transformer les canons en obusiers ; un commissaire général de l'artillerie, D. Francisco Javier Rovira, avait inventé (1783) un obusier long, capable de tirer des projectiles explosifs sous des trajectoires tendues ; on avait songé à armer de ces nouvelles pièces les gaillards des vaisseaux, mais rien n'avait encore été fait dans ce genre en 1805 (2).

Il en était de même des caronades, pièces d'invention anglaise, longues seulement de trois calibres, n'exigeant que trois hommes pour la manœuvre, et lançant la mitraille en éventail. Beurnonville attribue en partie le désastre de Trafalgar au manque de ces pièces à bord des vaisseaux de l'escadre franco-espagnole (3).

En 1805 l'artillerie d'un vaisseau de premier rang tel que le *Principe de Asturias* de 112 canons, comprenait 30 pièces de 36 dans la batterie basse, 32 de 24 dans la seconde batterie, 32 de 12 dans la troisième, 4 canons de 4 et 8 obusiers de 48 sur le pont (*alcazar*), 2 canons de 4 et 2 obusiers de 48 sur le château de poupe (*castillo*) et 6 obusiers de 24 sur la dunette (*toldilla*), soit en tout 100 canons et 16 obusiers. A chaque bordée, de la moitié de ses pièces, le *Principe* en-

---

(1) Cf. Loir, *La marine royale en 1789*, p. 188.
(2) Barado, *Museo militar*, t. III, p. 572.
(3) *Archives du ministère de la marine à Paris*, Campagnes, 1805, t. 229, f° 93.

voyait à l'ennemi 1.128 livres de fer et 8 obus (1). Mais il ne suffisait pas, pour vaincre, d'avoir beaucoup de canons ; il fallait savoir les servir avec promptitude, et surtout bien pointer. Pour l'artillerie comme pour la manœuvre, tant valait l'équipage, tant valait le vaisseau ; et l'on sait que c'était là par malheur le point faible de la marine espagnole.

Ce qui manquait enfin aux vaisseaux d'Espagne, c'était ce soin minutieux et merveilleux qu'un Nelson ou un Collingwood apportaient à tous les détails de l'armement de leurs navires. On avait donné dans chaque arsenal un magasin particulier à chaque vaisseau. On espérait ainsi rendre les armements plus rapides : l'idée était excellente, mais on n'avait pas su la rendre pratique. Les magasins étaient fermés à triple serrure; chacune des trois clefs était aux mains d'un officier différent : il fallait trouver et déranger trois personnes toutes les fois qu'on voulait ouvrir le magasin. Aussi l'ouvrait-on le moins souvent possible, et dans l'obscurité, l'humidité, la poussière, les agrès, les voiles, les hamacs pourrissaient ou devenaient la proie des rats et des vers. A la fin de l'année on procédait à une revue générale, et on vendait aux enchères les objets détériorés. On voyait des curés de campagne acheter des missels jaunis et des chasubles moisies provenant de la chapelle de tel ou tel vaisseau (2).

Ce n'était qu'à la dernière extrémité qu'on se décidait à mettre quelque objet au rebut ; car les ressources du trésor étaient limitées. Tandis que l'Angleterre dépensait chaque année pour sa marine 1.280.000 livres sterling (1.280.000.000 de réaux), l'Espagne, qui possédait au moins moitié autant de navires, ne dépensait que 140.000.000 de réaux, ou environ la neuvième partie du budget anglais (3). Les capi-

(1) *Archivo de Yngenieros del arsenal de la Carraca*, 1805.
Un vaisseau français de 118 canons portait 32 canons de 36, 34 de 24, 34 de 12 dans ses batteries, 18 canons de 8 et 6 obusiers sur ses gaillards. Sa bordée représentait un poids de 1.260 livres de fer. Trois canons modernes de 27 centimètres envoient 1.296 livres de fer d'une seule bordée.
(2) Salazar, *Juicio critico*, t. II, p. 82 et 84.
(3) Sesma, *Memoria sobre la armada*, p. 36.

taines anglais organisaient leur navire à leur gré ; n'acceptaient que des denrées, des approvisionnements et des effets d'équipement de premier choix ; les capitaines espagnols acceptaient ce que le port leur donnait, et bien souvent les fournitures étaient médiocres, ou trop vieilles, ou avariées ; on partait en croisière avec des mâts jumelés ou une mâture de fortune ; un vaisseau restait armé plusieurs années sans que l'on pensât à remplacer ses voiles ou ses agrès (1).

Cette pénurie n'était que la conséquence des idées de fausse et vaine grandeur qui avaient présidé à l'organisation de la flotte. Les rois d'Espagne avaient voulu avoir une puissante marine, et avaient construit moitié plus de vaisseaux qu'ils n'en pouvaient armer ou équiper : aussi la marine d'Espagne n'était-elle qu'un corps famélique et débile. En temps de paix on ne naviguait pas, par économie, et la guerre trouvait la flotte désemparée, les magasins vides, les officiers rouillés, les équipages à instruire ; tout était à faire, tout devait être improvisé. La marine ne s'improvise pas, et n'est réellement forte et puissante que dans les États qui savent prévoir et qui peuvent dépenser sans compter (2).

(1) *Archives du ministère de la marine à Paris*, Campagnes, 1803, t. 230, f° 263.
Archives des affaires étrangères à Paris, Espagne, 1795. — 1er prairial an III.
(2) Cf. G. Desdevises du Dezert, *La marine espagnole pendant la campagne de Trafalgar.* (Revue des Pyrénées, t. X, 1898.)

CHAPITRE VII

LES FINANCES.

Les bonnes finances sont la récompense des États sages, qui travaillent, produisent, épargnent et font de bonne politique. Le travail n'était pas en honneur en Espagne ; l'industrie était arriérée et mal comprise, le commerce peu actif, l'épargne peu populaire, et il est difficile d'imaginer une politique plus déraisonnable que celle de Philippe V ou de Charles IV. A la fin du xviii° siècle, les finances espagnoles tombèrent dans la ruine la plus complète, malgré les efforts héroïques et le talent très réel de quelques grands financiers. C'est leur lutte acharnée contre le déficit qui fera le principal intérêt de ce chapitre.

I. — La richesse nationale.

Les économistes espagnols ont cherché à connaître la richesse de l'Espagne ; les rois ont eu le mérite de comprendre l'intérêt de cette recherche, et d'y aider de tout leur pouvoir.

Les *Censos* de 1763, 1787 et 1797 sont remplis de notions relatives à la répartition de la richesse industrielle et foncière. De 1749 à 1799 la junte de la contribution unique poursuit son enquête sur la richesse imposable en Castille. Les rapports de ses correspondants forment une collection de cent cinquante volumes, dont le ministère des finances publie un résumé en 1802 sous le titre d'*Etat des produits agricoles et manufacturés d'Espagne*. Les ministres demandent à leurs agents des renseignements statistiques de toute sorte (1). Les intendants doivent connaitre en détail la situation agricole et industrielle de leur province (2). Charles IV institue à Madrid un bureau central (*Departamento de fomento*), qui collectionne tous les rapports particuliers sur le mouvement de la population et de la richesse en Espagne et aux Indes (3). Grâce à ces travaux, les ministres sont en mesure de renseigner le roi sur l'état économique du royaume (4). Assurément ils ne savent pas tout; mais à chaque nouvelle enquête ils approchent davantage de la vérité.

Canga Arguelles, qui fut longtemps secrétaire du Conseil des finances, estime la valeur des produits du sol à 8.572.220.591 réaux (5), le revenu de la propriété bâtie à 700.000.000 rx. (6), les produits de l'industrie à 1.036.985.134 réaux, (7), les gains du commerce à 466.363.516 rx (8), soit un total de 10.775.569.241 rx., qu'un autre économiste croit pouvoir porter à 11 milliards et demi de réaux, représentant le revenu d'un capital de 228.565.949.875 rx., plus de 57 milliards de francs (9).

Cette évaluation est très probablement au-dessous de la vérité, car ce chiffre, divisé par le nombre des habitants de la péninsule, donne à chaque Espagnol un revenu d'un millier de réaux, et comme la dépense d'un moine mendiant était estimée à 3 réaux par jour, il eût manqué à la fin de

(1) Cf. *Estado de los individuos de la nacion española en el continente y en el ultramar el año de 1810*. Cité par Canga Arguelles, *Diccionario de hacienda*, v° *Poblacion*.
(2) *Ordenanza de Intendentes*.
(3) *Décret royal du 19 mai 1802*.
(4) Cf. *Mémoire présenté au roi par D. Pedro Lerena* (déc. 1787). — *Mémoire présenté au roi par D. José Canga Arguelles* (1802). — Canga Arguelles, *Dic. de hac.*, v° *Consumos* et *Amiens*.
(5) Canga Arguelles, *Dic. de hac.* v° *Estadistica Agricultura*.
(6) Id. v° *Alquileres*.
(7) Id. v° *Artes mecanicas*. — A l'article *Manufacturas*, Canga Arguelles donne un chiffre un peu différent : 1.138.510.913 réaux.
(8) Id. v° *Estadistica*.
(9) Id. v° *Capitales de la nacion española*. — Vauban estimait les revenus de la France en temps de paix à 2 milliards de livres. L'Espagne de 1800 était certainement plus riche que la France de 1709. Vauban estimait la circulation monétaire de la France à 500 millions de livres. Dès 1772 celle de l'Espagne était évaluée à 4.866.229.132 réaux.

l'année, à chaque Espagnol, 95 réaux pour vivre comme un franciscain. L'Espagne était assez riche pour garder un capital d'un milliard de réaux en bijoux et en argenterie (1), pour acheter à l'Europe 880.000.000 de réaux de marchandises (2), et pour entretenir une circulation monétaire de 6.173.176.842 réaux (3).

La richesse était plutôt mal répartie qu'insuffisante. L'Espagne n'était peut-être pas beaucoup plus pauvre que l'Allemagne ou la France (4) ; mais il y avait de terribles différences entre les fortunes. Près d'un tiers des terres appartenait à l'Eglise, au roi ou aux communes (5). La province de Séville comptait 118.711 journaliers contre 5.309 laboureurs propriétaires (6). L'insouciance, la routine, le préjugé contribuaient à maintenir une grande partie de la nation dans une horrible misère.

L'impôt était aussi mal réparti que la richesse et paraissait accablant, quoiqu'il fût assez modéré. Si l'on eût appliqué à l'Espagne, le système préconisé par Vauban, la dîme royale, perçue sur un revenu de 11 milliards, eût rendu onze cents millions de réaux, juste le double de ce que le roi demandait à ses sujets (7) ; mais le fardeau mal équilibré pesait sur les épaules les plus faibles et menaçait à chaque instant d'écraser la nation.

II. — Les impôts.

Le système financier de l'ancienne Espagne est l'œuvre du temps et de la coutume, et présente un ensemble hétérogène d'expédients fiscaux et de subsides extraordinaires. Il semble que les rois d'Espagne aient cru s'enrichir en allon-

---

(1) Canga Arguelles, *Dic. de hac.* v° *Alhajas*, exactement 1.101.000.000 réaux.
(2) Id. v° *Estadistica*.
(3) Id. v° *Estadistica*, année 1811.
(4) Id. v° *Proporciones economicas*. — La richesse espagnole étant représentée par 5, la richesse française le serait par 6, et l'allemande par 7.
(5) Id. v° *Fincas nacionales*, 21.805.306.666 réaux sur 72.176.169.519.
(6) *Censo* de 1797.
(7) Valeur moyenne des impôts sous Charles IV : 550.697.975 réaux.

geant la liste des impôts, et se soient fait avec l'énumération de leurs revenus la même illusion qu'avec celle de leurs royaumes et de leurs seigneuries.

Cependant on doit reconnaître que les financiers espagnols ont été en général inspirés par de très grandes idées de justice. L'Espagne payait très peu de contributions directes ; les clercs et les nobles supportaient leur part des charges publiques, les impôts grevaient de préférence les objets de luxe ; les monopoles royaux se retrouvent dans la plupart des États modernes. Le système financier de l'Espagne eût été tolérable s'il n'avait entravé à peu près tout commerce, et si l'incroyable variété des menus droits à recouvrer ne l'avait rendu vexatoire et tracassier.

Les impôts espagnols peuvent être divisés en neuf classes : 1° droits patrimoniaux et revenus du patrimoine royal ; 2° droits perçus sur le clergé ; 3° droits perçus sur la noblesse ; 4° rentes provinciales ; 5° rentes générales ; 6° monopoles ; 7° revenus divers ; 8° rentes particulières à certaines provinces ; 9° revenus des Indes (1).

1° *Patrimoine royal et droits patrimoniaux.* — Cette branche des revenus publics ne figure guère que pour mémoire dans les tableaux dressés par les financiers espagnols. Le domaine royal était presque entièrement improductif et constituait plutôt une source de dépenses qu'une source de revenus. Les vastes résidences de la Granja, de l'Escorial et d'Aranjuez absorbaient chaque année des sommes énormes ; l'Alcazar désert de Valladolid coûtait chaque année 2.986 réaux, le Retiro en coûtait 636.662 (2).

Les rois avaient jadis possédé d'immenses territoires ; leurs générosités inconsidérées les avaient peu à peu dépouillés de presque toutes leurs propriétés foncières. Alvarez Guerra (3) estime à 200.000 *fanegadas* l'étendue des *sotos y montes* du roi, et porte leur valeur à 100 millions de réaux ;

---

(1) Cf. Gallardo, *Rentas de la Corona*, t. II, introd. — Salcedo, *Defensa historica de Vizcaya*. — *Encyclopédie méthodique* Finances, t. II (Espagne).
(2) Canga Arguelles, *Dic. de hac.* v° *Palacios reales.*
(3) *Metodo de extinguir la deuda publica.*

mais le roi ne tirait aucun parti de ces montagnes stériles, qu'il ne parvenait même pas à reboiser. Pour les terres vagues situées en plaine, Philippe V en ordonna la vente par tout le royaume en 1738 ; mais les propriétaires de troupeaux jetèrent les hauts cris, et en 1746 le roi rescinda toutes les ventes consenties depuis 1738 (1).

Les princes de la maison d'Autriche n'avaient pas seulement aliéné des terres ; ils avaient vendu ou donné des offices, des cens, des juridictions, des impôts et des redevances de toute nature. Les rois de la maison de Bourbon auraient bien désiré rentrer en possession de tous ces droits aliénés ; mais le trésor public n'eût pas suffi à rembourser les acquéreurs, ni même à leur payer les intérêts de leurs créances. Philippe V et Ferdinand VI laissèrent les choses en l'état. Charles III voulut entreprendre le rachat ; le confesseur du roi conclut à la légitimité de l'opération, le Conseil de Castille fut d'avis contraire ; le roi se contenta de quelques rachats partiels ; le patrimoine royal resta dans les Castilles amoindri et démembré (2).

En Navarre, les redevances patrimoniales rendaient en moyenne 14,278 réaux et 398 *robos*, 9 *almudes* de grain. Le produit en était entièrement consacré à l'entretien du palais de la Chambre des comptes de Pampelune (3).

En Biscaye et en Alava, le roi percevait, comme « seigneur de la terre », un certain nombre de redevances féodales de caractères très divers et d'importance minime, que nous retrouverons en parlant du régime financier de ces provinces.

Le domaine royal n'avait quelque importance que dans les pays de la Couronne d'Aragon.

En Valence, le roi était resté seigneur féodal d'un certain nombre de villages ; il percevait des droits sur les maisons, les fours, les moulins, les boucheries et les auberges, sur les pâturages et sur les bois. Les paysans (*pecheros*) dont le revenu atteignait dix ducats, lui payaient tous les sept ans

---

(1) Canga Arguelles, *Dic. de hac.* — *Ventas y enagenaciones.*
(2) A. Ferrer del Rio. *Historia de Carlos III*, t. IV, p. 465.
(3) Canga Arguelles, *Dic. de hac.* — *Navarra.*

un maravédis par feu. Il touchait les vieilles redevances de la *cena de ausencia* (le dîner d'absence), d'*almodinage* (3 deniers par *cahiz* de blé), de *tirage* et de *barcage* dans le port du Grao. Il vendait de l'eau aux riverains des canaux d'Alicante et d'Alcira. Il percevait 1/50 de la valeur du bois flotté (*apeañadero de las maderas*), un tiers des dîmes (1), un droit sur les ventes de biens-fonds (*luismo*, un droit de 30 0/0 sur les acquisitions d'immeubles par les églises (*amortizacion y sello*). Toutes ces broutilles représentaient en 1805 une somme de 586,459 réaux; mais le roi avait perdu le plus beau de ses domaines en Valence, le jour où il avait donné les lagunes d'Albuféra au Prince de la Paix, qui en tirait un demi-million de réaux tous les ans (2).

En Aragon, en Catalogne et à Majorque, le roi jouissait des mêmes privilèges féodaux qu'en Valence (3). Le patrimoine royal était administré pour les quatre provinces par les intendants d'armée (4) et l'ensemble des revenus patrimoniaux de la couronne d'Aragon figurait au budget de l'Espagne pour une somme de 2,605,564 réaux.

On peut rattacher au patrimoine royal les revenus que touchait le roi comme grand maître des Ordres militaires. Les maîtrises étaient devenues, par concession pontificale, une véritable propriété de la Couronne, et le roi en tirait un revenu net de 1,027,674 réaux (5).

Le produit des mines était beaucoup plus important. L'État exploitait le mercure d'Almaden, le plomb et l'antimoine de

---

(1) Des aliénations successives avaient réduit le produit du tiers royal en Valence à 335,895 réaux. En 1727 Philippe V les abandonna au marquis de Santiago, en paiement de 16,500,000 réaux qu'il lui devait. Il ne garda que les *tercios* de Burjasot et de Godella qui rapportaient 30,000 réaux par an. — Canga Arguelles, *Dic. de hac.* Tercios diezmos.

(2) Canga Arguelles, *Dic. de hac. Patrimonio real.* — *Albufera.*

(3) Cf. *Estado de algunas de las fincas urbanas y rusticas, arbitrios, derechos y acciones que poseia el antiguo cuerpo municipal de Barcelona, que quedaron en poder de la hacienda publica y real patrimonio, a la entrada de las tropas de Felipe V en esta ciudad*, ap. Pi y Arimon, *Barcelona antigua y moderna*, t. II, p. 187.

(4) *Diario de Barcelona*, 8 avril 1802. — 24 oct. 1792. Avis d'adjudication des droits patrimoniaux du roi en Catalogne.

(5) Canga Arguelles, *Dic. de hac. Ingresos; Maestrazgos.*

Linarès, le cuivre de Rio-Tinto, l'argent de Guadalcanal, le zinc d'Almaraz et le soufre d'Hellin. Hellin et Almaraz rapportaient peu ; Guadalcanal était inondé depuis le commencement du dix-huitième siècle ; mais Almaden, Linarès et Rio-Tinto donnaient chaque année 20.828.103 réaux (1).

La fabrication des monnaies pour le compte des particuliers donnait lieu à la perception du *braceage y señoreage* qui rendait 172.197 réaux à Madrid et 280.000 réaux à Séville en 1799 (2).

Enfin la vente de différents produits du domaine et les restitutions au trésor montaient en moyenne à 12.691.827 réaux (3).

2° *Droits perçus sur le clergé (rentas eclesiasticas).* — Les richesses du clergé espagnol ont de bonne heure excité la jalousie du roi, et rien ne peut donner une idée plus haute de la puissance des rois d'Espagne que la grandeur des sacrifices imposés par eux à l'Eglise, qui se montre en général réfractaire à l'idée de contribuer aux charges de l'Etat.

L'impôt le plus ancien perçu sur le clergé par le roi est la contribution connue sous le nom de *Tercias reales*, équivalant aux 2/9 des dîmes. Concédé en 1219 par le pape Honorius III au roi de Castille Ferdinand III, ce privilège commença vers 1310 à prendre le caractère d'un impôt permanent. Confirmé par Innocent VIII en 1487, et étendu aux royaumes d'Aragon et de Grenade, il fut déclaré perpétuel, et étendu aux Indes par Alexandre VI (1501) (4). Les *tercias reales* formèrent pendant longtemps le plus clair du revenu royal ; mais des aliénations désastreuses en réduisirent peu à peu la valeur. Elle montait à 15 millions de réaux en 1800 (5).

Les *tercias reales* se payaient, partie en argent et partie en nature. Par décret du 29 septembre 1800, Charles IV

---

(1) Canga Arguelles, *Dic. de hac. Minas que se benefician de cuenta de la nacion.*
(2) Id. ibid. — *Braceage.*
(3) Id. ibid. — *Ingresos.*
(4) Gallardo, *Rentas de la corona*, t. III, p. 37. — *Nov. Rec.*, I, VII, 1. (Note 3.)
(5) Canga Arguelles. *Dic. de hac. Tercias reales.*

ordonna que les denrées provenant des dîmes servissent à former les approvisionnements de l'armée et de la flotte ; mais comme les *tercias* servaient déjà à secourir les laboureurs pauvres, à réparer les églises, à payer les arrérages des rentes perpétuelles sur le trésor, l'ordonnance royale ne put avoir aucun résultat, et le roi la répéta sans plus de succès au mois d'août 1804 (1).

Les embarras du fisc à la fin du XVIII° siècle obligèrent le roi à solliciter du pape une augmentation des *tercias*. Le 8 octobre 1796 Pie VI supprima toute dispense de payer les dîmes (2). Le 6 octobre 1800, Pie VII accorda au roi un neuvième extraordinaire (*noveno extraordinario*) de toutes les dîmes, qui versa 31.008.985 réaux dans les caisses de l'État (3). Enfin, le 26 juin 1805, tous les fruits de la terre, tous les troupeaux, tous les oiseaux de basse-cour, restés jusqu'alors exempts des dîmes ecclésiastiques, furent frappés d'un droit de trois et demi pour cent au profit du roi (4). Cet impôt, à peine organisé, fut supprimé par la Junte nationale le 22 novembre 1808.

Le clergé payait encore sur ses dîmes l'impôt appelé *excusado* ou *casa excusada*. Par une bulle du 21 mai 1571, le pape Pie V avait autorisé le roi à percevoir la dîme de la plus riche maison de chaque paroisse. Rendu perpétuel par Benoît XIV le 6 septembre 1757, l'*excusado* rapporta en moyenne, de 1799 à 1804, 26.815.684 réaux (5).

Atteint dans ses dîmes par les *tercias reales*, le *noveno* et l'*excusado*, le clergé payait quatre sortes d'impôts sur ses autres revenus.

En 1561 Pie IV avait octroyé à Philippe II un subside de 420.000 ducats sur les biens du clergé pour l'armement de soixante galères destinées à combattre les infidèles. Le *subsidio ordinario de galeras*, renouvelé tous les cinq ans jusqu'en 1757, fut alors rendu perpétuel par Benoît XIV. Le rendement

---

(1) Gallardo, *Rentas de la corona*, t. III, p. 141.
(2) Id. ibid., t. III, p. 122.
(3) Canga Arguelles. *Dic. de hac. Ingresos*. — *Noveno*.
(4) Id. ibid *Frutos que no diezman*.
(5) Id. ibid. *Excusado*. — *Nov. Rec.*, II, XII, 1. (Notes 1 et 2.)

moyen de cette taxe atteignait, à la fin du xviii° siècle, 5,561.617 réaux (1).

Tout clerc pourvu par le roi d'un bénéfice ou d'une pension payait au roi le quart du revenu de la première année, si le bénéfice rapportait plus de 300 ducats, et la moitié si le bénéfice en rapportait plus de 600. C'était la *media anata eclesiastica*. Le revenu du premier mois des bénéfices supérieurs à 300 ducats, le revenu des deux premiers mois des bénéfices supérieurs à 600 ducats étaient mis à part, et formaient, sous le nom de *mesada eclesiastica*, un fonds destiné aux dépenses de la chapelle royale. Le produit net des deux impôts s'élevait en 1772 à 1.574.228 réaux (2).

Le roi avait acquis le droit de disposer du tiers des revenus épiscopaux pour pensionner qui bon lui semblait. Il usait assez discrètement de son droit ; cependant, il en usait toujours trop au gré des évêques ; et les pensions sur les mitres (*pensiones de mitras*) étaient évaluées à 20 millions de réaux (3).

Le 14 mai 1780, le droit que le roi n'avait possédé jusquelà qu'à l'encontre des évêques, fut étendu à tous les bénéfices non soumis à résidence, d'un revenu supérieur à 300 ducats, et à tous les bénéfices à résidence d'un revenu supérieur à 600 ducats. Le produit de cette taxe devenait former le *Fundo pio beneficial*, destiné au soulagement des pauvres et à l'entretien des hôpitaux. Le 30 novembre 1792, Charles IV convertit ce droit en une simple contribution du dixième des revenus, perçue sur tous les bénéfices, et il abandonna aux évêques et aux chapitres le maniement du *fundo pio beneficial*, qui cessa dès lors d'exister comme impôt d'Etat (4).

Deux abus remontant au moyen âge, les droits de *régale* et de *dépouille*, subsistaient encore en Espagne. Depuis le commencement du xvi° siècle le roi touchait les revenus des bénéfices vacants aux Indes, et la régale avait été étendue aux bénéfices de la péninsule le 7 janvier 1785. Elle rappor-

(1) *Nov. Rec.*, II, xi, 13. — Canga Arguelles, *Dic. de hac. Subsidio eclesiastico Ingresos*.
(2) Id. ibid. — *Media anata. Mesada eclesiastica*.
(3) *Nov. Rec.*, I, xxiii, 8-12.
(4) Id. I, xxv, 2.

tait 1.805.160 réaux au Mexique et environ 2.000.000 en Espagne (1). Le concordat de 1753 avait attribué au roi la propriété de tous les biens meubles des évêques décédés. Le droit de dépouille (*espolios*) donnait, bon an mal an, 1.422.598 réaux (2).

Deux impôts généraux, l'*alcabala* et les *millones*, atteignaient le clergé. L'alcabala était un droit de 14 0/0 sur les ventes. Les clercs ne le payaient pas sur la vente des produits de leurs terres ; mais ils y étaient soumis pour les achats qu'ils faisaient aux propriétaires et aux commerçants laïques (3). On appelait *millones* des droits sur la viande, l'huile, le vin et le vinaigre qui avaient été consentis par les Cortès. En 1649 les Cortès avaient voté au roi une aide de 24 millions de ducats payable en six ans, à raison de 4 millions par an. Le clergé contribuait au paiement des millones, mais seulement comme si l'impôt n'eût monté qu'à 3.250.000 ducats par an. Il ne payait donc que les 13/16 de ce que payaient les laïques. Comme il eût été difficile d'appliquer deux tarifs différents aux clercs et aux laïques, les uns et les autres payaient mêmes droits ; mais, à la fin de l'année, le trésor remboursait aux ecclésiastiques ce qu'ils avaient payé de trop (*refaccion eclesiastica*). Les clercs cherchèrent bientôt à spéculer sur le roi, et majorèrent leurs consommations pour obtenir une restitution plus considérable. Pour couper court à cet abus, le roi les obligea à déposer chaque année, entre les mains des employés des millones, une déclaration jurée des quantités de viande, de vin, d'huile et de vinaigre qu'ils estimaient nécessaires au service de leur maison. Le clerc qui dépassait les quantités prévues payait les millones sur le surplus au taux ordinaire (4).

Les financiers espagnols ajoutent aux rentes ecclésiastiques l'impôt connu sous le nom de Bulle de la Croisade (*Bula de la Santa Cruzada*) ; mais cet impôt n'était pas payé uniquement par le clergé, qui en avait surtout l'administra-

(1) Canga Arguelles, *Dic. de hac. Vacantes eclesiasticas.*
(2) Id ibid. *Espolios.*
(3) *Nov. Rec.*, 1, ix, 8, 9, 11, 12, 13.
(4) Gallardo, *Rentas de la corona*, t. I, p. 253.

tion et le contrôle. Il peut cependant être considéré comme un revenu tiré de l'Église, puisque c'est une spéculation sur la dévotion des fidèles.

Au temps de la ligue de Cambrai, Jules II, paraissant prendre au sérieux les projets de croisade du roi Catholique, l'avait autorisé à vendre à son profit des bulles d'indulgence et des dispenses de maigre. La concession des bulles de la Croisade fut faite d'abord pour six ans. Renouvelée de six en six ans jusqu'en 1757, elle devint alors perpétuelle. Chaque année le roi annonçait solennellement la mise en vente des bulles (1). Elles étaient promenées en procession par les villes. Il y avait des bulles d'indulgence pour les défunts, des bulles permettant de boire du lait les jours maigres, des bulles permettant de faire gras le samedi et quatre jours par semaine en carême (2). Le prix variait, suivant les personnes et suivant les provinces, depuis 2 réaux 16 maravedis jusqu'à 18 réaux. L'acquisition des bulles n'était pas obligatoire; mais celui qui n'en achetait pas passait pour mauvais chrétien, et s'exposait à toutes les chicanes qu'une pareille réputation pouvait attirer à un Espagnol (3). Le rendement de la *Cruzada* montait en 1801 à 16.110.000 réaux pour l'Espagne et à 13.155.870 réaux pour les colonies.

3° *Impôts perçus sur la noblesse.* — En principe, les nobles ne devaient au roi que le service militaire ; mais, les armées permanentes ayant remplacé les milices féodales, Philippe IV exigea des grands, des titrés de Castille, des commandeurs des ordres militaires, une contribution en argent, dont le nom de *lanzas* rappelait l'origine (1631). A la fin du xviii° siècle, les grands et les ducs payaient 7.000 réaux ; les marquis, comtes et vicomtes 3.600. Les commandeurs payaient en raison de la richesse de leurs commanderies, sans que la taxe dépassât jamais 6.480 réaux. Les prélats et les dignitaires ecclésiastiques furent exemptés des *lanzas* en

---

(1) *Archives de Zaragoza.* — *Registro de actas*, 1796, f° 18.
(2) *Bulas de difuntos, de composicion, de lacticinios.*
(3) Canga Arguelles, *Dic. de hac. Bula de la Sta Cruzada.* De Laborde, *Itinéraire*, IV, p. 196.

1661. En Navarre les titres antérieurs à la conquête n'y étaient pas soumis, les nouveaux titrés s'autorisèrent de ce fait pour ne rien payer. La question n'était pas encore tranchée en 1766 (1). Les *lanzas* rapportaient en 1799 1.927.436 réaux (2).

La moyenne et la petite noblesse ne payaient pas l'impôt des *lanzas* ; Philippe IV les frappa en instituant la *media anata civil*. Tout fonctionnaire nouvellement promu subissait une retenue de six mois sur son traitement ; à chaque avancement, nouvelle retenue de six mois sur l'augmentation de solde. Les grands récemment créés payaient 8.000 ducats de *media anata ;* les nouveaux titrés 2.250 ducats. Les héritages des grands et des titrés étaient grevés de droits de succession. Le rendement de la *media anata* civile était en 1799 de 1.209.885 réaux pour l'Espagne (3). Les employés du service des finances et beaucoup d'autres avaient trouvé le moyen de se soustraire au paiement de la *media anata*. Canga Arguelles estime à 800.000 réaux annuels la somme représentée par la *media anata* des offices exemptés.

4° *Rentes provinciales.* — On désignait sous ce nom une série d'impôts indirects, perçus exclusivement dans les vingt-deux provinces de la couronne de Castille. Le produit atteignait en 1802 la somme de 180.036.907 réaux, réduits par les frais de perception et les charges à 155.734.907 réaux (4). Une armée de trois mille employés veillait au recouvrement des taxes, « et le laboureur ne pouvait faire un pas avec sa « récolte, sans se trouver entouré d'officiers et de leurs « satellites (5) ».

Les rentes provinciales étaient fort attaquées à la fin du XVIII° siècle. Leurs partisans vantaient leur apparente égalité.

---

(1) *Archives de Simancas*. Invent. n° 24. — *Lanzas*. Leg. 725. Réponse de la Recette générale des valeurs des Finances royales à un ordre de S. M. sur le service des lanzas (16 déc. 1766).
(2) Canga Arguelles, *Dic. de hac. Lanzas*.
(3) Id., ibid. *Anata. Media anata*.
(4) Id., ibid. *Ingresos*.
(5) Jovellanos, *Informe sobre la ley agraria*, § 317.

Jovellanos leur répondait avec raison que cette égalité n'était qu'un leurre, la même taxe pesant bien plus lourdement sur le pauvre que sur le riche. Il prouvait que le poids des contributions provinciales retombait tout entier sur le paysan; il dénonçait les déplorables effets moraux d'une législation qui favorisait l'espionnage et la délation ; il voyait dans les rentes provinciales « un des plus puissants obstacles à la « prospérité de l'agriculture espagnole (1). » Cevallos disait que le pauvre payait bien 30 0/0 sur les objets de consommation, tandis que le riche et le clerc ne payaient que 5 0/0.

Campomanès ne parlait des rentes provinciales qu'avec indignation. « Y a-t-il une chose plus contraire aux principes « du droit de propriété que de me faire payer pour con- « sommer les fruits de mon propre fonds? J'aurai à demander « permission pour manger un mouton de mon troupeau ! « Ma maison sera envahie pour que l'on prenne note du « vin et du vinaigre que j'ai, que je vends et que je con- « somme! Si je veux donner une outre de vin à un ami, je « m'expose à le voir confisqué! Si je veux transporter une « arrobe de vinaigre d'un endroit à un autre, il me faut un « laissez-passer et un récépissé, et je devrai souffrir l'inso- « lence des gardes qui commettent les plus grandes violences! « On a beau dire que les députés du royaume ont autorisé « toutes ces choses : ils n'en avaient pas le droit. De deux « choses l'une, en effet : ou nous sommes des hommes libres, « ou nous sommes des esclaves. Si nous sommes des esclaves, « il n'y a plus qu'à nous mener au marché. Si nous sommes « des hommes libres, eh bien ! qu'on nous garde nos « libertés (2). »

Malgré ces éloquentes attaques, les rentes provinciales subsistèrent longtemps, c'était la branche la plus riche des revenus royaux. Trop de gens étaient intéressés à leur maintien, et le peuple castillan craignait instinctivement d'empirer sa condition en voulant la changer. Les rentes provinciales et leurs vingt subdivisions restèrent, au milieu des

---

(1) Jovellanos, *Informe sobre la ley agraria*, §§ 301, 308, 309, 317.
(2) Campomanes, *Cartas politico economicas*. Carta III.

finances espagnoles, comme un amas de masures d'un autre âge au milieu d'un parc bien dessiné.

L'*alcabala* formait le premier rameau des rentes provinciales. C'était une taxe de 10 0/0 sur la valeur de tous les objets vendus, revendus ou échangés ; en cas de troc, on la payait sur la valeur de tous les objets compris dans l'échange (1). Il n'était pas de trafic si misérable qui ne fût guetté par le commis de l'alcabala. Un même objet, dix fois vendu et revendu, acquittait dix fois l'alcabala. « L'impôt prenait les « produits de la terre dès leur naissance et les poursuivait « et mordait dans toute leur circulation, sans les perdre « jamais de vue, sans les lâcher, jusqu'au moment de leur « consommation (2). »

Déjà lourd par lui-même, cet impôt avait été porté à 11 0/0 en 1639, à 12 0/0 en 1642, à 13 0/0 en 1656 et à 14 0/0 en 1663. C'étaient les quatre centièmes (*los quatro unos por ciento*) qui furent perçus avec les alcabalas jusqu'en 1686. Le roi les réduisit alors à 2 0/0 ; mais en 1705 on les rétablit sur l'ancien pied (3), et ce ne fut qu'en 1785 qu'on les diminua sérieusement. D'après le tarif de cette année les droits d'alcabalas et cientos varièrent de 2 à 8 0/0 (4), et, le 2 février 1797, ils furent réduits à 4 0/0 sur la plupart des articles (5). Ce fut assurément un grand progrès ; mais la variété des tarifs (6), le nombre incroyable des privilégiés, les aliénations consenties par le roi au profit des particuliers (7), conservèrent à ces impôts un caractère capricieux et vexatoire qui suffit pour justifier ce qu'en disaient Campomanès et Jovellanos. Le rendement des alcabalas montait en 1798

---

(1) Gallardo, *Rentas de la Corona*, t. I, p. 161.
(2) Jovellanos. *Informe*, § 310.
(3) Gallardo, *op. cit.*, t. I, p. 182.
(4) Canga Arguelles, *Dic. de hac. Ingresos*.
(5) *Nov. Rec.*, X. xii, 2. supp. Les marchandises étrangères restèrent sujettes à un droit de 10 0/0.
(6) Il y avait des tarifs spéciaux aux royaumes de Séville, Jaën, Cordoue et Grenade. Gallardo, *op. cit.* t. I, p. 329.
(7) Canga Arguelles estime à 216.822 250 réaux, le capital représenté par les alcabalas aliénées à des particuliers (*Dic. de hac.* — *Alcabalas*). Les cessionnaires étaient d'ailleurs tenus d'abandonner au roi une partie de leurs bénéfices ; on appelait *situados* les sommes payées par eux au fisc.

à 28.995.874 réaux et celui des cientos à 30.906.867 réaux (1).

On appelait rente des herbes (*renta de yerbas*) les alcabalas et cientos perçus sur les herbes et la glandée des pâturages et des forêts appartenant aux Ordres militaires. Ces droits avaient été réduits, en 1793, de 14 à 7 0/0 et rapportaient en 1798, 119.798 réaux (2).

L'alcabala de haute mer (*alcabala de alta mar*) était une taxe de 14 0/0 qui frappait toutes les ventes de marchandises étrangères effectuées en pleine mer, dans les ports ou dans les marchés de la frontière (3). Les règlements du 14 et du 26 décembre 1785 réduisirent les droits à 10 0/0 (*diez por ciento de generos extrangeros*). En plus de ce droit, toutes les marchandises étrangères furent frappées d'une taxe de 5 0/0, soit qu'elles fussent consommées dans les ports et les marchés de la frontière, soit qu'elles fussent dirigées vers l'intérieur de l'Espagne. Le nouvel impôt prit le nom de droit de pénétration (*derecho de internacion*). Combiné avec le 10 0/0 sur les marchandises étrangères, il constituait une aggravation de l'alcabala de haute mer, portée de 14 à 15 0/0 : aussi le commerce espagnol fit-il entendre les plus vives réclamations. Dès le mois de février 1788, la Compagnie des Philippines obtenait exemption du droit de pénétration (4) ; les privilèges allèrent se multipliant, compliquant les tarifs, rendant la perception impossible. En 1796 parut l'ordonnance définitive sur la matière. Le droit de pénétration devait être perçu par l'administration des douanes, en même temps que les droits de douanes et le 10 0/0 sur les marchandises étrangères. Un tiers du produit était laissé aux douanes, et les deux autres tiers étaient versés dans la caisse des rentes provinciales (5). Le rendement moyen

---

(1) Canga Arguelles, *Dic. de hac. Ingresos*.

(2) Canga Arguelles, *Dic. de hac. Ingresos*. — Gallardo, *Rentas de la Corona*, II, p. 368, et III. p. 250.

(3) « *Puertos secos o mojados* » — ports secs ou ports mouillés. — On entendait par ports secs les villes des frontières de terre où la douane avait ses magasins.

(4) *Real orden* du 21 février 1788.

(5) *Real orden* du 20 août 1796.

en temps de paix atteignait 30.000.000 de réaux (1).

Les *millones* remontent à Philippe II. Les Cortès accordèrent au roi, à plusieurs reprises, des aides extraordinaires d'un certain nombre de millions payables en six ans. Les millones furent prorogés de six ans en six ans jusqu'en 1632, époque où les Cortès les rendirent perpétuels. Aggravés en 1650 et 1656, atténués en 1686, rétablis en 1705, ils constituaient, au dire de Campomanès, la plus intolérable des servitudes (2). C'étaient des taxes sur la viande, le vin, le vinaigre, l'huile, le savon et la chandelle. La taxe primitive était de 3 maravédis par livre de viande ou de lard. Le vin payait un droit fixe de 28 maravédis par *cantara* de 8 *azumbres*, et en plus un droit variable (*sisa*) égal au huitième de sa valeur; on percevait la *sisa* en ne donnant au client que 7 azumbres au lieu de 8. L'huile payait 18 maravédis par arrobe et le droit du huitième. Le vinaigre payait le huitième. Le savon et la chandelle étaient taxés à 4 maravédis par livre (3). Ces droits ridicules, et presque impossibles à percevoir exactement, furent augmentés par la suite, et le vin arriva à payer 64 et 66 maravédis par arrobe (4), la viande 24 maravédis par livre (5). Les tarifs différaient suivant les marchandises, suivant les provinces, suivant les acheteurs. « Le maniement « des millones devint si compliqué que les tribunaux eux-« mêmes ne savaient plus se reconnaître dans les causes les « plus ordinaires (6). » Là où le laïque payait 8 réaux, le clerc en payait 3 (7); quand le Grenadin payait 16 réaux, le Sévillan en payait 32 et l'habitant de Toro 200 (8).

Il faut ajouter aux millones certains droits perçus sur le blé, l'orge, les lainages, les toiles, la soie, les légumes, le pois-

---

(1) Canga Arguelles, *Dic. de hac. Ingresos.*
(2) Campomanes. *Cartas politico-economicas. Carta III.*
(3) Gallardo, *Rentas de la Corona*, t. I, p. 186.
(4) Id., ibid. t. I, p. 272 et 274. — Le vin vendu à 438 maravédis l'arrobe (3 fr. 20 les 16 litres 13 centilitres) par le propriétaire, était vendu au consommateur 743 maravédis (5 fr. 45) dans les villes qui n'avaient pas d'octroi.
(5) Canga Arguelles, *Dic. de hac. Millones y cientos.*
(6) Campomanes, *Cartas politico-economicas. Carta IV.*
(7) Gallardo, *Rentas de la Corona*, t. I, p. 317.
(8) Canga Arguelles, *Dic. de hac. Provinciales (Rentas).*

son frais et salé, le cacao, le sucre, les épices. Ces droits formaient une branche spéciale de l'administration des millones sous le nom de rente du vent (*renta del viento*) (1). Les produits des millones et de la rente du vent étaient évalués, en 1798, à 30.305.867 réaux 32 maravédis (2).

En vertu d'une concession des Cortès de 1642, le roi avait le droit d'entretenir dans chaque localité un mesureur juré (*fiel medidor*), qui percevait une taxe de 4 maravédis par arrobe de vin, d'huile ou de vinaigre. A la fin du xviii° siècle, presque tous les offices de mesureurs jurés avaient été aliénés par le roi. Il ne touchait plus en 1798 que 991.574 réaux pour *fiel medidor* (3).

Le quint et million de la neige (*quinto y millon de la nieve*) fut imaginé par les Cortès de 1650. Campomanès n'hésite pas à qualifier cet impôt d'absurde, et se demande avec raison « pourquoi le roi ne met pas d'impôt sur l'eau des citernes « puisqu'il l'impose quand elle est glacée » (4). La neige et la glace à rafraîchir payaient un cinquième de leur valeur et 2 maravédis par livre pour millones. La rente de la neige fut d'abord affermée. A partir de 1760 le roi la fit recouvrer par les agents des rentes provinciales ; mais comme la plupart des glacières appartenaient à des œuvres pies ou aux municipalités, un grand nombre de villes s'abonnèrent avec le fisc pour une somme déterminée. En 1798 la rente de la neige ne rapportait que 608.771 réaux 32 maravédis (5).

Les aides ordinaires et extraordinaires (*servicio ordinario y extraordinario*) étaient une contribution de 150 millions de maravédis (4.444.444 réaux) qui remontait aux règnes de Charles-Quint et de Philippe II et était payée par les gens du Tiers-Etat. Un droit de 15 pour mille (*quince al millar*) était perçu en sus de l'impôt pour payer les frais de perception. Cette taxe humiliante fut supprimée par Charles IV le 20 sep-

(1) Gallardo, *Rentas de la Corona*, t. I, p. 309.
(2) Canga Arguelles, *Dic. de hac. Ingresos*.
(3) Gallardo, *op. cit.*, t. III, p. 146, t. I, p. 307.
(4) Campomanes, *Cartas politico-economicas*, Carta III.
(5) Gallardo, *op. cit.*, t. III, p. 204.

tembre 1795 (1). Son rendement moyen montait à 4.411.760 réaux.

A la même classe de redevances surannées appartenaient les droits féodaux connus sous le nom de *conducho, infurcion, yantar* et *martiniega*, qui se percevaient encore à la fin du xviii° siècle dans quelques bourgs de Castille-Vieille. Ils consistaient en un fouage de 12 sous par feu, qui était perçu avec les alcabalas et cientos. Les martiniegas de certains bourgs libres (*de behetria*) des provinces de Burgos et de Palencia servaient à entretenir dans la cathédrale de Burgos l'œuvre pie de Quintanadueñas (2).

La rente de l'eau-de-vie (*renta del aguardiente y licores*) rapportait 7.326.458 réaux (3). Le roi avait voulu, en 1632, monopoliser la fabrication et la vente de l'eau-de-vie, et avait fixé son droit à 8 0/0, mais tour à tour abandonné et repris, le monopole fut définitivement supprimé en 1747, excepté à Madrid, dans les résidences royales, à l'Ile-de-Léon, à La Carraca, à San Carlos, à Ceuta, à Cadiz, au Ferrol, à La Corogne, et dans les localités où le monopole avait été aliéné par le roi (4). A la fin du xviii° siècle, une splendide distillerie fut installée à Madrid (5). En 1800, Charles IV rétablit le monopole dans toute la province de Madrid; mais l'expérience ne fut pas avantageuse. En 1804 le roi supprima les derniers vestiges du monopole, et se contenta de relever la taxe sur l'eau-de-vie. Le revenu atteignit, d'après Ripa, la somme de 18.840.747 réaux (6).

La rente de la soude (*renta de sosa y barrilla*) fut établie par les Cortès de 1621 et de 1624. Le quintal de soude payait de 3 à 6 réaux, en plus de l'alcabala et des cientos. Les fabricants de verreries et de savon ne cessèrent de réclamer contre ces impôts qui ruinaient leur industrie. Ils n'obtinrent gain de cause que le 26 décembre 1780. Charles III déclara

---

(1) Gallardo, *Rentas de la Corona*, t. III, p. 1 et 9.
(2) Id , ibid. t. III, p. 11.
(3) Canga Arguelles, *Dic. de hac. Ingresos*.
(4) Gallardo, *op. cit* , t. III, p. 152.
(5) Mesonero Romanos, *El antiguo Madrid*, t. II, p. 20.
(6) Canga Arguelles. *Dic. de hac. Renta del aguardiente*.

alors la liberté du commerce de la soude à l'intérieur du royaume, l'exempta même des alcabalas et cientos, et s'indemnisa en frappant la soude d'un droit de douane de 6 réaux et demi à 13 réaux par quintal. La recette montait en 1798 à 345.902 réaux 10 maravédis (1).

Les douanes percevaient dans les ports d'Andalousie un droit sur le vin, l'huile et le vinaigre destinés à l'exportation. Connu sous le nom de *cargado y regalia*, ce droit variait suivant les ports. Il fut fixé en 1775 à 6 réaux par arrobe. Longtemps disputé entre les administrations des rentes générales et provinciales, cet impôt finit par être annexé aux rentes générales en 1802 (2).

La dîme de l'Aljarafe et de la rivière de Séville (*diezmo del Aljarafe y ribera de Sevilla*) avait été concédée au roi de Castille par le pape Innocent IV en 1248. Le roi touchait la dîme de l'huile, des olives, des figues et des glands récoltés dans le canton de l'Aljarafe et sur les bords du Guadalquivir. Il tirait, bon an mal an, de ce beau privilège 30 à 40,000 réaux (3).

La rente de la grand'mère (*renta de la Abuela*) était particulière à Grenade et remontait au temps des Mores. Elle consistait en taxes sur l'huile, la brique, la chaux et le plâtre, et en droits sur le loyer de certaines maisons de la ville. Son produit était insignifiant (4).

La rente du repeuplement (*renta de la poblacion*) avait une origine mieux connue. Après la grande insurrection de 1571, six cent mille personnes avaient quitté l'Andalousie. Le roi avait appelé de nouveaux colons, et leur avait offert les champs et les maisons des émigrés moyennant une double dîme, payable moitié à l'Église et moitié au fisc, et un tiers de la récolte des mûriers et des oliviers. Deux cent soixante villages furent repeuplés à ces conditions ; le roi perçut en outre les fermages des biens qu'il n'avait pu trouver à vendre, et soumit tous les habitants du royaume de Grenade

---

(1) Gallardo, *Rentas de la Corona*, t. III, p. 246. — Cangа Arguelles, *Dic. de hac. Ingresos*.
(2) Gallardo, *op. cit*, t. III, p. 255.
(3) Id., ibid. t. III, p. 252.
(4) Id., ibid. t. III, p. 292.

à une légère contribution (*farda*) pour la garde des côtes. Tous ces droits ne rapportaient plus à la fin du xviii° siècle que 26.316 réaux, parce que la négligence des juges locaux avait favorisé les usurpations des censitaires. En 1797 le roi déclara rachetables tous les cens de la *renta de la poblacion* et appliqua le produit du rachat à la Caisse de consolidation des *Vales* (1).

La rente de la soie (*Renta de la seda*) se percevait en Grenade depuis le temps des Mores. Les rois catholiques avaient taxé la soie au dixième de sa valeur, plus 8 maravédis par livre pour droit de *tartil*, et 9 maravédis au profit de la ville de Grenade. En 1686, le droit fut fixé à 15 réaux et 12 maravédis par livre, mais l'industrie de la soie déclina rapidement : la récolte avait été de 250.000 livres en 1610, elle n'était plus que de 80.000 livres en 1750 (2). Pour relever l'industrie, le roi réduisit l'impôt à 2 réaux par livre (1776), et le 5 janvier 1787, il exempta de tous droits les déchets ; les droits furent réduits à un réal par livre sur la soie noire, la filoselle et le fleuret (3). Dès 1799 la récolte était remontée à 562.317 livres.

La rente du sucre (*Renta del azucar*) eut même histoire que celle de la soie. En 1632, des droits énormes frappèrent le sucre de Grenade. Chaque *pilon*, ou pain de deux arrobes (23 kilogrammes), paya 21 réaux d'impôt, d'alcabalas et de cientos. La production diminua. Pour ranimer l'industrie sucrière, le roi abaissa l'impôt à 14 réaux par pain (17 mai 1747), puis à 7 réaux (1756), puis à 3 réaux et demi, dont 1 réal 1/2 pour la renta del azucar, et les deux autres réaux d'alcabala. En 1798, le produit de la rente du sucre était de 117.011 réaux 16 maravédis (4).

En sus de tous ces impôts, l'administration des rentes provinciales eut à percevoir, à partir de 1785, la contribution des fruits civils (*contribucion de frutos civiles*) imaginée par Florida Blanca, et consistant en un droit de 5 0/0 sur les

(1) Gallardo, *Rentas de la Corona*, t. III, p. 267.
(2) Canga Arguelles, *Dic. de hac. Seda* (Renta de la).
(3) Gallardo, *op. cit*, t. III, p. 292.
(4) Id., ibid. t. III, p. 309. Canga Arguelles, *Dic. de hac. Ingresos. Azucar.*

propriétés foncières, sur les rentes en grains, fruits, vin et huile, sur les produits de l'industrie, et sur les concessions de droits royaux faites à des particuliers. Le nouvel impôt ne s'appliquait qu'aux vingt-deux provinces de Castille (1). En 1794, il n'était pas encore accepté partout, et son rendement restait très médiocre. Charles IV le supprima (2), et le remplaça par une contribution extraordinaire et temporaire sur tous les revenus provenant de fermages, héritages, droits royaux et juridictions. Le produit devait être appliqué au remboursement des Vales, et l'impôt devait cesser d'être perçu, sitôt que les Vales auraient été remboursés. La taxe était de 6 0/0 sur le revenu des terres et de 4 0/0 sur le loyer des maisons et les produits industriels. Le rendement atteignit 10.000.000 de réaux en 1799 (3). Uniquement consacré au remboursement des Vales, cet impôt direct n'avait de commun que l'administration avec les rentes provinciales.

5° *Rentes générales.* — Les rentes générales comprenaient le revenu des douanes et les droits sur la laine. Leur nom venait de ce qu'à la différence des rentes provinciales, elles s'appliquaient à toute la monarchie, moins la Navarre et les Vascongades, qui avaient obstinément lutté pour rester en dehors de la ligne des douanes espagnoles.

Les douanes royales gardaient les frontières de terre et de mer de tous les États castillans et aragonais. On appelait les villes maritimes ports mouillés (*puertos mojados*), et les marchés de la frontière de France ou de la frontière de Portugal, ports secs (*puertos secos*). Jusqu'en 1717 des douanes avaient existé entre la Castille et Valence et percevaient un droit de 16 0/0 sur la valeur des marchandises (4). L'Andalousie garda ses douanes jusqu'en 1778. On percevait à Jerez et à Lebrija le vieux droit moresque d'*almojarifazgo*, taxe de 8 0/0 sur toutes les marchandises à l'entrée de l'An-

---

(1) Ant. Ferrer del Rio. *Historia de Carlos III*, t. IV, p. 139.
(2) *Real orden* du 21 août 1795.
(3) Canga Arguelles, *Dic. de hac. Frutos civiles.*
(4) Coxe, *L'Espagne sous les Bourbons*, t. III, p. 562.

dalousie (1). La liberté du commerce des Indes (1778) et la rédaction du tarif général (1783) firent disparaître ces derniers restes de l'ancien régime douanier.

Albéroni commença la guerre de tarifs avec le commerce étranger, abolit plusieurs privilèges onéreux et réorganisa le service douanier (2); mais l'étranger était toujours traité trop favorablement. Anglais, Français, Hollandais profitaient de la faiblesse, de l'ignorance ou de la pénurie du gouvernement pour se faire attribuer des réductions de tarifs atteignant quelquefois 33 0/0. Les tarifs étaient mal conçus, on faisait les droits d'entrée très modérés (2 1/2 0/0), les droits de sortie énormes (8 à 10 0/0) et l'Espagne se trouvait encombrée de produits étrangers sans pouvoir écouler les siens (3). En 1750, l'Etat reprit l'administration directe des douanes. En 1773, Florida Blanca supprima les privilèges abusifs accordés aux étrangers par des fermiers peu scrupuleux. Il ouvrit onze ports espagnols au commerce des Indes, et vingt-quatre ports d'Amérique furent autorisés à commercer avec l'Espagne. Un tarif uniforme remplaça les tarifs particuliers (4). Florida Blanca eût voulu abolir les redevances locales, qui ruinaient les armateurs; il supprima le droit de *bolla* en Catalogne, mais dut laisser subsister encore beaucoup d'abus.

Le navire étranger qui abordait dans un port de la Péninsule avait à acquitter tout d'abord une foule de péages, tels que droit d'ancrage, droit de tonnage, droit de môle, droit de capitaine de port, droit de pratique. Il fallait payer pour le nettoyage du port, payer pour le phare, pour le service de santé. Il fallait subir et payer la visite des commissaires de l'Inquisition (5). Tous ces droits variaient suivant les ports, si bien qu'un navire de 4.000 quintaux payait 322 réaux en Galice, 502 à Barcelone et 2.515 à Cadiz.

(1) Canga Arguelles, *Dic. de hac. Almojarifazgo.*
(2) Coxe, *L'Espagne sous les Bourbons*, t. III, p. 485.
(3) Id., ibid t. III, p 560.
(4) *Compte rendu* de Florida Blanca, § 23.
(5) Canga Arguelles, *Dic. de hac. Toneladas, Limpieza, Sanidad, Linterna, Ancorage, Inquisicion, Muelle, Capitan de puerto, San Telmo, Practica, Fondeo, Toneladas y fondeo.*

Après avoir acquitté les taxes du port, il fallait payer les contributions municipales : 4 réaux par fanègue d'avelines dans les Asturies, droits sur la soude et le sparte à Alicante et à Carthagène, sur le blé, le charbon, le bois, le jonc et le vin en Grenade, droits de *Lonja*, de *Balbas* et d'*Infantes* à Séville.

Les grands ports possédaient un Consulat ou Tribunal de commerce, qui percevait à son profit une taxe variant d'un demi pour cent à trois pour cent.

Après avoir payé le port, la ville et le consulat, il fallait encore payer l'amiral d'Espagne. Supprimé en 1748, l'office de grand-amiral fut rétabli en 1807 en faveur de Godoy, et ce nouveau dignitaire n'eut pas moins de quinze droits divers à recouvrer sur toute espèce de marchandises. En une seule année Godoy en tira 3.501.198 réaux (1).

Enfin venait le tour du roi, qui prélevait 15 0/0 sur toutes les denrées étrangères, et 5 0/0 en sus sur le lin, la laine, la soie, la quincaillerie, le sucre et le cacao pour le remboursement des valès.

Le tarif général de 1783 devait favoriser le commerce national et atténuer autant que possible l'effet désastreux de la concurrence étrangère. Pour les marchandises d'origine espagnole, plus de 100 articles avaient été déchargés de tout droit à la sortie du royaume, plus de 400 articles jouissaient d'une prime à l'exportation ; ceux qui n'avaient pas été exemptés bénéficiaient d'une remise sur le droit de 15 0/0. Les marchandises espagnoles avaient libre transit de port à port, sous pavillon national. Les droits perçus à la sortie sur une marchandise espagnole étaient remboursés à la rentrée si la marchandise n'avait pas trouvé d'acheteur. Les objets manufacturés en Espagne n'étaient pas soumis à tous les menus droits de port ; beaucoup étaient exemptés de tout droit à l'entrée des ports américains. Plus de 200 articles des Indes entraient en franchise en Espagne ; les autres payaient 3 ou 5 0/0. Mais le système avait été exagéré, le commerce était rendu presque impossible aux étrangers. Il y avait beaucoup

---

(1) Canga Arguelles, *Dic. de hac. Almirantazgo.*

d'articles prohibés, les formalités douanières restaient minutieuses et vexatoires. Les droits à acquitter étaient trop nombreux et trop lourds. Un navire hollandais du port de 800 tonneaux, chargé pour moitié de poisson et de morue salée, ne payait pas moins de dix-sept impôts différents, et sur une cargaison d'une valeur de 1.500.000 réaux, les droits montaient à la somme vraiment exorbitante de 710.238 réaux, ou près de 50 0/0 de la valeur totale (1).

L'exagération des taxes avait deux mauvais résultats : elle paralysait le commerce et favorisait la contrebande.

Nul peuple ne s'est adonné à la contrebande avec plus de passion que l'Espagnol, parce que nulle part les risques n'étaient moindres et les bénéfices plus considérables. Le contrebandier devenait aisément un héros populaire. On chantait sa vaillance et ses victoires sur les douaniers du roi (2). Les soldats de la douane, trop peu nombreux, mal payés, mal vus des populations, ne s'en prenaient guère qu'aux gens timides. Un voyageur français, fouillé par eux quatre fois du Port-Sainte-Marie à Cadiz, les peint comme « de vils mercenaires, qui pour vingt sous laisseraient passer « tous les contrebandiers de la terre, mais qui sont très exacts « à vider les poches d'un honnête homme » (3). Personne ne se croyait déshonoré pour frauder les droits du fisc. Des officiers de marine passaient de l'or et de l'argent en fraude dans la baie de Cadiz (4). Des ambassadeurs d'Espagne à Paris envoyaient des marchandises françaises en Espagne sans les déclarer à la douane (5). On glissait des marchandises de fraude jusque dans les caisses à l'adresse du roi (6). Au mois de mars 1800, en pleine guerre avec l'Angleterre, un navire, soi-disant américain, entrait dans le port du Ferrol sous pavillon parlementaire, et y débarquait les officiers et

---

(1) Canga Arguelles, *Dic. de hac. Rentas generales.*
(2) *Archives des affaires étrangères à Paris.* Espagne, 1791, t. 637, f° 4
(3) Anonyme, *Nouveau voyage*, t. I, p. 239.
(4) Duc des Cars, *Mémoires.*
(5) Morel-Fatio, *Études.*
(6) Ordre royal du 18 déc. 1760, ordonnant d'ouvrir à la douane les caisses à l'adresse du roi.

les matelots de deux frégates espagnoles, la *Thétis* et la *Brigida*, prises par les Anglais quelques mois auparavant. Ce navire, venant de Portsmouth, avait à bord une superbe voiture pour M. d'Urquijo, ministre d'Etat du roi d'Espagne. Elle fut transportée mystérieusement dans l'arsenal, sans avoir été déclarée à la douane, et le bruit courut que c'était un présent du cabinet anglais à M. d'Urquijo (1).

Les bénéfices du contrebandier habile étaient énormes. Alors que le roi vendait le tabac 18 réaux la livre à Valence, on l'avait pour 4 réaux à Gibraltar. Les contrebandiers le vendaient 18 réaux aux Valenciens, et chacun y trouvait son compte (2). Le quintal de cacao payait 211 réaux de droits et valait 367 réaux ; le contrebandier le donnait à 210 réaux et gagnait encore près de 50 0/0 sur le prix d'achat (3).

Le rendement des douanes était fort aléatoire, et bien différent en temps de guerre de ce qu'il était en temps de paix. De 20 millions de réaux en 1717, il s'éleva en 1772 à 52.888.523 réaux. Le roi encaissa 159 millions en 1789, et 182 millions en 1792. Mais ce chiffre ne fut plus atteint, le rendement baissa jusqu'à 47 millions en 1798, pour remonter à 59 millions en 1799 (4). Les droits avaient été tellement augmentés par le traité de Bâle que des négociants français établis à Cadiz se plaignaient d'avoir payé 43.467 réaux de droits au lieu de 31.620 réaux qu'ils auraient dû payer suivant les anciens tarifs (5).

La rente des laines (*Renta de lanas*) formait une branche spéciale des rentes générales, parce qu'elle remplaçait un vieux droit, le *servicio y montazgo*, payé par les troupeaux transhumants, au passage des ports, et supprimé en 1758 (6). La taxe des laines, n'étant d'ailleurs perçue que sur les laines destinées à l'exportation, était une véritable taxe doua-

(1) *Archives des affaires étrangères à Paris*, Espagne, t. 638, pièce 47. Le commissaire de la République au ministre des relations extérieures, 21 ventôse an VIII.
(2) Canga Arguelles, *Dic. de hac. Tabaco*.
(3) Salcedo. *Defensa historica de Vizcoya*, t. IV, p. 107.
(4) Canga Arguelles, *Dic. de hac. Rentas generales*.
(5) *Archives des affaires étrangères à Paris*, Espagne, t. 639, f° 397.
(6) *Nov. Rec.*, VI, XVII, 9.

nière. Les laines étaient divisées en quatre classes, d'après leur provenance, et acquittaient, suivant leur valeur, une taxe plus ou moins considérable. Les laines de Ségovie et de Castille payaient 66 réaux 28 maravédis par arrobe ; celles d'Andalousie, d'Estremadure, de Grenade, de Saragosse, de Daroca et de Téruel payaient 66 réaux 17 maravédis ; celles de Valence 40 réaux 16 maravédis ; celles de Venasque et de Catalogne 32 réaux 13 maravédis. Le rendement des laines atteignit en 1796 32,369,397 réaux, mais s'abaissa en 1799 à 21,784,991 réaux. Le 30 août 1800, le roi augmenta les droits de 2 réaux par arrobe, en faveur de la Caisse de Consolidation des valès ; il espérait aussi favoriser l'industrie du tissage ; mais le moment était mal choisi pour essayer de la ranimer (1).

6° Monopoles (*Rentas estancadas*). — Le roi d'Espagne s'était réservé le monopole de la fabrication et de la vente d'un certain nombre d'articles de luxe, ou de toute première nécessité. L'impôt perçu sous cette forme soulevait peu de plaintes, et la plupart des États modernes ont conservé ces monopoles presque tous très justifiables. Cependant les économistes espagnols leur ont reproché amèrement d'être contraires à la liberté du commerce, d'employer un très grand nombre d'ouvriers, de développer le goût de la contrebande et d'exposer les citoyens aux avanies des agents du fisc en quête de fraudeurs (2). Ces critiques ne sont pas sans fondement, mais elles prouvent seulement qu'il en est des impôts comme des maladies ; il n'y en a point de bon ; l'impôt blesse toujours l'intérêt particulier ; si la blessure est légère, et si l'intérêt atteint n'est pas vital, on devra tenir l'impôt pour bien choisi.

Le monopole du tabac fut établi par Philippe V en 1701, et étendu à toute l'Espagne, sauf les provinces basques qui ne voulurent jamais le tolérer. Le 28 juillet 1703, le roi voulut interdire aux Biscayens le tabac de Virginie, comme nuisible

---

(1) Canga Arguelles, *Dic. de hac. Ingresos. Lanas (Renta de)*.
(2) Campomanès, *Cartas politico-economicas. Carta III*.

à la santé ; la province réclama, les médecins de la Chambre déclarèrent le tabac de Virginie inoffensif et le 27 novembre, le roi leva la prohibition (1). Le 16 février 1728, les députés généraux de Guipuzcoa signèrent avec D. Josef Patiño un règlement qui fut la charte des deux parties. Le commerce et la vente du tabac étaient libres dans les Vascongades, mais les Basques ne pouvaient introduire le tabac en fraude ni en Navarre, ni en Castille ; ils s'engageaient à dénoncer et à juger eux-mêmes les fraudeurs, et à ne transporter le tabac qu'avec un laissez-passer délivré par les députés généraux de la province (2). Les juges guipuzcoans montrèrent sans doute quelque mollesse dans la répression des fraudes, car en 1731 on eut l'idée de les intéresser dans les procès, en leur attribuant le tiers du tabac confisqué. Pour prouver son zèle, la Junte générale alla jusqu'à accorder une prime de 300 à 1000 réaux pour l'arrestation d'un fraudeur (3) ; mais quand le roi voulut substituer son action à celle des juges locaux, la Junte répondit par un refus formel (27 juin 1775) (4).

La Navarre accepta le monopole, mais l'appliqua à son profit. Tous les six ans elle affermait la régie des tabacs à l'administration royale. A la fin du XVIIIe siècle, le roi lui payait 46.500 réaux par an (5) ; lorsqu'il élevait le prix du tabac, il ne le pouvait faire sans le consentement des Cortès de Navarre, et le bénéfice était partagé entre la caisse de Navarre (*vinculo*) et le fisc royal (6).

Dans tout le reste de l'Espagne, le roi était le maître de ses tarifs, et n'avait à craindre que les fraudeurs.

La fraude était le mauvais côté de l'administration des tabacs. Le roi devait entretenir une véritable armée de gardes et d'espions, faire des visites domiciliaires, des perquisitions, des confiscations, des arrestations, et envoyer, bon an mal

---

(1) Salcedo, *Defensa historica de Vizcaya*, t. IV, p. 58. — *Archives de Guipuzcoa*, Sec. I, neg. VIII, leg. 4 (1703) et leg. 58 (1763-64).
(2) *Guipuzcoano instruido, Reglamento de tabacos*.
(3) *Archives de Guipuzcoa*. Sec. I, neg. VIII, leg. 29 (1746).
(4) Id. Sec. I, neg. VIII, leg. 67 (1770). — Leg. 57 (1763).
(5) Yanguas y Miranda, *Dic. de Fueros y leyes*, v° Tabaco.
(6) *Quadernos de leyes* (Cortes de 1795), p. 314.

an, 400 personnes aux Présides d'Afrique. Mais la rente du tabac était « l'œil droit du trésor royal » (1) et la manufacture de Séville une des merveilles du monde. Elle employait 53 administrateurs, 51 surveillants et 1300 ouvriers; 113 chevaux et mulets y faisaient marcher 202 moulins. Elle avait coûté 41.200.000 réaux (2). On y fabriquait le tabac en poudre ou tabac d'Espagne, poudre très fine de tabacs de la Havane et du Brésil, mélangée d'une certaine terre ocreuse appelée *rubrica*, qu'on ne trouvait qu'à Almazarron en Murcie, et à laquelle on attribuait des vertus magnétiques (3). Cette poudre coûtait au roi 8 réaux la livre; il la vendait 50. Le râpé coûtait 6 réaux et se vendait 42. Les cigares arrivaient tout préparés de la Havane, ou étaient fabriqués à Séville. Ils coûtaient au roi 2 réaux la livre, il les vendait 50 (4).

Telle était l'excellence des tabacs des Antilles que, malgré la fraude et malgré la pauvreté du royaume, le revenu net de la rente du tabac montait en 1783 à 103.915.089 réaux (5), et se maintenait encore en 1797 à 82.014.936 réaux (6).

Le monopole du sel (*Renta de la sal*) était beaucoup moins bien trouvé que celui du tabac. Campomanès cependant le défend en faisant remarquer que la contrebande est à peu près impossible à l'intérieur du royaume (7); il n'ajoute pas que sur les côtes la contrebande du sel est dix fois plus facile que celle du tabac. La rente du sel remonte à Philippe II, qui en 1564 incorpora toutes les salines de Castille au domaine royal et défendit aux particuliers de fabriquer et de vendre du sel (8).

---

(1) Campomanès, *Cartas politico-economicas*. Carta I.
(2) Twiss, *Voyage en Espagne*, p. 311. — De Laborde, *Itinéraire*, t. II, p. 55.
(3) « Le tabac d'Espagne ne doit sa ténuité et sa couleur qu'au *rubrica*, mine de fer, ocre ferrugineux, qui renferme un principe magnétique dont l'analogie avec le cerveau n'est pas encore bien démontrée. » De Langle, *Voyage en Espagne*, t. I, p. 181.
(4) De Laborde, *Itinéraire*, t. IV, p. 338.
(5) Campomanès, *Cartas politico-economicas*, Carta I.
(6) Canga Arguelles, *Dic. de hac. Tabaco*.
(7) Campomanès. *Carta III*.
(8) *Nov. Rec.*, IX, xix, 1.

Philippe V soumit ses États Aragonais au régime du monopole, et édicta des peines terribles contre les faux sauniers. On confisquait le sel de fraude, les bêtes de somme, les voitures, les embarcations employées à le transporter; le fraudeur était frappé d'une amende de 22.000 réaux, il était condamné à 6 ou 8 ans de *presidio* s'il était noble, à 6 ou 8 ans de galères et à 200 coups de fouet s'il était plébéien. Le domestique du fraudeur était puni comme son maître (1). Le roi vendait le sel fort cher. Il l'avait en moyenne pour 5 réaux la fanègue (55 litres), il le vendait 11 réaux en Galice, 17 réaux en Castille-Vieille, 22 en Estremadure, en Andalousie, en Murcie, en Valence, en Aragon et en Catalogne. Diverses surtaxes faisaient monter le sel à 30 réaux. Du moins la consommation n'en était pas limitée comme dans certaines de nos provinces, et l'impôt était payé par tous ; les clercs même y étaient soumis (2). Le rendement de la rente du sel était en 1797 de 43.265.190 réaux (3).

Le papier timbré (*Papel sellado*) est un monopole d'un genre très original, car ici le roi crée lui-même la marchandise dont il impose l'usage à ses sujets; il leur persuade qu'ils ne peuvent passer un contrat valable sans l'écrire sur une feuille de très mauvais papier timbré aux armes du royaume. Cette invention date de 1636. D'abord limité à la Castille, puis imposé à l'Aragon, le papier timbré finit par être obligatoire, même pour les tribunaux ecclésiastiques, même pour la Nonciature et pour l'Inquisition (4). De temps à autre, le roi hausse ses prix. Le papier timbré augmente trois fois de valeur en moins de deux siècles. Le roi en tire 12.777.250 réaux en 1797 et 8.511.954 réaux en 1798 (5).

Le roi vendait encore à ses sujets des cartes à jouer (*Renta de naipes*). Les Espagnols lui en achetaient pour 1.488.892 réaux, et les créoles pour 2.158.820 réaux. Il y avait une

---

(1) *Nor. Rec.*, IX, xix, 2 (5 février 1728).
(2) Id.   VI, xxii, 19 (1797-98).
(3) Canga Arguelles, *Dic. de hac. Ingresos*.
(4) *Nor. Rec.*, X, xxiv, 11 (23 juillet 1791).
(5) Canga Arguelles, *op. cit. Ingresos. Papel Sellado*.

fabrique de cartes pour les Indes à Macharabiaya en Andalousie. Chaque jeu se vendait 20 réaux au Pérou ou en Nouvelle-Espagne (1).

On désignait sous le nom des sept petites rentes (*Las siete rentillas*) les monopoles du salpêtre, du soufre, de la poudre, du plomb, de l'antimoine, du mercure, du vermillon et de la gomme laque. En temps de guerre, les quatre premiers donnaient de gros produits ; le mercure, employé dans les mines d'argent d'Amérique, était vendu fort cher par le roi aux mineurs des Indes ; les sept petites rentes finirent par rapporter plus de 50.000.000 de réaux (2).

7° *Revenus divers.* — En dehors des monopoles, des rentes provinciales et générales, le roi s'était créé d'autres revenus qui ne peuvent être rattachés à aucun type général, et qui constituaient pour la plupart autant d'administrations distinctes.

Les Postes (*correos y postas*) étaient à la fois un service public et un impôt. La correspondance officielle circulait en franchise, mais pour les particuliers les frais de port étaient extrêmement élevés ; deux paquets de journaux expédiés au commandant de l'escadre française en relâche au Ferrol en 1796 payèrent 780 réaux de port (3). Le produit des Postes atteignait 10 millions de réaux en 1808 (4).

Comme chef suprême de la justice dans ses Etats, le roi s'était attribué une part dans les amendes (*penas de camara*) prononcées par les tribunaux. Il en retirait en moyenne un million de réaux (5).

Les Chambres de Castille et des Indes délivraient un grand nombre d'actes de juridiction gracieuse. Un droit de sceau était perçu sur les nominations aux bénéfices et prébendes, aux charges de judicature et aux fonctions civiles. On appelait *gracias al sacar* les licences nécessaires

---

(1) Canga Arguelles, *Dic. de hac. Naipes.*
(2) Id. Ibid. *Rentillas.*
(3) *Archives des Affaires étrangères* à Paris, Espagne, t. 639, f° 62.
(4) Canga Arguelles, *Dic. de hac. Tributos*
(5) Id., *Ingresos.*

pour fonder un majorat, pour être notaire, ou régidor, pour gérer ses biens avant d'avoir atteint sa majorité, etc.; le Trésor percevait sur tous ces actes des droits qui rapportaient deux ou trois millions de réaux (1).

Lorsque Madrid était devenu capitale, ses habitants s'étaient obligés à loger la suite du roi, puis ce droit de gîte (*regalia de casa aposento*) avait été converti en une redevance égale au tiers ou à la moitié du loyer. Elle aurait dû rapporter 9.421.535 réaux, mais les propriétaires mettaient tout en œuvre pour s'y soustraire, le roi leur permettait de se racheter, et accordait de nombreuses dispenses. Toutes ces causes avaient réduit le produit à 825.209 réaux (2) que le roi distribuait à ses ministres, aux membres des Conseils et aux fonctionnaires de la Cour, à titre d'indemnité de logement (3).

Jusqu'en 1719 les villes de garnison avaient fourni à la troupe le lit, l'éclairage, l'huile, le bois, le vinaigre et le sel. A dater de cette année, le roi se chargea lui-même de l'entretien de ses soldats, mais leva dans toute l'étendue de la monarchie une contribution nouvelle qui représenta la valeur des denrées fournies jusqu'alors en nature. Cette contribution garda le nom d'*utensilios*. Elle montait en 1798 à 7.674.371 réaux (4). La fourniture de la paille avait donné lieu à un impôt analogue (*paja*) qui s'éleva pour l'année 1799 à 6.855.076 réaux 32 maravédis (5).

Quand les troupes changeaient de garnison, les paysans habitant dans un rayon de six lieues autour des routes devaient accourir avec chevaux et voitures, et faire pour le roi le transport des bagages. Les nobles, l'alcalde, le curé, les régidors, le syndic procureur général, le juge et le conservateur des forêts, les familiers de l'Inquisition, les employés des rentes du tabac et du sel étaient exempts de la

---

(1) Canga Arguelles, *Dic. de hac. Ingresos, Camara de Castilla. Sello, Gracias al sacar.*
(2) Id. ibid. *Aposento.*
(3) Mesonero Romanos, *El antiguo Madrid*, t. I, p. 88.
(4) Canga Arguelles, *op. cit., Utensilios.*
(5) Id. ibid. *Paja.*

corvée, qui retombait plus lourde sur les petites gens. Chaque journée de *bagages* coûtait 26 réaux au paysan (1).

Les villes où s'arrêtaient les soldats devaient les loger (*alojamiento*). Le Trésor accordait à chaque habitant une modeste indemnité, mais elle était si loin de couvrir les frais indispensables que Canga Arguelles évaluait à 17.520.000 réaux la dépense annuelle supportée pour ce seul fait par les habitants de la Péninsule (2). L'argent n'entrait pas, il est vrai, dans les caisses royales, mais le roi aurait dû nourrir ses troupes et s'enrichissait réellement en les faisant nourrir par ses sujets.

Charles III avait apporté aux Espagnols comme droit de joyeux avènement la loterie royale (*real loteria*), qu'il avait déjà instituée à Naples, à l'imitation de celle de Rome. La loterie eut en Espagne un plein succès. Très passionnés pour le jeu, les Espagnols acceptèrent avec joie ce nouveau moyen de s'enrichir sans travailler. La loterie devint une véritable institution. Elle eut sa Junte, formée de conseillers de Castille et des Finances, et présidée par l'Excellentissime Seigneur D. Josef Godoy, frère du Prince de la Paix (3). Il y avait douze tirages par an. Ils avaient lieu dans la chambre de gouvernement du Royal et Suprême Conseil des Finances. La *Gazette* publiait la liste des gagnants (4), et dès le lendemain gagnants et perdants s'empressaient d'acheter de nouveaux billets pour le prochain tirage. La loterie royale d'Espagne rapportait en 1799 une somme de 8.935.318 réaux, celle de Mexico, 2.467.420 réaux (5).

Pressé par le besoin d'argent, Charles IV ajouta de nouvelles contributions aux impôts traditionnels du royaume. En 1794 il mit une taxe sur les voitures, en 1799 une taxe sur les domestiques. Leur produit en 1808 atteignait 3.756.000 réaux (6). Un décret du 19 septembre 1798 institua des

---

(1) Canga Arguelles, *Dic. de hac. Bagages*.
(2) Id. ibid. *Alojamiento*.
(3) *Guia de Forasteros*, 1801.
(4) *Diario de Barcelona*, 16 février 1804.
(5) Canga Arguelles, *Dic. de hac. Loteria*.
(6) Id. ibid. *Contribucion sobre coches — sobre criados*.

droits de mutation sur les successions et legs : 0,75 0/0 entre mari et femme, 1 1/2 0/0 entre frères et sœurs, oncles et neveux, 2 0/0 entre parents jusqu'au quatrième degré, 3 0/0 entre parents au delà du quatrième degré, 6 0/0 entre personnes étrangères. Le rendement de l'impôt sur les successions et les legs était en 1808 de 3.166.000 réaux (1).

On peut remarquer avec quelle discrétion les rois de la maison de Bourbon procédèrent à la création de nouveaux impôts. Ils craignirent évidemment de perdre leur popularité s'ils augmentaient les charges existantes, mais ils durent recourir plus d'une fois à des mesures extraordinaires, qui se trouvèrent, en fin de compte, plus ruineuses que ne l'eussent été quelques nouveaux impôts bien choisis et bien répartis.

8° *Revenus particuliers à certaines provinces. Régime financier des provinces exemptes.* — A la suite de la guerre de succession, les provinces de la couronne d'Aragon avaient perdu leurs libertés politiques, et avaient été assujéties à un régime financier dont elles auraient eu mauvaise grâce à se plaindre, car si le roi les avait soumises aux rentes générales et aux monopoles, il les avait exemptées des rentes provinciales et ne leur avait imposé en échange qu'un tribut assez léger.

En représentation des alcabalas, des cientos, des millones, etc., le roi percevait en Aragon une contribution unique (*unica contribucion*) de 5 millions de réaux, répartis entre les 11.696 chefs de famille de la province. En Catalogne, le cadastre (*catastro*) prenait 10 0/0 sur le revenu des terres et 8 0/0 sur les revenus industriels, et montait à 13.500.000 réaux. En Valence, l'impôt de compensation (*equivalente*) rendait 7.762.800 réaux. En Majorque, la taille (*talla*) rapportait 480.000 réaux. Les quatre provinces aragonaises payaient donc au roi, en représentation des rentes provinciales, 26.742.800 réaux, ou 38.091.952 réaux en comptant les droits sur l'eau-de-vie, les utensilios et le droit de 7 0/0 sur les

---

(1) Canga Arguelles, *Legados y herencias.*

marchandises étrangères. Si l'on compare ce que payaient les provinces castillanes avec ce que payaient les provinces aragonaises, on verra que là où le Castillan payait 28 réaux pour rentes provinciales, l'Aragonais n'en payait que 18. La perception des tributs aragonais était aussi simple et aussi économique que celle des rentes provinciales était coûteuse et compliquée ; cependant, telle était la force de la routine, que les Castillans ne voulurent jamais consentir à ce que le système de la contribution unique leur fût appliqué (1).

En sus du catastro, la Catalogne payait une capitation personnelle sur tous les chefs de famille roturiers, certains droits sur l'eau-de-vie, connus sous le nom de *généralités* (2), et une taxe douanière (*lleuda*) sur toutes les marchandises exportées par terre ou par mer (3).

Jusqu'au règne de Charles III l'industrie catalane avait payé l'odieux impôt de la *bolla*. Un tisserand ne pouvait mettre une pièce d'étoffe sur le métier sans que le *bollero* vînt y apposer son cachet. Quand la pièce était finie, le bollero revenait pour la marquer. A chaque vente, fût-elle du quart d'une aune, le bollero apposait un sceau de cire sur le bord de l'étoffe, et prélevait 15 0/0 sur le prix de vente, quelquefois même 25 0/0. Florida-Blanca supprima la bolla, et la remplaça par un impôt équivalent (*equivalente de bolla*), d'une perception plus facile (4).

La Navarre et les Vascongades avaient une administration financière tout à fait distincte du reste de l'Espagne. Les financiers castillans les appelaient les provinces franches (*Provincias exentas*) et voyaient leurs privilèges d'un fort mauvais œil. Les partisans des Fuéros répondaient que les Provinces franches se suffisaient à elles-mêmes, et que, loin de coûter au roi, elles lui rendaient en aides volontaires

---

(1) Canga Arguelles, *Dic. de hac. Ingresos, Catastro, Equivalente, Talla, Unica contribucion.* — Bourgoing, *Nouveau Voyage,* t. II, p. 23. — M. Fernandez, *La Hacienda de nuestros abuelos,* p. 90.
(2) Canga Arguelles, *Dic. de hac. Generalidades.*
(3) Id. ibid. *Lleuda.*
(4) *Compte rendu de Florida-Blanca,* § 23.

beaucoup plus qu'il n'en eût tiré, s'il les avait soumises au régime général.

La Navarre était une sorte de métairie dans laquelle le roi avait part aux revenus sans en emporter la totalité. Elle payait 3.289.133 réaux d'impôts d'État, mais en défalquant les frais d'administration et de perception, les sommes laissées aux œuvres pies, les rentes appartenant du Grand-Amiral, le roi ne touchait que 1.412.448 réaux, ou un peu moins que le produit moyen des impôts ecclésiastiques (1).

Le Guipuzcoa donnait au roi 34.756 réaux pour l'alcabala et 254.000 réaux pour les postes. Depuis 1666, le roi percevait sous le nom de don gratuit (*donativo*) des taxes sur le vin et la morue entrant dans les ports Guipuzcoans, autres que Saint-Sébastien. En 1729, le roi céda à la province le tiers du don gratuit pour ses dépenses particulières. Ce tiers était estimé en 1774 à 251.193 réaux ; la part du roi ressortait donc à 502.390 réaux, qui, avec les revenus de l'alcabala et des postes, formaient un total de 791.146 réaux (2).

La Biscaye payait au roi 8.161 réaux pour les droits du Fuéro (3), 5.523 réaux pour Lanzas, 150.000 réaux de Cruzada,

(1) *Recettes* :		*Dépenses* :	
Droits domaniaux. . .	14.278 rx.	Pour le palais de la chambre des comptes.	14.278 rx.
Douanes.	625 855	Frais d'administration.	491.671
Cruzada.	978.111	Frais de perception. .	954 535
Noveno y excusado. .	582 071	A la caisse des Vales. .	81.396
Tabac.	682.284	Au mont-de-piété des employés.	34.103
Surtaxes douanières (1800).	81.396	A l'hospice des enfants trouvés de Pampelune.	131.218
Huitième sur les objets confisqués. . . .	34.103		
Surtaxes sur les laines (1802).	131 218	Au grand amiral D. Manuel Godoy. . . .	156.481
Droits d'amirauté (1807).	156.481		
Total	3.289.133 rx.	Total	1.866.685 rx.

Reste pour le roi : 1.412.448 rx.

Canga Arguelles, *Dic. de hac. Navarra.*

(2) Marichalar y Manrique, *Historia de la legislacion*, p. 416. Juntas generales de Guipuzcoa, 1774, 1775, 1776, 1777.

(3) Ces droits étaient au nombre de sept : 1° la taille (*pedido tasado*), 2° une redevance de 12 deniers par quintal de fer travaillé en Biscaye ; 3° la rente des monastères ; 4° le cens sur certaines maisons (*casas censuarias*) ;

450.000 réaux pour les postes, soit au total 913.684 réaux (1).

L'Alava payait au roi 42.079 réaux pour alcabala, 260.000 réaux de cruzada et 190.000 réaux pour les postes, soit 490.079 réaux (2), sans compter les redevances féodales de *semoyo* (3) et *buey de Marzo* (4).

Les Vascongades rapportaient donc au trésor royal une somme fixe de 2.194.909 réaux, et le rendement eût été encore beaucoup plus considérable, si le roi n'eût aliéné lui-même une grande partie de ses revenus. Pour la seule province de Biscaye, les revenus aliénés par la couronne représentaient une somme annuelle de 450.000 réaux (5).

Il faut ajouter que les Vascongades s'administraient elles-mêmes, et ne coûtaient rien au Trésor. Alimentés par des contributions directes votées en Juntes générales (6), par des taxes municipales, par des droits sur l'eau-de-vie, la morue et la *mistela* (7), par les revenus des petites douanes en Guipuzcoa, les modestes budgets provinciaux suffisaient à couvrir les dépenses locales. Les Vascongades payaient leurs fonctionnaires, administraient la justice, soutenaient leurs établissements de bienfaisance, entretenaient leurs miquelets, veillaient à la défense de leurs côtes, et avaient des arsenaux toujours pleins pour armer leurs jeunes gens en cas de levée générale. Elles nourrissaient même les soldats du roi cantonnés sur leur territoire, car si le roi voulait bien considérer

---

5° les prévôtés des villes; 6° les *lezdas* ou droits de consommation sur les combustibles et les denrées alimentaires importées en Biscaye; 7° la dîme de la mer, établie par les anciens seigneurs sur les marchandises importées dans les ports.

(1) Salcedo, *Defensa historica*, t. IV, p. 229.
(2) Les alcabalas avaient été évaluées en 1687 à 1.399.200 maravédis et 507 fanègues de blé. La province payait de plus un droit de 1/2 0/0 qui représentait 31.482 maravédis. La valeur de l'alcabala fut ainsi fixée jusqu'au commencement du XIX° siècle à 1.430.682 maravédis ou 42.079 réaux. En 1816 le rendement fut estimé à 77.237 réaux en monnaie d'alors. En 1820 Salcedo estime les alcabalas d'Alava à 138.102 réaux. — Cf. Marichalar y Manrique, *Historia de la legislacion*, p. 542.
(3) Redevance de 3 *cuartas* de blé et de 3 *cuartas* d'orge par feu.
(4) Taxe de 2 maravédis 1/2 à 10 maravédis par feu.
(5) Salcedo, *Defensa historica*, t. IV, p. 229.
(6) Bengoa, *El libro de Alava*, p. 253.
(7) Liqueur composée d'eau-de-vie, d'eau, de sucre et de cannelle.

comme un prêt les sommes qui lui étaient avancées à cet effet par les provinces, la reconnaissance de la dette était toute platonique, et les provinces obtenaient tout au plus l'autorisation de lever de nouvelles taxes pour faire face aux dépenses (1).

La Navarre et les Vascongades ne s'en tenaient point au droit strict. Jamais le roi ne faisait appel en vain à leur loyalisme. Pendant la guerre de succession, l'Alava donna au roi 160.000 réaux, 1.000 fusils et des rations pour sa cavalerie (2). Les dons gratuits de la Biscaye pendant la guerre contre la République française montèrent à la somme de 19.320.000 réaux (3), sans compter les souscriptions particulières qui donnèrent 180.841 réaux pour la seule année 1793 (4). La seigneurie de Biscaye arma en 1795 jusqu'à 25.000 hommes. Le Guipuzcoa donna quatre millions de réaux en 1793 (5), plus de trois millions et demi en 1801, et trois millions en 1805 (6). De 1701 à 1801, la Navarre paya au roi pour don gratuit (*servicio*) une somme totale de 27.271.691 réaux, soit une moyenne de 272.716 réaux par an ; mais les demandes du roi allèrent toujours en augmentant. De 661.666 réaux en 1701, et de 2.100.000 en 1780, le don gratuit monta en 1801 à 14.500.000 réaux, si bien que la Navarre paya en une fois plus qu'elle n'avait donné dans tout le siècle précédent (7).

Le privilège financier des Vasco-Navarrais était en somme beaucoup plus apparent que réel, et se réduisait presque au droit de consentir eux-mêmes leurs impôts. Mais ce juste droit que les Castillans avaient laissé tomber et que les Aragonais avaient perdu, les Basques le défendirent avec une indomptable énergie, et les ministres les plus despotiques n'osèrent le leur arracher.

(1) Salcedo, *Defensa historica*, t. IV, p. 230.
(2) Bengoa, *El libro de Alava*, p. 98.
(3) Yturriza, *Historia de Vizcaya*, p. 225.
(4) *Archivo de Vizcaya en Guernica*. — Subscripcion voluntaria para la defensa del pais, conforme à lo acordado en las ultimas juntas de merindades del mes de mayo del año proximo de 1793.
(5) *Archivo de Guipuzcoa en Tolosa*. Sec. II, neg. I, leg. 5, 1793.
(6) Id. Sec. II, neg. III, leg. 24-44.
(7) Yanguas, *Diccionario de fueros y leyes. Servicios.*

9° *Revenus des Indes.* — Pendant trois siècles, les Indes avaient versé des torrents d'or dans les caisses du roi d'Espagne. A la fin du xviii° siècle encore, les remises des Indes (*remesas de Indias*) constituaient une des grosses ressources du budget. Cependant les profits du roi n'avaient pas augmenté en proportion de la richesse et du développement des colonies. En grandissant, en se civilisant peu à peu, elles étaient devenues plus exigeantes, et leurs dépenses avaient augmenté. D'autre part, il avait été nécessaire de songer à leur défense. Il avait fallu construire des forteresses, armer des batteries de côte, entretenir des troupes réglées, instruire des milices. On n'avait pu imposer aux Indes le régime financier de l'Espagne ; déjà presque absurde dans la Péninsule, le système des rentes provinciales, avec ses incroyables minuties, eût été impraticable au Nouveau-Léon ou à la Nouvelle-Grenade. On avait dû se contenter de tributs plus faciles à percevoir, et l'ensemble des charges financières qui pesaient sur les habitants des colonies, représentait seulement les deux tiers des charges supportées par les Espagnols de la Péninsule (1).

On peut se faire un idée de ce qu'était un grand budget colonial par celui de la Nouvelle-Espagne, qui représentait à lui seul les deux tiers du budget total des Indes.

Le roi possédait au Mexique comme en Espagne le monopole des postes, du tabac, du papier timbré, des cartes à jouer et de la poudre. Il y avait ajouté le monopole de la neige (1719) et des combats de coqs. Il percevait l'alcabala sur les blancs et les métis, un tribut de 20 à 60 réaux par tête sur les Indiens, la mesada et la media anata sur les clercs, la cruzada sur tout le monde. Il prélevait les droits d'almojarifazgo à l'entrée et à la sortie des ports, le demi-quint et le centième sur l'or et l'argent ; le *monetage*, le *braceage* et le *señoreage* sur la frappe des monnaies ; des droits considérables sur la vente du *pulque*. Tous ces revenus montaient en 1804 à la somme énorme de 400 millions de réaux, près des deux tiers du revenu de l'Espagne (2).

---

(1) Humboldt, *Essai politique sur la Nouvelle Espagne*, t. IV, p. 253.
(2) Id. ibid., t. IV, p. 231 et 242.

Le Pérou avait vu ses revenus monter à 89.188.200 réaux en 1798, et la recette de 1802 avait encore donné 69.319.520 réaux (1). Humboldt estimait à 80 millions de réaux le produit moyen des impôts péruviens (2).

Les revenus de la Vice-Royauté de Buenos-Ayres sont difficiles à évaluer, parce que la colonie ne commença à se développer que dans le dernier quart du dix-huitième siècle (3). Le Pérou fut obligé pendant longtemps de lui envoyer un secours annuel de 20 millions de réaux (4). La liberté du commerce avec l'Espagne développa les ressources de la colonie à tel point qu'elle finit par envoyer 20 millions de réaux en argent à la Péninsule (5).

La Nouvelle-Grenade avait un revenu de 73.531.680 réaux en 1811 (6). Humboldt l'estime à 76 millions par année moyenne (7).

Les revenus du Chili montaient à 10.141.020 réaux (8).

En 1811 la Capitainerie générale de Caracas avait 4.650.000 réaux de revenu (9); celle de Cuba 56.171.740 (10); celle de Guatémala 9.400.000 réaux (11); celle des Philippines 22.460.000 réaux (12).

L'ensemble des budgets coloniaux dépassait 700.000.000 de réaux (13).

C'était là le produit brut, dont il fallait déduire les frais de perception et les dépenses d'administration. Les frais de per-

---

(1) Canga Arguelles, *Dic. de hac. Rentas.*
(2) Humboldt, *op. cit.*, t. IV, p. 231.
(3) La province de Buenos-Ayres avait 37.600 habitants en 1778 et 170.832 en 1796. Martin de Moussy, *Description géographique et statistique de la Confédération Argentine*, t. III, p. 582.
(4) Martin de Moussy, *op. cit.*, t. II, p. 618.
(5) Canga Arguelles, *Dic. de hac. Caudales.*
(6) Id., ibid. *Rentas.* — *L'Art de vérifier les dates* (supplément, t. XII) donne 65.460.000 réaux pour 1811.
(7) Humboldt, *Essai politique*, t. IV, p. 231.
(8) Canga Arguelles, *Dic. de hac. Chile.*
(9) *Art de vérifier les dates* (supplément, t. XII), p. 101.
(10) Canga Arguelles, *Dic. de hac. Habana.*
(11) Id., ibid. *Rentas.*
(12) Humboldt, *op. cit.*, t. IV, p. 247.
(13) Humboldt donne 676.800.000 réaux, sans les revenus de Buenos-Ayres ni du Chili.

ception étaient énormes. Humboldt les évaluait à 16 ou 18 0/0 pour le Mexique. Le vice-roi D. José de Iturrigaray estimait que si le produit brut de l'impôt atteignait 400.000.000 de réaux au Mexique, le rendement net ne dépassait pas 295.000.000 de réaux, ce qui portait les frais de perception à 26 0/0.

Les dépenses des colonies dépassaient presque partout leurs recettes. Seuls la Nouvelle-Espagne et le Pérou avaient des revenus supérieurs à leurs dépenses. L'épargne de la Nouvelle-Espagne servait à combler le déficit des budgets coloniaux. En 1808, la Nouvelle-Espagne distribua 46.014.480 réaux entre les caisses de la Havane, de la Louisiane, de la Floride, de Puerto-Rico, de Saint-Domingue, de la Trinité et des Philippines. C'était de Mexico que le chargé d'affaires d'Espagne à Philadelphie recevait son traitement (1). Quand le déficit des colonies était couvert, on envoyait en Espagne la plus grosse part de ce qui restait en caisse. Le roi reçut de la Nouvelle-Espagne en cette même année 1808 une somme de 79.358.000 réaux. Humboldt estime à 100 ou 120 millions de réaux la moyenne des envois annuels du Mexique (2). Le Pérou envoyait vingt millions, Buenos-Ayres douze ou quatorze, la Nouvelle-Grenade huit à dix (3). Le roi recevait donc dans les bonnes années 164 millions de réaux. Canga Arguelles évalue à 145 millions la moyenne des remises des Indes de 1793 à 1797; mais ces revenus n'avaient rien de régulier ; en temps de guerre, les arrivages étaient suspendus. Le Trésor, qui avait reçu d'Amérique 236.895.997 réaux en 1796, ne toucha plus que 12.360.128 réaux en 1797 (4). Les financiers ne voulaient pas estimer à plus de cent millions de réaux par an le produit probable des revenus des Indes (5). C'est un bien faible chiffre si on le met en regard des immenses et richissimes pays dont il représentait l'aumône forcée à la besogneuse Espagne.

(1) Humboldt, *Essai politique*, t. IV, p. 240.
(2) Humboldt, *op. cit.*, t. IV, p. 221 et 239.
(3) Id., ibid., t. IV, p. 249.
(4) Canga Arguelles, *Dic. de hac. Caudales*.
(5) Id., ibid. *Ingresos. Americas*.

III. — Administration financière. Perception.

Le gouvernement et le maniement des finances royales paraissaient appartenir au Royal et Suprême Conseil des Finances et à ses annexes (1), mais en réalité tous les pouvoirs avaient été concentrés entre les mains du ministre des Finances et de ses agents.

Le premier surintendant général des Finances fut créé par Charles II le 31 janvier 1687. En 1709, Philippe V nomma Orry contrôleur général des affaires de la monarchie, et directeur de toutes les affaires de finances (2). On vit après lui un intendant universel du Conseil des finances (1714), puis un administrateur général (1716), puis un secrétaire des finances (1724), enfin en 1726 D. Josef Patiño réunit les titres de secrétaire d'État et de surintendant des finances, qui dès lors restèrent unis. De 1709 à 1798, l'Espagne a compté vingt-deux ministres des finances (3).

A peine créé, le surintendant général entra en lutte avec le Conseil des finances, et réussit peu à peu à lui faire reconnaître sa suprématie. Le 19 janvier 1742, le roi donna au surintendant pleins pouvoirs pour administrer ses finances, recouvrer ses revenus, faire rentrer ses créances arriérées, transiger avec ses débiteurs, nommer des subdélégués et

---

(1) *Tribunal mayor de Cuentas y contaduria Mayor.*
Comisaria general de Cruzada.
Tribunal apostolico y real de la gracia del excusado.
Colecturia general de espolios y vacantes.
Junta de correos y postas, y subdelegacion de mostrencos y abintestatos.
Pagaduria general de juros.
Junta de quiebras (commission destinée à faire rentrer l'arriéré).
Juntas de medios (commissions temporaires nommées par le roi pour remédier à la pénurie du Trésor). Des juntas de medios se réunirent en 1737, 1740, 1741, 1779, 1781, 1793, 1794 et 1798.
Junta de amortizacion (11 janvier, 29 juin 1799). Cette commission était destinée à faciliter la vente des biens des œuvres pies, hospices et hôpitaux, dont le produit devait être appliqué à la caisse de remboursement des *Vales*.

(2) « Veedor general y superintendente de todos los negocios de la nacion ». — Gallardo, *Rentas de la Corona*, t. I, p. 158.

(3) Id., ibid., t. I, p. 158-160.

juger en première instance toutes les affaires portées au Conseil. Le 30 janvier de la même année, le surintendant obtint le droit de poursuivre les fraudeurs jusque dans le Palais Royal et dans les carrosses des princes. Le 5 décembre 1749, au moment où la suppression des fermes obligeait le roi à créer un grand nombre d'agents fiscaux, le surintendant en reçut le commandement exclusif; sa juridiction fut imposée aux intendants de province et d'armée (1). Il arriva ainsi à être le véritable chef de toute l'administration et réduisit le Conseil à un rôle purement consultatif. Son pouvoir n'avait d'autres limites que celles de son énergie personnelle. Il avait la direction générale des finances de l'État, il devait connaître exactement ses revenus et ses charges, proposer au roi les moyens les plus propres à accroître les uns et à diminuer les autres, et à couvrir les déficits. C'était lui qui transmettait les ordres du roi à tous les employés du fisc, c'était lui qui les nommait et les révoquait. Enfin il était juge en première instance de toutes les affaires contentieuses. Dans les provinces, il confiait ordinairement ses fonctions judiciaires aux intendants et aux subdélégués, mais il était toujours maître d'évoquer à son tribunal les affaires pendantes devant eux, et il confirmait ou infirmait toutes leurs sentences. Il n'y avait appel de ses décisions qu'à la Chambre de justice du Conseil des finances (2).

Après le ministre, le plus haut fonctionnaire de la hiérarchie financière était le trésorier général (*Tesorero general*), spécialement chargé de l'établissement et du contrôle du budget. Il faisait rentrer les fonds, et ordonnançait les dépenses. Toutes les ressources de la monarchie étaient à sa disposition, aucune dépense ne pouvait être faite sans son ordre. Sa gestion était contrôlée par le Grand Tribunal des Comptes. C'était un grand personnage, qui portait l'uniforme de Palais, et avait entrée dans la chambre du roi (3).

(1) Gallardo, *Rentas de la Corona*, t. I, p. 105.
(2) Canga Arguelles, *Dic. de hac. Superintendente general*. — Gallardo, *Rentas de la Corona*, t. I, p. 110.
(3) Canga Arguelles, *op. cit.* — *Tesorero general. Distribucion de Caudales*.

Au-dessous de ces deux grands officiers venaient les chefs des différents bureaux du ministère. Jusqu'en 1799 ces bureaux avaient été soumis aux directeurs généraux des rentes d'Espagne et des rentes des Indes, mais l'ordonnance royale du 25 septembre 1799 supprima la direction générale des rentes, et les chefs des bureaux relevèrent directement du ministre et du trésorier général (1).

On comptait au ministère six grands bureaux (*contadurias generales*).

Le bureau de la revision (*contaduria general de la ordenacion*) mettait en ordre les comptes de la trésorerie générale pour les présenter au Tribunal des Comptes.

La recette des valeurs (*contaduria general de valores*) centralisait toutes les pièces relatives à la perception des deniers.

Le bureau de la distribution (*contaduria general de distribucion*) s'occupait exclusivement de faire face aux dépenses.

Les bureaux des *vales*, des *millones* et des *propios* s'occupaient du remboursement des bons royaux, des questions relatives à l'impôt des *millones*, et des droits perçus par le roi sur les biens communaux (2).

Il faut ajouter à la liste des bureaux de finances la recette générale des Indes (*contaduria general de Indias*) et celle de l'armée (*contaduria general de ejercito*), qui dépendaient toutes les deux du surintendant des finances.

Les anciennes administrations générales, recettes et trésoreries particulières à chaque espèce de revenus avaient été supprimées en 1799 et fondues dans les deux grands bureaux de *valores* et de *distribucion* (3). Seules, les douanes avaient conservé leur autonomie, et étaient administrées par la *Contaduria principal de aduanas* de Madrid (4).

L'ensemble de tous ces services occupait à Madrid 1280 personnes (5).

---

(1) Gallardo, *op. cit.*, t. I, p. 135.
(2) Canga Arguelles, *Dic. de hac. Contadurias generales*.
(3) *Real orden* du 25 août 1799.
(4) Canga Arguelles, *op. cit. Rentas generales*.
(5) Id., ibid. *Empleados*.

Dans les provinces, l'autorité en matière de finances appartenait à l'intendant, qui avait, comme le ministre, le double caractère d'administrateur et de magistrat. Mais la même loi qui lui conférait le droit de juridiction semble s'être défiée de sa compétence, car elle l'oblige à se faire suppléer dans ses fonctions judiciaires par deux assesseurs gradués en droit (1). Pour la partie purement financière, l'intendant était assisté par des administrateurs généraux des rentes provinciales, du sel et des tabacs. La réforme de 1799 réduisit le nombre des administrateurs généraux à un par province, et supprima les trésoreries et recettes particulières, qui furent remplacées par une trésorerie et une recette principale dans chaque province, pour toutes les branches de l'administration, sauf les douanes qui gardèrent toujours leur autonomie. Les receveurs (*contadores*) s'occupaient de la perception et de l'encaissement des impôts ; les trésoriers (*tesoreros*) tenaient les fonds versés dans leur caisse à la disposition du trésorier général. Les caisses des trésoreries provinciales fermaient à triple serrure (*arcas de tres llaves*) ; l'une des clefs restait entre les mains du trésorier, une autre était donnée à l'intendant, et la troisième à l'administrateur général (2).

Deux fois par semaine, l'intendant réunissait la Junte provinciale des finances (*Junta provincial de rentas*), établie par décret du 8 juin 1792. L'administrateur des rentes, le receveur, le trésorier, les avocats et procureurs attachés au service des finances, avisaient, sous la présidence de l'intendant, aux moyens les plus propres à hâter la rentrée des deniers royaux (3).

Dans les districts (*partidos*), le chef du service financier portait le titre de subdélégué (*subdelegado de rentas*). C'était ordinairement le corrégidor du district qui était investi de ces fonctions. Comme l'intendant, et sous son contrôle direct, le subdélégué était administrateur et juge. Il avait auprès de lui un homme de finance, l'administrateur particulier, et

---

(1) Canga Arguelles, *Dic. de hac. Jurisdiccion de hacienda.*
(2) *Real decreto* du 25 septembre 1799.
(3) Canga Arguelles, *Dic. de hac. Juntas provinciales.*

un caissier. La caisse du district avait trois clefs comme celle de la province; elles étaient confiées au caissier, à l'administrateur et au subdélégué. Le subdélégué présidait la junte du district, comme l'intendant présidait la junte provinciale. Les autorités du district relevaient de l'intendant, comme les autorités provinciales relevaient du ministre (1). Des inspecteurs (*visitadores*) venaient de temps à autre contrôler les services, et avaient le droit de suspendre l'employé infidèle.

L'administration des douanes, distincte de l'administration générale, avait une recette principale, 2 trésoriers principaux, 24 administrateurs généraux, 342 administrateurs particuliers, 361 receveurs, 17 trésoriers, 5 subdélégués et 5 fiscaux (2).

Le service des finances occupait encore un grand nombre de commis, de gardes et de gens armés : le monopole du tabac occupait à lui seul 17.694 personnes (3); les gardes des revenus royaux (*Resguardo de rentas*) étaient au nombre de 3.844 (4). En 1818, alors que les choses avaient été rétablies à peu près sur le même pied qu'avant la Révolution, l'administration des finances occupait 25.479 personnes (5). Les frais de perception montaient en moyenne à 127.007.646 réaux, sur un revenu de 674.936.793 réaux; c'était une proportion de 18 0/0.

On doit reconnaître que les cadres de l'administration espagnole ne manquent ni de simplicité, ni de grandeur. Au centre de la monarchie le ministre et son conseil, avec les grandes directions de la comptabilité, des recettes et des dépenses. Dans chaque province un intendant chargé de l'administration et du contentieux, un financier chargé du détail, un receveur général et un payeur. Dans chaque district un subdélégué, un administrateur particulier et un trésorier. Mais il serait imprudent de conclure de cette imposante symétrie

---

(1) *Encyclopédie méthodique*. Finances, t. II (Espagne).
(2) Canga Arguelles. *Dic. de hac. Rentas generales.*
(3) Id., ibid. *Tabaco.*
(4) Canga Arguelles, *Dic. de hac. Resguardo de rentas.*
(5) Id., ibid. *Empleados.*

à une bonne administration. Les impôts étaient mal choisis et d'une perception difficile. Les employés, trop nombreux, médiocrement instruits, médiocrement zélés, médiocrement payés, étaient peu considérés, et leur probité était regardée comme très suspecte. Campillo ayant remarqué que les procès de contrebande se terminaient toujours par un acquittement, mit les juges « à la bouche de l'Enfer » en leur accordant un tiers des marchandises confisquées. Dès lors, il y eut des condamnations (1). L'ambassadeur russe Zinovief voit dans la concussion une des grandes causes de la ruine des finances espagnoles (2). Canga Arguelles la croit irrémédiable (3). Le petit employé voyait tout s'acheter autour de lui ; le trafic des places était public et scandaleux (4). Pour retenir les employés au service, le roi leur accordait la dispense des charges communales (5), les exemptait d'impôts (6), leur promettait une retraite avec traitement complet après trente ans de services (7). Leurs veuves et leurs enfants orphelins recevaient des secours du Mont-de-Piété des bureaux (*Monte pio de Oficinas*) (8). Tous ces privilèges étaient précieux et séduisants, mais il en était de la retraite comme de la solde ; on l'attendait souvent longtemps avant de la toucher. Beaucoup de petits employés trouvaient plus sûr d'accepter les gratifications qui leur étaient offertes pour laisser frauder les droits du roi.

La perception en elle-même était la plus barbare machine qui se puisse concevoir. Avec ses rouages compliqués, brutaux et bruyants, son mouvement stérile, son énorme dépense de force et son petit rendement, elle fait penser à la machine de Marly, ce lourd chef-d'œuvre de la mécanique d'autrefois. Il

---

(1) Canga Arguelles. *Dic. de hac. Comisos.*
(2) Tratchewsky, *L'Espagne à l'époque de la Révolution française.* Revue historique, t. XXXI, p. 48.
(3) Canga Arguelles, *op. cit. Colusion. Concusionario*
(4) M. Fernandez, *La hacienda de nuestros abuelos*, p. 6.
(5) *Nov. Rec.* VI, xviii, 22 et 23.
(6) *Nov. Rec.* VI, xviii, 29 (1776).
(7) Canga Arguelles, *Dic. de hac. Jubilados de rentas.* R. Orden du 8 septembre 1803.
(8) Gallardo, *Rentas de la Corona*, t. I, p. 100.

serait trop long d'étudier le mode particulier de perception de chacun des impôts d'Espagne, choisissons quelques exemples qui donneront au moins une idée du système.

Le curieux impôt de cruzada mettait en mouvement toute une armée de messagers, d'alcaldes et de collecteurs. Nous emprunterons les détails suivants à l'*Instruction générale*, publiée en 1796 par tout le royaume et les îles adjacentes (1). L'Instruction est rédigée au nom de « D. Patricio Martinez « de Bustos, archidiacre de Trastamara, dignitaire et cha- « noine de la sainte église métropolitaine de Santiago, cheva- « lier Grand-Croix du Royal et distingué Ordre espagnol de « Charles III, membre-né de la Junte royale de l'Immaculée « Conception, exacteur et collecteur des pensions assignées « audit Ordre, juge privatif du *Nuevo Rezado*, du Conseil de « S. M. et commissaire apostolique général des trois grâces « de *Cruzada*, *subsidio* et *excusado* dans toutes les terres et « seigneuries de S. M. » La publication de la bulle se fait tous les ans au moment du carême. Mais bien avant cette date, le travail se prépare. Les administrateurs généraux présentent aux subdélégués de la croisade les décrets de publication, et leur donnent la liste des messagers (*verederos*) qu'ils ont nommés. Les messagers prêtent serment de bien gérer leur charge et se rendent dans les localités qui leur sont assignées. Les alcaldes leur préparent un logis, leur offrent les gratifications d'usage et les reçoivent avec tous les honneurs accoutumés. Les messagers apportent avec eux un assortiment complet de bulles de toutes sortes et de tous les prix. Les bulles sont remises aux alcaldes par les messagers, en présence du curé ou d'un autre ecclésiastique ; on compte un à un tous les exemplaires, pour prévenir toute erreur ; les messagers remportent une décharge signée par les alcaldes, et retournent au chef-lieu du diocèse pour rendre compte de leur mission. Les alcaldes gardent les bulles jusqu'au moment fixé pour leur publication. Ils choisissent les collecteurs qui

(1) *Archives municipales de Saragosse*. Registro de actas (1796). — *Instruccion de la forma y orden que se ha de observar en la publicacion y predicacion de la Bula de la Santa Cruzada en los reynos de España e islas adyacentes y en la cobranza de su limosna.*

s'obligent à placer les bulles qui leur seront confiées, à en recouvrer le prix et à l'apporter au chef-lieu du diocèse, avec les exemplaires qu'ils n'auront pas pu vendre. Les collecteurs sont dispensés pendant l'année courante de toute charge royale ou municipale, ils touchent un salaire d'un maravédis par bulle vendue, ils ont le droit de faire toutes exécutions, ventes et adjudications qu'il appartiendra pour le recouvrement du prix des bulles. Chacun d'eux reçoit un cahier sur lequel il inscrira le nombre des bulles qu'il placera, *et les noms de tous les souscripteurs.*

Toutes ces mesures préparatoires une fois prises, arrive le moment de publier les bulles. Une pompeuse lettre du roi annonce « que Sa Sainteté, ayant égard aux grandes dé-« penses que fait continuellement S. M. pour défendre sur « mer la sainte foi catholique, a bien voulu lui concéder à nou-« veau la bulle de la Sainte-Croisade ». Le doyen des régidors se rend chez le trésorier de la croisade et prend jour avec lui pour la présentation de la bulle à l'Ayuntamiento. Au jour fixé, le trésorier se rend à l'hôtel de ville. Un huissier prévient le Conseil de son arrivée, le doyen fait ouvrir la grille et envoie à sa rencontre les secrétaires de l'Ayuntamiento et les deux plus jeunes régidors, qui s'avancent au-devant de lui jusqu'à moitié de la salle. Le trésorier est invité à s'asseoir à côté de l'assesseur du doyen (*subdecano*), il communique à l'assemblée la lettre du roi, et invite la municipalité à assister à la cérémonie religieuse de publication de la bulle. Le doyen accepte l'invitation, promet d'envoyer à l'église les massiers, les trompettes et les tambours de la ville, et baise respectueusement la lettre royale. Les populations sont averties de la solennité. Le jour de la fête, la bulle est portée solennellement de la maison du trésorier à l'église. Les rues par lesquelles passe le cortège sont soigneusement balayées ; la bulle, portée par le curé de la paroisse ou le subdélégué de la croisade, reçoit les hommages des fidèles. Au prône, le prédicateur donne lecture de toutes les lettres d'indulgence et de dispense, et ajoute toutes les instructions convenables pour en faire bien comprendre le mérite et l'efficacité. L'indulgence n'est acquise que par le paiement de l'aumône qui y est attachée; la dispense n'a d'effet que pour l'année de sa publication ; ses effets cessent par le seul fait d'une nouvelle publication des bulles. On peut acheter des indulgences pendant toute l'année, mais comme elles ne sont valables que du jour où le prix en a été payé, les fidèles bien avisés ont tout intérêt à se pourvoir au plus tôt. Comme le prix des lettres d'indulgence est différent suivant la qualité des personnes, le prêtre fait observer aux fidèles que l'indulgence n'est acquise que par le paiement des droits afférents à la classe de la personne qui veut en profiter. Il n'est pas permis d'acheter des bulles au rabais. Pour obliger plus étroitement les fidèles à acheter les bulles, on leur fait entendre qu'ils ne peuvent gagner d'autres indulgences s'ils n'ont tout premièrement acheté les bulles de la croisade. Pour empêcher toute concurrence, il est interdit de vendre en Espagne d'autres bulles d'indulgences que celles de la croisade. Les fidèles doivent conserver toute l'année la bulle dont ils ont fait l'acquisition ; s'ils la perdent, il faut absolument en acheter un nouvel exemplaire.

Il est curieux de voir avec quel soin les rédacteurs de l'Instruction royale ont évité d'employer les mots qui pourraient éveiller l'idée d'un commerce simoniaque. Il n'est nulle part question d'acheter ni de vendre, on ne parle ni de prix, ni d'argent. On n'achète pas les bulles, on les prend; on ne vend pas les bulles, on les donne, le prix s'appelle aumône. C'était cependant un véritable commerce, un trafic honteux sur la crédulité publique.

Après la publication, les collecteurs se mettent en campagne et colportent leurs bulles de maison en maison. Ils inscrivent sur leur carnet les noms des souscripteurs, ils savent ainsi à qui ils ont vendu, les autorités ecclésiastiques savent qui n'a pas acheté. Pour empêcher le commerce des fausses bulles, les collecteurs apposent sur chaque exemplaire vendu une marque spéciale qui est comme la garantie de l'authenticité. La personne qui aura acquis une bulle dépourvue de l'estampille officielle paiera quadruple droit ; la moitié de l'amende sera acquise au roi « pour les « saintes fins de la croisade », l'autre moitié sera attribuée au dénonciateur et au juge qui prononcera la sentence.

Le paiement des taxes était la condition nécessaire de l'efficacité des indulgences ; mais leur recouvrement semble avoir souffert quelques difficultés. Pour venir à bout des mauvais payeurs, on envoyait dans les villages récalcitrants (*pueblos morosos*) des exécuteurs qui faisaient toutes les saisies et ventes nécessaires. Les autorités locales étaient responsables de la rentrée des deniers (1).

Le recouvrement achevé, les collecteurs se rendent au chef-lieu du diocèse, versent l'argent qu'ils ont perçu dans la caisse de l'administrateur de la croisade, et lui remettent les cédules qu'ils n'ont pu placer. Si leur comptabilité est en règle, ils obtiennent une décharge générale. Les cédules non distribuées sont brûlées, pour que personne ne soit tenté d'en faire usage.

La perception des rentes provinciales présentait l'image d'un véritable chaos : « Trois mille employés entretenaient
« dans les villages une guerre intestine. Apostés sur les
« chemins, aux portes des bourgs et dans les bureaux, ils
« vexaient le voyageur, le commerçant et le paysan, mesu-
« rant les grains, sondant les tonneaux de vin et d'huile,
« contrôlant les dépenses du cabaretier, et inspectant les
« cayes du tavernier pour calculer la quantité des marchan-
« dises et recouvrer le tribut. Ils surveillaient la vente du
« pain, du vin et d'autres denrées chez les revendeurs, pour
« les empêcher de vendre en gros. Ils exigeaient des laissez-
« passer des muletiers qui transportaient les récoltes. Ils
« obligeaient les alcaldes à taxer chaque mois le vin et le
« vinaigre pour percevoir leurs droits plus aisément (2). »

A Madrid, les rentes provinciales étaient perçues par les cinq corporations majeures (*gremios mayores*). Dans les provinces, Orry centralisa dès 1713 le service de recouvrement. Il ne voulut plus qu'un seul fermier par province et lui interdit d'avoir plus d'un receveur par localité (3). En

(1) *Nov. Rec.* II, xi, 1. Supp. (31 mai 1802).
(2) Canga Arguelles, *Dic. de hac. Provinciales* (*Rentas*).
(3) Baudrillart, *Philippe V et la cour de France*, p. 577. — Coxe, *l'Espagne sous les Bourbons*, t. III, p. 198.

1741, Campillo demanda aux fermiers de faire connaître leurs bénéfices, et comme ils prétendirent ne pas gagner grand'chose à lever les deniers du roi (1), le ministre les prit au mot, et fit percevoir directement les rentes provinciales dans six provinces (2). Le 11 octobre 1749, Ferdinand VI étendit le système de la perception directe aux vingt-deux provinces de Castille. Ce fut un grand progrès, mais il ne faudrait pas croire que tous les abus aient été supprimés. Dans certaines villes, les rentes provinciales appartenaient en tout ou partie à des particuliers qui les levaient à leur profit ; ailleurs les villes s'étaient abonnées pour une somme fixe (*pueblos de encabezamianto*) (3) ; ailleurs l'impôt se payait normalement (*pueblos de administracion*), mais, même dans ces dernières localités, des corporations, des propriétaires ruraux, des marchands pouvaient s'abonner avec l'administration (*ajustes de mercaderes*). Les tarifs différaient de ville à ville, étaient sans cesse remaniés, et la loi, trop prolixe et trop confuse, n'était observée nulle part, ce qui mettait le comble au désordre.

La méchante petite rente du savon donnait lieu à d'inconcevables subtilités. Le savon dur devait se faire sur le feu ; la fabrication du savon sans feu était prohibée. Les chaudières devaient avoir au moins 120 pieds cubes. Les Cortès de 1650 avaient exigé que les chaudières fussent munies d'un robinet ; mais on exécutait la loi avec une telle lenteur qu'en 1795 les fabricants du pays de Grenade n'avaient pas encore de chaudières à robinet. Toutes les fois que le fabricant chargeait sa chaudière, le surveillant de la rente du savon devait être appelé, il comptait les arrobes d'huile qui y étaient versés, il assistait au déchargement de la chaudière et au coulage du savon dans les moules. Le robinet lui permettait de s'assurer que la chaudière était réellement vide. Le surveillant emportait la clef de la pièce où l'on

---

(1) Le peuple avait des fermiers une idée bien différente, comme le prouve le dicton : « Arrendadorcillos, comer en plata, morir en grillos. » Canga Arguelles, *op. cit. Arrendadores*.

(2) Coxe, *l'Espagne sous les Bourbons*, t. III, p. 537.

(3) Gallardo, *Rentas de la Corona*, t. II, p. 128.

mettait le savon à refroidir, il assistait au pesage du savon et à la livraison pour la vente en détail ou en gros. Quoique le savon mou (*blando*) payât exactement les mêmes droits que le savon dur, aucune des formalités précédentes n'était exigée pour sa fabrication. Les droits à percevoir étaient les *millones* sur l'huile, les alcabalas et cientos sur toutes les ventes, et les 4 maravédis par livre, qui constituaient proprement la rente du savon. Si le savon n'était pas consommé dans le lieu même où il était fabriqué, il n'acquittait les 4 maravédis que dans l'endroit où il devait être consommé. Si cet endroit était un bourg d'abonnement, les 4 maravédis étaient payés à la municipalité; si le bourg était en régie, les 4 maravédis étaient payés à l'employé des finances du roi (1).

L'administration des douanes ne paraît pas comporter de semblables minuties. Il semble qu'il n'y ait rien de plus simple que de déclarer une marchandise et d'acquitter les droits prévus par le tarif général. Les bureaucrates espagnols avaient réussi à faire de cette simple opération une véritable torture pour les malheureux obligés de passer par leurs mains. Dans les vingt-quatre heures de son arrivée au port, le capitaine d'un navire marchand devait présenter à la douane une déclaration de chargement (*manifiesto de carga*), dont il attestait par serment la sincérité. Si le capitaine était Espagnol, il lui était interdit de rien changer à sa déclaration, dès qu'elle avait été remise à la douane ; s'il était Français, Anglais ou Danois, il avait huit jours pour remanier son mémoire, corriger les erreurs, ajouter les détails oubliés. La déclaration de chargement devenue définitive était recopiée sur les registres de la douane, qui procédait ensuite à l'inventaire de la cargaison (*fondeo*). Puis le capitaine demandait une licence l'autorisant à décharger son navire, et à déposer ses marchandises dans les magasins de la douane, où le comptable et le garde-magasin venaient les enregistrer. Le déchargement terminé, les douaniers visitaient de nou-

---

(1) Gallardo, *Rentas de la Corona*, t. III, p. 214. — Extrait d'un travail spécial sur la rente du savon par D. Josef Antonio de Ibarrondo, administrateur général des rentes de Grenade.

veau le navire, et dressaient procès-verbal au capitaine s'ils constataient une différence en plus ou en moins entre sa déclaration jurée et la quantité réelle des marchandises débarquées. Si la différence dépassait 2 0/0, le chargement pouvait être confisqué. Lorsque la douane avait terminé toutes ses perquisitions, et fait tous ses récolements, les acheteurs des marchandises demandaient la liquidation des droits, et les plumitifs procédaient à l'évaluation des marchandises pour leur appliquer les droits *ad valorem* inscrits dans les tarifs. L'évaluation était faite par l'administrateur, le receveur, les inspecteurs et le *marchamador* de la douane, qui estimaient les marchandises *suivant leur loyal savoir*, et accordaient des remises sur les denrées avariées. On comprend jusqu'à quel point la libéralité d'un commerçant habile pouvait favoriser l'opération. Lorsque les marchandises avaient été prisées, le receveur les taxait, et les droits une fois payés, les acheteurs n'avaient plus qu'à demander à la douane une dernière licence pour enlever ce qui leur appartenait (1).

Ces détails suffisent pour montrer combien lente était la marche de l'administration financière. Il faut ajouter qu'elle était aussi injuste que routinière. Elle favorisait l'espionnage et récompensait le dénonciateur (2). Elle confisquait les marchandises prohibées, ou transportées en fraude. Elle envoyait des garnisaires dans les localités, chez les fermiers du trésor ou chez les individus qui ne payaient point leurs contributions (3). Les biens des débiteurs du fisc étaient adjugés aux habitants les plus riches, s'il ne se présentait pas d'acquéreurs *adjudicacion forzada* (4). Chaque année, les tribunaux de finances prononçaient de nombreuses condamnations. En la seule année 1803, il y eut 2.633 poursuites et 1.479 condamnations ; 82 individus furent déportés dans les présidios, 79 condamnés aux travaux publics, 823 versés dans le service de la marine, 305 punis d'amende, 83 d'exil et 107

---

(1) Canga Arguelles, *Dic. de hac. Rentas generales*.
(2) *Guipuzcoano instruido. Denuncios*.
(3) Canga Arguelles, *Dic. de hac. Apremio*.
(4) Id., Ibid. *Adjudicacion forzada*.

internés dans leur bourgade (1). « Chaque juge, dit Campoma-
« nès, chaque inspecteur, chaque garde peut molester, et
« même perdre un homme de bien sous couleur de faire du
« zèle (2). »

IV. — Le budget et le déficit.

Toutes ces tyrannies avaient-elles au moins pour résultat
de donner à l'Espagne un trésor bien rempli ? On ne pouvait
même pas invoquer cette excuse en leur faveur. L'histoire
financière de l'Espagne depuis Philippe II n'est qu'un long
cri de détresse ; le roi semble s'appauvrir à mesure que
croissent ses revenus.

Le dix-septième siècle s'était terminé par une banqueroute.
Le 16 janvier 1692, le roi s'était réservé 160 millions de réaux
pour les dépenses de l'État et avait abandonné le reste de
ses revenus à ses créanciers (3). Philippe V trouva le royaume
entièrement ruiné. La première année de son règne, le
Trésor reçut 142.310.710 réaux, et la dépense s'éleva à
247.366.260 réaux (4). La guerre de succession et la désastreuse expédition de Sicile semblèrent épuiser les dernières ressources de l'Espagne ; cependant Orry et Patiño
réussirent à accroître les revenus. La paix aidant, les recettes
étaient remontées en 1737 à 211.100.588 réaux ; mais les
dépenses avaient suivi la même progression et montaient à
335.952.980 réaux (5). Le 21 mars 1739, D. Juan Bautista
Iturralde, ministre des finances, en était réduit à suspendre
les paiements pour subvenir à l'entretien de l'armée (6).
Lors de la conclusion de la paix d'Aix-la-Chapelle (1748), le
désordre était à son comble : il était dû quatre années de

---

(1) Canga Arguelles. *Causas criminales.*
(2) Campomanes, *Cartas politico-economicas.* Carta IV.
(3) Id., ibid. Carta II.
(4) Coxe, *l'Espagne sous les Bourbons*, t. III, p. 518.
(5) Canga Arguelles, *Dic. de hac. Gastos.*
(6) Rodriguez Villa, *Patiño*, p. 111. — Campomanes, *Cartas politico-economicas*, Carta I.

gages aux officiers de la maison du roi (1). Le règne de Ferdinand VI fut l'ère des réformateurs. « Il n'y eut jamais « tant de faiseurs de projets, et jamais on ne dit tant de sottises (2). » Malgré la paix, la plupart des budgets se soldèrent en déficit. A la mort du roi, on trouva « quelques malheureux millions en caisse » ; mais Ferdinand VI s'était refusé à payer les intérêts des dettes de Philippe V, il avait touché, après la paix de 1748, tous les revenus des Indes, immobilisés en Amérique depuis 1742, et tous les paiements avaient été suspendus pendant sa dernière maladie qui avait été fort longue (3). L'ambassadeur d'Angleterre écrivait, au mois de janvier 1764, « que le pays était épuisé et que le roi se trouverait bientôt à bout de ressources (4) ». Cependant les progrès économiques furent si considérables sous Charles III que les recettes atteignirent 685.068.068 réaux en 1784 et 616.295.657 réaux en 1787 (5) ; mais les dépenses l'emportaient toujours sur les revenus (6).

Avec Charles IV le déficit prit des proportions effrayantes et les recettes cessèrent de progresser. En 1802, Canga Arguelles remit au roi un mémoire détaillé où il établissait d'après les documents officiels le compte des recettes et des dépenses. Il calculait que l'ensemble des recettes, y compris les remises des Indes, donnait un total annuel de 715.003.818 réaux, réduit par les frais de perception à 611.206.633 réaux. Les dépenses d'Etat, ramenées au strict minimum, atteignaient 647.329.589 réaux (7). Il y avait donc un

---

(1) Coxe, *op. cit.*, t. III, p. 364.
(2) Campomanès, *Cartas politico-economicas*, Carta I.
(3) Id., ibid. — Canga Arguelles, *Dic. de hac. Deposito grande.*
(4) Coxe, *op. cit.*, t. IV, p. 515. (Lord Rochefort au comte d'Halifax, 13 janvier 1764.)
(5) Coxe, *op. cit.*, t VI, p 130 (compte rendu de Lérena).
(6) Les dépenses de l'année 1788 montèrent à 861 171.735 réaux. — Canga Arguelles, *Dic. de hac. Gastos.*
(7) Maison royale . . . . 100.000.000 réaux.
    Ministère d'Etat. 12.000.000
    Grâce et justice. 12.000 000
    Indes. 11.000.000
    Finances. 144.772 991
    Guerre et marine. 367 556.598
                                                  _____
                                                  647.329.589

déficit annuel de 3.122.966 réaux, et Canga Arguelles se demandait avec quoi le roi pourrait faire face à l'arriéré (700.000.000 de réaux) et aux dépenses imprévues (1).

La situation était d'autant plus grave que le déficit réel était beaucoup plus considérable que ne le supposait Canga Arguelles dans son projet. Le déficit moyen de 1793 à 1798 avait été de 486.515.698 réaux, et s'était élevé à 800 millions pour cette dernière année (2).

La dette de l'État, qui était en 1700 de douze cents à seize cent mille réaux, montait en 1801 à 4.108.052.721 réaux (3), et en 1808 à 7.201.256.831 réaux (4). C'était, à peu de chose près, ce qu'avaient coûté à l'Espagne ses dernières guerres contre la France et contre l'Angleterre (5).

V. — Expédients financiers.

Pour soutenir le crédit public, les financiers espagnols accomplirent des prodiges d'ingéniosité et de courage, d'autant plus méritoires que les souverains eux-mêmes semblaient prendre à tâche d'ajouter par leurs folies aux malheurs de l'État. Sommé d'envoyer 7 millions de réaux aux commandants des arsenaux de marine pour la paie des ouvriers, Léréna était obligé de répondre « que la reine les avait mandés pour son service (6) ».

---

(1) Canga Arguelles, *Dic. de hac. Ingresos.*
(2) Id. ibid. *Deficit.* — Un mémoire anonyme évalue le déficit pour 1801 à 1.189.000.000 de réaux. — *Archives des affaires étrangères à Paris*, Espagne, t. 666, f° 280.
Le déficit était de tradition en Espagne.
Il s'élevait sous Charles-Quint   à   62 millions de réaux.
  —   Philippe II —   75   —
  —   Philippe V —   272   —
  —   Ferdinand VI —   18   —
  —   Charles III —   61   —
  —   Charles IV —   720   —
M. Fernandez, *La hacienda de nuestros abuelos*, p. 5.
(3) Coxe, *L'Espagne sous les Bourbons*, t. III, p. 544. — Canga Arguelles, *Dic. de hac. Amiens.*
(4) Id. ibid. *Deuda de España.*
(5) Id. ibid. *Ingresos.* — De 1793 à 1801, l'Espagne avait dépensé 7 milliards de réaux pour soutenir la guerre.
(6) Tratchewski, *L'Espagne à l'époque de la Révolution française*, p. 15.

Au seizième et au dix-septième siècle, les rois étaient sortis d'embarras en vendant pièce à pièce leurs revenus. Ferdinand le Catholique mettait en vente un certain nombre de milliers de maravédis de rente à percevoir sur les impôts. On achetait mille maravédis de revenu pour dix, vingt ou trente mille maravédis une fois payés. Mais le Trésor se trouvait grevé à perpétuité, parce que les titres des premiers acquéreurs passaient par droit héréditaire (*por juro de heredad*) à leurs successeurs. On appelait ces titres de rente *juros*. On les multiplia si imprudemment qu'il vint un moment où le roi, menacé de ne plus toucher de revenus, ne voulut plus payer les intérêts des juros. En moins d'un siècle, 79 contributions diverses furent imposées aux propriétaires de juros. Philippe V procéda enfin à une liquidation générale qui laissa le Trésor grevé d'une rente de 17.587.520 réaux, 16.422 fanègues de blé, 3.831 fanègues d'orge, 8.142 arrobes d'huile, 200 arrobes de vin, 3.000 moutons, 1.712 brebis et 1 veau 3/4 (1).

La vente des alcabalas, des juridictions et des offices avait été aussi un expédient fort à la mode, et tout aussi ruineux, qui eut souvent les conséquences les plus bizarres : bien des années après la suppression des Conseils d'Aragon et d'Italie, on voyait encore les alguazils-mayors de ces Conseils figurer au budget pour une somme respective de 20.120 et de 10.500 réaux. C'est que le roi avait jadis aliéné ces offices ; il pouvait bien supprimer la fonction, mais il ne pouvait plus supprimer le traitement (2).

Philippe II, Philippe III et Philippe IV purent encore créer quelques nouveaux impôts, mais leurs successeurs durent renoncer à cette ressource, et se rejeter sur les expédients souvent les plus misérables. Philippe V reprit un grand nombre d'objets précieux donnés ou vendus à des particuliers par ses prédécesseurs. Il suspendit le paiement des intérêts de la dette. Il s'appropria une année du revenu de tous les biens, rentes et droits aliénés par la couronne. Il

---

(1) Canga Arguelles, *Dic. de hac. Juros.*
(2) Id. ibid. *Oficios enagenados.*

perçut un droit de 25 0/0 sur les fonds qui venaient des Indes pour le compte des particuliers. Il défendit de payer les créances arriérées, il s'appropria les sommes d'argent déposées par des particuliers dans les monastères (1).

Ferdinand VI prit aux villes 50 0/0 de leurs octrois et aux corporations 50 0/0 de leurs revenus. Il diminua d'un tiers les revenus des rentes et offices aliénés jadis par la couronne. Il perçut un droit de 10 0/0 sur les traitements des fonctionnaires. Il extorqua un don gratuit aux fermiers de l'impôt (2).

Au milieu de ces coquineries, on peut citer quelques mesures équitables. Philippe V organisa l'impôt foncier en Aragon, mit le tabac en régie, permit aux propriétaires de Madrid de se racheter de l'aposento, suspendit pendant deux ans le cumul des traitements et supprima un grand nombre de surnuméraires qui encombraient les bureaux. Ferdinand VI supprima les fermes, vendit les pâturages de la Serena, et favorisa la circulation de l'argent en Espagne par l'institution du *Giro real*.

Charles III et Charles IV eurent encore recours à des mesures iniques et brutales, mais se montrèrent en général plus respectueux que leurs prédécesseurs de la propriété privée. Ils s'attaquèrent au contraire à la propriété collective avec une hardiesse qui alla croissant comme leurs besoins.

Charles III confisqua les biens de la Compagnie de Jésus, s'attribua le produit des vacances ecclésiastiques pour un temps indéterminé, vendit des biens appartenant à des confréries, à des hôpitaux et à des œuvres pies (3).

Charles IV, plus obéré encore, aggrava certaines taxes anciennes (4) et établit de nouveaux impôts sur les chevaux

(1) Coxe, *L'Espagne sous les Bourbons*, t. III, p. 540 et 413.
(2) Id. ibid., t. IV, p. 328.
(3) M. Fernandez, *La hacienda de nuestros abuelos*, p. 4.
(4) Les douanes, les droits sur le vin et l'eau-de-vie, la Cruzada, les gracias al sacar.

de luxe, les voitures et les domestiques. Il préleva une retenue sur les traitements des fonctionnaires (1). En 1799, un subside extraordinaire de 300 millions de réaux fut demandé à l'Espagne ; les villes devaient payer 185.316.996 réaux, le reste devait être payé par les tribunaux et les chambres de commerce. Les négociants étaient taxés à 100 et 600 réaux. L'impôt ne put être levé ; à Barcelone, 33 négociants seulement, sur 410, répondirent à l'appel du roi. Au bout de deux ans et demi d'efforts, la levée n'avait encore produit que 135.695.489 réaux (2). On demanda des aides extraordinaires aux Indes (3). On chercha à atteindre les privilégiés en frappant les acquéreurs d'offices royaux (4), en percevant un droit de trois un tiers pour cent sur tous les revenus exempts de dîmes (5), en imposant à 15 0/0 tous les biens destinés à la formation de nouveaux majorats (6). On songea à rappeler les Juifs pour en tirer de l'argent (7). Le roi offrit aux usurpateurs de biens communaux de leur reconnaître un droit de propriété moyennant le versement d'une somme d'argent au Trésor. Il s'attaqua aux revenus des villes qui furent frappés en 1793 d'un droit de 10 0|0 (8). En 1798, il s'attribua la moitié des excédents de recette des villes (9). Les greniers d'abondance (*positos*) durent livrer au Trésor royal un dixième de leur actif en grains et en argent (17 mars 1799). Le roi alla même jusqu'à ordonner (8 mars 1801) d'appliquer toutes leurs ressources au service de l'armée ; mais comme la disparition des réserves de blé

---

(1) Canga Arguelles, *Dic. de hac. Sueldos.*
(2) Id. ibid *Subsidio extraordinario. Tiendas.* — Barado, *Museo militar*, t. III, p. 471. — *Archives des affaires étrangères à Paris*, Espagne, t. 659, f° 347.
(3) Humboldt, *Essai politique*, t. IV, p. 140 et 141.
(4) Canga Arguelles, op. cit. *Valimiento de oficios.*
(5) *Nov. Rec.* VI, xvii, 1 supp. (26 juin 1805).
(6) Id. X, xvii, 14 (21 août 1795).
(7) Canga Arguelles, *Dic. de hac. Judios.* — Rapport du ministre des finances Varela (27 mars 1797).
(8) Id. ibid., *Propios y arbitrios (Contribucion sobre los).*
(9) Id. ibid., *Rentas reales.* — Cédules royales du 7 et du 15 mars 1793.

eût amené la disette, il finit par se contenter d'une contribution de 33 0/0 payable en nature ou en deniers (18 mars 1801) (1).

Le clergé lui-même fut atteint. En 1793, beaucoup de prêtres offrirent spontanément au roi une partie de l'argenterie de leurs églises ; mais le produit monta seulement à 1.013.719 réaux (2). Le roi voulut davantage. En 1795, il se fit autoriser par le pape à prélever 36 millions de réaux sur les revenus du clergé (3). En 1798, un nouvel appel à la générosité de l'Église espagnole aboutit à un don gratuit de 3.700.035 réaux et à un prêt de 35,663.246 réaux (4). En 1801, le roi demanda encore au clergé de lui prêter sans intérêts 100 millions de réaux payables en deux mois ; il lui offrit pour le rembourser le neuvième des dîmes que le pape venait de lui accorder, et qui rapportait environ 30 millions par an ; le clergé fit la sourde oreille, donna seulement 28 millions, et dès l'année 1802 le roi reprit l'administration du neuvième (5).

Le droit de régale recevait en même temps une extension inaccoutumée. En 1795 et en 1796, le roi appliqua au Trésor une année des revenus de toutes les prébendes à pourvoir (6). Un bref du pape en date du 10 février 1801 lui accorda une année de revenu de tous les bénéfices, de toutes les commanderies et de toutes les pensions qu'il conférerait sur les biens des ordres militaires et de l'ordre de Saint-Jean (7).

Enfin le bref pontifical du 12 décembre 1806 posa définitivement la question de la vente des biens du clergé, en autorisant le roi à aliéner un septième des biens-fonds appartenant aux églises, aux ordres militaires, et à l'ordre de Saint-Jean (8). Les événements de 1808 interrompirent seuls les

---

(1) Canga Arguelles, Id. ibid., *Positos*.
(2) Id. ibid., *Plata de las iglesias*.
(3) Id. ibid., *Arbitrios extraordinarios*.
(4) Id. ibid., *Prestamos*.
(5) Id. ibid., *Libranzas. Prestamos. Noveno*.
(6) Id. ibid., *Dic. de hac. Prebendas*.
(7) Id. ibid., *Anualidades de encomiendas*.
(8) Id. ibid., *Septimo eclesiastico*.

travaux préparatoires à la mise en vente des biens ecclésiastiques (1).

D'après les chiffres donnés par Canga Arguelles, les sommes directement payées au roi par l'Église, en vertu de toutes ces mesures extraordinaires, atteignirent 407.225.000 réaux entre les années 1793 et 1808 (2). Cette somme énorme représentait à peine la moitié du déficit annuel du budget. Il fallut avoir recours à l'emprunt.

Charles III avait imaginé une sorte d'emprunt déguisé, très onéreux, et très dangereux pour le Trésor. Le 1er novembre 1769, il avait constitué un fonds annuel de 4 millions de réaux (*fundo vitalicio*) pour payer des rentes viagères à 8 0/0 à ceux qui apporteraient leurs capitaux à la caisse royale. L'idée était d'autant plus mauvaise qu'elle constituait une prime d'encouragement à la paresse et au célibat, et que l'on n'imposait aux rentiers aucune condition d'âge. En 1796, il n'y avait encore que 471 déposants décédés sur 1.793. En 1823, le capital placé à fond perdu montait à 110.000.000 de réaux, et les intérêts en retard à 122.000.000. La spéculation avait été de tous points déplorable (3).

En 1776, 1778 et 1783, Charles III emprunta en Hollande 72 millions de réaux pour achever le canal d'Aragon. A partir de cette année jusqu'en 1805, on ne compte pas moins de dix-huit emprunts émis par le gouvernement espagnol. Ils représentent un capital nominal de 1.612.859.419

---

(1) Canga Arguelles, *Ventas de fincas y de derechos*.

(2) Argenterie des Eglises, 1793. . . . . 1 013.719 rx.
    Subside de 1795. . . . . 36.000.000
    Annuités des prébendes. 1.000.000
    Subside annuel de sept millions (1795-1802). . . . 49.000.000
    Subside de 1798. . . . . 39 363.281
    Annuités ecclésiastiques. 3 818.000
    Neuvième sur les dîmes (1801-1808). 210.000.000
       Id. sur les dîmes des Indes 33.000.000
    Vente des biens des hôpitaux. 1.000.000
    Emprunt au clergé. 23.000.000
                                              407.225.000

(3) Canga Arguelles, *Dic. de hac. Vitalicios*.

réaux (1); mais le chiffre du capital souscrit fut bien inférieur, parce que le roi accordait de fortes remises aux souscripteurs, et parce que plusieurs emprunts ne furent jamais couverts. On peut estimer à douze cents millions de réaux environ la dette représentée par les impôts espagnols de 1778 à 1808. C'en était plus qu'il ne fallait pour enlever au budget toute élasticité. Les conditions des emprunts prouvent à elles seules combien le crédit de l'Espagne était ébranlé. Le roi frappait à toutes les portes, il s'adressait à la banque étrangère et au commerce national, au public et au clergé. Il promettait aux souscripteurs des avantages extraordinaires. L'emprunt Hoppe (1792) devait être remboursé en 26 ans ; les actions de 8 à 16.000 réaux donnaient un revenu net de 4 1|2 pour cent. Le banquier obtenait une commission de 5 0/0 sur le montant de l'emprunt, 1 0|0 sur les intérêts, et 1|2 0|0 sur le

(1) 1. — 1776-78-83. Emprunt en Hollande. . . 72.000.000 rx.
2. — 1778-79-80. Emprunt Echenique. . . 21.700.000
3. — 1780. Emprunt en Espagne. . . . 48.000.000
4. — 1780. Prêt sans intérêt consenti par le clergé. 13.060.065
5. — 1792. Emprunt Hoppe. 48.000.000
6. — 1795. Emprunt en Espagne (13 août). 240.000.000 rend 120.000.000
7. — 1797. Emprunt en Espagne (15 juill.) 100.000.000
8. — 1797. Emprunt de 17 millions de piastres au Mexique. 340.000.000
9. — 1798. Emprunt sur le clergé (21 avril) 35.663.216
10. — 1798. Emprunt aux colonies (27 mai). 1.436.108
11. — 1798. Emprunt extraordinaire . . 400.000.000 rend 150.000.000
12. — 1799. Emprunt Edcroece (destiné au remboursement des emprunts de 1776-1778 et 1783). 24.000.000
13. — 1801. Emprunt sur le clergé (14 avril). 28.000.000
14. — 1801. Emprunt forcé sur le commerce de Madrid. . . . . 15.000.000 ne rend rien
15. — 1801. Emprunt Edcroece (destiné au remboursement des emprunts de 1798 et 1799). 36.000.000
16. — 1803. Emprunt au Consulat de Cadiz. 100.000.000
17. — 1805. Emprunt Ouvrard. 80.000.000
18. — 1805-1807. Emprunt Hoppe. . . . 40.000.000

Total nominal. 1.612.859.419
Total réellement souscrit. 1.227.859.419

capital remboursé. En 1795, on offrit au public 21.000 actions de 10.000 réaux chacune, négociables à la bourse, portant intérêt à 5 0|0 et remboursables en douze ans. Une somme de 7.200.000 réaux devait être mise en loterie et répartie par le sort entre les actionnaires En 1798, l'emprunt fut déclaré remboursable en 39 mois, les sommes mises en loterie atteignirent 5.530.000 réaux ; les souscripteurs furent en outre alléchés par le tirage au sort de 800 rentes viagères de 1.150 réaux chacune, et de trois grosses rentes viagères de 44.000, de 55.000 et de 66.000 réaux. Canga Arguelles estime que pour recevoir 240 millions de réaux le roi s'engageait à payer 444.415.000 réaux. C'était un emprunt à 110 0|0 (1).

Malgré les splendides promesses qui lui étaient faites, le public ne répondait pas toujours à l'appel du roi. Charles IV essaya d'employer la violence, et d'extorquer aux négociants de Madrid un prêt forcé de 15 millions de réaux en numéraire. Le 23 avril 1801, il ordonna au Président de Castille de réunir 91 grands négociants de Madrid. Ils furent divisés en trois classes d'après le chiffre présumé de leur fortune, et taxés à 200.000 ou à 100.000 réaux. Mais la tyrannie avait déjà des limites dans l'Espagne de 1801. Pendant dix-sept jours les négociants madrilènes discutèrent avec les agents du fisc ; le roi fut obligé de les laisser se taxer eux-mêmes, de leur promettre un intérêt annuel de 6 0|0, et d'accepter en paiement les quittances de trésorerie constatant les dépôts effectués par les commerçants dans les caisses royales (2).

Ainsi ni l'appel au crédit, ni les offres les plus séduisantes, ni l'arbitraire, rien ne put attirer les souscripteurs. Le total des emprunts souscrits sous Charles IV atteignit à peine la sixième partie de la dette de l'Etat. D'où provint donc l'argent gaspillé, s'il ne fut fourni ni par l'impôt, ni par l'emprunt, ni par les expédients financiers ?

Il provint des établissements de crédit qui furent comme les prêteurs attitrés du gouvernement : les Consulats, la

---

(1) Canga Arguelles, *Dic. de hac. Prestamos.*
(2) Id. ibid., *Dic. de hac. Prestamos.*

caisse des cinq Corporations majeures de Madrid et la Banque de Saint-Charles

Les Consulats avaient été littéralement pillés par le roi (1). Dès 1805 le consulat de Cadix était fort obéré, et réduit à exécuter des virements qui désorganisaient son budget : « Quand le ciel tombe, tout tombe, disaient les administra- « teurs, allons toujours au plus pressé ; aujourd'hui est un « jour et demain en est un autre (2). » Au mois de nov. 1808, le Consulat exprimait ses plaintes et avouait sa ruine complète ; c'était la faute de Godoy, « ce favori ignorant qui avait « octroyé des permissions et des privilèges contraires à la « législation des Indes espagnoles, et qui avait exigé des « emprunts exorbitants pour faire face aux dépenses de la « marine royale (3) ».

Les cinq Corporations majeures de Madrid (*gremios mayores*) comprenaient les marchands de soieries, les marchands de toiles, les épiciers, les droguistes, les quincailliers et joailliers. Elles formaient une riche et puissante association, et faisaient la banque, acceptant les fonds des particuliers et leur payant un intérêt de 2 1/2 à 3 0/0. Grâce à la régularité de leur administration et à l'appui du gouvernement, elles avaient été pendant longtemps en possession de la confiance publique. En 1788, leur capital était estimé à 260 millions de réaux. Mais le roi avait si souvent répété ses demandes d'argent que les corporations avaient dû se livrer pour y faire face aux spéculations les plus hasardeuses. Elles avaient pris la ferme des octrois de Madrid, la ferme de l'excusado, la fourniture des vivres à l'armée et à la flotte, l'entreprise de l'approvisionnement de Madrid. Les désastres du règne de Charles IV les ruinèrent complètement et les obligèrent à suspendre le paiement des dividendes à leurs actionnaires (4).

La Banque de Saint-Charles (5) est une des créations les plus

---

(1) *Archives du Consulat de Cadix. Prestamos.* Estantes 6 et 7.
(2) *Archives du Consulat de Cadix. Administracion,* 1800, junte administrative du 27 novembre.
(3) *Archives du Consulat de Cadix. Administracion,* 1808, novembre.
(4) Canga Arguelles, *Dic. de hac. Gremios mayores.* — Bourgoing, t. II, p. 28.
(5) Nous nous servirons principalement, pour l'histoire de la Banque de

intéressantes du règne de Charles III. On était au fort de la guerre de l'indépendance des Etats-Unis, les bons du Trésor perdaient 22 0/0, les gremios, auxquels le roi avait demandé 60 millions de réaux, n'avaient pu en fournir que trente, les financiers étaient aux abois, le comte de Gausa, ministre des finances, avouait désirer la mort(1). Un financier d'origine française, François Cabarrus, né à Bayonne en 1752, proposa au roi de créer un grand établissement de crédit qui servirait à la fois à faciliter la circulation des capitaux et à seconder les opérations financières de l'Etat. Charles III nomma une junte pour examiner le projet ; la junte adopta les plans de Cabarrus et le 2 juin 1782 un décret royal érigeait la Banque de Saint-Charles : « Je ne nierai pas, disait plus tard « Florida-Blanca, que Cabarrus n'ait conduit cette affaire de « manière à se procurer de grands avantages personnels. « J'avouerai aussi que son éloquence et son imagination ont « blessé beaucoup de personnes, mais je ne puis m'empêcher « de lui rendre justice, en faisant observer qu'il nous a tirés « de beaucoup d'embarras pendant la guerre, et qu'il a « proposé un grand nombre de projets très utiles au roi et à « la nation » (2).

La Banque devait répondre à un triple besoin : 1° escompter, en concurrence avec les banques particulières, toutes les lettres de change et tous les mandats de trésorerie présentés à ses bureaux ; — 2° prendre à sa charge, pour vingt ans au moins, les fournitures de vivres et d'habillement de la marine et des troupes d'Espagne et des Indes. Le roi lui continuait le droit de 10 0/0 touché jusqu'alors par les soumissionnaires de ces fournitures ; — 3° exécuter toutes les opérations de change avec l'étranger, excepté avec les Etats Romains. Un droit de 1 0/0 sur toutes les valeurs escomptées par elle lui était reconnu pour ce service.

La Banque devait être gouvernée par le Conseil des action-

Saint-Charles, de l'étude publiée par D. Julian de Pastor Rodriguez dans les *Trabajos premiados en los juegos florales de Valladolid*. — Valladolid, 1883, in-8°, p. 309-356.

(1) Antonio Ferrer del Rio, *Hist. de Carlos III*, t. IV, p. 121.
(2) *Compte rendu de Florida-Blanca*, § 26.

naires. Ceux-ci nommaient des directeurs-nés, deux directeurs appartenant à la Grandesse, quatre à la noblesse titrée, et quatre directeurs en exercice, renouvelables tous les deux ans, et chargés du change et de l'administration.

Si quelque difficulté s'élevait sur le gouvernement intérieur de la Banque, les pouvoirs du Conseil ou l'interprétation des statuts, la cause devait être confiée à un conseiller de Castille, nommé par le roi. La Banque pouvait en appeler de sa décision à la Chambre de Justice du Conseil.

La Banque était justiciable des tribunaux consulaires, là où il en existait, et partout ailleurs des tribunaux ordinaires. Elle jouissait en justice des mêmes prérogatives que les personnes les plus privilégiées.

Tout billet endossé en faveur de la Banque devenait exécutoire comme un effet public. A défaut de paiement par l'acceptant, il était procédé contre les précédents endosseurs, en remontant jusqu'au premier tireur à ordre, sans qu'il pût y avoir la moindre opposition.

La Banque avait une action hypothécaire sur les biens de tout endosseur, même sur les biens de majorat.

Le capital de la Banque fut fixé à 300 millions de réaux, et divisé en 150.000 actions de 2.000 réaux chacune. Le capital pouvait être porté jusqu'à 360.000.000 par des émissions annuelles. Toute personne était admise à souscrire. Les membres des ordres religieux, les ordres mêmes pouvaient s'intéresser dans la Banque. Les étrangers étaient autorisés à acquérir des actions, et à voter dans les réunions d'actionnaires, soit en personne, soit par l'entremise de fondés de pouvoir espagnols, s'ils n'habitaient pas le royaume. En cas de guerre, la propriété des actions appartenant à des étrangers était déclarée inviolable et sacrée. A la mort d'un actionnaire étranger, ses actions passaient à ses héritiers nature suivant la loi de son pays.

Pour faciliter la formation du capital, les greniers publics (*positos*) durent s'inscrire pour 30 millions de réaux, payables un tiers en argent et deux tiers en grains. Les municipalités durent fournir 14 millions et demi. On autorisa les propriétaires de majorats, les œuvres pies, les chapellenies, les confréries, les Monts-de-piété et les hôpitaux à vendre leurs biens fonds et à faire remploi en actions de la Banque. Des circulaires très détaillées furent envoyées aux vice-rois et gouverneurs des Indes pour les engager à stimuler le zèle des souscripteurs. Le roi accorda le transport en franchise aux capitaux américains destinés à la Banque. Il renonça à son droit de monnayage sur les espèces frappées dans les hôtels des monnaies pour l'achat d'actions de la Banque.

Malgré toutes ces mesures, la Banque eut grand'peine à réussir. Elle avait contre elle les gremios, les fournisseurs des armées et de la marine, les monopoleurs, et l'innombrable foule des ennemis de toute innovation. Ajoutons que les embarras de la guerre rendaient les capitalistes plus timides que jamais, et que Cabarrus avait une réputation des plus équivoques (1). A la fin de 1783, un dixième à peine du capital était souscrit. A la fin de 1784, on n'en avait pas encore réuni la moitié. Ce ne fut qu'à partir de 1785 que la souscription prit une réelle activité, et que la Banque put commencer ses opérations.

Dès 1784 la Banque avait émis des billets, mais ils eurent peu de succès, quoiqu'ils fussent acceptés par la trésorerie royale et par quelques compagnies ou grandes maisons de commerce d'Espagne. Elle avait réalisé quelques bénéfices sur le transport de l'argent des Indes (2), sur le change à l'intérieur, et sur la fourniture des vivres aux armées, mais elle n'avait pas osé se charger de la fourniture de l'habillement.

En 1785, les actions commencèrent à faire prime. Pour favoriser la hausse, la Banque suspendit la vente des actions qui montèrent bientôt à 3.200 réaux. Mais quand elles eurent atteint ce prix, beaucoup d'acquéreurs voulurent réaliser, et des ventes nombreuses amenèrent une baisse que le gouvernement espagnol attribua à un pamphlet français, paru sous le nom de Mirabeau (3). La Banque eut d'ailleurs l'impru-

(1) Tratchewski, *L'Espagne à l'époque de la Révolution française*, p. 15.
(2) L'argent venu des Indes monta à 400 millions de réaux. Le change intérieur atteignit 163 millions.
(3) *La Banque d'Espagne, dite de Saint-Charles*, par Clavière.

dence d'employer 21 millions de réaux, formant le plus clair de son bénéfice de l'année, à l'achat d'actions de la Compagnie des Philippines.

Dans les années suivantes, la Banque, prise de vertige, proposa d'ouvrir une voie navigable de Madrid à l'Océan par le Guadarrama et le Tage, et fit les plus grands efforts pour obtenir du roi la propriété du canal du Manzanarès. Le public lui-même s'emballait. Un publiciste appelait la Banque : « la « pompe aspirante de l'or et de l'argent, gardés dans les puits « des coffres, l'annihilatrice des banquiers, assassins de la « bourse des particuliers... Elle fomentait l'industrie, venait « en aide au trésor royal, et favorisait les mariages en « dotant les jeunes filles pauvres » (1).

En 1788, la Banque résolut de profiter de la baisse énorme des fonds d'État français. Elle acheta à vil prix un grand nombre de titres et attendit la hausse pour les revendre à bénéfice.

Dès 1790, elle se trouvait dans une situation tellement précaire que le roi dut nommer de nouveaux directeurs, et ordonner une minutieuse enquête. Le rapport des commissaires n'aboutit à aucune conclusion précise, mais Cabarrus fut disgracié (2).

Pendant quelque temps, la Banque modéra sa fiévreuse activité. Elle résolut de ne point accepter la concession du canal du Manzanarès avant d'avoir obtenu celle du canal du Guadarrama ; elle demanda des indemnités pour les travaux qu'elle avait déjà exécutés en poussant le canal du Manzanarès jusqu'à Aranjuez. Elle essaya de faire rentrer ses créances, limita les prêts sur actions, et prorogea indéfiniment les effets protestés de la Compagnie des Philippines jusqu'à ce qu'elle fût en mesure de les recueillir.

---

(1) D. Valentin Foronda, *Cartas sobre el banco*, Madrid, 1787. Cité par Ferrer del Rio, *Historia de Carlos III*, t. IV, p. 127.

(2) « Il disposait de la Banque comme de son propre bien, regardait les « actionnaires comme ses serviteurs, et chassait les directeurs choisis à « cause de leur probité, pour les remplacer par des nullités, ses parents pour « la plupart, ou simplement ses compatriotes. » Tratchewsky, *L'Espagne à l'époque de la Révolution*, p. 15.

Elle eut la chance de ne pas perdre autant qu'elle le pouvait craindre sur les fonds d'Etat français achetés en 1788. Mais avec la guerre reparurent les spéculations hasardeuses : commerce des tabacs du Brésil, organisation d'assurances maritimes, etc.

Tous les efforts, toute l'habileté des directeurs venaient échouer contre un obstacle insurmontable. La Banque avait été surtout créée pour payer en numéraire les bons du Trésor (*Vales reales*), mais la négociation de ces assignats espagnols eût exigé des ressources immenses. Dès 1796, la Banque fut obligée de recourir à l'Etat pour payer ses actionnaires. En 1799 une crise terrible éclata. La réalisation des valès prit une extension inouïe, la Banque paya en un seul mois jusqu'à 30 millions de réaux ; on entama les fonds de réserve. Pour sauver la Banque, le roi institua une Caisse d'amortissement des valès (*Caja de consolidacion de vales*), distincte de la Banque, et l'on put croire au moins le capital assuré. Mais en 1803 la situation de la Banque était si critique qu'aucun des trois directeurs nommés par le Conseil des actionnaires ne voulut accepter sa nomination. La reprise de la guerre avec l'Angleterre (1805), la suspension des paiements d'Etat, la faillite de plusieurs maisons de commerce avaient mis la Banque dans la plus triste situation, lorsque commença la guerre de l'indépendance.

C'est à juste titre que Canga Arguelles attribue les embarras de la Banque aux exigences du fisc (1). Comparant la Banque de Saint-Charles aux banques étrangères, Campomanès signale très nettement le vice original de la Banque espagnole : « La Banque d'Amsterdam et celle de Londres, « dit-il, ont été créées pour l'avantage de leurs fondateurs, « sans autres attaches gouvernementales que celles que per- « mettent leurs intérêts. La Banque de Madrid, créée pour « l'avantage du gouvernement, est sous sa dépendance, et « suit sa fortune. Les unes sont le fruit de la réflexion et de « la richesse, elle est le fruit de la nécessité et de la pénurie. « La première abrite dans ses caves des trésors incompa-

(1) Canga Arguelles, *Dic. de hac. Estadistica.*

« rables, la seconde jouit d'un crédit universel ; chez l'autre,
« on se demande si elle a un répondant, et son crédit ne peut
« être supérieur à celui du roi, avec lequel elle passe ses
« principaux marchés » (1).

Comme la banque de Law, la Banque de Saint Charles succomba, faute de pouvoir payer en or l'équivalent de sa monnaie de papier. L'histoire des valès royaux est une des pages les plus désastreuses de l'histoire de la monnaie fiduciaire (2).

Au début de la guerre de l'indépendance des États-Unis, le roi avait emprunté aux gremios de Madrid une somme de 60 millions payable en six mois, à raison de 10 millions par mois. Au quatrième versement, les gremios se virent dans l'impossibilité de payer, et ne trouvèrent aucun crédit sur les places de Gênes et d'Amsterdam. Cabarrus fit alors avancer au roi par différentes maisons espagnoles et étrangères 148 590.000 réaux, qui furent représentés par 16.500 billets appelés *valès reales*, de 9.000 réaux chacun, remboursables en vingt ans, portant intérêt à 4 0|0, négociables en banque, et reçus comme monnaie dans les trésoreries et les caisses royales (30 août 1780) (3).

Le nouveau papier fut accueilli avec peu de faveur. Quelques jours après leur émission, les valès perdaient déjà 10 0|0 de leur valeur nominale. Cependant les embarras croissants du Trésor obligèrent le roi à faire de nouvelles émissions de valès (14 février 1781 — 22 mai 1782 — 7 juillet 1785 — 30 décembre 1788). La valeur totale des valès émis par Charles III monta à 548.905.500 réaux. On réduisit la valeur de chaque billet à 1.500 réaux pour les mettre à la portée de toutes les bourses. Comme les intérêts furent toujours religieusement payés, les valès gagnèrent rapidement du terrain. En 1783, ils perdaient 18 à 25 0|0, en 1784 ils faisaient prime

---

(1) Campomanès, *Cartas politico-economicas*. Carta IV.
(2) Pastor Rodriguez, *Apuntes sobre el origen de los bancos de circulacion en España*, p. 317.
(3) Compte rendu de Florida-Blanca, § 26. — Ant. Ferrer del Rio, *Historia de Carlos III*, t IV, p. 122. — De Laborde, *Itinéraire*, t IV, p. 516. — Canga Arguelles, *Dic. de hac. Vales*.

à 1 1|2 et 2 1|2 0|0. En 1793, ils étaient encore au pair. Mais en une seule année (12 janvier 1794, 29 août 1794 et 25 février 1795) Charles IV créa pour 1.759.639.500 réaux de nouveaux valès, à 9.000, à 4.500 et à 2.250 réaux. Le marché se trouva submergé par cette énorme quantité de papier. Dès 1796, les valès perdaient 12 0|0, et la perte monta à 47 0|0 en 1799, à 51 ou 58 0|0 en 1808 (1).

Il n'est sorte de mesures auxquelles le roi n'ait eu recours pour relever ses valès, mais ces mesures n'eurent en général aucun succès parce qu'elles étaient souvent contradictoires ou violentes. Ainsi le roi permettait aux particuliers de payer leurs impôts en valès, mais il le défendait aux corporations et aux ordres religieux (2). Quand il demandait de l'argent, il déclarait ne pas vouloir être payé en valès (3). Il essaya en 1799 de leur donner cours forcé. Les plaintes du commerce étranger (4), les vives réclamations de l'ambassadeur de France, les récriminations des Espagnols eux-mêmes (5), obligèrent le roi à rapporter son décret (6).

Pour ranimer la confiance, D. Manuel Sixto Espinosa imagina en 1797 les billets-argent (vales-dinero). La Banque de Saint-Charles ou la caisse des valès délivraient en échange d'espèces métalliques une somme équivalente en valès, s'engageaient à payer un intérêt de 4 0/0 et à rendre à toute réquisition, et en espèces, le capital déposé (7). L'invention eut peu de succès ; bien peu de gens se soucièrent d'échanger leurs doublons contre le papier du roi.

Un seul moyen efficace fut employé : ce fut la création

(1) Canga Arguelles, *Dic. de hac. Vales reales. Agio de los vales.*
(2) *Ordonnances royales* du 4 août 1782 et du 31 octobre 1799.
(3) *Archives de la cathédrale de Barcelone*, Cartas reales, 11 février 1801. — *Ordonnances royales* du 18 juin, du 18 juillet et du 5 septembre 1800.
(4) *Archives des affaires étrangères à Paris*, Espagne, t. 657 ; — pièce 164 : pétition des citoyens manufacturiers de Nogent-le-Rotrou, — pièce 186 : mémoire des négociants et manufacturiers d'Amiens, — pièce 199 : adresse des négociants du Mans, — pièce 235 : pétition des commerçants de Lille, — pièce 294 : réclamation des manufactures de Saint-Quentin.
(5) *Archives des affaires étrangères à Paris*, Espagne, t. 657, — pièce 26.
(6) *Décret royal* du 7 avril 1800.
(7) Canga Arguelles, *Dic. de hac. Vales dinero.*

d'une caisse d'escompte et d'un fonds d'amortissement des valès.

Créée par ordonnance royale du 26 février 1798, sous le ministère de D. Francisco de Saavedra, la Caisse royale d'amortissement et d'escompte des valès royaux fut placée sous l'habile direction de D. Manuel Sixto Espinosa, et entièrement séparée de la trésorerie des finances ; malheureusement elle y fut réunie de nouveau, dès le 29 juin 1799 Le 17 juillet de la même année, des caisses d'escompte furent établies à Madrid, Séville, Malaga, Cadiz, Barcelone, Pampelune, Carthagène, La Corogne et Santander, pour escompter les valès au pair et en monnaie métallique (1). Le 30 août 1800, les valès furent reconnus comme dette d'Etat. La caisse royale d'escompte de Madrid fonctionnait comme trésorerie générale de la consolidation des valès (2). Une commission du Conseil de Castille jouait le rôle de comité directeur, sous le nom de commission administrative des valès, et caisses d'extinction et d'escompte (3).

Les ressources mises par le roi à la disposition de la caisse des valès furent nombreuses et considérables. Il lui appliqua le produit d'un impôt de 10 0/0 sur les revenus municipaux (4), un droit de 6 0/0 sur les fermages et les loyers dans les 22 provinces de Castille (5), un droit de 15 0/0 sur tous les biens rendus inaliénables depuis le 24 août 1795 (6). Il engagea les communautés religieuses à vendre leurs terres et à en verser le prix à la caisse d'amortissement (7). Il mit en vente les biens des hôpitaux, hospices, maisons de refuge et œuvres pies, et en versa le prix à la caisse des valès (8). Il vendit les derniers biens-fonds de l'ancienne Compagnie de Jésus. Il permit aux possesseurs de majorats et aux patrons

---

(1) Canga Arguelles, *Dic. de hac.* Amortizacion (caja de) — cajas de descuento.
(2) *Real caja de descuentos de Madrid, como tesoreria de la consolidacion de vales.* — Guia de Forasteros, 1804.
(3) Canga Arguelles, *Dic. de hac.* Amortizacion (caja de).
(4) *Ordonnance royale* du 16 janvier 1794.
(5) Id. du 8 septembre 1794.
(6) Id. du 24 août 1795 et du 30 août 1800.
(7) *Ordonnance royale* du 18 mai 1798.
(8) Id. du 19 septembre 1798.

laïques des églises de vendre leurs immeubles, à condition que le prix en fût versé à la caisse des valès (1). Pour encourager les ventes, il abandonna en toute propriété un huitième du prix aux possesseurs de majorat et aux patrons laïques (2). Il obligea les propriétaires d'offices aliénés par la couronne à verser à la caisse des valès un tiers de la valeur de l'office aliéné (3). Il autorisa les débiteurs de cens perpétuels et les fermiers emphytéotiques à se libérer vis-à-vis de leurs créanciers moyennant une somme d'argent versée à la caisse des valès (4). Il organisa des loteries (5). Il demanda de l'argent au clergé (6). Il donna à la caisse des valès le produit du noveno (7). Il ordonna la mise en vente des biens-fonds du clergé mexicain (8). Il reprit les seigneuries temporelles aliénées par la couronne, et possédées par des menses épiscopales, ou par des dignitaires ecclésiastiques (9). Il obtint du pape l'autorisation de vendre les biens du clergé, jusqu'à concurrence de 200.000 ducats de revenu (10).

Toutes ces ressources réunies donnaient en 1808 un produit de 199.592.000 réaux (11), mais il fallait chaque année payer les intérêts des valès, avant de songer à les rembourser. Le 19 mars 1808, jour de l'abdication de Charles IV, le roi n'avait encore remboursé que 103.563.170 réaux, et restait redevable envers les détenteurs de valès de 1.889.957.152 réaux (12).

(1) *Ordonnance royale* du 21 septembre 1798.
(2) Id. du 13 janvier 1799.
(3) Id. du 9 novembre 1799.
(4) Id. du 10 novembre 1799.
(5) Id. du 1ᵉʳ déc. 1799.
(6) *Archives de la Cathédrale de Barcelone*, Cartas reales, 5 septembre 1800.
(7) Id. Cartas reales, 14 avril 1801.
(8) Ordonnance royale du 26 décembre 1801.
(9) Id. du 30 janvier 1803.
(10) Id. du 15 octobre 1805.
(11) Canga Arguelles, *Dic. de hac. Consolidacion de vales.*
(12) Id. ibid., *Vales reales.*

VI. — Projets de réforme.

Les embarras financiers de l'Espagne tenaient à des causes multiples, parmi lesquelles on doit citer la pauvreté générale du pays, la mauvaise politique du gouvernement et l'organisation défectueuse du régime financier.

La pauvreté de l'Espagne tenait en grande partie à l'ignorance et à l'indolence de ses habitants. L'Etat ne pouvait changer du jour au lendemain le caractère national ; il devait se borner à encourager le travail sous toutes ses formes, et quoiqu'il ait souvent obéi à des idées fausses, on doit reconnaître qu'il fit de très louables efforts pour secouer la torpeur espagnole.

La funeste politique de Charles IV a augmenté dans des proportions énormes la dette de l'Etat, mais il faut avouer que les circonstances ont été plus fortes que la volonté des hommes. Incapable de défendre sa neutralité entre la France et l'Angleterre, l'Espagne était destinée à subir l'alliance de l'un des belligérants. Placée entre l'enclume et le marteau, elle a été victime d'une fatalité historique.

La mauvaise organisation du système financier est un point sur lequel le gouvernement espagnol aurait pu exercer une action beaucoup plus sérieuse. Il n'a pas eu l'énergie d'accomplir les réformes nécessaires, il les a du moins étudiées, et on ne peut demander sérieusement à un gouvernement despotique et routinier d'agir comme un gouvernement révolutionnaire.

Canga Arguelles l'a magistralement démontré dans un mémoire présenté aux Cortès de 1810 : « Nos impôts, dit-il, ne
« sont qu'une longue suite de tributs, de droits et de rede-
« vances pécuniaires, dont un grand nombre n'ont été à l'o-
« rigine que des expédients temporaires. Nos caisses, trop
« nombreuses, sont presque toujours vides, nos employés trop
« nombreux et trop mal payés, nos maximes économiques
« sont fausses, ou mal appliquées, nos contrats les plus so-
« lennels offrent le mélange le plus désastreux de bonne et

« de mauvaise foi. Nos lois pénales sont trop capricieuses,
« trop douces ou trop sévères. Des actions fort innocentes
« sont chez nous qualifiées de crimes. Nous sommes trop
« jaloux des autres nations. Nos lois somptuaires constituent
« une entrave à la liberté et à l'initiative individuelles. Notre
« commerce est en proie aux spéculations les plus douteuses.
« L'intérêt privé est trop souvent contraire à l'intérêt du Tré-
« sor. On a cherché à enrichir le Trésor, sans chercher à dé-
« velopper la richesse générale. On ne connaît pas l'état de
« la richesse publique. Les règlements les plus sages sont
« contrecarrés par des ordres particuliers, surpris au roi
« par des favoris avides et ignorants. »

Personne ne voit donc mieux que Canga Arguelles les vices du système financier de l'Espagne. Nul ne se fait moins d'illusions sur le succès d'une réforme. Les ordres privilégiés ne veulent rien payer. La noblesse considère comme un ennemi celui qui veut la faire contribuer aux dépenses de l'État. Les clercs qualifient volontiers d'impie tout projet qui augmente leurs charges. Le peuple ignorant et routinier a la haine instinctive de toute innovation. Enfin la bourgeoisie voit dans les emplois de finances autant de « majorats » qui assurent l'avenir de ses enfants. Celui qui parle de créer de nouveaux postes est acclamé, celui qui parle d'en supprimer est honni [1].

Malgré les difficultés de l'entreprise, quelques progrès furent réalisés au cours du XVIIIe siècle, et l'on parla même de remplacer les rentes provinciales par un impôt unique (*unica contribucion*). Ce fut un projet grandiose, qui occupa pendant un demi-siècle les hommes d'État.

La première idée de l'impôt unique remonte au règne de Ferdinand VI. D. Martin Loynaz, directeur des tabacs, proposa de remplacer tous les impôts intérieurs par une redevance sur le froment, payable au moment où on le porterait au moulin [2].

La Ensenada s'occupa de la question, et obtint du pape

---

[1] Canga Arguelles, *Memoria presentada a las Cortes de 1810*.
[2] Campomanès, *Cartas politico-economicas*, Carta I.

Benoît XIV un bref qui assujétissait éventuellement les ecclésiastiques à contribuer aux charges publiques, au même titre que les laïques (1). Une commission administrative fut chargée de commencer une vaste enquête sur l'état de l'agriculture et de l'industrie espagnole, pour déterminer l'assiette et le mode de répartition du nouvel impôt (2). L'enquête dura de longues années, et coûta 40 millions de réaux. Les résultats en furent consignés dans un vaste recueil, composé de 150 volumes, qui était conservé en 1808 à la bibliothèque du *Fomento general* (3).

Le ministère n'attendit pas la fin de l'enquête pour mettre le nouveau régime en vigueur. Un décret royal du 10 octobre 1749 supprima tous les impôts de consommation et les remplaça par une contribution de 4 réaux 2 maravédis pour cent sur la richesse territoriale, industrielle et commerciale (4). Mais la réforme ne fut pas comprise et le décret royal ne fut jamais exécuté (5).

Le projet de La Ensenada devait plaire au génie simple et méthodique de Charles III. Le roi ordonna aux commissaires enquêteurs de pousser leurs travaux, et au mois de juillet 1770 il crut la question assez mûre pour la poser définitivement devant le public. Les rentes provinciales étaient supprimées et remplacées par une contribution équivalente. Le nouvel impôt devait porter sur le rendement net des terres, des industries et des manufactures, sur les traitements et salaires, sur les dîmes, les loyers, les troupeaux, les rentes, les *juros* et les offices aliénés par la couronne. Le total imposable était estimé à 2.152.157.364 réaux. La cote de l'impôt était fixée à 6 réaux 15 maravédis pour cent. Le produit devait monter à 138.505.812 réaux. Il était créé auprès du Conseil des Finances une Chambre de la contribution unique, composée de neuf membres, et des six députés du royaume.

(1) Ant. Ferrer del Rio, *Historia de Carlos III*, t. III, p. 223.
(2) Gallardo, *Rentas de la Corona*, t. I, p. 101.
(3) Canga Arguelles, *Dic. de hac. Catastro*.
(4) D Juan Alonso San Jose, *Estudio sobre las ideas del marques de la Ensenada*, p. 467.
(5) Morel Fatio, *Etudes*, t. III, p. 223.

La nouvelle Chambre devait s'occuper de tout ce qui regardait « l'équitable répartition de l'impôt, l'économie du recou-« vrement, la douceur et l'humanité dans la contrainte ». Elle répartissait l'impôt entre les 22 provinces castillanes. Les receveurs de province faisaient la répartition entre les localités ; les ayuntamientos entre les individus. Les particuliers avaient quinze jours pour présenter leurs réclamations. La perception était confiée aux juges locaux pour les laïques, et pour les clercs à l'ecclésiastique désigné par le collecteur général. L'administration financière se trouvait ainsi simplifiée, les menus impôts, si vexatoires et si tyranniques, étaient supprimés en grande partie (1). Le roi ne conservait que le *servicio* ordinaire et extraordinaire, les *tercias*, les alcabalas d'Alava et de Guipuzcoa (2) et la taxe sur la soude (3).

L'ordonnance du 4 juillet 1770 aurait dû être saluée avec reconnaissance par l'Espagne entière, mais les difficultés d'exécution du cadastre, la routine des particuliers, l'intérêt des gens de finance paralysèrent complètement l'action royale. Charles III n'avait fait qu'une déclaration de principes, et s'était réservé le droit de fixer le jour où la loi promulguée par lui deviendrait exécutoire. La loi était condamnée « à rester en fleurs » et à ne jamais porter fruit (4). Le roi finit par se fatiguer des controverses incessantes auxquelles la réforme projetée donnait lieu, et attendit du temps et de l'expérience la justification des mesures qu'il avait proposées. Il recula devant l'opposition de ses peuples, mais l'histoire doit lui rendre justice ; il était plus sage et

---

(1) Voici la liste des impôts abolis : alcabalas, cientos, millones, fiel medidor, azucar y seda de Granada, pata hendida, subsidio eclesiastico, excusado, yerbas, ferias de Torrejon, aguardiente, alcabala de la nieve en Madrid, millon de la nieve, pescado fresco y salpresado, cargado de Sevilla, Puertos entre Castilla y Portugal, jabon, alcabala de la cerveza en Madrid, velas de sebo, quinto y millon de la nieve, saca por el rio de Sevilla, paja, utensilios. — Canga Arguelles, *Dic. de hac. Directa contribucion.*
(2) Conservées parce que le roi désespérait d'imposer le nouveau système aux provinces franches.
(3) Gallardo, *Rentas de la Corona*, t. I, p. 126.
(4) A. Ferrer del Rio, *Hist. de Carlos III*, t. III, p. 225.

plus instruit que ses sujets. Son successeur était trop indolent pour entreprendre une si grave réforme; aucun de ses ministres n'en eut le courage, et l'Espagne attendit jusqu'au milieu du xixe siècle la réforme que Charles III décrétait en 1770.

BIBLIOGRAPHIE

I. — Archives et manuscrits.

Archives générales centrales d'Alcala de Hénarès.
   Estado — liasses 557, 2153, 2767, 3359, 4818.
   Tesorerias de marina, liasses 8 à 55.
   Audiencia de Madrid. Causas celebres, liasses 1 et 4.
Archives de Biscaye à Guernica.
   Cuentas, 1764, registre X.
   Autos y pleytos, Registre XXIV.
   Juntas generales, 1793.
   Subscripcion voluntaria para la defensa del pais, conforme a lo acordado en las ultimas Juntas de merindades del mes de mayo del año proximo de 1793.
Archives de Guipuzcoa à Tolosa.
   Seccion I, negociado VIII, legajos 4, 29, 57, 48, 67. — Id., neg. XI, leg. 79, 81. — Id., neg. XII, leg. 85, 88. — Id., neg. XVI, leg. 22, 24, 33, 35. — Id., neg. XIX, leg. 48, 56.
   Seccion II, negociado I, legajo 5. — Id., neg. III, leg. 24, 44. — Id., neg. VI, leg. 24. — Id., neg. XI, leg. 100, 108. — Id., neg. XII, leg. 106. — Id., neg. XXI, leg. 54, 55, 58, 59, 69, 74, 80.
   Seccion III, negociado IV, legajos 74, 75. — Id., neg. XIV, leg. 27, 49, 64, 99.
Archives historiques nationales de Madrid.
   Consejo Real.
   Matricula de expedientes. — Liasses 875, 877, 885, 886, 887, 888, 889, 890, 896, 897, 1039, 1046, 1049, 1053, 1117, 1118, 1121, 1123, 1124, 1126, 1128, 1129, 1130, 1132, 1133, 1135, 1137, 1150.
   Matricula de pleytos. — Liasses 768, 789, 790, 792, 796, 797, 814, 815, 820, 822, 823, 825, 826, 828.
   Matricula criminal (Sala del crimen del Consejo) (1712-1715).
   Libro de los negocios de justicia del Consejo, desde 19 de diciembre de 1713. — 1176 e.

Matricula de decretos y acuerdos del Consejo (1742-1715). — 1416 e.
Noticias de varios papeles existentes en el Archivo de la sala de Alcaldes, y otros curiosos del mismo tribunal 1421 e. — 1,422 c.
Archivo de Ordenes.
Maestrazgos (1811-1815), 910 c.
Libro de establecimiento y supresion de varas (1801-1820). — 912 c.
Registro de expedientes de los alcaldes mayores del territorio de las Ordenes (1801-1821), 912 c.
Jurisdiccion del Real Consejo de las Ordenes — 921 c.
Registro de escrituras (1783-1804), 926 c.
Ynforme... sobre las fundaciones, dotaciones, rentas, estado y reglas de los conventos de religiosas pertenecientes a las tres ordenes militares, 939 c.
Libro de juramentos (1518-1851), 986 c.
Pruebas, 988 c.
Archives de Navarre à Pampelune.
Quadernos de leyes (1794-1795).
Archives générales des Indes à Séville.
Yndiferente general. Indices.
Audiencia de Mexico. Indice, t. II.
Estante 88, caj. 1, leg. 14; caj. 4, leg. 12; caj. 5, leg. 13. — Id., 93, caja 5, leg. 12, 17. — Id., 97, caj., 5, leg. 16, 19. — Id., 141, caj., 5, leg. 10. — Id., 142, caj. 2, leg. 16. — Id., 145, caj., 6, leg. 27, caj., 7, leg. 2. — Id., 146, caja 4, leg. 4. — Id., 148, caja 1, leg. 10.
Archives de Simancas.
Ynventario manual de los papeles del archivo de la secretaria de Estado y del despacho de gracia y justicia... (remesa de 1826).
— *Negociado del Consejo de las Ordenes*.
Ynventario de guerra (remesa de 1826).
Lanzas. Legajo. 725.
Archives du Ministère des Affaires étrangères à Paris.
Correspondance des ambassadeurs. Espagne. Tomes 637, 638, 639, 640, 657, 658, 659, 666.
Archives du ministère de la guerre à Paris.
Campagnes, 1793. Armée des Pyrénées-Orientales.
Archives du ministère de la Marine à Paris.
Campagnes, 1735, 1741, 1742, 1744, 1779 (tomes 154 et 155). — 1805 (tomes 229, 230, 233, 234).
Archives de la cathédrale de Barcelone.
Cartas reales.
Archives municipales de Barcelone.
Registros de actas, 1793-1795.
Archives de l'Audience de Barcelone.
Nombramientos de bayles, sos-bayles, regidores y procuradores sindicos para el año de 1791.

Pleytos. Gualsa. A. 1. A. 1. 5. (1754-1779.)
Archives municipales de Bilbao.
   Registro de actas, 1797.
Archives du Consulat de Cadiz.
   Notables, 83.
Archives municipales de Cestona (Guipuzcoa).
   Privilegios, I, 3 et 6. — II, 2. — III, 10.
   Registro de actas (1741-42).
   Juntas generales de Guipuzcoa (1779).
Archives municipales de Madrid.
   Registro de actas (1804).
Archives municipales de Renteria (Guipuzcoa).
   Registro de actas (1790).
Archives municipales de Saragosse.
   Cuentas (1789).
   Registros generales (1795-1796).
Archives municipales de Valladolid.
   Autos acordados (1777, 1790, 1791, 1793).
Archives municipales de Vitoria.
   Registro de actas (1793).
   Cuentas (1793).
Archives de San-Carlos et Archives des ingénieurs de La Carraca.
   Justicia (1799).
   Castigos de individuos de maestranza (1806).
Mss. — *Diccionario de gobierno y legislacion de Yndias.* Norte de los acertamientos y actos positivos de la experiencia. Ms. 20 tomes. — (Bibliothèque des Archives historiques nationales de Madrid.)
Advertencias para el exercicio de la plaza de alcalde de Casa y Corte, segun estan en un libro antiguo de la Sala, que es el que cita el señor Matheu, por anotaciones del señor Elazarraga, con las notas marginales con que se halla, hasta el presente año de 1745. (Ce très curieux manuscrit, conservé aux Archives historiques nationales de Madrid, sous le numéro 1420 e, doit être prochainement publié par D. Vicente Vignau y Ballester, directeur des Archives.)
Representacion hecha a S. M. por el secretario D. Santiago Agustin Riol del origen y estado de los Consejos, tribunales, Archivos reales de la Corte y Chancillerias, el de Roma y Simancas (1726). — Archives historiques nationales, 935 e.
Apuntamientos sobre la matricula de la marineria (1796). — Bibliothèque de l'Académie de l'Histoire. Varios de historia. E. 175.
Embun *Notas y apuntes para formar un glosario de la historia de las instituciones de España.* — (Ces notes inédites m'ont été gracieusement communiquées par M. Embun, archiviste attaché aux Archives historiques nationales de Madrid.)

Herranz y Lain (D. Clemente). — *Breve reseña de la organizacion del ayuntamiento de esta ciudad y de los titulos y condecoraciones de que goza.* (Je dois la communication de ce manuscrit à la complaisance de l'auteur.)

Sprangzi, *Mémoires.* (Ce manuscrit, qui m'appartient, contient les mémoires d'un officier suisse au service de la France. Le récit s'étend de 1806 à 1813, et comprend la plus grande partie de la campagne d'Espagne.)

II. — Imprimés.

Almirall. — *L'Espagne telle qu'elle est.* — Paris, 1886, in-12.
Amador de los Rios (D. Jose) y Rosell (D. Cayetano). — *Historia de la Villa y Corte de Madrid.* — Madrid, 1861, 4 vol. in-f°.
Anales de los servicios de la marina de guerra española. Año de 1816. Madrid, 1817, in-8°.
Anonyme. — *L'art de bâtir les vaisseaux et d'en perfectionner la construction, de les garnir de leurs apparaux, les mettre en fanin, les manœuvrer, etc... le tout tiré des meilleurs auteurs hollandois.* — Amsterdam, 1719, 2 vol. in-4°.
Anonyme. — *Manual historico y descriptivo de Valladolid.* — Valladolid, Hijos de Rodriguez, in-12 (sans date).
Anonyme. — *Nouveau voyage en Espagne, fait en 1777 et 1778.* — Londres, 1782, 2 vol. in-8°.
Antequera (D. Jose Maria). — *Historia de la legislacion española.* Madrid, 1881, in-8°.
Art de vérifier les dates. Continuation depuis 1770 jusqu'à nos jours. — Paris, 1821-1844, 18 vol. in-8°.
Artiñano y Zuricalday (D. Aristides de). — *El señorio de Vizcaya historico y foral.* — Barcelona, 1885, in-8°.

Barado (D. Francisco). — *Museo militar. Historia, indumentaria, armas, sistemas de combate, instituciones, organizacion del ejercito español.* — Barcelona, 1886, 3 vol. in-4°.
Baudrillart (Alfred). — *Philippe V et la cour de France (1700-1715).* — Paris, 1889, in-8°.
Bausset. — *Mémoires.* Paris, 1829, 4 vol. in-8°.
Benavides, conde de Fabreguer (D. Antonio) y Fernandez Guerra (D. Aurelio). — *Historia de las Ordenes de caballeria.* Madrid, 1864, 5 vol. in-4°.
Becerro de Bengoa (D. Ricardo). — *El libro de Alava.* — Vitoria, 1877, in-8°.
Berrocal Garrido (D. Jose). — *El Panteon de ilustres marinos sus monumentos é historia.* — Cadiz, 1890, in-8°.

Boix (D. Vicente). — *Historia de la ciudad y reyno de Valencia.* — Valencia, 1845, 3 vol. in-4°.
Bourgeois (Emile). — *Lettres intimes d'Albéroni au comte J. Rocca.* — Paris, 1893, in-8°.
Bourgoing (le baron A. de). — *Nouveau voyage en Espagne (1782-85), ou Tableau de l'état actuel de cette monarchie.* — Paris, 1789, 3 vol. in-8°.
Brunet (M. G.) — *Correspondance complète de madame la duchesse d'Orléans.* — Paris, 1863, 2 vol. in-12.

Cahier des doléances et remontrances du clergé de Paris « intra muros ». — Dans *la Révolution française, Revue d'Histoire moderne et contemporaine*, 14 octobre 1893.
Canga Arguelles (D. Agustin). — *Diccionario de la hacienda, para el uso de los encargados de la suprema direccion de ella.* — Londres, 1826, 2 vol. in-4°. Suppl.
Campomanès (el conde de). — *Discurso sobre el fomento de la industria popular.* — Madrid, 1774, in-4°. — Id. — *Discurso sobre la educacion popular de los artesanos y su fomento.* Madrid, 1775 et 1777, in-4°. — Id. *Cartas politico-economicas escritas al conde de Lerena, publicadas ahora por primera vez por D. Antonio Rodriguez Villa.* — Madrid, 1878, in-18.
Cappa (El Padre Ricardo). — *La Inquisicion española.* — Madrid, 1888, in-8°.
Carmena y Millan. — *Cronica de la opera italiana en Madrid, desde el año de 1738 hasta nuestros dias.* — Madrid, 1878, in-4°.
Cavanilles. — *Observations sur l'article Espagne de la Nouvelle Encyclopédie.* — Paris, 1784, in-8°.
Censo español, 1797.
Chevalier (Edouard). — *Histoire de la marine française pendant la guerre de l'indépendance américaine.* Paris, 1877, in-8°.
Chevalier (Michel). — *Le Mexique ancien et moderne.* — Paris, 1863, in-12.
Clonard (Conde de). — *Historia de las armas de infanteria y caballeria.* — Madrid, 1851-1854, 7 vol. in-4°.
Cola y Goiti (D. José). — *La ciudad de Vitoria.* — Vitoria, 1883, in-8°.
Coxe. — *L'Espagne sous les rois de la maison de Bourbon* (traduction Muriel). — Paris, 1827, 6 vol. in-8°.
Cozar Martinez (D. Fernando de). — *Noticias y documentos para la historia de Baeza.* Jaen, 1884, in-8°.

Des Cars (le duc). — *Mémoires.* Paris, 1890, 2 vol. in-8°.
Desdevises du Dezert (G.). — *D. Manuel Godoy* (Mémoires de l'Académie des sciences, arts et belles-lettres de Caen, 1895). — Id. *La justice en Espagne au dix-huitième siècle* (Revue des Pyrénées, 1895). — Id. *Le Régime foral en Espagne au dix-huitième siècle* (Revue

historique, 1896). — Id. *Les lettres politico-économiques de Campomanès* (Revue Hispanique, 1897). — Id. *La marine espagnole pendant la campagne de Trafalgar* (Revue des Pyrénées, 1898).

Dessalles. — *Histoire générale des Antilles.* Paris, 1887-88, 5 vol. in-8°.

Diario de Barcelona, 1793, 1802, 1804.

Diario de Madrid, 1806.

Diario de Zaragoza, 1797.

Domersay. — *Histoire physique, économique et politique du Paraguay, et des établissements des Jésuites.* — Paris, 1860, 2 vol. in-8° avec atlas.

Egaña (D. Domingo Ignacio de). — *Guipuzcoano instruido, o prontuario alfabetico de reales ordenes, decretos y acuerdos de las Juntas y diputaciones, en forma de extractos*, 1780, in-f°.

Escaño (D. Antonio). — *Ideas sobre un plano de reformas de la marina.*

Escoiquiz (D. Juan). — *Exposé des motifs qui ont engagé en 1808 S. M. C. Ferdinand VII à se rendre à Bayonne.* — Paris, in-8°, 1816.

Escolano de Arrieta (D. Pedro). — *Practica del Consejo Real en el despacho de los negocios consultativos, instructivos y contenciosos, con distincion de los que pertenecen al Consejo pleno, o a cada Sala en particular y las formulas de las cedulas, provisiones y certificaciones respectivas.* — Madrid, 1796, 2 vol. in-4°.

Estado general de la armada, 1802, 1803, 1806. — Madrid, in-32.

Estrada. — *Poblacion general de España, sus reynos y provincias, ciudades, villas y pueblos.* — Madrid, 1768, 2 vol. in-4°.

Fernandez Duro (D. Cesareo). — *Almanaque maritimo, publicado por la Ilustracion española y americana* — año de 1881. — Id. *Memorias historicas de la ciudad de Zamora, su provincia y obispado.* — Madrid, 1882-83, 4 vol. in-8°.

Fernandez y Gonzalez (D. Modesto). — *La hacienda de nuestros abuelos* (conferencias de aldea). — Madrid, 1884, in-12.

Ferrer de Couto (D. José). — *Historia del combate de Trafalgar.* — Madrid, 1851, in-8°.

Ferrer del Rio (D. Antonio). — *Historia del reynado de Carlos III° en España.* — Madrid, 1856, 4 vol. in-8°.

Ferret (D. Zeferino). — *Exposicion historica de las causas que mas han influido en la decadencia de la marina española, escrita en el año 1813.* — Barcelona, 1819, in-8°.

Fervel (J. Napoléon). — *Campagnes de la Révolution française dans les Pyrénées-Orientales.* — Paris, 1861, 2 vol. in-8°.

Florida-Blanca (D. Josef Moñino, conde de). — *Compte rendu de l'administration du comte de Florida-Blanca, secrétaire d'Etat au département des affaires étrangères, présenté à S. M. C. Charles III, roi d'Espagne.* (Traduction française de Muriel dans l'ouvrage de Coxe, *L'Espagne sous les rois de la maison de Bourbon*, t. VI, p. 257.)

Fontecha (D. Pedro). — *Escudo de la mas constante fe y lealtad*, reimpreso de Orden de la II^{ma} Diputacion general. — Bilbao, 1866, in-8°.
Foronda (D. Valentin). — *Cartas sobre el Banco*. — Madrid, 1783.
Foy (Le général). — *Histoire de la guerre de la péninsule sous Napoléon*. — Paris, 1827, 4 vol. in-8°.
Fueros, privilegios, franquezas y libertades del M. N. y M. L. Señorio de Vizcaya, reimpresos de orden de su II^{ma} diputacion general. — Bilbao, 1865, in-4°.

Gallardo Fernandez (D. Francisco). — *Origen, progresos y estado de las rentas de la corona de España, su gobierno y administracion*. — Madrid, 1805, 3 vol. in-8°.
Gille (Philippe). — *Mémoires d'un conscrit de 1808*. — Paris, 1892, in-12.
Godoy (D. Manuel). — *Mémoires du Prince de la Paix* (traduction d'Esmenard). Paris, 1836, 4 vol. in-8°.
Gomez de Arteche (el general). — *Historia del reynado de Carlos IV*. — Madrid, 2 vol. in-8° (en cours de publication).
Gorosabel (D. Pablo de). — *Bosquejo de las antiguedades, gobierno, administracion y otras cosas notables de la villa de Tolosa*. — Tolosa, 1853, in-8°.
Grandmaison (Geoffroy de). — *L'Ambassade française en Espagne pendant la Révolution*. — Paris, 1892, in-8°.
Guia de forasteros. Madrid. 1804.
Guillaume (le colonel). — *Histoire des Gardes wallonnes au service de l'Espagne*. — Bruxelles, 1858, in-8°.

Humboldt (A. de). — *Essai politique sur le royaume de Nouvelle-Espagne*. — Paris, 1825-27, 4 vol. in 8°.

Indice de los documentos y papeles del archivo general de la M. N. y M. L. provincia de Guipuzcoa, existente en la iglesia parroquia de Santa Maria de la M. N. y M. L. villa de Tolosa. — San Sebastian, 1887, 2 vol. in-f°.

Jomini (le général). — *Histoire des guerres de la Révolution*. — Paris, 1812, 4 vol. in-8°.
Joseph (le roi). — *Mémoires et correspondance militaire et politique*, publiés par Ducasse. — Paris, 1853-55, 10 vol. in-8°.
Jorge Juan (D.). — *Examen maritimo theorico practico, o tratado de mechanica aplicado a la construccion, conocimiento y manejo de los navios y demas embarcaciones*. — Madrid, 1771, 2 vol. in-8°.
Jovellanos (D. Gaspar Melchor de). — *Consulta sobre la convocacion de cortes por estamentos*. — Id. *Informe de la Sociedad economica de esta Corte al R. y Supremo Consejo de Castilla en el expediente de la ley agraria*. — Madrid, 1795, in-4°.
Jurien de la Gravière (le vice-amiral). — *Guerres maritimes sous la République et l'Empire*. Paris, 2 vol. in-12, sans date (nouvelle édition).

Laborde (le comte Albert de). — *Itinéraire descriptif de l'Espagne*. — Paris, 1827, 6 vol. in-8°.

La Condamine (Charles-Marie de). — *Journal du voyage fait par ordre du roi à l'Equateur*. — Paris, 1751, in-4°. — Id. *Histoire des Pyramides de Quito*. —. Paris, 1751, in-4°.

Lacroix. — *Le Pérou* (Collection de l'Univers pittoresque). — Paris, 1843, in-8°.

La Fuente (D. Modesto). — *Historia general de España*. — Barcelona, 1889-90, 23 vol. in-8°.

Langle (le marquis de). — *Voyage en Espagne*, 1785, 2 vol. in-12.

Lanson. — *Une victime de Saint-Simon* (dans la *Revue bleue* du 15 février 1893).

La Renaudière. — *Le Mexique* (Collection de l'Univers pittoresque). — Paris, 1843, in-8°.

Larruga (D. Eugenio). — *Memorias politicas y economicas sobre los frutos, comercio, fabricas y minas de España*. — Madrid, 1780 et suiv. 45 vol. in-8°.

Larramendi (El Padre Manuel de). — *Corographia o descripcion general de la M. N. y M. L. provincia de Guipuzcoa, publicada par el R. P. Fidel Fita y Colome*. — Barcelona, 1882, in-18.

Laveleye (Emile de). — *Le Socialisme contemporain*. — Paris, 1883, in-12.

Lerouge. *Atlas*. — Paris, 1763, in-f°.

Llorente (D. Juan Antonio). — *Histoire critique de l'Inquisition d'Espagne*. — Paris, 1818, 4 vol. in-8°.

Loir (Maurice). — *La Marine royale en 1789*. — Paris, 1893, in-12.

Luce (Siméon). — *Chroniques de Froissart*. — Paris, 1866-77, tomes I à VII.

Mandas (El duque de). — *La separacion de Guipuzcoa y la paz de Basilea*. — Madrid, 1895, in-8°.

Manini (D. Juan). — *Historia de la marina real española, desde el descubrimiento de las Americas, hasta el combate de Trafalgar*. — Madrid, 1856, 2 vol. in-4°.

Marcillac (le marquis de). — *Histoire de la guerre entre la France et l'Espagne pendant les années de la Révolution française 1793, 1794 et partie de 1795*. — Paris, 1808, in-8°.

Marichalar, marques de Montesa (D. Amalio) y Manrique (D. Cayetano). — *Historia de la legislacion Fuero de Navarra, Vizcaya, Guipuzcoa y Alava*. — Madrid, 1868, in-4°.

Mariéjol (J. H.). — *Pierre Martyr d'Anghiera, sa vie et ses œuvres*. — Paris, 1887, in-8°. — Id. *L'Espagne sous Ferdinand et Isabelle*. — Paris, 1892, in-8°.

Marina. (D. Francisco Martinez). — *Teoria de las Cortes*. — Madrid, in-8°.

Marliani (D. Manuel). — *Combate de Trafalgar. Vindicacion de la armada española*. — Madrid, 1850, in-8°.

Martin (Henri). — *Histoire de France.* — Paris, 1865, 17 vol. in-8°.

Martin de Moussy. — *Description géographique et statistique de la Confédération argentine.* — Paris, 1860, 3 vol. in-8°.

Mas y Casas. — *Ensayos historicos sobre Manresa.* — Manresa, 1836, in-8°.

Mayer (D. Julius). — *Die französisch-spanische Allianz in den Jahren 1797-1806.* — Linz, 1885, in-8°.

Mazade (de). — *La Monarchie absolue en Espagne.* — (Revue des Deux-Mondes, 1er août 1860.)

Menendez Pelayo (D. Marcelino). — *Historia de los heterodoxos españoles.* — Madrid, 1880-81, 3 vol. in-8°.

Mesonero Romanos (D. Ramon de). — *El antiguo Madrid, paseos historicos por sus calles y plazas.* — Madrid, 1861, 2 vol. in-8°.

Michelet. — *Louis XIV et le duc de Bourgogne.* — Id. *La Régence.* (Tomes XIV et XV de l'Histoire de France).

Morel-Fatio (A.). — *Etudes sur l'Espagne.* — Paris, 1888, 2 vol. in-8°.

Muñiz de Tejada (D. Narciso). — *Memoria sobre la organizacion de distritos municipales de la provincia de Guadalajara.* — Guadalajara, 1867, in-4°.

Novia de Salcedo (D. Pedro). — *Defensa historica del señorio de Vizcaya...* Bilbao, 1851, 4 vol. in-8°.

Novisima Recopilacion de las leyes de España. — Madrid, 1805, 5 vol. in-f°. — Supplément, 1829, in-f°.

Oloriz (D. Hermilio de). — *Fundamento y defensa de los fueros.* — Pamplona, 1880, in-8°.

Ordenanzas generales de la Armada naval. — Madrid, 1793, 2 vol. in-4°.

Ordenanzas que establece la M. N. y M. L. ciudad de Pamplona, cabeza del reyno de Navarra, para la conservacion de la limpieza de sus calles, plazas y parajes publicos y privados. — Pamplona, 1772, in-32.

Panckouke et Agasse. — *Encyclopédie méthodique.* — (Article sur les Finances de l'Espagne.) — Paris, 1781-1832, 201 vol. in-4°.

Paquis et Dochez. — *Histoire d'Espagne.* — Paris, 1836, 2 vol. in-8°.

Parada (D. Diego Ignacio). — *Hombres ilustres de la ciudad de Jerez de la frontera.* — Jerez, 1875, in-8°.

Pastor Rodriguez (D. Julian de). — *Apuntes sobre el origen de los bancos de circulacion en España y los medios de su perfeccionamiento en la epoca actual.* — (Juegos florales de Valladolid, 1883, p. 309-356.)

Pellicer (D. Casiano). — *Tratado historico sobre el origen y progresos de la comedia y del histrionismo en España.* — Madrid, 1804, in-12.

Perez Galdos. — *Episodios nacionales. Trafalgar.* Madrid, 1881, in-12.

Pi y Arimon (D. Andres Avelino). — *Barcelona antigua y moderna.* Barcelona, 1854, 2 vol. in-4°.

Reglas ordenanzas de la M. N. y M. L. ciudad de Orduña. Bilbao, 1789, in-4°.
Recopilacion de las leyes de los reynos de Indias. Madrid, 1841, 4 vol. in-4°.
Rehfues (J. L.). — L'Espagne en 1808. Paris, 1811, 2 vol. in-8°.
Reynald (H.). — Histoire d'Espagne depuis la mort de Charles III jusqu'à nos jours, — Paris, 1873, in-12.
Rodriguez Villa (D. Antonio). — Patiño y Campillo. — Madrid, 1882, in-8°.
— Id. La embajada del baron de Ripperdà en Viena (Boletin de la R. Academia de la Historia. Enero, 1897.)
Rolland (A.). — Lettres nouvelles et inédites de la princesse palatine. — Paris, in-12 (sans date).
Romme (Charles). — Dictionnaire de la marine française. — Paris, 1792, in-8°.
Rozoir (Ch. du). — Description géographique, historique, militaire et routière de l'Espagne. — Paris, 1823, in 8°.

Salazar (D. Luis Maria de). — Juicio critico sobre la marina militar de España. — Ferrol, 1888, 2 vol. in-4°. (Réimpression.)
Saldoni (D. Baltasar). — Diccionario biografico bibliografico de efemerides de musicos españoles. — Madrid, 1868, 4 vol. in-8°.
Saint-Philippe (D. Vicente Bacallar y Sauna, marquis de). — Mémoires pour servir à l'histoire d'Espagne sous le règne de Philippe V. (Traduction française. Amsterdam, 1756, 4 vol. in-12.)
Saint-Simon (le duc de). — Mémoires. (Edition Cheruel. — Paris, 1856-58, 20 vol. in-8°.)
San José (D. Juan Alonso). — Estudio critico sobre las ideas de gobierno y administracion del marques de la Ensenada. (Juegos florales de Valladolid, 1883, p. 449-495.)
Sangrador Vitores (D' d. Matias). — Historia de la M. N. y L. ciudad de Valladolid, desde su mas remota antiguedad hasta la muerte de D. Fernando VII. — Valladolid, 1851, 2 vol. in-8°.
Séjournant (de). — Dictionnaire espagnol-français. Paris, 1759, in-4°.
Sesma (D. Alberto de). — Memória sobre los diferentes Estados de la marina española, y de su respectiva influencia en la prosperidad nacional, escrita en el año de 1806. — Madrid, 1886, in-8°.
Sorel (Albert). — La diplomatie française et l'Espagne de 1792 à 1796. (Revue historique. Tomes XI, XII, XIII.)
Sybel (H. de). — Histoire de l'Europe pendant la Révolution française. Paris, 1869-86, 6 vol. in-8°.
Syveton (G.). — Une cour et un aventurier au XVIII° siècle. Le baron de Ripperdà, d'après les documents inédits des Archives impériales de Vienne et des Archives du ministère des Affaires étrangères de Paris. — Paris, 1896, in-8°.

Testament de Charles II, roi d'Espagne. — Paris, 1700, in-4°.
Thiers (A.). — Histoire du Consulat et de l'Empire. — Paris, 1845-1860, 18 vol. in-8°.
Tofiño y San Miguel (D. Vicente). — Atlas Maritimo de España.
Toreno (el conde de). — Historia del levantamiento, guerra y revolucion de España. — Paris, 1838, 3 vol. in-8°.
Tratchewsky. — L'Espagne à l'époque de la Révolution française. (Revue historique. Tome XXXI.)
Twiss (Richard). — Voyage en Portugal et en Espagne (1772-73). — Traduit de l'anglais. Berne, 1776, in-8°.

Varela y Limia. — Resumen historico del arma de los yngenieres.

Yanguas y Miranda (D. José). — Diccionarios de los fueros del reyno de Navarra y de las leyes vigentes promulgadas hasta las Cortes de los años 1817 y 18 inclusive. — San-Sebastian, 1828, in-8°.

Zelada. — Estado de la bolsa de Valladolid. — Valladolid, 1777, in-4°.

TABLE

Introduction. v

Chapitre Ier. — *Le roi et les ministres.* 1
    I. Caractères de la royauté espagnole, p. 1. — II. Les Rois, p. 8. — III. Les Ministres, p. 23.

Chapitre II. — *Les Conseils.* 50
    I. Les Cortès, p. 50. — II. Les Conseils, p. 55. — III. Le Conseil d'État, p. 56. — IV. Le Conseil de Castille, p. 59. — V. La Chambre royale, p. 86. — VI. La Chambre des Juges de l'Hôtel et de la Cour, p. 88. — VII. Le Conseil des Indes, p. 95. — VIII. Le Conseil de la Guerre, p. 102. — IX. Le Conseil des Finances et ses annexes, p. 105. — X. Le Conseil des Ordres, p. 114. — XI. Le Conseil de l'Inquisition, p. 118. — XII. Grandes commissions siégeant à Madrid, p. 120.

Chapitre III. — *L'Administration provinciale.* 122
    I. Divisions territoriales de l'Espagne et des Indes, p. 122. — II. Vice-Rois, p. 126. — III. Capitaines généraux et intendants, p. 133. — IV. Les Audiences, p. 138. — V. Les corrégidors et alcaldes-mayors, p. 156.

Chapitre IV. — *L'Administration municipale.* 164
    I. Histoire du régime municipal, p. 164. — II. Les Ayuntamientos, p. 170. — III. Réformes de Charles III, p. 185. — IV. Grands services municipaux, p. 189. — Finances, p. 189. — Approvisionnement, p. 197. — Police, p. 203. — Bienfaisance, p. 207.

Chapitre V. — *L'Armée.* 215
    I. Histoire des institutions militaires au xviiie siècle, p. 217. — II. Armée régulière, p. 219. — Législation militaire, p. 219. — Aumônerie, p. 222. — Corps d'officiers, p. 223. — Services administratifs,

p. 229. — Service sanitaire, p. 234. — Recrutement et effectifs, p. 235. — Maison du Roi, p. 239. — Infanterie de ligne, p. 243. — Infanterie suisse, p. 245. — Infanterie légère, p. 247. — Cavalerie, p. 247. — Corps royal de l'artillerie, p. 250. — Génie, p. 254. — III. Les milices provinciales, p. 256. — Les milices des pays fuéristes, p. 256. — Les milices provinciales de Castille, p. 260. — Compagnies d'invalides, p. 263. — Milices coloniales, p. 264. — IV. Les places fortes, p. 271. — V. Les fabriques d'armes, p. 280.

CHAPITRE VI. — *La Marine*. 283

I. Histoire de la marine espagnole au XVIIIᵉ siècle, p. 283. — II. Le personnel administratif, p. 289. — Législation, p. 289. — Ministère de la Marine, p. 290. — Départements maritimes, p. 292. — Juntes de département, p. 293. — Justice, p. 294. — Comptabilité, p. 299. — Corps des ingénieurs, p. 304. — III. Le personnel combattant et les corps auxiliaires, p. 305. — La matricule de mer, p. 305. — Les équipages, p. 312. — Officiers de vaisseau, p. 320. — Infanterie de marine, p. 324. — Artillerie de marine, p. 325. — Corps des pilotes, p. 327. — Service de santé, p. 328. — Aumônerie, p. 329. — IV. Le commandement, p. 329. — V. Les ports, p. 340. — Carthagène, p. 340. — Cadiz, p. 344. — Le Ferrol, p. 344. — VI. Le matériel flottant, p. 348.

CHAPITRE VII. — *Les Finances*. 363

I. La richesse nationale, p. 363. — II. Les impôts, p. 365. — 1° Patrimoine royal et droits patrimoniaux, p. 366. — 2° Droits perçus sur le clergé, p. 369. — 3° Impôts perçus sur la noblesse, p. 373. — 4° Rentes provinciales, p. 374. — 5° Rentes générales, p. 383. — 6° Monopoles, p. 388. — 7° Revenus divers, p. 392. — 8° Revenus particuliers à certaines provinces. Régime financier des provinces exemptes, p. 395. — 9° Revenus des Indes, p. 400. — III. Administration financière. Perception, p. 403. — IV. Le budget et le déficit, p. 416. — V. Expédients financiers, p. 418. — VI. Projets de réforme, p. 436.

BIBLIOGRAPHIE. — 441

www.ingramcontent.com/pod-product-compliance
Lightning Source LLC
Chambersburg PA
CBHW072111220426

43664CB00013B/2083